ANNE MCCULLAGH RENNIE | Wohin der Wind uns trägt

Das Buch

Auf der Pferderennbahn und in den Ställen von Kingsford Lodge, dem Gestüt ihres Vaters in Australien, liegt für Joanna seit ihrer Kindheit das Glück dieser Erde. Ihr Traum ist es, selbst eines Tages Pferdetrainerin zu werden. An Talent fehlt es der Sechzehnjährigen nicht, doch nach Ansicht ihrer Eltern hat ein Mädchen auf der Rennbahn nichts zu suchen. Vor allem Joannas Mutter wünscht sich, dass ihre hübsche Tochter eine Karriere als Fotomodell einschlägt. Als Joanna und ihr Bruder Rick bei einem Reitturnier verunglücken und Rick an den Folgen seiner Verletzungen stirbt, schicken die Eltern sie in die Schweiz aufs Internat. Joanna, die der Tod ihres Bruders völlig aus der Bahn geworfen hat, fügt sich, doch als sie bald darauf ihren ersten Modeljob in Paris ergattert, merkt sie, wie wenig sie sich in der oberflächlichen Glitzerwelt der Modeszene zu Hause fühlt. Sie nimmt einen Job als Pferdepflegerin an und bekommt prompt die Ablehnung ihrer Eltern zu spüren. Erst als ein weiterer Schicksalsschlag die Familie trifft und die Zukunft von Kingsford Lodge auf dem Spiel steht, erhält Joanna endlich die Chance, sich in ihrem Traumberuf zu beweisen.

Die Autorin

Anne McCullagh Rennie, geborene Britin, studierte Gesang, Violine und Klavier in London und Wien und arbeitete als Konzertmanagerin, bevor sie ihren zukünftigen Ehemann kennenlernte und ihm in seine Heimat Australien folgte. Erst hier entdeckte sie das Schreiben für sich. Nach *Weites Land der Träume* und *Das Lied der Honigvögel* ist *Wohin der Wind uns trägt* ihr dritter Roman im Diana Taschenbuch.

ANNE MCCULLAGH RENNIE

Wohin der Wind uns trägt

Roman

Aus dem Englischen von Karin Dufner

Diana Verlag

Die Originalausgabe erschien unter dem
Titel *Ride With the Wind*
bei Simon & Schuster Australia.

MIX
Papier aus verantwortungsvollen Quellen
FSC® C014496
FSC
www.fsc.org

Verlagsgruppe Random House FSC-DEU-0100.
Das für dieses Buch verwendete
FSC®-zertifizierte Papier *Holmen Book Cream*
liefert Holmen Paper, Hallstavik, Schweden.

Vollständige Taschenbuchneuausgabe 09/2011

Published by arrangement with Anne McCullagh Rennie
Dieses Werk wurde vermittelt durch die
Literarische Agentur Thomas Schlück GmbH, 30827 Garbsen

Umschlagmotiv | © photolibrary/Corbis
Umschlaggestaltung | t.mutzenbach design, München
Herstellung | Helga Schörnig
Satz | Leingärtner, Nabburg
Druck und Bindung | GGP Media GmbH, Pößneck

Printed in Germany
978-3-453-35578-1

www.diana-verlag.de

Für Jim, Patsy und Ellie:
Ihr seid der Mittelpunkt meines Lebens.

TEIL EINS

1

Joanna Kingsford stieg im Sattelschuppen der Royal-Randwick-Rennbahn von Sydney auf Magic Belles Rücken und verspürte ein vertrautes, aufregendes Prickeln. Es war Mittwoch, der zehnte Juli 1974, fünf Uhr zwanzig morgens. Auf den Tag genau vor fünf Monaten hatte sie angefangen, als Bereiterin für ihren Vater Charles Oliver Kingsford zu arbeiten. Er zählte zu Australiens führenden Pferdetrainern.

Trotz des frühmorgendlichen Halbdunkels ging es in den Ställen bereits geschäftig zu, und Jo liebte diese Atmosphäre. Pferde schnaubten, die Atemluft quoll ihnen in bleichen Wolken aus den geweiteten Nüstern. Hufe klapperten auf dem Pflaster, und Zaumzeug klirrte an den Eisengeländern der Boxen. Dort warteten die Pferde darauf, von den Pferdepflegern gesattelt und anschließend bewegt zu werden. Während der Stallmeister den Reitern die Anweisung zum Aufsitzen gab, waren Pferdepfleger damit beschäftigt, die von der Rennbahn zurückgekehrten Tiere mit Wasser abzuspritzen, bis dicke Dampfwolken von ihren straffen Leibern aufstiegen und sich ihr schimmerndes Fell durch die Feuchtigkeit dunkel verfärbte.

Vergnügt sog Jo den Duft frischen Heus ein, der sich mit dem warmen Pferdegeruch mischte. Dann trieb sie die nervöse kastanienbraune Vollblutstute vorwärts und redete dabei beruhigend auf sie ein. Magic Belle war das dritte von vier Pferden, die Jo an diesem Morgen bewegen musste, und außerdem ihr Liebling unter den sechsundachtzig Tieren, die die berühmte Kingsford Lodge ihr Zuhause nannten.

Die Flanken der zweijährigen Stute schimmerten geheimnisvoll in der Morgendämmerung, und dank der großen weißen Blesse und den weißen Fesseln auf der linken Seite war die Stute deutlich von ihren nur schemenhaft auszumachenden Artgenossen zu unterscheiden.

»Lässt Daddy sein Töchterlein wieder reiten?« Das höhnische Raunen kam von einem etwa zwanzigjährigen Reiter, der sich zu dicht an Magic Belle vorbeidrängte. Die junge Stute wurde unruhig. Hawk war ein schmuddeliger Gelegenheitsarbeiter und hatte schon häufiger bei Charlie ausgeholfen. Er wollte sich wohl für den Korb revanchieren, den Jo ihm gegeben hatte. Sie achtete jedoch nicht auf seine Sticheleien.

Die sechzehnjährige Jo war ein ganzes Stück größer als der zu kurz geratene, gehässig dreinblickende Bereiter und hatte noch ein bisschen Babyspeck auf den Rippen. Aus ihrem ovalen Gesicht strahlten eindringlich zwei dunkelviolette Augen, die von dunklen Schatten betont wurden. Ihren nachlässig geflochtenen aschblonden Zopf hatte sie achtlos unter die Reitkappe geschoben.

Jo strahlte – insbesondere in der Nähe von Pferden – eine überschäumende Lebensfreude aus. Das Reiten, die Pferde und die Arbeit auf der Rennbahn waren ihr Ein und Alles. Nun warf sie den Kopf zurück und lenkte Magic Belle um einen dampfenden Haufen Pferdeäpfel herum und auf Linda zu, die an diesem Morgen ihre Partnerin sein würde.

Linda hielt Jillaroo, eine sanfte braune Stute, am Zügel, und plauderte gerade angeregt mit Jos Zwillingsbruder Rick. Dieser ließ sich nicht von den Mätzchen seines Reittieres stören. Prestigee, ein aufmüpfiger Dreijähriger, tänzelte herum, warf den Kopf hin und her und kaute an der Trense. In sicherem Abstand zu dem großen schwarzen Hengst blieb Jo stehen und rief nach Linda, die rasch in den Sattel stieg und näher kam.

»Glaubst du, du kannst sie halten, Schwesterherz?«, hänselte Rick und grinste Jo frech an, ehe er sich wieder Linda zuwandte und sein Pferd mit einem Zungenschnalzen antrieb.

»Das fragst ausgerechnet du! Bella macht mir keine Probleme«, erwiderte Jo, wobei sie den Stallnamen des Pferdes benutzte. »Wenigstens geht sie nicht ständig durch und hat keine vier linken Hufe.«

Noch während sie das sagte, musste Rick Prestigee beruhigen, da der Hengst aus dem Tritt gekommen war.

Prestigee war dafür berüchtigt, dass er immer sofort losstürmte, um die Bahnarbeit so schnell wie möglich hinter sich zu bringen. Bei einer langsameren Gangart stolperte er hingegen gern über die eigenen Hufe. Wenn er jedoch in einem Rennen die Möglichkeit zum Galopp erhielt, war er das trittsicherste Pferd, das man sich vorstellen konnte, und ließ die Konkurrenten mühelos hinter sich zurück. Dennoch musste er stets von einem Reiter mit Begleitpony auf die Rennbahn geführt werden.

Lachend ließen Jo und Linda Rick und seinem Begleiter den Vortritt und folgten ihnen in sicherem Abstand.

Eine eiskalte Brise schlug Jo ins Gesicht, während die kleine Gruppe auf die Allwetterbahn von Randwick zusteuerte. Der Wind drang durch ihre hellgraue Trainingsjacke und zerrte an ihren Beinen, die in engen Jeans und kniehohen Lederstiefeln steckten. Gesprächsfetzen der anderen Reiter drangen Jo ans Ohr, als sie mit ihren Begleitern über die dunkle Aschenbahn ritt. Die weißen Begrenzungszäune zu beiden Seiten leuchteten ihr aus dem Halbdunkel entgegen. Der Cheftrainer brüllte eine Anweisung. Jo rief einen Gruß hinüber. Wie immer übertrug sich die Energie von Pferden und Reitern sofort auf sie.

Am anderen Ende der großen dunklen, von riesigen Stadionflutlichtern nur teilweise erleuchteten Fläche sah Jo schemenhaft ein paar sich rasch bewegende Schatten. Als Linda mit ihr die Kreuzung bei der Halbmeilen-Markierung erreichte, blieben sie stehen. Aus der Dunkelheit tauchten die Jockeys auf, tief über die Hälse ihrer Pferde gebeugt. Mit donnernden Hufen preschten sie vorbei und verschwanden wieder im Grau der Dämmerung. Die keuchenden Atemzüge der Pferde waren fast so laut wie der Rhythmus ihrer Hufschläge.

Kaum waren sie vorüber, bewegten die beiden Mädchen ihre Tiere zügig über die weiche Asche und steuerten auf die Trabstrecke in der Mitte des Rennplatzes zu, wo die Pferde ihre Aufwärmübungen absolvieren sollten.

Obwohl heute eigentlich der ruhigste Tag der Woche war, herrschte ein ungewöhnlich geschäftiges Treiben. Jo und Linda trabten mit ihren Pferden gegen den Uhrzeigersinn um die Bahn, eine Übung, die Bella stets ein wenig nervös machte. Jos linke Hand umfasste die Zügel fester, als die Stute vor zwei Artgenossen scheute, die gerade dampfend von der Rennstrecke zurückkehrten. Sie beugte sich vor, tätschelte Bella mit der behandschuhten Hand und redete besänftigend auf sie ein. Die beiden Mädchen trabten nebeneinander in gleichmäßigem Tempo weiter die Bahn entlang.

Jo verliebte sich damals auf den ersten Blick in Magic Belle, die als magerer, nervöser Jährling in die Kingsford Lodge gekommen war. Schon als kleines Kind verbrachte das Mädchen viel Zeit in den weltberühmten Ställen ihres Vaters und übernahm ganz automatisch viele von Charlies Methoden im Umgang mit Pferden und ihren unterschiedlichen Eigenschaften. Ehrfürchtig und bewundernd hatte sie beobachtet, wie Charlie das verängstigte Fohlen von einer Auktion mit nach Hause brachte und dem Tier beim Eingewöhnen half. Er förderte Magic Belles Vertrauen und kümmerte sich um ihre körperlichen Belange. Nun war sie zwar noch immer ziemlich launisch, aber sonst eine gesunde, aufmerksame Zweijährige. Und als Charlie Jo vor sechs Wochen erlaubt hatte, mit Bella die langsame Bahnarbeit zu beginnen, konnte diese ihr Glück kaum fassen.

»Wenn du es schaffst, sie in einem langsamen Tempo aufzubauen, gehört sie dir«, hatte ihr Vater ihr versprochen. Jo traute ihren Ohren nicht, denn sie wussten beide, dass diesem Pferd eine große Zukunft bevorstand.

Von diesem Tag an waren das Mädchen und das Pferd ein Herz und eine Seele. Magic Belle befolgte Jos Kommandos aufs Wort, während Jo die Marotten der Fuchsstute durchschaute und mit ihrer lebhaften Art gut zurechtkam.

Sie bewegte zusammen mit Linda die Pferde weiter über die Bahn und war froh, dass man wegen des Dämmerlichts das stolze Funkeln in ihren dunkelvioletten Augen nicht sehen konnte. Die unerledigten Hausaufgaben, die schlechten Noten und das Nachsitzen, weil sie im Unterricht eingeschlafen war – das alles war schlagartig vergessen. Jo hatte ihre Bestimmung gefunden, ihre große Liebe. Es war ihr Traum, einmal Australiens berühmteste Pferdetrainerin zu werden. Die Bahnarbeit hatte sie der Erfüllung dieses Traums einen gewaltigen Schritt näher gebracht, und da Jo starrsinnig wie eine echte Kingsford war, weigerte sie sich einzusehen, dass die Rennbahn eine reine Männerwelt war, in der es für weibliche Trainer keinen Platz gab. Schließlich hatte sie seit ihrem zweiten Lebensjahr einem der besten Trainer bei der Arbeit zugesehen und den Großteil ihrer Kindheit unter den wachsamen Augen der Pferde verbracht. Bei dem Spruch, dass Frauen in der Küche besser aufgehoben seien als auf der Rennbahn, hätte sie jedes Mal aus der Haut fahren können.

Zum wohl hundertsten Mal stellte Jo sich vor, wie Magic Belle beim wichtigsten australischen Pferderennen, dem Melbourne Cup, über die Zielgerade galoppierte. Aufgeregt sah sie vor sich, wie Belle voranstürmte, ihre letzten Kräfte mobilisierte und ihren Vorsprung vor den übrigen Pferden vergrößerte. Auf dem Rücken des Jockeys leuchteten die Kingsford-Farben, und Jo spürte förmlich, wie das sanfte Pferd sich bemühte, das Letzte zu geben. Gebannt verfolgte sie, wie Bellas Schritte raumgreifender wurden, und feuerte ihr Pferd aus Leibeskräften an, das, begleitet vom donnernden Jubel der Menge, auf die Zielgerade bog. Ehrfürchtig sah das Publikum zu, wie Bella den Abstand zum Feld in den so wichtigen letzten Sekunden vergrößerte und mit einer klaren Kopflänge Vorsprung über die Ziellinie preschte. Ihren Hut in der Hand, sprang Jo von ihrem Platz auf der Teilnehmertribüne auf und griff nach Magic Belles Zügeln, um sie und ihren Jockey siegreich in die Ehrenrunde zu führen. Freudentränen liefen ihr übers Gesicht. Sie hielt den prachtvollen goldenen Pokal hoch, damit auch alle ihn sehen konnten. Und ihr Vater, Charles Oliver Kingsford, der größte aller australischen Trainer, trat mit stolzer Miene nach vorn, um ihren Triumph vor den Augen der applaudierenden Zuschauer mit ihr zu teilen.

Allein die Vorstellung ließ Jos Herz schneller schlagen. Magic Belle, die ihre Aufregung spürte, begann zu tänzeln. Mit einem Seufzer kehrte Jo in die Gegenwart zurück und widmete sich wieder den Aufwärmübungen.

»Hat Rick dich schon gefragt, ob du mit ihm ausgehen willst?«, erkundigte sie sich bei Linda.

Die Mädchen schickten sich an, die Bahn zum zweiten Mal zu umrunden. Die Steigbügel waren so hoch an Bellas Flanken gegurtet, dass Jos Knie beinahe ihre Brust berührten.

»Mehr oder weniger«, erwiderte die dunkelhaarige Siebzehnjährige mit einem verlegenen Lachen.

»Wirst du ja sagen? Du weißt doch, dass er verrückt nach dir ist.«

Der herzallerliebste Rick. Linda war das erste Mädchen, in das sich ihr eingebildeter Bruder ernsthaft verliebt hatte, und es störte ihn überhaupt nicht, dass sie fast zwei Jahre älter war und ihn um einen guten Kopf überragte. Auch Linda schien das nichts auszumachen.

Gerade in diesem Moment kam Rick vorbeigetrabt. Die Zügel spannten sich, als Prestigee den Kopf zur Seite drehte und sich gegen Ricks Kommando wehrte. Obwohl Rick nur drei Minuten älter war als Jo, war er für sie stets der große Bruder gewesen. Von Geburt an hatten sie beide genau gewusst, was der andere dachte, und so hatte Jo ihm nicht eigens zu erzählen brauchen, dass die Arbeit auf der Rennbahn ihr großer Traum war. Er verstand sie. Ganz im Gegensatz zu Bertie, dem Ältesten der drei Kingsford-Geschwister, der immer launisch und eifersüchtig war. Mit seinen neunzehn Jahren studierte er Jura an der Universität von Sydney, verspottete Jo aber weiterhin wegen ihrer Liebe zu Pferden und fand es albern, dass die Zwillinge ihrem Vater im Stall zur Hand gingen.

Jo würde nie begreifen, warum Bertie den Beruf so verachtete, dem er sein angenehmes Leben – das gesellschaftliche Ansehen, eine akademische Ausbildung und einen großzügigen Monatsscheck – verdankte. Doch am meisten erboste es sie, dass er ständig die Meinung ihrer Mutter nachbetete, Jo solle sich eine weiblichere Beschäftigung suchen. Turnierspringen oder Ponyreiten wäre ja noch akzeptabel – aber richtige Pferderennen seien doch zu viel des Guten. Jo hingegen konnte die Weiblichkeit gestohlen bleiben, denn sie liebte das geschäftige Treiben auf der Rennbahn.

Jo hatte ihren Vater angefleht, bei der Ausbildung der Pferde helfen zu dürfen, sobald sie sechzehn wurde. Der Einwand, dass es für sie auf der Rennbahn keine Zukunft gab, verhallte dabei ungehört. Und schließlich hatte es Rick – mit seinem schalkhaften Grinsen, dem blonden Haar und den dunkelvioletten Augen, die ihren glichen wie ein Ei dem anderen – geschafft, Charlie zu überreden. Rick hatte Jos angeborenes Talent im Umgang mit Pferden erkannt und wusste, dass sie die besseren Voraussetzungen zur Trainerin hatte. Obwohl die Geschwister davon ausgingen, dass Rick einmal als Chef der Kingsford Lodge in die Fußstapfen seines Vaters treten würde, war er sich darüber im Klaren, dass Jo über mehr Einfühlungsvermögen, Verständnis für die Tiere und eine größere Liebe zum Detail verfügte. Auch Charlie sah das natürliche Talent seiner Tochter, nahm es jedoch nicht wirklich ernst, da sie ein Mädchen war. Aber zu Jos großer Freude hatte er drei Wochen nach ihrem sechzehnten Geburtstag endlich nachgegeben.

Das schrille Gelächter der Kookaburras kündigte den Sonnenaufgang an, als Jo und Linda schließlich über die Sandbahn trabten. Jo hielt sich zwischen der inneren Begrenzung und Jillaroo, wo Bella sich sicherer fühlen würde, wenn andere Pferde vorbeipreschten. Sie ließ sich von den rhythmischen Bewegungen des Tieres wiegen. Ihre Wangen prickelten in der kalten Luft, und ihre Augen tränten. Wie immer, wenn ihr Ausritt mit Bella sich dem Ende zuneigte, wurde sie von einer leisen Wehmut ergriffen. Sie konnte hören, wie ihr Vater vom Beobachtungsturm Anweisungen herunterrief, einem achteckigen hohen Gebäude in der Mitte der Rennbahn, von dem aus die Trainer ihren Pferden und Reitern bei der Arbeit zusahen. Jo seufzte. Nur noch eine Runde, dann würde sie Bella an Archie übergeben müssen, den Chefjockey ihres Vaters. Dieser würde die schnelle Bahnarbeit übernehmen, denn am Freitag sollte die Stute zum ersten Mal bei einem Rennen antreten.

Langsam stieg die Sonne am Horizont auf und versuchte, sich gegen die Stadionbeleuchtung zu behaupten. Das Traben linksherum schien Bella immer noch nicht zu behagen. Dicht an der Bande ließ Jo sie langsamer gehen. Vom Boden stieg kalter Dunst empor und die daraus auftauchende riesige graue Silhouette entpuppte sich als die Tribüne von Royal Randwick. Rick stürmte auf Prestigee vorbei, den das schnellere Tempo jetzt am Durchgehen hinderte. Jo lächelte ihrem Bruder zu und achtete dabei aufmerksam auf Veränderungen in Bellas Trabrhythmus. Wenige Schritte vor ihr geriet Prestigee wieder einmal ins Straucheln.

»Dieses Pferd hat wirklich vier linke Hufe. Wer es nicht kennt, könnte glauben, es lahmt«, dachte Jo. Sie spürte, dass Rick etwas aus dem Konzept geraten war.

Plötzlich flog ein Spatz aus dem Gras auf. Bella scheute zur Seite, drängte gegen Jillaroo. Gerade noch rechtzeitig riss Linda ihr Pferd herum und vermied so eine Kollision. Im nächsten Moment machte Jos Herz einen Satz, denn aus dem Dunst kam ein reiterloses Pferd direkt auf sie zugerast. Jo bohrte Bella die Fersen in die Flanken, um sie aus der Bahn des außer Kontrolle geratenen Tieres zu bringen. Aber der

Anblick des auf sie zustürmenden Pferdes war zu viel für die bereits nervöse Bella, die ängstlich die Ohren anlegte und mit einem schrillen Wiehern durchging. Nicht in der Lage, sie zurückzuhalten, klammerte Jo sich an den Rücken der Stute und krallte die Finger in die kastanienbraune Mähne, während Bella endlich einmal zeigte, was in ihr steckte. Mit wehendem Schweif galoppierte sie auf Rick und Prestigee zu, sodass sich der Abstand zwischen ihnen von Sekunde zu Sekunde verringerte.

»Rick! Pass auf«, schrie Jo, aber ihre Stimme wurde vom Wind davongetragen. Sie waren schon kurz hinter ihm.

Rick, der Jos Todesangst spürte, warf einen kurzen Blick über die Schulter und sah Bella mit weit aufgerissenen Augen auf sich zu stürmen. Wieder strauchelte Prestigee. Mit einem Fluch riss Rick den Kopf des Pferdes heftig herum, um zu verhindern, dass er abgeworfen wurde – und verlor das Gleichgewicht. Die nächsten Sekunden würden Jo für den Rest ihres Lebens im Gedächtnis bleiben und liefen ab wie in Zeitlupe. Beinahe unbeteiligt sah sie, wie der Hengst zum dritten Mal aus dem Tritt kam und Bella direkt in ihn hineinraste. Rick wurde wie eine Puppe aus dem Sattel geschleudert und stürzte mit Prestigee zu Boden, während Bella über beide hinwegstürmte. Durch den Aufprall wurde Jo in die Luft gehoben. Sie hörte Knochen splittern, als Bella auf Prestigee stürzte. Die beiden Pferde traten panisch mit den Hufen um sich. Im nächsten Moment prallte Jo gegen die Bahnbegrenzung. Ein scharfer Schmerz durchschoss ihre Schulter, und sie schmeckte Blut im Mund, bevor sie das Bewusstsein verlor.

Der berühmte Pferdetrainer Charlie Kingsford, ein gedrungener, selbstbewusst wirkender Mann, ließ Red Star vor dem Beobachtungsturm auf der Asche im Kreis gehen, während die Umrisse von Reitern, Pferdepflegern und Trainern in der Morgendämmerung allmählich Gestalt annahmen. Um Charlies Hals hing ein starkes Fernglas, und er hatte den Kragen seiner dicken Jacke gegen die Kälte hochgeklappt. Auf seinem Kopf saß ein ausgefallener Hut, eine modische Marotte, die er sich zu Beginn seiner Karriere angewöhnt hatte und die inzwischen sein Markenzeichen geworden war. Gerade rief er einem Pferdepfleger zu, er solle dem Bereiter beim Aufsteigen helfen. Nachdem er in barschem Ton einige Anweisungen gegeben hatte, ging er zu Archie hinüber, der lässig am Geländer des Beobachtungsturms lehnte und in seinem breiten schottischen Akzent mit einem anderen Reiter plauderte.

Der Vormittag entwickelte sich prächtig. Rick war beim Traben großartig mit dem störrischen Prestigee zurechtgekommen. Prestigee war zwar dafür berüchtigt, einfach loszulaufen, um die Bahnarbeit hinter sich zu bringen, aber er war ein vielversprechendes Pferd und errang bei Provinzrennen bereits einige Siege. Rick hatte mit ihm alle Hände voll zu tun, trotzdem arbeiteten Pferd und Reiter an diesem Morgen gut zusammen.

Mein Gott, wie er diesen Jungen liebte! Vor Stolz wurde Charlie ganz warm ums Herz. Er setzte große Hoffnungen in Ricks Zukunft als nächstes Oberhaupt der Kingsford-Dynastie. Wie anders war da sein älterer Bruder Bertie! Charlie zog ein Gesicht. Die Enttäuschung, dass sein ältester Sohn sich nicht für das Trainieren von Pferden interessierte, würde er wohl nie überwinden, auch wenn er sich wohl oder übel damit abfinden musste. Er war auf Berties Wünsche eingegangen und ließ ihn an der Universität studieren. Alle drei seiner Kinder sollten eine gute Schulbildung erhalten – etwas, das Charlie selbst verwehrt geblieben war. Rick erfüllte all seine Erwartungen, und seine Liebe zu den Rennpferden war nicht zu übersehen. Von plötzlicher Rührung ergriffen, nahm Charlie ein malvenfarbenes, seidenes Taschentuch heraus, putzte sich die Nase damit und steckte es wieder weg.

Auch Jo hatte sich heute Morgen als erstaunlich tüchtig im Umgang mit Magic Belle erwiesen. Obwohl das Pferd als

Fohlen nicht sehr ansehnlich gewesen war, hatte Charlie es wegen seines beeindruckenden Stammbaums und aus dem instinktiven Gefühl heraus gekauft, dass es sich gewiss prächtig entwickeln würde. In den letzten sechs Wochen hatte sich Bella unter Jos Anleitung bei der langsamen Bahnarbeit wacker geschlagen. Inzwischen waren Mädchen und Pferd ein Herz und eine Seele, und Charlie konnte nicht leugnen, dass seine Tochter Talent hatte. Wenn sie doch nur ein Junge wäre! Sie würde sicher mit der Zeit zur Vernunft kommen. Nach dem Mannequinkurs, in den Nina sie unbedingt stecken wollte, würde sie bald einen netten Mann, einen Arzt, Tierarzt oder Anwalt, kennenlernen, heiraten und ihren Gatten in Kanzlei oder Praxis unterstützen.

»Jo reitet Magic Belle. Wenn sie kommt, nimm das Pferd mit zur Dreiviertelmeilen-Markierung und lass es die letzten beiden Runden bis zum Stall galoppieren«, meinte Charlie zu Archie. »Wo bleibt denn das Mädchen?«

Er hob sein Fernglas und ließ den Blick über die dunstige Bahn schweifen. Plötzlich setzte sein Herz einen Schlag aus. Das war doch Prestigee – ohne Reiter –, der da direkt auf das grasige Gelände zusteuerte.

»Haltet das Pferd auf!«, rief Charlie und wies auf das fliehende Tier. Wo zum Teufel steckte nur Rick?

Mit dem Fernglas blickte er in die andere Richtung. Keine Spur von Bella und Jo. Plötzlich schnürte es ihm die Kehle zu. Er hörte über sein Funkgerät die Stimme des Rennbahnaufsehers und sah einen Krankenwagen über die angrenzende Bahn rasen, gefolgt vom Notfallwagen für Pferde. Außer sich vor Angst rannte Charlie den Fahrzeugen nach.

Der Rennbahnaufseher verließ seinen Posten oben auf dem Hügel sofort im Eilschritt, nachdem er die Kollision von Bella und Prestigee beobachtet hatte. Der Anblick der verheerenden Folgen des Unfalls ließ ihn nach Luft schnappen. Jo lag zusammengesackt neben der Bahnbegrenzung. Sie war aschfahl, und an der Stelle, wo sie mit dem Gesicht gegen das Holz geprallt war, hatte sie einen langen Riss in der Haut. Rick lag einige Meter von ihr entfernt. Sein Arm war in einem unnatürlichen Winkel verdreht, und aus seiner gebrochenen Nase rann Blut.

Nachdem der Aufseher sich vergewissert hatte, dass beide noch atmeten, drückte er Rick ein Taschentuch an die Nase. Dabei behielt er stets Bella im Auge, die immer noch panisch mit den Beinen schlug und sich auf Jo zu wälzen drohte. Mit schmerzgeweiteten Nüstern versuchte die Stute vergeblich, sich aufzurichten. Jedes Mal, wenn ein anderes Pferd vorbeilief, rollte sie voller Angst mit den Augen, und ihre Beine mit den weißen Fesseln ruderten ohnmächtig in der Luft. Von Prestigee fehlte jede Spur.

»Hierher, er blutet sehr stark!«, rief der Aufseher den Sanitätern zu, die auf die Zwillinge zueilten. Nachdem diese das Kommando übernommen hatten, widmete er sich mit einem erleichterten Seufzer dem verletzten Pferd. Inzwischen waren zwei weitere Reiter aufgetaucht, und während einer Bella am Kopf festhielt, verständigte der Aufseher den Tierarzt.

Schließlich traf Charlie, schwer atmend vom Laufen, am Unfallort ein und sah entsetzt zu, wie der leitende Sanitäter rasch neben Rick in die Knie ging und ihn auf Lebenszeichen untersuchte. Er deckte ihn zu und begann, die Blutung zu stillen.

»Am besten kümmern wir uns zuerst um ihn«, wies er seinen Kollegen an. »Verdacht auf Kopfverletzungen.«

»Wird gemacht. Hier, nehmen Sie das und decken Sie die andere Verletzte zu«, befahl er Charlie und hielt ihm eine Decke hin. »Aber Sie dürfen sie nicht bewegen.«

Mit zitternden Händen nahm Charlie die Decke entgegen. »Passen Sie gut auf den Jungen auf. Er ist mein Sohn.«

Mitleid zeigte sich auf dem Gesicht des Sanitäters.

»Wir tun unser Bestes, Sir.«

Charlie fühlte sich wie in einem bösen Traum, als er die Decke über die zierliche Gestalt seiner Tochter breitete. Die dunkelvioletten Schatten unter den geschlossenen Lidern wirkten fast schwarz, und ihre Lippen hatten die Farbe von Pergamentpapier. Er hatte genug Reitunfälle gesehen, um zu wissen, welch schwere Verletzungen man sich bei einem solchen Sturz zuziehen konnte. Außerdem war ihm klar, dass der Schock die größte Gefahr bedeutete. Wenn man nicht sofort etwas dagegen unternahm, konnte der Verletzte sterben, bevor er das Krankenhaus erreichte. Charlie erschien ganz ruhig – so, als leiste er bei einem ganz gewöhnlichen Unfall Erste Hilfe. Sicher war alles nur ein böser Traum, und er würde jeden Moment in der Sattelkammer aufwachen, wo er alle zu ihrer fleißigen Arbeit beglückwünschte.

Nachdem der Sanitäter Rick eine Halskrause angelegt hatte, bandagierte er seine Schulter, um diese sowie seinen Hals ruhig zu stellen und so das Risiko weiterer Wirbelsäulenverletzungen zu verringern. Wegen des Verdachts auf Kopfverletzungen nahm er ihm die Reitkappe nicht ab. Dann wurde der Bewusstlose auf eine Trage gelegt und in den Krankenwagen gehoben. Möglicherweise gab es auch innere Blutungen, deshalb mussten beide Unfallopfer so schnell wie möglich ins Krankenhaus gebracht werden.

»Vielen Dank«, sagte einer der Sanitäter zu Charlie, der ihm Platz machte, damit er Jo versorgen konnte. Allerdings blieb er ängstlich in der Nähe stehen und kam sich schrecklich überflüssig vor. Die Sorge hatte tiefe Falten in seine sonnengebräunten Wangen gegraben.

»Gehen Sie, und setzen Sie sich zu Ihrem Sohn«, schlug der Sanitäter vor. Sie machten Jo transportfertig.

Das Mädchen wurde auf die Trage gebettet. Sie stöhnte leise und schlug für einen Moment die Augen auf. Für einen kurzen Augenblick war Charlie erleichtert, doch schon in der nächsten Sekunde legte sich ihm eine eiskalte Hand ums Herz, als er in den Krankenwagen stieg und Ricks graues, regloses Gesicht sah. Er schien kaum zu atmen.

»Bitte, lieber Gott, lass sie beide am Leben«, murmelte Charlie. Warum war er nur damit einverstanden gewesen, die Zwillinge auf der Rennbahn arbeiten zu lassen? Schließlich kannte er die Risiken und hatte unzählige Male miterlebt, wie schwer ein Jockey sich verletzen konnte. Er hätte auf Ninas Warnungen hören sollen.

»Mr Kingsford, ich fürchte, wir können das Pferd nicht retten.«

Verwirrt blickte Charlie in das Gesicht des Rennbahntierarztes. Vor lauter Entsetzen und Bestürzung hatte er Magic Belle völlig vergessen – das Pferd, das ihm eigentlich hätte Glück bringen sollen. Er schaute zu der Fuchsstute hinüber. Inzwischen hatte sie sich mühsam aufgerappelt und stand auf drei Beinen. Das vierte baumelte schlaff vom Rumpf. Charlie wusste genau, welche Schmerzen sie litt.

»Tu, was du tun musst, Jack«, entgegnete er dem Tierarzt mit einem traurigen Nicken, bevor sich die Türen des Krankenwagens schlossen. Pferde ließen sich ersetzen, aber nicht das eigene Fleisch und Blut. Warum war er nur so ein leichtsinniger Narr gewesen? Er warf einen kurzen Blick aus dem Fenster und sah die Stute zu Boden sinken. Jack hatte sie rasch von ihrem Leiden erlöst.

Charlie streckte die Hand nach Ricks Wange aus. Lieber Gott, mach, dass meine Kinder überleben.

Der Krankenwagen verließ die Rennbahn von Randwick, und am Horizont erschien in goldener Pracht die Morgensonne.

2

Nina Kingsford zog ihr rosa Bettjäckchen aus Angora fester über den Schultern zusammen. Nachdem sie ihr kastanienbraunes Haar glatt gestrichen und den Träger ihres elfenbeinfarbenen Nachthemdes aus Satin zurechtgerückt hatte, schenkte sie sich eine Tasse des frisch gebrühten Kaffees ein. Die edle Porzellankanne stand auf einem Frühstückstablett, das die Haushälterin gerade auf ihrem Schoß abgestellt hatte. Die Golduhr auf dem marmornen Kaminsims – ein relativ neues Geschenk von Charlie – schlug zehn Uhr.

Nina gab zwei Stückchen Süßstoff und einen großen Klecks Schlagsahne in ihre Tasse, rührte zweimal um, steckte den schaumigen Löffel in den Mund und leckte ihn ab. Dann tunkte sie mit einem wohligen Seufzer ein kleines Stück Toast in ihren Kaffee und verfütterte es an den wuscheligen weißen Pudel, der eifrig japsend neben ihr auf dem Doppelbett lag.

»Das ist für dich, Suzie Wong, Mamis kleiner Liebling. Sorgt Jackie nicht wundervoll für uns?«, meinte sie lächelnd, streichelte das Hündchen und spielte ein wenig an dem rosafarbenen Satinband in seinem lockigen Fell herum.

Mit einundvierzig war Nina Kingsford noch immer eine schöne Frau, deren Haut selbst ungeschminkt in jugendlichem Glanz schimmerte. Unter dunkel nachgezogenen Brauen funkelten verführerische braune Augen, und ihre hohen Wangenknochen waren zart gebräunt. Neben ihr auf dem Nachtkästchen lagen, achtlos hingeworfen, einige Schmuckstücke, unter anderem ein schwerer Ring mit Saphiren und Diamanten, eine Kette aus massivem Gold und zwei goldene Armbänder.

»Jackie, könnten Sie den Vorhang ein kleines Stück schließen? Vielen Dank, meine Liebe. Die Sonne ist uns beiden heute Morgen ein wenig zu grell«, sagte Nina zu ihrer Haushälterin, einer kleinen, dunkelhaarigen Frau Ende vierzig.

Diese hatte gerade die bunt geblümten Vorhänge zurückgezogen und war damit beschäftigt, die dicke grüne Kordel an dem vergoldeten Ring an der Wand zu befestigen.

»Ach, und suchen Sie mir bitte die Gesellschaftsseite heraus. Diese Zeitungen sind immer so schrecklich unhandlich.« Nina bestrich ein Stück Toast mit Butter und biss ein winziges Stück ab.

Jackie befolgte die Anweisungen bereitwillig, denn sie arbeitete gern bei den Kingsfords. Da Mr Kingsford die Zufriedenheit seiner Frau über alles ging, bezahlte er Jackie ein kleines Vermögen für ihre Dienste, und sie konnte in dem schönen Anwesen in Coogee, einem schicken Vorort im Osten Sydneys, nach Belieben schalten und walten. Außerdem genoss Jackie die Gesellschaft der Reichen und Berühmten, die bei den Kingsfords verkehrten.

»Wenn Sie noch etwas brauchen, Mrs Kingsford, rufen Sie mich einfach. Sie haben um Viertel nach elf einen Friseurtermin. Ihre Kleider sind gebügelt und liegen bereit. Sie brauchen nur noch einen passenden Hut auszusuchen«, ging sie lächelnd mit ihrer Arbeitgeberin den Ablauf des Vormittags durch. »Ach, und ich habe Frank gebeten, den Bentley zu waschen.«

»Sie sind ein Organisationsgenie, Jackie. Ich muss mich um überhaupt nichts kümmern«, erwiderte Nina und leckte sich die manikürte Fingerspitze. Sie war bereits in die Gesellschaftsseite des *Sydney Morning Herald* vertieft, auf der sie nach ihrem Foto suchte.

»Da bin ich ja«, rief sie erfreut und deutete mit einem grellroten Fingernagel auf ein Foto, während sich die Tür leise hinter Jackie schloss. »So ein Mist. Ich hätte einen größeren Hut aufsetzen sollen. Diese grässliche Angela Bagot drückt mich buchstäblich an den Rand.«

Schmollend wie ein verwöhntes Kind, lehnte sie sich wieder zurück. Doch beim Gedanken an das Mittagessen hellte sich ihre Stimmung wieder auf. Zumindest stand heute kein Krankenhausbesuch mit Blumen und Pralinen bei einem von Charlies langweiligen Jockeys auf dem Programm, denn erstaunlicherweise hatte es seit über zwei Monaten keinen Unfall mehr auf der Rennbahn gegeben.

Auf ihrem Nachttisch schrillte das Telefon mit dem goldenen und elfenbeinfarbenen Dekor.

»Hallooo«, säuselte Nina, während sie sich ausmalte, wie sie wohl in ihrer neuesten Pariser Kreation aussehen würde. Als sie die Stimme ihres Mannes hörte, wurde ihr Tonfall vorwurfvoll. »Ich dachte, wir würden zusammen frühstücken, Charlie. Warum bist du noch nicht zu Hause? Es ist schon schrecklich spät, und wir wollten doch noch ein bisschen Spaß haben, bevor ich wegmuss.«

Charlie beherrschte mühsam seine Stimme.

»Neene, ich rufe aus dem Krankenhaus an«, sagte er ruhig.

Nina stöhnte auf.

»Bitte verlange nicht von mir, dass ich wieder einen deiner Jockeys besuche. Ich bin heute zu einem wichtigen Mittagessen eingeladen. Alle werden da sein.« Sie sank zurück in die Kissen und hörte Charlie nur mit halbem Ohr zu.

Wie ärgerlich. Sicher würde Charlie darauf bestehen, sodass sie früher gehen musste. In diesem Fall würde sie die große Schmuckpräsentation verpassen.

Charlies Stimme klang gepresst und künstlich ruhig. Er legte sich seine Worte sorgfältig zurecht und machte sich auf den unvermeidlichen hysterischen Ausbruch gefasst.

»Hör mir gut zu, Neene. Es geht nicht um einen meiner Jockeys, sondern um Jo und Rick. Sie haben einen kleinen Unfall gehabt, sind aber in Ordnung«, meinte er langsam und wünschte, er hätte seiner Frau diese Mitteilung persönlich und nicht am Telefon machen können.

Nina umklammerte den Hörer und erbleichte.

»Das ist doch ein Scherz ... einer deiner schlechten Scherze«, stammelte sie und stieß Suzie Wong weg, die ihr das Gesicht ablecken wollte.

»Bitte reg dich nicht auf, Neene, mein Schatz«, flehte Charlie. »Den Zwillingen geht es gut. Während der Bahnarbeit ist eines der Pferde gestolpert. Sie sind beide untersucht worden, aber der Arzt möchte, dass sie eine Weile im Prince-of-Wales-Krankenhaus unter Beobachtung bleiben.«

Ninas Aufschrei machte weitere Erklärungen unmöglich. Ohne an das Tablett zu denken, schleuderte sie die Decke beiseite und schwang die Beine über die Bettkante. Ihr Frühstück fiel mit einem lauten Krachen zu Boden. Das rosafarbene Bettjäckchen rutschte ihr von der Schulter. Erschrocken machte Suzie Wong einen Satz vom Bett und verkroch sich unter einem Korbstuhl.

»Meine Babys, Joanna, Ricky, meine wunderschönen kleinen Babys! Wie ist es passiert? Wie konntest du das zulassen? Oh, mein Gott, ich muss zu ihnen!«

Jackie, die das Splittern des Porzellans gehört hatte, kam ins Zimmer gehastet. Nina erhob sich und brach, mitten in einem Haufen von Scherben stehend, in Tränen aus.

»Mrs Kingsford«, entsetzte sich Jackie und eilte auf Nina zu, deren Lippen eine bleiche Färbung angenommen hatten.

»Meine Babys«, schluchzte Nina, und ihre dunklen Augen füllten sich mit Tränen. Ihre schmalen Schultern bebten. Aus dem Telefonhörer in ihrer schlaffen Hand war Charlie zu hören, der verzweifelt ihren Namen rief.

Jackie bugsierte ihre Arbeitgeberin vorsichtig zurück aufs Bett und nahm ihr den Hörer aus der Hand.

»Lassen Sie mich mit Ihrem Mann sprechen, Mrs Kingsford«, meinte sie rasch. Einen Arm fest um Nina gelegt, lauschte sie Charlies Erklärung.

»Ich kümmere mich um alles, Sir«, erwiderte sie dann gelassen. »Nein, nein, sie wird sich schon wieder fangen. Ich sorge dafür, dass Mrs Kingsford sich beruhigt, und erzähle ihr alles. Dann warten wir, bis Sie einen Wagen schicken, um sie abzuholen.«

Nina riss ihrer Haushälterin den Hörer aus der Hand.

»Ich bin keine Kranke und kann selbst fahren«, sagte sie kurz angebunden und wischte sich mit einer Hand die Tränen weg. Am Steuer ihres Bentleys zu sitzen war eine ihrer Lieblingsbeschäftigungen.

»Geht es den beiden wirklich gut, Charlie? Warum können sie dann nicht sofort nach Hause kommen?«, fragte sie mit zitternder Stimme.

Fünf Minuten später hatte sich Nina ein wenig beruhigt, und ihre Wangen hatten wieder Farbe angenommen. Sie legte den Hörer auf. Inzwischen wagte sich auch Suzie Wong wieder aus ihrem Versteck und leckte nun die Sahne von dem zerbrochenen Porzellan. Nina nahm das kleine Fellbündel in die Arme und drückte es an sich. Erneut traten ihr Tränen in die Augen.

»Mr Kingsford hätte Ihnen niemals gesagt, dass es Miss Joanna und Mr Rick gut geht, wenn es nicht stimmen würde«, beteuerte Jackie. Sie ahnte, dass Nina im Begriff war, sich in einen hysterischen Anfall hineinzusteigern.

Manchmal fragte sie sich, ob Nina überhaupt begriff, wie sehr Mr Kingsford sie liebte und wie er sie gegen die raue Wirklichkeit des Lebens abschirmte.

»Kommen Sie, am besten Sie duschen jetzt erst einmal schön heiß.« Jackie legte Nina einen Morgenmantel aus elfenbeinfarbenem Satin um die Schultern und schob sie ins Bad.

Eine Dreiviertelstunde später entstieg Nina auf dem Gelände des Prince-of-Wales-Krankenhauses ihrem silberfarbenen Bentley. Sie war in ein elegantes, osterglockengelbes Wollkostüm gekleidet, darüber trug sie lässig einen kurzen Kunstpelzmantel mit Leopardenmuster. Ein bauschiger, gelb und elfenbein gemusterter Schal, den sie im Stil von Prinzessin Gracia von Monaco um ihr weiches braunes Haar und ihren Hals geschlungen hatte, rundete die Aufmachung ab.

Charlie kam ihr aus der Notaufnahme entgegengeeilt. Wieder einmal war er froh, dass es Jackie gab. Da er die schwankenden Stimmungen seiner Frau kannte, hatte er befürchtet, sie könnte auf der Fahrt ins Krankenhaus die Nerven verlieren und in einen Unfall verwickelt werden. Aber dank Jackies vernünftiger Art war sie viel ruhiger geworden. Wie immer sah Nina hinreißend aus. Hinreißend und hilflos. Charlie hakte seine Frau unter, begleitete sie in den Warteraum der Notaufnahme und forderte sie auf, Platz zu nehmen.

»Wir müssen abwarten, was der Arzt sagt«, begann er, streichelte sanft ihre Finger und musterte sie eindringlich. Allmählich hörte man ihm die Erschöpfung an, denn es war ein langer und von Angst und Sorge geprägter Vormittag gewesen. »Dann holen wir sie nach Hause. Jackie wird dir bei der Krankenpflege helfen, aber du schaffst das schon. Sie brauchen nur Ruhe.«

Da Nina nun Charlie endlich an ihrer Seite wusste, war es um ihre Selbstbeherrschung schlagartig geschehen, und sie wurde erneut von Furcht und Entsetzen ergriffen. Sie presste die Hände vor die Augen, um zu verhindern, dass ihr die Tränen die Wangen hinunterliefen und ihr Make-up ruinierten, und sah ihren Mann an.

»Sind sie ... ich meine, wie schwer sind sie ...?«, stammelte sie mit zitternder Unterlippe.

»Sie haben ein paar Kratzer und Schrammen abgekriegt, und Jo musste sich eine Wunde an der Stirn nähen lassen. Aber das heilt wieder.«

Nina stieß einen Entsetzensschrei aus.

»Um Himmels willen, ihr Gesicht! Sie soll doch Fotomodell werden.« Ihre Angst verwandelte sich schlagartig in Wut, als sie ungläubig den Kopf schüttelte und Charlie am Ärmel packte. »Das hätte nicht passieren dürfen! Du weißt doch, wie sehr ich dagegen bin, dass die beiden sich auf dieser grässlichen Rennbahn herumtreiben. Warum hast du ihnen erlaubt zu reiten? Warum hörst du nie auf mich?«

Charlies Miene verfinsterte sich. »Darüber können wir später sprechen«, entgegnete er leise.

»Warum später und nicht jetzt?«, rief Nina laut.

Ihre Finger bohrten sich in den Stoff seiner Jacke, ihre Brust hob und senkte sich. Die Tränen strömten ihr über die Wangen.

Eine Krankenschwester blieb stehen.

»Kann ich etwas für Sie tun?«, fragte sie.

Charlie bat sie mit einem Kopfschütteln zu gehen. Diese Unterbrechung war für Nina eine willkommene Ablenkung. Abrupt entriss sie Charlie ihre Hand und starrte ihn anklagend an. Ihre Wimperntusche war vom Weinen verschmiert.

»Wie konntest du nur?«, wiederholte sie. »Sind deine Kinder dir etwa gleichgültig? Oh, mein Gott. Warum sitze ich eigentlich noch hier? Wo sind sie? Ich muss zu ihnen.«

Ohne nachzudenken, sprang sie auf und hastete den Flur entlang, ihre hohen Absätze klapperten auf dem grauen Linoleum.

Mit zwei langen Schritten hatte Charlie sie eingeholt, und sie sackte gegen ihn. Er nahm sie in die Arme und liebkoste ihr weiches braunes Haar, von dem der Seidenschal heruntergerutscht war. Ihre Reaktion machte es ihm nicht leicht, Ruhe zu bewahren, denn seit dem Augenblick des Unfalls zermürbte er sich mit ganz ähnlichen Vorwürfen. Ninas Schultern bebten, und heisere Schreie stiegen aus ihrer Kehle auf. Sie zitterte am ganzen wohlgeformten Körper wie Espenlaub, und der schwere Moschusduft des teuren Parfüms, der von ihr ausging, wirkte in der sterilen Krankenhausatmosphäre völlig fehl am Platz.

»Du bist ein Kind in einem wunderschönen, erotischen Körper, der mich noch immer anzieht«, schoss es ihm durch den Kopf. Er hatte nie etwas anderes von Nina erwartet und liebte sie abgöttisch. Und er wusste von Anfang an, dass er das erwachsene Element in ihrer Ehe sein musste.

»Im Moment ruhen sie sich beide aus, Neene«, sagte er

leise. Ihre Schluchzer verebbten allmählich, und sie schniefte nur noch hin und wieder. Er ließ sie los und griff nach ihren Händen. Während er diese fest umfasst hielt, schilderte er ihr in knappen Worten die Verletzungen der Zwillinge.

»Rick ist so frech wie eh und je, auch wenn er ein wenig über die Schmerzen klagt. Aber Jo fühlt sich noch leicht benommen. Sie mussten ihr unter Narkose die Schulter einrenken. Wenn die Fäden erst gezogen sind, ist sie wieder wie neu«, schloss er im Brustton der Überzeugung.

Allerdings behielt er Nina gegenüber lieber für sich, welche Sorgen er sich gemacht hatte. Er wagte erst, seine Frau anzurufen, als feststand, dass die Zwillinge nicht mehr in Lebensgefahr schwebten.

Rick hatte sich bemerkenswert schnell von seinem schweren Sturz erholt und war zu Charlies großer Erleichterung bereits im Krankenwagen wieder zu sich gekommen, obwohl er noch flach atmete und offensichtlich große Schmerzen litt. Er hatte sich nicht nur die Nase, sondern auch das Schlüsselbein und drei Rippen gebrochen. Außerdem litt er unter einer Art Schleudertrauma. Charlie empfand es immer noch als ein Wunder, dass Rick nicht von dem Pferd zerquetscht worden war.

Allerdings war Jo in den Augen der Ärzte noch nicht über den Berg. Sie hatte sich die Schulter ausgerenkt und das rechte Handgelenk verstaucht. Zudem bestand die Möglichkeit, dass die Verletzung an ihrem Kopf mit inneren Blutungen verbunden war. Die Reitkappe hatte zwar den Großteil des Aufpralls abgefangen, doch der tiefe Riss und der Bluterguss zeigten, dass sie ziemlich heftig mit dem Kopf aufgeschlagen war. Als Charlie die noch stark benommene Jo allein ließ, um sich auf die Suche nach Nina zu machen, hatte der Stationsarzt sich gerade vergewissert, dass keine Verschlechterung ihres Zustandes eingetreten war. Beide Zwillinge mussten in den nächsten Stunden aufmerksam beobachtet werden.

Nina zog ihre Hände weg und putzte sich mit einem zarten, spitzengesäumten Taschentuch die Nase. Ihre dunklen Augen funkelten Charlie wütend an.

»Immer wieder predige ich dir, dass du sie nicht auf deinen elenden Pferden reiten lassen sollst. Schließlich beschäftigen wir dazu Bereiter«, schniefte sie, wischte sich die verschmierte Wimperntusche weg und zupfte ihren Schal zurecht. Nachdem sie ihr glänzendes Haar zurückgestrichen hatte, band sie den Schal im Nacken zu einem Knoten. »Habe ich bei deinen Jockeys nicht schon genug Unfälle erlebt?«

Mit einem Seitenblick auf Charlie begann Nina, an ihren langen roten Nägeln herumzuzupfen. Ihre Hände zitterten heftig.

»Ich wusste, dass so etwas irgendwann passieren wird. Wenn sie …« Die Worte blieben ihr im Halse stecken, und wieder traten ihr Tränen in die Augen. »… das würde ich dir nie verzeihen«, flüsterte sie mit heiserer Stimme.

Charlie strich über die Wange seiner Frau und sprach leise auf sie ein, als rede er mit einem Kind.

»Neene, mein Liebling, es geht ihnen gut. Sie werden gesund, das verspreche ich dir. Du musst dich nur beruhigen. Dann kommt alles wieder in Ordnung.«

Wenigstens war es ihm gelungen, einen hysterischen Anfall abzuwenden. Er sah auf die Uhr. Bis zu seiner Sitzung hatte er noch ein wenig Zeit.

»Und jetzt pudere dir dein hübsches kleines Näschen, damit wir hineingehen und nach ihnen schauen können. Jo und Rick brauchen ihre Mutter im Moment ganz besonders.«

Nina schnäuzte sich erneut.

»In Krankenhäusern wird mir immer ganz mulmig«, meinte sie schniefend. Rasch holte sie eine Puderdose aus ihrem winzigen henkellosen Handtäschchen und kontrollierte ihr Gesicht im Spiegel.

»Ich sehe zum Fürchten aus.«

Äußerlich gelassen, wartete Charlie ab, bis sie ihre Lippen

mit Lippenstift in einem warmen Pfirsichton betupft und einen Hauch von Puder auf ihre Nase aufgetragen hatte. Zu guter Letzt besprühte sie sich mit einer großzügigen Portion Parfüm. Nachdem sie mit einem letzten Aufschluchzer ihren Mantel zusammengerafft hatte, machten sie sich auf den Weg zu den Zwillingen.

Durch einen Nebel von Betäubungsmitteln nahm Jo nur undeutlich wahr, dass sie einen Flur entlanggeschoben wurde. Es roch nach Desinfektionsmittel, sie spürte kaltes Metall auf der Haut, und dauernd stellte man ihr Fragen, während sie immer wieder wegdämmerte. Sie erinnerte sich, dass die Schmerzen plötzlich nachgelassen hatten, ehe sie erneut in einem Betäubungsschlaf versank, damit man ihr die Schulter einrenken konnte. Einmal vermeinte sie, das Parfüm ihrer Mutter zu riechen.

Als sie nun die Augen aufschlug und sich umsah, fragte sie sich zunächst, ob sie das alles nur geträumt hatte. Sie lag unter einer blauen Krankenhausdecke auf einer mit Kunststoff bezogenen Liege in einem winzigen Raum. Unter ihrem Kopf befand sich ein Kissen, und die hellgrünen Vorhänge rund um das Bett waren zugezogen. Ihr rechtes Handgelenk war fest bandagiert, ihr Arm hing in einer Schlinge. Kopf und Schulter pochten gnadenlos. Am Fußende des Bettes stand ein junger Krankenpfleger und studierte ihre Akte.

»Willkommen unter den Lebenden. Wie fühlen Sie sich?«

»Nicht gut«, murmelte Jo. »Ich glaube, mir wird schlecht.«

Der Pfleger hielt ihr eine hellgrüne, nierenförmige Schale unters Kinn, und Jo würgte, bevor sie wieder zurück aufs Kissen sank und abwartete, dass die Welt aufhörte, sich zu drehen. Ihre Schulter fühlte sich an wie mit einer rot glühenden Eisenstange durchbohrt.

»Wie geht es meinem Bruder?«, fragte sie besorgt.

»Der Arzt kommt gleich zu Ihnen«, erwiderte der Pfleger, nahm die Schale weg und strich ihre Bettdecke glatt. Im nächsten Moment teilten sich die Vorhänge, und ein Arzt in weißem Kittel erschien.

»Na, junges Fräulein, wie geht es Ihnen? Wir haben uns große Sorgen um Sie gemacht.«

»Mir tut der Kopf weh, und außerdem ist mir übel. Wie geht es Rick?«, beharrte Jo, deren Benommenheit sich allmählich legte.

»Der ist schon wieder putzmunter«, antwortete der Arzt. Er hob Jos Augenlider an, um ihre Pupillen zu begutachten. »Können Sie mir sagen, wie Sie heißen?«

»Joanna Kingsford.«

»Und welchen Wochentag haben wir heute?«

»Mittwoch?«, entgegnete sie fragend.

»Gut. Und wenn Sie jetzt bitte an diesem Fuß mit den Zehen wackeln könnten.«

Jo gehorchte.

»Was ist mit meinem Bruder?«, wiederholte sie, und ihre Angst wuchs. »Warum behandeln mich alle hier wie ein Kleinkind?«

»Wir wollen uns erst vergewissern, dass Sie wieder auf dem Damm sind«, gab der Arzt ruhig zurück. »Können Sie das spüren?«

Er fuhr mit dem Daumennagel die Außenseite von Jos Fuß entlang, sodass dieser ruckartig zurückfuhr.

»Autsch! Wo ist Rick? Wird er wieder reiten können? Mein Pferd ist gestürzt ...« Die Worte blieben ihr in der Kehle stecken, und zu ihrem Ärger wurden ihr die Augen feucht, als sie den Unfall noch einmal Revue passieren ließ. Rick konnte doch unmöglich unverletzt geblieben sein!

»Tut mir leid.« Der Arzt wiederholte die Prozedur an Jos anderem Fuß. »Ihr Bruder ist schwer gestürzt und wird noch eine Weile Schmerzen beim Atmen haben, aber ich würde sagen, er ist über den Berg. Vorhin hat er sich sogar im Bett aufgesetzt und etwas zu essen verlangt«, fuhr er fort, während er die übrigen Reflexe überprüfte. »Ich weiß nicht, welcher

Schutzengel ihm beigestanden hat, aber er hatte wirklich großes Glück. Vielleicht liegt es daran, dass er eine Schwester hat wie Sie, die sich Sorgen um ihn macht.« Als er Jo schmunzelnd den Puls fühlte, erwiderte diese das Lächeln. »Wir geben Ihnen etwas gegen die Kopfschmerzen.«

»Mein Genick fühlt sich auch ziemlich komisch an«, sagte Jo.

»Sie haben einen recht heftigen Schlag abgekriegt, und es wird eine Weile wehtun. Aber Sie sind jung und gut in Form. Wie alt sind Sie denn?«

»Sechzehn.«

Er nickte dem Pfleger zu, der noch immer am Fußende des Bettes wartete. Der Miene des Arztes war nichts zu entnehmen. An der Aufmerksamkeit des Mädchens gab es zwar nichts auszusetzen, doch die Schmerzen in Kopf und Nacken gefielen ihm gar nicht.

»Geben Sie ihr ein paar Schmerztabletten. Ich werde mir die Röntgenbilder noch einmal ansehen.«

Nachdem der Pfleger dem Arzt den großen ockergelben Umschlag gereicht hatte, verschwand er durch die Vorhänge.

»Nein. Sieht alles prima aus«, stellte der Arzt fest, während er die Röntgenaufnahmen betrachtete. »Ruhen Sie sich einfach aus. Wir schauen in einer Stunde wieder nach Ihnen.«

Er legte den Umschlag aufs Fußende des Bettes und ging. In diesem Moment stürmte Nina, dicht gefolgt von Charlie, durch die Vorhänge.

»Oh, Joanna, mein liebes Kind«, rief sie und stürzte auf das Bett zu. »Vorhin hast du noch geschlafen, und Daddy wollte dich nicht stören.« Sie machte Anstalten ihre Tochter an sich zu drücken, hielt aber inne, als sie sah, dass Jo den Arm in der Schlinge trug. Beim Anblick der hässlichen Beule auf Jos Stirn und der schwarzen Fäden, die sich deutlich von der mit bräunlichem Desinfektionsmittel eingepinselten Haut abhoben, traten ihr die Tränen in die Augen.

»Dein Gesicht, mein Kind! Ach, um Himmels willen! Das

ist ja noch viel schlimmer, als Dad gesagt hat. Oh, du armes, armes Lämmchen.« Sie beugte sich vor und hauchte rasch einen Kuss in die Luft, dicht über Jos linker Wange. Dann drehte sie sich zu Charlie um und presste sich ihr Taschentuch an die zitternde Unterlippe. »Charlie, bist du sicher, dass keine Narbe zurückbleiben wird?«

»Was redest du da, Frau? Es ist doch nur ein Kratzerchen«, erwiderte Charlie fröhlich, da er erkannte, welche Wirkung Ninas Bemerkung auf Jo hatte. Also grinste er seiner Tochter zu und drückte ihre heile Hand. Er war nicht nur froh, dass Jo wieder bei Bewusstsein war, sondern auch erleichtert, denn die Röntgenaufnahmen waren bei beiden Geschwistern ohne Befund gewesen. Jo lächelte ihren Vater zögernd an.

»Aber eins sage ich dir: Heute war dein letzter Tag auf der Rennbahn. Du hast uns beiden einen ordentlichen Schrecken eingejagt«, fügte Charlie in gespielter Strenge hinzu.

Jos Miene verdüsterte sich.

»Das meinst du doch nicht ernst, Dad?« Ihre violetten Augen leuchteten aus dem blassen ovalen Gesicht. Ängstlich sah sie ihren Vater an.

»Nun, warten wir einfach ab«, erwiderte er, plötzlich ernüchtert.

Er hatte nicht so endgültig klingen wollen. Schließlich wusste jeder, dass es nach einem Sturz das Beste war, den Betroffenen so bald wie möglich wieder auf ein Pferd zu setzen. Doch Charlie, der an diesem Tag beinahe seine beiden Kinder verloren hatte, war sich nicht mehr so sicher. Außerdem traute er dem Frieden noch nicht ganz: Die Zwillinge machten inzwischen zwar wieder einen recht fidelen Eindruck, aber der Arzt wollte sie noch eine Weile weiter beobachten, um auf Nummer sicher zu gehen.

»Dad, ist Rick wirklich in Ordnung?«, fragte Jo, die die bedrückte Miene ihres Vaters bemerkte.

»Bis auf einen Schlüsselbeinbruch, einen Nasenbeinbruch und ein paar angeknackste Rippen ist ihm nichts passiert«, antwortete Charlie und war froh, dass das Thema Bahnarbeit für den Moment abgeschlossen zu sein schien. »Warum sprichst du nicht selbst mit ihm?«, fügte er hinzu und drehte sich um, als Rick durch den Vorhang kam.

Er hatte dunkelviolette Blutergüsse unter den Augen und ein Pflaster auf der Nase. Sein rechter Arm hing – wie der seiner Schwester – in einer Schlinge.

»Simulierst du immer noch, Schwesterherz?«, witzelte Rick, doch der Schmerz in seinen Augen strafte sein freches Grinsen Lügen. »Schließlich war ich derjenige, der die Ärzte und Sanitäter richtig auf Trab gehalten hat.«

Jo drängte die Tränen der Erleichterung zurück und schenkte ihrem Bruder ein schiefes Lächeln.

»Wenigstens hast du dir das Gesicht noch mehr verunstaltet als ich«, gab sie zurück und fühlte sich gleich besser. Wenn Rick bereits wieder in der Lage war, sie zu hänseln, konnte es nicht so schlimm um ihn stehen.

»Was ist mit Bella?«, erkundigte sich Jo mit einem Blick auf ihren Vater.

Charles schwieg zunächst.

»Wir mussten sie leider einschläfern lassen«, antwortete er dann. »Jack hat das erledigt. Es ging ganz schnell.«

Jo spürte einen Stich tief im Herzen.

»Du sollst dir dein Köpfchen nicht mehr über diese grauenhaften Rennpferde zerbrechen, Liebes«, mischte sich Nina ein.

Jo konnte die Tränen nicht länger zurückhalten. Wie konnte ihre Mutter nur so etwas Schreckliches sagen? Rasch wandte sie sich ab. Die arme Bella. Sie war so ein tapferes, kluges Pferd gewesen – geschickt genug, um Rick beim Sturz nicht zu zertrampeln. Jo wischte die Tränen weg, drehte sich um, schob die Decke beiseite, setzte sich auf und schwang die Beine vorsichtig über die Bettkante.

»Was sollen wir noch länger hier herumliegen? Lass uns gehen, Rick«, meinte sie mit leicht zitternder Stimme.

»Ich würde ja gern. Aber dieser Typ da erlaubt es nicht«, erwiderte Rick mit einem Grinsen und wies auf den Krankenpfleger, der hinter ihm erschienen war. Seine fröhliche Antwort hatte die Stimmung ein wenig aufgelockert.

»Ich würde euch am liebsten rausschmeißen, Leute, wenn da nicht die Oberschwester wäre«, entgegnete der Pfleger, reichte Jo zwei weiße Tabletten und zog die Vorhänge zurück. Dann lächelte er Nina und Charlie entschuldigend zu.

»Die beiden können heute am späten Nachmittag entlassen werden. Patienten mit Verdacht auf Kopfverletzungen behalten wir stets vier bis sechs Stunden auf der Station.«

»Wer spricht da von einer Kopfverletzung, Kumpel? Das da ist massives Holz«, protestierte Rick und klopfte sich mit der Faust gegen den Schädel. Im nächsten Moment verzog er das Gesicht. »Trotzdem danke für die Information«, fügte er hinzu und ließ sich schwer auf einen freien Stuhl fallen.

»Keine Ursache«, erwiderte der Pfleger und trollte sich.

Charlie warf einen Blick auf die Uhr: kurz vor eins. Er rieb sich die Hände.

»Nun denn! Wenn man vernachlässigt, dass ihr ausseht wie nach einer ordentlichen Prügelei, scheint alles noch einmal gut gegangen zu sein. Da ihr offenbar schon wieder fähig seid, Unruhe zu stiften, überlasse ich euch am besten eurer Mutter, damit sie euch die Hammelbeine langzieht.«

Die Zwillinge fingen an zu lachen, aber Nina zog die Augenbrauen hoch.

»Nun reg dich nicht gleich wieder auf, Neene. Ich habe schon seit Ewigkeiten eine Verabredung mit einem Burschen, der extra aus Brisbane angereist kommt.«

Nina wollte protestieren, denn der Zwischenfall hatte sie sehr mitgenommen. Außerdem war sie noch immer ziemlich wütend auf Charlie.

»Nein, Mum, uns geht es wirklich prima«, beteuerte Rick rasch, als er bemerkte, dass seine Eltern Blicke wechselten. »Ich fühle mich viel besser, und Jo auch, oder?«

Jo nickte. »Der Arzt sagt, mit meinen Rippen kann ich nichts weiter tun als abwarten. Und eine gebrochene Nase macht mein Gesicht nur interessanter.« Die Schmerzen in der Brust hinderten ihn am Lachen.

Nina gefiel die Vorstellung nicht, allein mit den Zwillingen im Auto nach Hause zu fahren.

»Uns geht es wirklich gut, Mum«, wiederholte Jo.

»Außerdem hat Sam bestimmt kein Frühstück bekommen«, sprach Rick weiter. »Der arme alte Junge fragt sich sicher, wo wir bleiben. Ich nehme an, du hast ihn nicht gefüttert, oder, Mum?«

Der dreizehnjährige Golden Retriever, ein Geschenk zum dritten Geburtstag der Zwillinge, war schon immer Ricks Hund gewesen. Jeden Morgen lag er, die Schnauze zwischen den Pfoten, an seinem Lieblingsplatz auf den breiten, gefliesten Verandastufen des Hauses in Cogee und beobachtete Rick mit einem seelenvollen Blick aus seinen samtig braunen Augen, wenn die Zwillinge zur Arbeit auf der Rennbahn aufbrachen. Bis zu Ricks Rückkehr konnte nichts Sam von der Veranda weglocken, und wenn sein Herrchen endlich wieder erschien, geriet der Hund vor Freude völlig außer Rand und Band. Wild mit dem Schwanz wedelnd, ließ er sich von Rick tätscheln, und jeden Morgen bestand die erste Handlung des Jungen darin, Sam zu füttern.

»Du erwartest doch nicht ernsthaft, dass ich nach allem, was euch passiert ist, an den Hund denken würde!«, rief Nina.

Charlie küsste Jo rasch auf die Wange.

»Pass auf deine Mutter auf«, flüsterte er und steuerte auf die Tür zu.

Aber Nina rannte ihm nach.

»Verdammt, du darfst jetzt nicht einfach gehen, Charlie«, zischte sie und versuchte keuchend, mit seinen langen Schritten mitzuhalten.

»Doch.« Er ging schneller. »Der Arzt sagt, dass die beiden wieder in Ordnung kommen. Der Stammbaum dieses Pferdes aus Brisbane ist es wert, sich das Tier genauer anzusehen. Insbesondere deshalb, weil ich gerade eine gute Zuchtstute verloren habe.« Auch Charlie atmete schwer. »Ich bin ohnehin schon zu spät dran. Die Oberschwester meint, du kannst die Kinder nach der nächsten Visite des Arztes mitnehmen. Sorge einfach nur dafür, dass sie sich ausruhen. Schließlich hast du Jackie. Wenn dir etwas merkwürdig vorkommt, bring sie auf dem schnellsten Weg wieder ins Krankenhaus. Und für alle Fälle gebe ich dir das hier.«

Er zog ein Bündel Banknoten aus der Tasche und drückte es Nina in die Hand. Bevor sie etwas erwidern konnte, war die Tür bereits hinter ihm zugefallen.

Zornig starrte Nina den menschenleeren Flur entlang.

»Pferde, immer nur die gottverdammten Pferde! Die kommen bei ihm an erster Stelle und das« – sie schwenkte die Geldscheine – »soll alles regeln!«, tobte sie.

Sie wusste, dass sie ungerecht war, denn schließlich verdiente Charlie mit den Pferden den Lebensunterhalt der Familie. Und Nina liebte das Luxusleben, das sie führten, und wusste, dass er ihr mit dem Geld eine Freude machen wollte. Aber der Unfall hätte nie passieren dürfen!

Sie stopfte die Geldscheine in die Handtasche und kehrte ins Krankenzimmer zurück.

»Den Laden siehst du nicht wieder«, sagte Rick, der hinten im Bentley saß, und schnippte mit dem Finger gegen die Karte, auf der die genauen Verhaltensregeln für Patienten mit einer Kopfverletzung standen.

Der Wagen verließ das Krankenhausgelände und fuhr in Richtung Cogee. Diese vorgedruckten Karten wurden vorschriftsmäßig an alle entlassenen Patienten verteilt, die einen – auch noch so leichten – Schlag auf den Schädel abbekommen hatten. Rick studierte die Hinweise und versuchte dabei, nicht auf seine schmerzenden Rippen zu achten. Kopfschmerzen, Sehstörungen, Brechreiz ... Er warf die Karte auf den Sitz neben den Mantel seiner Mutter und dachte an Sam.

Jo lehnte sich im Beifahrersitz zurück und genoss die warme Nachmittagssonne, die durch die Autoscheiben strömte.

»Sam wird sich freuen«, meinte sie, als hätte sie Ricks Gedanken gelesen.

Die Wirkung des Betäubungsmittels ließ inzwischen nach, und dank der Schmerztabletten taten Kopf und Schulter nicht mehr so weh, aber sie fühlte sich unendlich müde. Außerdem hatte sie wieder dieses merkwürdige Gefühl im Nacken.

»Ist bei dir dahinten alles in Ordnung, Rick?«, fragte Nina barsch und warf einen kurzen Blick in den Rückspiegel.

Sie hatte ihren Schal wieder um den Kopf geschlungen, und ihre Hände umklammerten das Lenkrad. Immer noch war sie Charlie wegen seines abrupten Aufbruchs böse. Außerdem belastete sie plötzlich die Verantwortung, die Zwillinge ganz allein nach Hause zu bringen. Dass Jackie für sie da sein würde, sobald sie durch das schmiedeeiserne Tor fuhren, half ihr im Moment wenig.

Jos viel zu bleiches Gesicht, die eindringlichen Warnungen der Oberschwester und diese entsetzlichen Karten mit den Verhaltensregeln trugen nicht unbedingt dazu bei, Ninas Befürchtungen zu zerstreuen. Zum ersten Mal im Leben fuhr sie überaus vorsichtig und langsam, ging schon lange vor jeder Ampel vom Gas, um die Zwillinge keiner Erschütterung auszusetzen, und kroch um jede Kurve, ohne auf das Hupkonzert und die Beschimpfungen der anderen ungeduldigen Autofahrer zu achten. Allerdings war Nina trotz der geschlossenen Scheiben bald mit den Nerven am Ende.

»Blödmann«, schimpfte sie und beschleunigte, als ein Wagen versuchte, sie zu schneiden. Sie fragte sich, ob sie in diesem Tempo jemals zu Hause ankommen würden, und fuhr ein bisschen schneller.

»Du hast doch verstanden, was dein Vater vorhin gesagt

hat, Joanna? Mit diesem albernen Quatsch von wegen Arbeiten auf der Rennbahn ist für dich endgültig Schluss.«

Schlaftrunken murmelte Jo eine Antwort.

»Jo! Hör mir zu, wenn ich mit dir rede. Auch wenn dein Vater das vorhin witzig gemeint hat, ist es mir ernst. Ein Glück, dass dein gutes Aussehen bei diesem Unfall nicht gelitten hat. Modelagenturen nehmen nämlich nicht einfach jede.«

Gereizt setzte sie den Blinker, um von der Hauptstraße abzubiegen, musste aber feststellen, dass der Verkehr umgeleitet wurde.

»Eine geplatzte Wasserleitung. Das hat mir gerade noch gefehlt«, rief sie, klopfte mit den Fingernägeln aufs Lenkrad und machte ihrer Ungeduld mit unablässigem Geplapper Luft. »Und auch wenn dein Vater das anders sieht, weiß ich genau, dass du von dieser genähten Wunde für den Rest deines Lebens eine Narbe zurückbehalten wirst. Zum Glück habe ich gute Beziehungen. Nein, mein Kind, ab sofort wirst du dich auf den Ponyclub und aufs Dressurreiten beschränken, wenn du von Pferden nicht die Finger lassen kannst. Du wirst dich endlich benehmen wie eine Dame.«

»Ja, Mum«, erwiderte Jo und wünschte, ihre Mutter würde endlich den Mund halten.

Das aufmerksame Zuhören verschlimmerte ihre Kopfschmerzen, und sie hatte nicht die Kraft, sich zu streiten. Stattdessen beobachtete sie, wie die weißen Schäfchenwolken über den kobaltblauen Himmel zogen. Als der Verkehr auf der anderen Fahrbahn ebenfalls ins Stocken geriet, nahm Nina ihre Tirade wieder auf.

»Ach, Mum, lass sie in Ruhe«, sagte Rick. »Schließlich war es nicht ihre Schuld, dass das Pferd durchgegangen ist.«

»Rick, du hältst dich da raus. Immerhin hast du den Unfall verursacht«, fuhr sie ihn an. »Wenn du besser aufgepasst hättest, wärst du nicht vom Pferd gefallen, und diese ganzen Scherereien wären uns erspart geblieben.«

»Oh, Mum, das ist nicht fair«, sprang Jo sofort für ihren Bruder in die Bresche. »Ricks Pferd war sehr schwierig, und er hat sich wacker geschlagen.«

»Ihr müsstet euch beide reden hören. Wenn das Pferd schwierig war, hätte er es nicht reiten dürfen. Euer Vater hat keinen Funken Verstand. Wie oft habe ich ihm schon gepredigt, ich möchte nicht, dass ihr euch in der Nähe der Pferde herumtreibt, und das gilt auch für dich, Rick. Ich habe genug von diesem Unsinn. Bertie ist der einzige Vernünftige von euch.«

Unvermittelt trat Nina auf die Bremse und wäre fast auf den Wagen vor ihr aufgefahren.

»Hoppla! Entschuldigt bitte.«

Oh nein, was für ein Schlamassel. Wie waren sie nur wieder auf der Anzac Parade in nördlicher Richtung gelandet? Und wo kam plötzlich der viele Verkehr her? Eigentlich hätte die Heimfahrt nicht länger als zehn Minuten dauern sollen.

»Wenn du schon so neunmalklug bist, Rick, könntest du mir auch verraten, wie wir nach Hause kommen.« Die Autos fuhren nun wieder mit normaler Geschwindigkeit. »Rick! Antworte, wenn ich mit dir spreche, und hör mit dem albernen Gegrunze auf!«

Im nächsten Moment hatte die Panik Nina und Jo fest im Griff. Während Nina rasch in den Rückspiegel blickte, drehte Jo sich ruckartig in ihrem Sitz um. Ihr Puls raste vor Angst, und wegen der plötzlichen Bewegung schoss ihr ein scharfer Schmerz durch die Schulter. Rick lehnte leichenblass und zusammengesackt am Fenster. Ohne auf ihre eigenen Schmerzen zu achten, kletterte Jo auf den Rücksitz und rüttelte Rick heftig am Knie.

»Rick! Wach auf und rede mit mir!« Aber Rick reagierte nicht. Jo schüttelte ihn erneut, wieder vergebens. Sein Atem ging unregelmäßig und stoßweise.

»Mum! Mum! Halt an!«, schrie Jo. »Mit Rick stimmt etwas nicht. Er muss zurück ins Krankenhaus.« Sie zitterte am ganzen Leib und war völlig ratlos.

»Ich kann nirgendwo anhalten«, rief Nina. Sie war mitten im Wechsel auf die Überholspur und wagte nicht, den Blick von der Straße abzuwenden.

»Rick, bitte, antworte mir! Mach die Augen auf«, flehte Jo und schüttelte ihn weiter. Das Herz schlug ihr bis zum Hals. Ricks Augen blieben geschlossen, und er machte beim Atmen beängstigend gurgelnde Geräusche.

»Mum! Du musst umkehren. Fahr rüber auf die rechte Spur, warte auf eine Lücke im Verkehr und dann wende einfach auf die Gegenfahrbahn«, befahl Jo. »Gleich nach diesem grünen Laster müsste es klappen.«

Hektisch riss Nina den Wagen herum.

»Verschwinde, du blöde Kuh!«, brüllte ein Fahrer, den Nina in ihrer Panik übersehen hatte und der sich rasch von links näherte. Nina lenkte gerade noch rechtzeitig zur Seite, um einen Zusammenstoß zu vermeiden. Ihre schweißnassen Hände rutschten vom Lenkrad.

»Kümmere dich nicht um ihn, Mum!«, rief Jo. »Okay, ich sage dir, wann du wenden kannst. Nach dem weißen Auto. Jetzt, Mum, jetzt! Los!«

Während Jo Rick festhielt, drückte Nina fest auf die Hupe, wendete und gab Gas.

Die nächste Viertelstunde war die schlimmste in Jos Leben. Während Nina zurück zum Krankenhaus raste, immer wieder die Spur wechselte, anderen Wagen auswich und rote Ampeln ignorierte, versuchte Jo zu verhindern, dass Rick im Auto herumgeschleudert wurde. Inzwischen war sein Kopf gegen die Lehne gesackt, und sein Atem klang immer gepresster und flacher.

Nina raste durch die Einfahrt des Prince-of-Wales-Krankenhauses und bremste mit quietschenden Reifen vor dem Eingang der Notaufnahme. Der Geruch von verbranntem Gummi wehte durch die Luft. Jo sprang aus dem Fahrzeug, noch ehe es richtig stand. Nachdem sie ihrer Mutter zugerufen hatte, sie solle bei Rick bleiben, ihn aber auf keinen Fall bewegen, hastete sie nach Hilfe rufend ins Gebäude.

Wenige Sekunden später war sie mit zwei Pflegern zurück, die eine klappernde Trage schoben und ihr eilig zum Wagen folgten. Jo musste den beiden Männern helfen, Ricks schlaffen Körper aus dem Bentley auf die Trage zu heben und ihn durch die Schwingtür zu rollen. Nina folgte ihnen, auf ihren hohen Absätzen schwankend.

»Verletzter mit Code null, Verletzter mit Code null«, verkündete die Schwester am Empfang über Lautsprecher. Das bedeutete, dass sich alle Ärzte und Schwestern auf der Etage sofort in der Notaufnahme melden sollten. Drei Schwestern, der Chefarzt und ein junger Assistenzarzt rannten ihnen auf dem Flur entgegen. Mit angehaltenem Atem sah Jo zu, wie die Pfleger die Trage in den Wiederbelebungsraum brachten. Angst stieg in ihr hoch, als Rick plötzlich Krämpfe bekam und sich auf der Trage aufbäumte.

»Akuter Krampfanfall«, stellte der Assistenzarzt fest.

»Atemstillstand«, rief eine der Krankenschwestern.

»Wir müssen intubieren«, wies der Chefarzt an und übernahm das Kommando. »Geben Sie mir einen Luftröhrentubus Größe sieben. Dr. Taylor, legen Sie eine Infusion.«

Er leuchtete Rick mit einer Taschenlampe in die Augen.

»Verdammt, eine Pupille ist geplatzt. Jemand soll einen Neurochirurgen verständigen.« In heller Angst beobachteten Jo und Nina, wie der nervöse Assistenzarzt sich an der Infusionsflasche zu schaffen machte.

»Es wäre besser, wenn Sie draußen warten«, meinte eine Krankenschwester mit Nachdruck und schob Mutter und Tochter in den Aufenthaltsraum. Währenddessen wurde der Patient an die Beatmungsmaschine und an den Herzmonitor angeschlossen.

In dem stickigen Aufenthaltsraum ging Nina auf und ab, spielte mit ihren langen Nägeln und plapperte unablässig über aggressive Autofahrer und Verkehrsstaus. Jo starrte verzweifelt auf die zerfledderten Zeitschriften auf dem Couchtisch, ohne sie wirklich zu sehen. Waren sie wirklich schnell genug ins Krankenhaus zurückgekehrt? Warum war Rick im Auto so plötzlich zusammengebrochen? Sie versuchte, mit ihrer Mutter darüber zu sprechen, aber Nina hörte gar nicht zu.

»Ich muss deinen Vater anrufen«, verkündete sie im nächsten Moment und durchwühlte ihr Handtäschchen nach dem Notizbuch. Sie hatte keine Ahnung, wo er gerade steckte. Sie öffnete die Tür und wäre beinahe mit einer Schwester zusammengestoßen, die ein Tablett mit Tee und Plätzchen trug.

»Ich muss telefonieren«, herrschte Nina sie an und zückte einen Fünfzigdollarschein.

»Am Empfang gibt es ein Telefon, Mrs Kingsford«, entgegnete die Schwester, ohne auf das Geld zu achten.

Als Nina fort war, ballte Jo immer wieder ihre unverletzte Hand zur Faust und öffnete sie dann. Dabei starrte sie ins Leere. Rick durfte nicht sterben. Er durfte einfach nicht. Noch vor einer Stunde war er vergnügt gewesen und hatte gelacht und Witze gerissen. Sie schloss die Augen und lehnte den Kopf an die Wand. Ein kaltes Gefühl machte sich in ihrer Magengrube breit. Ihre Schulter schmerzte unerträglich. Die Stille in dem leeren Raum war bedrückend, und das eigenartige Druckgefühl in ihrem Nacken war schlimmer als je zuvor. Schließlich kehrte Nina zurück.

»Dein Vater ist unterwegs.« Sie hatte im Rennstall angerufen. »Zum Glück weiß seine Sekretärin immer, wo er gerade steckt.«

Jo nickte. Ihr Gesicht war bleich und eingefallen. Schweigend nahm Nina Platz und flocht die Finger ineinander, während die Sekunden verrannen. Zum ersten Mal im Leben hätte Jo sich gefreut, wenn das Geplapper ihrer Mutter sie von ihren angsterfüllten Gedanken abgelenkt hätte. Wie sehr sehnte sie sich danach, von ihr in die Arme genommen zu werden und die tröstende Stimme zu hören, an die sie sich noch aus ihrer Kindheit erinnerte – eine Stimme, die ihr sagte, dass Rick wieder gesund werden würde. Aber sie wusste, dass das ein Wunschtraum war. Die Situation überforderte Nina völlig.

Nur der Vater hätte Jo in diesem Augenblick Halt geben können. Ricks Krampfanfall auf der Trage – sein letzter verzweifelter Versuch, am Leben zu bleiben – hatte sie sehr erschreckt. Rick, ihr Bruder, den sie so sehr liebte. Rick, der sie hänselte, sich mit ihr kabbelte und der so dachte wie sie. Ihr Zwillingsbruder, ein Teil ihres Lebens, ein Teil von ihr. Ein Schauer überlief sie. Der Schmerz in ihrem Nacken verebbte plötzlich.

Kurz darauf öffnete sich die Tür, und der Chefarzt kam herein. Beim Anblick seiner Miene legte sich eine eiskalte Hand um Jos Herz. Nina stürmte wie ein kleines Mädchen auf ihn zu, wilde Hoffnung im Blick.

»Er wird doch wieder gesund?«

»Mrs Kingsford, ich denke, wir sollten uns besser setzen.« Der Arzt zog sich einen Stuhl heran. Er war so ruhig, dass Jo das Schlimmste befürchtete. Nina nahm Platz.

»Ihr Sohn hat eine sogenannte extradurale Blutung erlitten. Das heißt, eine Blutung, die zwischen Gehirn und Schädeldecke stattgefunden hat und die auf einem Röntgenbild nicht zu erkennen ist. Vermutlich hat sie nach dem Sturz auf den Kopf langsam eingesetzt und ist dann immer stärker geworden.« Er hielt inne. Jo verharrte reglos, mit aufgerissenen Augen. Ihre Pupillen waren geweitet.

»Aber er wird doch wieder gesund?«, beharrte Nina und beugte sich vor.

»Ihr Sohn war bei der Einlieferung in die Notaufnahme bereits bewusstlos«, fuhr der Arzt fort. »Als wir ihn in den Behandlungsraum brachten, atmete er bereits nicht mehr.«

Er holte tief Luft. Als er fortfuhr, gab er sich besondere Mühe, die medizinischen Vorgänge möglichst ausführlich zu erläutern, damit Nina und Jo die Wahrheit von allein dämmerte.

»Der Krampfanfall, den Sie vorhin gesehen haben, war bereits ein Hinweis auf einen schweren Gehirnschaden.« Er verstummte. »Niemand hätte das vorausahnen können, Mrs Kingsford. Sie beide haben getan, was Sie konnten, und ich versichere Ihnen, dass auch wir alles Menschenmögliche unternommen haben. Als sein Herz aussetzte, haben wir es mit Wiederbelebungsmaßnahmen versucht, aber vergeblich.«

Wieder brach er ab.

»Leider ist Ihr Sohn vor wenigen Minuten gestorben.«

Jo starrte ihn ungläubig an.

Nina stieß einen schmerzerfüllten Schrei aus.

»Nein! Nein! Das ist nicht wahr. Er kann nicht tot sein. Wozu gibt es denn Krankenhäuser?«, schluchzte sie und taumelte im Zimmer hin und her. Plötzlich machte sie auf dem Absatz kehrt und marschierte auf den Arzt zu.

»Hören Sie auf, mir etwas über seinen Tod zu erzählen. Holen Sie Ihren Vorgesetzten, damit der Ihren Pfusch wieder in Ordnung bringt«, zeterte sie und wedelte mit ihrem Banknotenbündel vor seiner Nase herum. »Alle Neurochirurgen des ganzen Landes sollen herkommen. Es ist mir egal, was es kostet.«

Sie zitterte am ganzen Leibe.

Jo war leichenblass, und ihre Beine fühlten sich an wie Gummi.

»Mum«, sagte sie leise. »Es ist zu spät. Er ist tot.«

Noch während sie diese Worte aussprach, konnte sie sie selbst kaum glauben.

»Mach dich doch nicht lächerlich, Joanna«, fuhr Nina sie an. »Dieser Mensch ist offenbar völlig überfordert.«

Ihre Stimme steigerte sich zu einem hysterischen Kreischen. »Sie Quacksalber! Holen Sie mir sofort einen richtigen Arzt!« Der Chefarzt streckte die Hand nach Nina aus.

»Mrs Kingsford …«

»Fassen Sie mich nicht an!«, brüllte sie mit bebenden Schultern.

Jo ließ ihre aufgebrachte Mutter mit dem Arzt allein und

schlüpfte aus dem Zimmer. Tränen liefen ihr die Wangen hinunter.

Sie hatte es gewusst – von dem Moment an, als die Schmerzen in ihrem Genick aufgehört hatten.

Dennoch konnte sie es noch immer nicht wirklich glauben.

Rick lag unter einem weißen Laken.

Der Beatmungsschlauch steckte noch in seinem Mund, und seine Lippen hatten eine bläuliche Färbung.

Der Herzmonitor neben ihm schwieg. Ihr Bruder schien zu schlafen.

Zuerst betrachtete Jo ihn nur, als erwarte sie, dass er jeden Moment die Augen öffnen würde.

Dann beugte sie sich vorsichtig vor und küsste ihn auf die Wange. Sie war überrascht, wie warm sie sich anfühlte.

Eine Träne tropfte auf sein Gesicht. Jo wischte sie weg.

»Rick, ich liebe dich«, flüsterte sie. Tränen verschleierten ihren Blick. Da spürte sie den starken Arm ihres Vaters um ihre Schultern.

»Und ich liebe dich auch, mein Sohn«, murmelte Charlie. Seine Stimme versagte. »Wir werden dich nie vergessen.«

Schluchzend drückte Jo das Gesicht an die Brust ihres Vaters.

3

Der Trauergottesdienst fand am folgenden Dienstag in der Kirche St. Mary in Randwick statt. Durch die Buntglasscheiben strömte strahlend das Sonnenlicht herein und tauchte den weißen Sarg mit seinen vergoldeten Beschlägen und den neuen Mosaikfußboden in einen roten und purpurnen Schein.

Es waren so viele Trauergäste gekommen, dass die kleine Steinkirche gar nicht alle fasste. Die Menschen drängten sich im Eingangsbereich und in den Türen; die Schlange reichte bis hinaus auf die Straße. Die Familie Kingsford war von der großen Anteilnahme, mit der niemand gerechnet hatte, tief bewegt. Offenbar war die ganze Welt des Pferderennsports erschienen, um Abschied von Rick zu nehmen und Australiens berühmtestem Trainer zu kondolieren.

Jo trug Schwarz und hatte ihren langen, aschblonden Zopf unter einem konservativen schwarzen Hut verborgen. Fest entschlossen, nicht zu weinen, starrte sie blicklos auf das Blatt mit den Liedtexten. Doch als ihrem Vater mitten in der Trauerrede die Stimme versagte, konnte sie nicht mehr verhindern, dass ihr die Tränen die Wangen hinunterliefen.

Ihr schlanker, gut aussehender neunzehnjähriger Bruder Bertie fühlte sich in seinem dunklen Anzug sichtlich unwohl, wischte sich immer wieder verstohlen die Augen und nestelte an seinem Programm herum.

Nina saß zwischen ihren beiden Kindern. Sie war in ein elegantes maßgeschneidertes Kostüm mit schwarzem Hut und Schleier gekleidet und schluchzte während des ganzen Gottesdienstes. Wie immer umgab sie eine Wolke von Parfumduft.

Worte konnten den Schmerz nicht lindern, den diese Tragödie der Familie Kingsford zugefügt hatte. Nach der Beerdigung versammelten sich Freunde und Verwandte in dem Haus in Cogee, um bei einem kleinen Imbiss Erinnerungen auszutauschen. Viele Gäste hatten eine weite Reise auf sich genommen. Ninas jüngere Schwester war mit ihrem Mann und den beiden Söhnen von der Lavender Lodge angereist, einer exklusiven Schönheitsfarm in Tasmanien. Sogar Charlies älterer Bruder Wayne war über seinen Schatten gesprungen und hatte sich nach sechsjährigem Schweigen wieder gemeldet. Er wurde begleitet von ihrer Mutter Elaine Kingsford, mit der er das Familiengestüt Dublin Park im Hunter Valley betrieb.

Jo, die sich in dem Gedränge wohlmeinender Trauergäste unbehaglich fühlte, flüchtete in den Garten und schlenderte zum Fischteich hinüber. Ihren immer noch in der Schlinge hängenden Arm mit der Hand des anderen Arms stützend, starrte sie mit hängenden Schultern auf die goldblitzenden, zwischen den Seerosen hin und her flitzenden Fische und versuchte, ihre Trauer beiseite zu schieben.

Elaine Kingsford stand an der Glasscheibe des Wintergartens, beobachtete die einsame Gestalt ihrer Enkelin und beschloss, ihr Gesellschaft zu leisten. Festen Schrittes trat sie hinaus auf die Terrasse, überquerte den makellosen Rasen und ging leise auf Jo zu.

Elaine war eine zierliche weißhaarige Frau von Ende sechzig; ihr freundliches Gesicht und ihre Hände waren von der Arbeit im Freien gebräunt. Trotz ihres kleinen Wuchses überragte sie Jo um einen halben Kopf, und ihre Augen waren ebenso strahlend violett wie die ihrer Enkelin.

Der Anblick des bleichen, schweigenden Mädchens ging ihr ans Herz, und sie bemerkte Jos dunkle Augenringe. Elaine hatte die Zwillinge sehr geliebt und sich über jeden ihrer Besuche gefreut. Seit zwei Jahren waren Jo und Rick nicht mehr in Dublin Park gewesen. Und nun würde Rick nie wieder zur Tür hereingestürmt kommen. Vorsichtig wischte sie sich unter der Brille eine Träne weg.

Zum Glück hatte Charlie trotz des Zerwürfnisses zwischen den beiden Brüdern seinen Kindern nach dem Umzug nach Sydney nie verboten, ihre Großmutter zu besuchen. Elaine liebte Bertie zwar auch, hatte aber ein eher distanziertes Verhältnis zu ihm. Außerdem war er ihr immer ein wenig fremd geblieben, denn er interessierte sich weder für Pferde noch für die Arbeit auf einem Gestüt. Wie seine Mutter, die jahrelang vergeblich zu verbergen versucht hatte, wie sehr sie Dublin Park verabscheute, bevorzugte Bertie das Stadtleben. Also waren es immer nur Jo und Rick gewesen, die die Schulferien bei ihrer Großmutter verbrachten. Die beiden waren unzertrennlich, heckten alle möglichen Streiche aus, bestanden darauf, jedes Pferd zu streicheln, und gaben allen neugeborenen Fohlen, Kälbern und Küken Namen.

Nach Sids Tod und dem Streit zwischen Charlie und Wayne hatte Elaine die kindliche Ausgelassenheit der Geschwister als heilsame Ablenkung empfunden. Und mit zunehmendem Alter hatten die Zwillinge gelernt, sich auf dem Gestüt nützlich zu machen. Sie fütterten die Tiere, ritten die Pferde und begleiteten die Tierärztin auf ihrer täglichen Runde, wenn sie kam, um nach den trächtigen Stuten zu sehen. Damals war das Gestüt noch ein riesiges Anwesen mit jeder Menge Personal gewesen, und Rick, der reizende Junge, hatte jeden Mitarbeiter beim Namen gekannt. Mit Daisy, dem uralten klapprigen Auto, hatten die Zwillinge in Dublin Park das Fahren gelernt.

Elaine warf einen Blick auf das stille junge Mädchen neben sich, das Charlie in so vieler Hinsicht ähnelte. Sie schien all ihre Lebensfreude verloren zu haben, und Elaine zermarterte sich das Hirn nach tröstenden Worten.

Jo spürte die Augen ihrer Großmutter auf sich.

»Rick hat den Dicken da Blondie genannt«, meinte sie und zeigte mit zitternder Stimme auf einen Goldfisch. Dann wandte sie sich zu Elaine um. Ihre Augenlider waren gerötet.

»Ach, Gran, wie soll ich nur ohne ihn klarkommen? Dad

ist so verschlossen, und mit Mum kann man nicht reden. Ich vermisse Rick so sehr.« Ihre Stimme senkte sich zu einem Flüstern.

Liebevoll nahm Elaine Jo in die Arme und drückte sie fest.

»Du wirst es schaffen, so wie wir alle«, sagte sie leise, das Gesicht an Jos Schulter geschmiegt. »Wir Kingsford-Frauen sind stark. Gib deinen Eltern Zeit, insbesondere deiner Mutter. Sie muss sich erst einmal an die Situation gewöhnen.«

Zitternd seufzte Jo auf und klammerte sich an ihre Großmutter; ihre Worte und ihr warmer Körper boten ihr ein wenig Geborgenheit.

Mit tränenblinden Augen starrte Elaine auf einen Busch rosa blühender Kamelien. Die Umarmung empfand sie als ebenso tröstlich wie Jo. Wieder sah sie vor sich, wie die Zwillinge aufgeregt zur Koppel mit den Hengsten stürmten. Das blonde Haar der Kinder schimmerte in der Sonne, und ihr Lachen hallte über das Tal. Sie hing ihren Erinnerungen nach.

Elaines Leben war nicht leicht gewesen, aber sie fand, dass sie im Großen und Ganzen Glück gehabt hatte. Nach der frühen Heirat in Jugendjahren zog sie stets mit Sid an einem Strang, und sie bauten sich gemeinsam eine Zukunft auf. Ihre Liebe zueinander und zu ihren Pferden hatte ihnen auch in schwierigen Zeiten Kraft gegeben. Als die Kinder – erst Wayne, dann Charlie und zum Schluss die kleine Jeannie – geboren wurden, glaubte sich Elaine am Ziel ihrer Wünsche. Dublin Park wieder zu seiner alten Größe zu bringen und es zu einem der besten Gestüte für Vollblüter zu machen, war vor allem für Sid ein Lebenstraum. Doch mit einem Schlag war alles vorbei. Nie würde Elaine den Anblick seines leblosen Körpers vergessen, der im Stall zu Füßen seines Lieblingshengstes lag. Das Pferd stand still wie eine Statue, um seinen Herrn nicht zu gefährden.

Die ersten Jahre nach Sids Tod waren die schrecklichste Zeit ihres Lebens gewesen. Charlie und Wayne stritten ständig. Waynes Spielsucht wurde zunehmend schlimmer, und Charlie wollte nicht verstehen, warum Elaine sich immer wieder von ihrem Ältesten um den Finger wickeln ließ. Schließlich hatte er von seiner Mutter verlangt, Wayne nicht mehr finanziell unter die Arme zu greifen. Er sah nicht ein, dass es sich bei Spielsucht um eine Krankheit handelte. Außerdem begriff er nicht, wie entsetzlich einsam sie sich ohne Sid fühlte. Wayne, der sich nie für Pferde interessiert hatte, beschloss schließlich, nach Südaustralien zu ziehen und dort eine Exportfirma zu eröffnen. Ihre Freude und heimliche Erleichterung darüber waren ihr noch so gegenwärtig, als wäre es erst gestern geschehen, ebenso ihre Enttäuschung nach Waynes Bankrott fünf Jahre später. Seine Ehe hatte dem Druck des Schuldenberges nicht standgehalten; und so war Wayne allein nach Hause zurückgekehrt. Seine Frau hatte es nicht mehr ertragen, ständig am Rande des Ruins zu leben. Die Zwistigkeiten zwischen den beiden Brüdern flammten wieder auf. Doch als Mutter brachte Elaine es einfach nicht über sich, ihren leichtfertigen Ältesten im Stich zu lassen, auch wenn sie dafür eine Hypothek auf das Haus aufnehmen, die besten Pferde und schließlich sogar einen großen Teil von Dublin Park selbst verkaufen musste. Diese Trennung von dem Land, das seit 1865 zu dem Anwesen gehörte, hatte zum endgültigen Bruch zwischen den beiden Brüdern geführt. Und Elaine waren endlich die Augen aufgegangen.

Bob Comely, der Familienanwalt, hatte sie schließlich gerettet. Ohne seine Hilfe hätte sie, da war sie ganz sicher, wohl alles verloren.

Während sie Jos seidiges Haar streichelte, erinnerte sie sich bedrückt daran, wie der Anwalt mit ihr in Sids Arbeitszimmer gegangen war und sich viele Stunden Zeit genommen hatte, ihr alles zu erklären. Am Ende verstand sie, was Charlie ihr in seiner aufbrausenden Art schon seit Jahren begreiflich zu machen versuchte. Elaine befolgte Bobs Rat und bezahlte Waynes Schulden nicht mehr. Stattdessen bekam er von ihr nun ein Gehalt – allerdings nur unter der Bedingung, dass er sich auf dem Gestüt nützlich machte, bis seine Schulden abgearbeitet waren. Anschließend sollte er sich ein finanzielles Polster schaffen und eine neue Firma gründen. Weitere Darlehen würde es nicht geben. Allerdings war der angerichtete Schaden nicht mehr rückgängig zu machen, und das Land musste verkauft werden.

Nach der Abwicklung des Verkaufs zog Charlie mit Nina und den Kindern nach Sydney. Er nahm einige der besten Pferde aus Dublin Park mit und verweigerte jeden weiteren Kontakt mit seinem Bruder.

Das hatte Elaine zwar sehr wehgetan, aber zumindest war es Wayne nicht gelungen, ihr Verhältnis zu Charlie völlig zu zerstören. Wenn sie sich unbeobachtet fühlte, hatte sie wegen ihrer beiden Söhne so manche Träne vergossen. Ja, sie wusste, dass sie bei Wayne zu viel Schwäche zeigte. Doch er war nun einmal ebenso ihr Sohn wie der liebevolle, starke und erfolgreiche Charlie; sie wollte keinen der beiden verlieren. Obwohl sie ihre Jungen gut verstand, hatte sie stets das Gefühl, sie im Stich gelassen zu haben. Durch Charlies Zwillinge war sie ein bisschen für die schweren Jahre entschädigt worden.

Elaine wischte sich die Tränen von den Wangen und erinnerte sich an den Tag, an dem Jo und Rick über die Veranda des Haupthauses von Dublin Park gerannt kamen und sich in ihre Arme geworfen hatten. Es war ihr erster Besuch nach dem Umzug und für Elaine der Tag gewesen, an dem in ihrem Leben endlich wieder die Sonne aufging.

Heute war die Familie, zumindest vorübergehend, durch eine Tragödie wieder zusammengeführt worden, und es war ihre Pflicht, Jo zu helfen. Das Mädchen erinnerte sie an einen Goldfisch, einen bunten Lichtblitz, der durch die Schatten huschte und ins Helle drängte. Sie ließ Jo los, küsste sie auf die Wange und lächelte sie an.

»Bald sind Schulferien, mein Kind. Was hältst du davon,

deine Großmutter für eine Weile zu besuchen? Ich würde mich sehr freuen, und ich glaube, dass wir beide einander brauchen.«

»Ach, Gran, ich liebe dich so sehr«, schluchzte Jo, küsste Elaine und fiel ihr um den Hals. Dann kehrten die beiden langsam Arm in Arm zurück zum Haus.

Nachdem die letzten Gäste gegangen waren und die Verwandtschaft es sich gemütlich gemacht oder sich auf die Terrasse zurückgezogen hatte, tauschte Jo die Trauerkleidung rasch gegen Jeans und T-Shirt.

»Ich gehe mit Sam zum Strand, Mum«, rief sie, griff nach der Leine am Haken in der großen Vorhalle und pfiff nach Ricks Hund.

»Nimm Suzie Wong auch mit«, erwiderte Nina.

Sie hatte ihr Make-up aufgefrischt und sich mit einigen großen Gläsern Cola mit Rum gestärkt. Die frisch gebadete Suzie Wong spitzte die Ohren, sprang sofort auf Ninas Schoß, drehte sich zweimal um die eigene Achse, setzte sich und kratzte an den kleinen schwarzen Schleifen in ihrem wuscheligen weißen Fell.

»Muss das sein?« Jo blieb in der Wohnzimmertür stehen und musste ein entnervtes Aufstöhnen unterdrücken. Ein Strandspaziergang mit Suzie Wong bedeutete nämlich, dass man das Hündchen den ganzen Weg tragen musste, damit es sich nicht schmutzig machte. Die Alternative wäre gewesen, die Pudeldame anschließend noch einmal zu baden und zu föhnen, wozu Jo auch keine große Lust hatte.

»Ach, eigentlich ist das nicht nötig, mein Kind. Geh nur mit Sam los«, erwiderte Nina und band ein Schleifchen fest. »Es bricht mir das Herz, wie er ständig jault und nach Rick sucht. Vielleicht beruhigt er sich ein wenig, wenn er am Strand rennen kann.«

Sie drückte die Nase in das Fell des Pudels, damit man ihr ihre Rührung nicht ansah.

»Und die kleine Suzie will sich schließlich die Pfötchen

nicht nass machen, nicht wahr?« Sie fasste sich wieder, klopfte auf den Sitzplatz neben sich und rief nach ihrem ältesten Sohn. »Bertie, möchtest du Tante Dawn nicht etwas über dein Jurastudium erzählen?«

Mit einem erleichterten Seufzer winkte Jo ihrer Großmutter zu und ergriff mit Sam die Flucht. Raschen Schrittes steuerten sie auf den Strand von Cogee zu, der nicht weit vom Haus entfernt lag. Sie wollte eine Weile allein sein. Sam trottete mit gesenkten Ohren hinter ihr her und blickte sich immer wieder nach seinem Herrchen um. Jo sah, wie der Hund um Rick trauerte, und spürte wieder einen Kloß im Hals.

Seit dem Unfall bezog Sam jeden Morgen Posten an seinem Lieblingsplatz auf der Veranda, legte den Kopf zwischen die Pfoten und richtete seinen seelenvollen Blick auf das Tor, durch das Rick jeden Moment kommen musste. Außerdem jaulte er viel und fraß nichts – auch nicht, wenn Jo versuchte, ihn mit der Hand zu füttern. Als sie ihm einen alten Pullover gab, der nach Rick roch, wedelte er nur traurig mit dem Schwanz. Nachts ließ Jo Sam heimlich in ihr Schlafzimmer und setzte ihn wieder vor die Tür, ehe ihre Mutter aufwachte. Durch Jos Zuwendung war aus dem Jaulen allmählich ein leises Winseln geworden, und heute war Sam ganz ruhig. Es war fast so, als wisse er, dass endgültig Abschied genommen worden war.

Jo stützte ihre Armschlinge mit der gesunden Hand und begann zu rennen, sobald sie den Strand erreichten. Die Nachmittagssonne glitzerte auf den Brandungswellen und brachte den salzigen Dunst über dem Wasser zum Flimmern. Jo streifte die Schuhe ab, krempelte ihre Jeans hoch und lief auf das dunkelblaue Wasser zu. Der goldene Sand unter ihren nackten Füßen fühlte sich erstaunlich kühl an. Platschend hüpfte sie durchs seichte Wasser, die Kälte ließ sie nach Luft schnappen. Sie tollte am Meeressaum entlang, umspült vom weißen Schaum der brechenden Wellen. Schon im nächsten Moment waren ihre glänzend nassen Fußabdrücke wieder verschwunden. Fast war Jo froh, dass ihre schmerzende Schulter sie von ihren trüben Gedanken ablenkte. Sam stand bellend im trockenen Sand und sah ihr zu.

»Komm her, Sam«, rief Jo.

Der Hund zögerte kurz und stürmte dann mit hochgerecktem Schwanz auf sie zu und ins Wasser. Jo stieß einen Schrei aus, als er ihre Jeans nass spritzte, und tätschelte sein tropfendes Fell. Sie rannte mit Sam an ihrer Seite einfach drauflos, nahm nichts weiter wahr als den Wind auf ihrem Gesicht und die Schreie der Möwen über sich. Nach einer Weile lief sie, keuchend vor Anstrengung, zurück auf trockenen Boden und ließ sich in den Sand fallen.

Den goldglänzenden Sonnenuntergang am westlichen Horizont beobachtend, wurde sie erneut vom Schmerz und von der Trauer über Ricks Tod überwältigt. Mit gesenktem Kopf machte sie schluchzend ihren während des Tages aufgestauten Gefühlen Luft. Warum war das alles nur geschehen? Rick hatte doch völlig gesund gewirkt. Es gab keine Antwort, keine sinnvolle Erklärung. Jo spürte eine feuchte Schnauze im Gesicht und eine warme Zunge, die ihr die Tränen wegleckte. Sie hob den Kopf, streichelte Sam und wischte dabei die Tränen weg, die ihr weiter übers Gesicht liefen.

»Ach, Sam, ich vermisse ihn so sehr. Ich wünschte, ich könnte ihn für uns beide wieder lebendig machen.« Sam schüttelte sich so heftig, dass sich ein Regen aus Sand und Wassertropfen über Jo ergoss.

»Sam!«, rief Jo entsetzt. Ihre Schluchzer verwandelten sich plötzlich in Gelächter, als sie sich den Sand vom T-Shirt klopfte. Mit dem unverletzten Arm zog sie Sam an sich, umarmte den klatschnassen Hund und begann wegen seines spontanen Liebesbeweises erneut zu weinen. Sam leckte wieder ihr Gesicht. Dann machte er sich los, ließ sich hechelnd neben sie in den Sand fallen, wedelte hin und wieder mit dem Schwanz oder wandte den Kopf, um sich das Fell zu schubbern. Jo blickte auf das Meer hinaus, über dem sich der Horizont verdunkelte, und liebkoste mit einer Hand Sams Ohr. Sie spürte Ricks Gegenwart – so, als wäre er tatsächlich hier und beobachtete sie.

»Sicher will er nicht, dass wir traurig sind, Sam«, flüsterte sie mit erstickter Stimme, und die Tränen flossen. »Er würde sich wünschen, dass wir das tun, was wir uns gemeinsam vorgenommen hatten. Dass wir versuchen, die Besten zu werden.« Mit dem Handrücken wischte sie sich die Augen und schniefte. Sam wedelte mit dem Schwanz.

Zusammen sahen sie zu, wie sich das Meer verdüsterte und der große goldene Sonnenball schließlich am Horizont versank. Die feurigen Strahlen verfärbten die Wolken in ein leuchtendes Rosa. Dann wurden sie grau, und die Welt hüllte sich in einen zarten Dunst. Die Luft kühlte rasch ab, und es wurde schlagartig dunkel. Doch das Mädchen und der Hund verharrten an ihren Plätzen. Schließlich war es stockfinster. Jo stand auf und klopfte sich zitternd den Sand von der Jeans.

»Komm, Sam. Gran hat recht, wir müssen stark sein, nach Hause gehen und uns der Wirklichkeit stellen.«

Sam sprang auf und wedelte so heftig mit dem Schwanz, dass der Sand in alle Richtungen spritzte. Jo warf ihm ein Stöckchen zum Apportieren zu. Obwohl ihr Herz immer noch schwer war, fühlte sie sich gekräftigt. Die Trauer um Rick würde sie ihr Leben lang begleiten, aber ihr war nun klar, was sie tun musste. Das Wissen um Ricks unsichtbaren Beistand sorgte dafür, dass sie sich besser fühlte. Nachdem sie in ihre Schuhe geschlüpft war, machte sie sich auf den Heimweg. Sam trottete hinter seinem neuen Frauchen her, die Ohren gespitzt und das apportierte Stöckchen fest im Maul.

Jos Handgelenk heilte mit der Zeit, und auch ihre Stimmung hellte sich dank Sams unverbrüchlicher Treue rasch auf. Inzwischen hatte sie es zu ihrer Mission erklärt, ihren Vater davon zu überzeugen, ihr die Rückkehr zur Bahnarbeit zu erlauben. Charlie verweigerte zwar noch immer jegliches

Gespräch über das Thema Reiten, verbot ihr allerdings nicht den Aufenthalt in den Ställen. Und so verbrachte Jo jede freie Minute in der Kingsford Lodge. Immer noch von ihrer steifen Schulter behindert, half sie so gut wie möglich beim Füttern und Ausmisten, führte nachmittags nach der Schule die Pferde im Kreis herum und plauderte mit Winks. Der siebzigjährige ehemalige Stallmeister und Jockey hatte schon vor Jos Geburt bei den Kingsfords gearbeitet und machte sich weiterhin gern im Rennstall nützlich. Auch die Wochenenden verbrachte Jo stets in den Ställen, wo sie zuhörte, wie Charlie mit dem Stallmeister anstehende Aufgaben erörterte oder mit dem Tierarzt die Pferde untersuchte.

Außerdem hatte Jo noch einen anderen Grund für ihre Besuche in den Ställen. Der Arzt hatte ihr zwar empfohlen, mit dem Reiten zu warten, bis ihre Schulter wieder vollständig beweglich war, doch sie musste sich um ihr eigenes Pferd kümmern. Buck's Fizz war ein freundlicher goldbrauner Wallach und wurde von Jo Fizzy genannt. Da das Pferd beim Rennen einfach zu langsam in die Gänge kam, hatte Charles es Jo zum zwölften Geburtstag geschenkt. Jo, die seit ihrem neunten Lebensjahr dem Eastern-Suburbs-Ponyclub angehörte, war mit Fizzy schon bei verschiedenen regionalen Wettbewerben und Clubprüfungen angetreten. Da Rick die Arbeit mit den Rennpferden genügte, hatte er sich nie im Ponyclub engagiert. Und so war das Zusammensein mit Fizzy eines der wenigen Dinge, die in Jo keine schmerzlichen Erinnerungen wachriefen, obwohl sie Rick auch weiterhin unbeschreiblich vermisste.

Eines Nachmittags brachte Jo Fizzy zurück in seine Box. Da kam Winks auf sie zugehinkt. Seine Beine waren von vielen Reitunfällen verkrümmt, und er zerrte an der schäbigen Schirmmütze, die auf seinem struppigen grauen Haarschopf saß. In sein wettergegerbtes Gesicht hatten sich tiefe Falten eingegraben.

»Ich habe beobachtet, dass du den alten Jungen in den letzten drei Wochen pünktlich auf den Glockenschlag abgeholt hast.«

Er spähte über die Tür der Box hinweg in die Dämmerung und schob dabei sein Gebiss im Mund herum.

»Du führst ihn spazieren, du fütterst ihn, und du sperrst ihn wieder in seine Box. Wann wirst du den verdammten Gaul endlich reiten?«, fragte er im Plauderton.

Jo hatte das Gefühl, sich rechtfertigen zu müssen.

»Der Arzt sagt, damit muss ich noch warten«, erwiderte sie, ein wenig zu barsch. Sie verließ die Box, machte die Tür zu und vergewisserte sich, dass sie auch richtig verschlossen war.

»Wehe, wenn du daran herummachst«, ermahnte sie Fizzy und tätschelte ihm noch einmal die Nase. Fizzy warf wiehernd den Kopf zurück, und Jo lachte. Dann drehte sie sich um und hakte den gebeugten alten Mann unter. »Erzähl mir noch mehr davon, was ein Pferd für ein großes Rennen mitbringen muss.«

Winks verzog fröhlich das Gesicht, und seine Augen funkelten. Er liebte Jo wie die Enkeltochter, die ihm nie vergönnt gewesen war, und fühlte sich in ihrer Gegenwart wieder jung. Sie war so lebensfroh und unbeschwert und außerdem sehr lerneifrig, wenn er ihr etwas über Pferde erzählte. Wie er selbst hegte sie eine tiefe Liebe zu diesen Tieren. Und dennoch war seinem wachen Verstand nicht entgangen, dass sie gerade ganz schnell das Thema gewechselt hatte.

»Dazu brauchst du nur deinem Dad bei der Arbeit zuzusehen«, erwiderte er mit seiner vom Rauchen heiseren Stimme.

»Mehr nicht?«, gab Jo in gespieltem Erstaunen zurück und fühlte sich wieder besser. Unterhaltungen mit Winks nahmen häufig so einen Anfang.

Winks nickte und kramte in seinen Taschen.

»Ja, genau das ist es. Schau einfach weiter zu.« Er förderte ein zerknautschtes Zigarettenpäckchen zutage und steckte sich einen Glimmstängel in den Mundwinkel. »Ich kannte deinen Dad schon, als er ein magerer achtjähriger Junge war. Immer hat er alles ganz genau beobachtet.« Winks begann zu erzählen.

Jo lauschte aufmerksam und merkte sich sämtliche Einzelheiten. Bei jedem dieser Gespräche lernte sie etwas Neues.

»Ich beobachte dich, und ich stelle fest, dass du dich wacker schlägst«, fuhr Winks fort und zwinkerte ihr mit einem blutunterlaufenen Auge zu.

Seine Bemerkung über das Reiten hatte Jo allerdings tiefer getroffen, als sie zugeben wollte. Deswegen war sie auf der Rückfahrt nach Hause im weißen Rolls Royce ihres Vaters ungewöhnlich schweigsam.

»Kommst du trotz des verletzten Arms mit deinem Pferd zurecht?«, fragte Charlie freundlich. Jo nickte nur wortlos.

Charlie hatte mit Jo von Anfang an vereinbart, dass sie sich selbst um ihr Pferd kümmern musste, solange dieses in der Kingsford Lodge lebte. Sie durfte nicht erwarten, dass die Stallburschen ihr die Arbeit abnahmen. Charlie, der im Busch unweit von Wagga Wagga in der nordwestlichen Ecke von New South Wales, in der Nähe der Grenze zum benachbarten Bundesstaat Victoria, das Licht der Welt erblickt hatte, musste in seiner Jugend auf vieles verzichten. Aus diesem Grund war er fest entschlossen, seinen Kindern zu vermitteln, dass ihr Luxusleben nichts Selbstverständliches war.

Seine Eltern waren zu Anfang ihrer Ehe so arm gewesen wie die sprichwörtlichen Kirchenmäuse. Sidney Kingsford hatte sich als Landarbeiter durchgeschlagen, um für das Nötigste zu sorgen, während sich Elaine in dem bescheidenen Haushalt abrackerte.

Charlie besaß noch ein paar alte sepiabraune Fotografien, aufgenommen von einem von Sids Arbeitgebern. Sie zeigten Wayne und Charlie in Hosen und Hemden, die seine Mutter mit viel Liebe aus alten Mehlsäcken geschneidert hatte. Auf einem anderen Bild präsentierte seine Schwester Jeannie stolz ihr Mehlsackkleid.

Doch seine deutlichste Kindheitserinnerung war der Tag, an dem sein Vater zwei alte Mähren gekauft hatte, die eigentlich für den Pferdemetzger bestimmt gewesen waren. Charlie war gerade acht geworden, alt genug, um sich über den Hohn und Spott zu ärgern, den sein Vater sich von den anderen Pferdebesitzern und Trainern anhören musste. Am liebsten hätte er ihnen das selbstzufriedene Grinsen aus dem Gesicht geprügelt. Das war der Augenblick gewesen, in dem Charlie sich geschworen hatte, einmal ein Vermögen mit Pferden zu verdienen.

Er wuchs heran und beobachtete seinen Vater Tag für Tag bei der Arbeit mit den Tieren. Er schaute ihm zu, wie er stundenlang dastand und sie nur ansah, wie er sie gehen und traben ließ, mit ihnen sprach, sie fütterte und sie wieder zu ansehnlichen Tieren hochpäppelte. Und als sich die Investition in die Pferde endlich bezahlt machte, änderte sich das Leben der Familie Kingsford von Grund auf.

Zweimal musste Charlie miterleben, wie sein Vater ein erfolgreiches Unternehmen aufbaute und es wegen eines einzigen Misserfolgs wieder verlor. Schließlich hatte er Dublin Park gekauft, das Gestüt zu einem florierenden Familienbetrieb gemacht und seine Karriere als Pferdezüchter und -trainer damit gekrönt. Charlie war stolz, in die Fußstapfen seines Vaters treten zu können. Doch fünf Jahre später war Sid überraschend gestorben.

Von Sid hatte Charlie sein Geschick im Umgang mit Pferden sowie den Ehrgeiz geerbt, die Kingsford-Dynastie fortzusetzen. Obwohl er Jos Talent erkannte, war ihm mehr daran gelegen gewesen, Ricks Fähigkeiten zu fördern. Ach, wie er den Jungen vermisste! Seit dem Tod seines Sohnes war er sich unschlüssig, was Jo betraf. Manchmal spielte er mit dem Gedanken, nachzugeben und sie wieder Rennpferde reiten zu lassen. Vielleicht würde sie so leichter über Ricks Tod hinwegkommen. Dann wieder schlug seine Stimmung ins Gegenteil um, und er befürchtete, sie auf dieselbe Weise zu verlieren wie Rick. Jo war begabt, daran bestand kein Zweifel. Ihre Erfolge mit Magic Belle hatten selbst ihn erstaunt. In Gegenwart von Pferden fühlte sie sich glücklich, das merkte er ihr deutlich an.

Während Charlie sich durch den Berufsverkehr schlängelte, musterte er Jos nachdenkliche Miene und beschloss, sich Ninas Meinung zu eigen zu machen. Für Jo war ein für alle Mal Schluss mit der Bahnarbeit. Nina wollte es so, und er würde ihre Entscheidung respektieren. Charlie, der seine Frau und seine Tochter über alles liebte, hatte Angst, dass Nina den Anforderungen nicht gewachsen sein könnte. In letzter Zeit wurde sie immer nervöser und reizbarer und brach beim geringsten Anlass in Tränen aus. Vielleicht war es Zeit für eine Urlaubsreise. Er nahm sich vor, mit Gloria, seiner Sekretärin, darüber zu sprechen.

»Ich finde, Mum hat eine kleine Pause verdient. Zurzeit ist sie ein bisschen angestrengt und braucht dringend Abstand. Kommen wir beide auch allein zurecht, wenn ich alles mit Jackie regle?«

Wieder nickte Jo und betrachtete ihren Vater, der lässig mit einer Hand das Auto lenkte. Trotz seiner vierundvierzig Jahre war er ein gut aussehender Mann. Wie immer trug er einen eleganten maßgeschneiderten Anzug nach europäischem Schnitt. Seine Krawatte war gekonnt gebunden, und aus seiner Brusttasche lugte ein locker gefaltetes, seidenes Einstecktuch hervor.

»Vermisst du Rick auch so?«, fragte Jo, als hätte sie seine Gedanken gelesen.

»Natürlich, mein Kleines. Warum?«

»Weil niemand mehr über ihn spricht, nicht einmal du und Mum. Es ist, als hätte es ihn nie gegeben«, flüsterte sie.

Charlie drückte Jos Hand, und Tränen traten ihm in die Augen.

»Es hat ihn gegeben, Kleines. Aber wir müssen weiterleben.« Während er den Wagen geschickt um eine Kurve lenkte, wurde ihm klar, wie sehr Jo unter Anspannung stand.

»Was für Märchen hat der alte Winks dir denn heute aufgetischt?«, witzelte er, um sich von den Gedanken an Rick abzulenken. Er hatte Mitleid mit seiner Tochter.

Jo lehnte sich in ihrem Sitz zurück. Wenigstens hatte sie es geschafft, ihren Bruder zu erwähnen, ohne dass dadurch betretenes Schweigen entstand.

Mitte August wurde Jo immer unruhiger. Inzwischen waren die Fäden ihrer Stirnwunde gezogen worden, und sie heilte gut. Ihre Schulter schmerzte nur noch gelegentlich, und obwohl der Arzt ihr geraten hatte, sicherheitshalber noch einen Monat zu warten, hielt sie sich für ausreichend wiederhergestellt, um sich in den Sattel zu wagen. Am meisten beschäftigte Jo der Gedanke, dass in nur zwei Wochen das Martha-Wellbourne-Turnier stattfinden sollte. Und sie war bis jetzt noch nicht wieder auf Fizzy geritten.

Das Martha-Wellbourne-Turnier war die wichtigste Reiterprüfung in der ganzen Region. Man konnte dabei nicht nur die höchste bei einem eintägigen Wettbewerb mögliche Punktzahl erreichen; es galt auch als die anspruchsvollste Prüfung, die der Ponyclub ausrichtete. Sieger früherer Jahre hatten Australien später bei den Olympischen Spielen vertreten. Im letzten Jahr hatte Jo den Sieg um zwei Punkte verfehlt, denn Fizzy hatte zweimal vor dem Wassergraben gescheut und sie dadurch wertvolle Sekunden gekostet.

Immer wieder versuchte sie, sich einzureden, dass sie es schon schaffen würde. Sie hatte vollstes Vertrauen in Fizzys Fähigkeiten und nahm sich jeden Nachmittag fest vor, endlich auf seinen Rücken zu steigen. Sie sagte sich, dass heute endlich der Tag sein würde – nur um festzustellen, dass sie wieder der Mut verließ, sobald sie sich den Ställen näherte. Auf dem Rückweg vom Arzt erwähnte sie diese Angst gegenüber ihrer Mutter.

»Am besten gewöhnst du dich an den Gedanken, dass der Ponyclub für dich gestorben ist, bis Dr. Brunswick deine Schulter für völlig geheilt erklärt hat«, beschied Nina sie.

Sie hatte kein Verständnis für die Befürchtungen ihrer Tochter und interessierte sich mehr für ihren gerade abgebrochenen Fingernagel. Nachdem sie den Bentley in der Garage abgestellt hatte, griff sie nach ihrer Handtasche aus Echsenleder und überprüfte wie immer vor dem Aussteigen im Rückspiegel, ob ihr Lippenstift auch nicht verschmiert war.

»Aber, Mum«, rief Jo entsetzt, warf krachend die Wagentür zu und lief zu ihrer Mutter. »In zwei Wochen findet das Martha-Wellbourne-Turnier statt.«

»Pass mit der Tür auf«, schrie Nina. »Es ist mir völlig gleichgültig, was das für ein Turnier ist. Du hast selbst gehört, was der Arzt gesagt hat. Wenn du zu früh mit dem Reiten anfängst, könntest du dir wieder die Schulter brechen.«

»Mum, meine Schulter war nur ausgekugelt, nicht gebrochen«, erwiderte Jo mit einem Aufseufzen. »Und ich kann sie prima bewegen.«

Sie wollte es vormachen und zuckte zusammen, was Nina nicht entging.

»Siehst du, was ich meine?«, verkündete diese. »Du wirst keine unnötigen Risiken auf dich nehmen und deine Karriere als Fotomodell aufs Spiel setzen. Dr. Brunswick gehört zu den angesehensten Spezialisten in seinem Fach, und du wirst dich an seine Anweisungen halten. Wie willst du Topmodel werden, wenn deine Schultern schief stehen?«

»Aber das will ich doch gar nicht«, protestierte Jo verzweifelt.

»Deine Sturheit geht mir auf die Nerven«, zeterte Nina händeringend. Sie eilte die Stufen hinauf, steckte den Schlüssel ins Schloss und stieß die Tür auf.

»Jackie!«, rief sie hektisch.

Diese Auseinandersetzung mit Jo führte sie nun schon seit neun Monaten – seit sie ihrer Tochter gestattet hatte, nach der zehnten Klasse von der Schule abzugehen. Dabei hatte sie alles genau geplant. Wenn Jo nur nicht so störrisch wäre! Sie hatte genau die hohen Wangenknochen und den vollen

Mund, die momentan gefragt waren und die Talentsucher begeisterten. Die Narbe ließ sich leicht überschminken oder mit einer Haarsträhne abdecken. Mit ihren wunderschönen aschblonden Locken und den dunkelvioletten Augen war Jo wie geschaffen als Aushängeschild für Yardley oder diese amerikanische Kosmetikfirma, über die Nina vor Kurzem etwas gelesen hatte. Sie hatte bereits angefangen, einige Leute anzusprechen.

»Jackie«, begann Nina, als die Haushälterin herbeigeeilt kam. »Rufen Sie im Nagelstudio an, und verlegen Sie meinen Termin wieder auf morgen ... Wenn Sie sich beeilen, erreichen Sie Vicky vielleicht noch im Salon.«

Sie ließ Handtasche und Schlüssel auf das Marmortischchen in der Vorhalle fallen. Nachdem sie mit einem langen Seufzer in einen Wohnzimmersessel gesunken war, streifte sie die Schuhe ab und schloss die Augen.

»Ich bin völlig erschöpft. Ein Königreich für eine Tasse Tee«, rief sie der davoneilenden Jackie nach.

»Ich habe den Kessel schon aufgesetzt, Mrs Kingsford. Den Anruf erledige ich sofort«, erwiderte Jackie und schenkte Jo im Davoneilen ein rasches Lächeln.

Jo ließ sich nicht ablenken.

»Rick würdest du auch reiten lassen«, flehte sie. »Er hätte dich so lange bearbeitet, bis du ihm die Bahnarbeit wieder erlaubt hättest.«

Von Jos Worten ruckartig aus ihren Tagträumen gerissen, schlug Nina die Augen auf.

»Wie kannst du es wagen, das Andenken deines Bruders so in den Schmutz zu ziehen?«, fragte sie entsetzt und sah Jo entrüstet an.

»Aber du hättest es ihm erlaubt, Mum, das weißt du ganz genau. Er durfte immer alles, weil er ein Junge war ...«

Blitzartig sprang Nina auf. Ihre Fäuste waren geballt, und ihre Augen glitzerten gefährlich.

»So ein Gerede will ich nie wieder von dir hören«, brüllte

sie. »Den ganzen lieben Tag lang kümmere ich mich um dich, und so dankst du es mir.«

Sie bohrte sich den Finger in die Brust.

»Dein Bruder ist tot«, schrie sie. »Habe ich wegen deiner Sturheit nicht schon genug mitgemacht? Begreifst du nicht, wie weh es mir tut, dich anzusehen?«

Zitternd klopfte Nina sich ein Sofakissen zurecht.

»Du wirst den Namen deines Bruders in diesem Haus nie wieder aussprechen.« Ihre Stimme bebte. »Wir werden uns an ihn als liebevollen Jungen und wegen der vielen Dinge erinnern, die er in seinem kurzen Leben geleistet hat. Du hast kein Recht, sein Andenken zu missbrauchen, um deine lächerlichen Problemchen zu lösen.«

Entgeistert starrte Jo ihre Mutter an.

»Er war mein Bruder, Mum. Mein Zwillingsbruder. Ich kann ihn nicht einfach vergessen«, stammelte sie. Die so lange aufgestaute Wut, Verzweiflung und Trauer stiegen in ihr hoch.

»Du hast gehört, was ich gesagt habe. Und damit Schluss. Ach, ich halte das alles nicht mehr aus. Ich brauche eine Zigarette. Nein, eher einen ordentlichen Drink.«

Nina ließ sich in die Polster sinken und massierte ihre Schläfen mit schlanken Fingern.

»Oh, Jackie, Sie retten mir das Leben«, seufzte sie theatralisch und mit einem hilflosen Blick, als die Haushälterin mit Tee und Keksen auf einem Tablett hereinkam.

»Für mich ist das Thema nicht erledigt«, schäumte Jo, ohne auf Jackie zu achten. »Ich vermisse Rick ebenso wie du. Er war ein Teil von mir. Dad spricht über ihn …«

Inzwischen zitterte sie ebenso heftig wie ihre Mutter. Nina holte tief Luft und zeigte mit dem Finger auf Jo.

»Solange du in diesem Haus lebst, tust du, was ich sage.« Dann kramte sie mühsam ein Taschentuch aus der Tasche und brach in Tränen aus.

»Warum überlassen Sie das nicht mir, Jo?«, flüsterte Jackie.

In diesem Moment kam Charlie herein und wäre fast mit Jackie zusammengestoßen, die nach der Brandykaraffe griff.

»Hast du deine Mutter wieder zum Weinen gebracht?«, fragte Charlie, wich Jackie aus und gab Nina einen raschen Kuss auf die Wange. Dann legte er ihr ein dickes Bündel Hundertdollarnoten in den Schoß. »Ballyhoo hat fünf für einen gewonnen. Ned Kelly hat ein bisschen Geld für mich gesetzt.«

Aus geröteten Augen sah Nina ihren Mann an. Sie mochte Ned, der früher Schrotthändler gewesen war und inzwischen als Buchmacher arbeitete. Charlie vertraute ihm schon seit Jahren. Außerdem war Geld nie zu verachten.

»Oh, Charlie, rede mit deiner Tochter. Ich kann einfach nicht mehr.« Als sie erneut zu weinen begann, fühlte sich Jo, als hätte ihr jemand ein Messer in den Leib gestoßen.

»Ich wollte dich nicht aufregen, Mum«, murmelte sie.

Charlie legte die Hände auf Ninas bebende Schultern und musterte seine Tochter mit kaltem Blick.

»Wenn es wieder um die Arbeit auf der Rennbahn ging, haben wir dieses Thema bereits ausführlich erörtert. Die Antwort ist nein und die Angelegenheit damit erledigt. Bitte geben Sie mir auch einen Brandy, Jackie«, fügte er hinzu.

Jo wollte sich verteidigen, überlegte es sich aber anders. Nachdem sie ihren Vater traurig angesehen hatte, stürzte sie hinaus. In ohnmächtiger Wut rannte sie in ihr Zimmer, knallte die Tür so heftig zu, dass die Fensterscheiben klirrten, und warf sich aufs Bett.

»Ich will nicht Fotomodell werden. Ich hasse Fotomodelle. Und ich spreche über Rick, sooft es mir passt!«, schrie sie in ihr Kissen und schlug aus Leibeskräften darauf ein. »Wie kann sie mir so etwas antun?«

Jo liebte ihre Mutter und fand sie wunderschön – aber warum konnte sie ihr einfach nicht richtig zuhören?

Das Läuten des Telefons riss sie aus ihren zornigen Gedanken. Es war Dianne Gibbs, ihre beste Freundin aus dem Ponyclub. Nachdem Jo ihr eine Stunde lang ihr Herz ausgeschüttet hatte, fühlte sie sich ein bisschen besser. Dianne machte den Vorschlag, dass Jo und Fizzy am Tag der Veranstaltung mit ihr und Cuddles im Pferdetransporter mitfahren konnten – sofern es Jo gelang, ihre Eltern zu überreden. Flüsternd planten die beiden Mädchen den Ausflug. Diannes Mutter hatte nicht viel für Nina übrig. Und da Nina nur wenig Interesse an Jos Engagement im Ponyclub zeigte, begegneten sich die beiden Frauen selten. Charlie hingegen hielt Mrs Gibbs für eine vernünftige und zuverlässige Frau. Außerdem hatte er sich häufiger von ihrem Mann Neil beraten lassen, der Anwalt war und auch gelegentlich die Rennbahn besuchte.

»Du wirst sicher auf einem vorderen Rang landen. Und wenn du das Turnier gewinnen kannst, wird dein Dad so begeistert sein, dass er dir sicher alles verzeiht«, meinte Dianne.

Als Jo endlich den Hörer auflegte, war sie schon viel zuversichtlicher. Vielleicht konnte sie ihren Vater in einer ruhigen Minute dazu bringen, ihr die Erlaubnis zur Teilnahme zu geben. Wenn nicht, würde sie ohne die Genehmigung ihrer Eltern antreten.

4

Am Dienstagnachmittag vor dem Turnier kam Jo völlig niedergeschlagen in Fizzys Box. Am Vortag war ihre Mutter zu einem zweiwöchigen Urlaub an die Goldküste aufgebrochen, und ihr Vater war heute Morgen zu einer Jährlingsauktion nach Neuseeland geflogen.

Als Jo endlich den Mut aufgebracht hatte, mit ihrem Vater über das Turnier zu sprechen, läutete natürlich das Telefon. Danach war Charlie sofort aus dem Haus geeilt, und es hatte sich keine weitere Gelegenheit ergeben, das Thema anzuschneiden.

Dafür hallte ihr die Bemerkung, die Winks vor einigen Wochen gemacht hatte, umso lauter in den Ohren wider.

Jo kochte vor Wut auf ihre Mutter und war fest entschlossen, den Preis für Rick zu gewinnen. Allerdings hatte sie sich noch immer nicht auf Fizzys Rücken gewagt.

»Wir beide schaffen das schon«, seufzte Jo, streichelte die starke Schulter des Wallachs, legte ihm das Zaumzeug um und führte ihn zur Stalltür. Seine Hufe klapperten auf dem Steinboden. Ihre größte Stärke war das Turnierspringen, solange Fizzy die Ruhe bewahrte. Jo winkte Pete zu, einem jungen Pferdepfleger, der für sie schwärmte.

»Fizzy mag seine neue Satteldecke«, rief sie ihm zu.

Die Decke war dick und cremefarben und in einer Ecke mit dem gestickten Monogramm »BF« versehen. Pete errötete heftig und trollte sich.

»Du musst reiten, um zu gewinnen.«

Jo zuckte zusammen, als Winks hereinkam, einen Striegel in der Hand. Fizzy, der Jos Nervosität spürte, warf tänzelnd den Kopf hin und her und bewegte heftig seinen Schweif.

»Winks! Ich habe dich gar nicht gehört«, rief Jo. Ihr Herz klopfte heftig.

»Tja, hier bin ich, und du wirst jetzt auf dieses Pferd steigen. Also dreh ihn um, sattle ihn, und dann rauf mit dir.« Einen so strengen Tonfall hatte Jo bei Winks noch nie gehört. Da es schon später Nachmittag war, standen die anderen Pferde in ihren Boxen, und der Hof lag verlassen da. Winks rückte näher an Jo heran.

»Es hat sich nämlich bereits herumgesprochen. Und wenn du dir schon Ärger einhandelst, dann gewinn wenigstens den verdammten Pokal.«

Jo starrte Winks mit offenem Mund an.

»Ich war auch einmal jung. Und ich kann schweigen wie ein Grab. Jetzt tu, was ich dir sage.«

Lachend reichte Jo ihm Fizzys Zügel und ging Sattel und Trense holen.

»Du brauchst einen Hilfszügel, damit er den Kopf unten hält. Schließlich habt ihr schon eine Weile nicht mehr zusammen gearbeitet. Er ist zwar ein sehr freundliches Pferd, aber manchmal ein bisschen verspielt«, rief Winks ihr nach und tätschelte Fizzys goldene Flanke.

Mit einem Nicken hastete Jo in die Sattelkammer und kam mit den Ausrüstungsgegenständen wieder zurück auf den Hof gelaufen. Beobachtet von den anderen Pferden, sattelte Jo Fizzy rasch, zog den Gurt fest und vergewisserte sich, dass der Ring des Hilfszügels nicht über die Stopper rutschen und sich im Zaum verfangen konnte.

»Also los. Rauf mit dir«, befahl Winks.

Jo stellte einen Fuß in den Steigbügel und hielt inne. Ihr Puls hämmerte, und das Blut rauschte ihr in den Ohren.

»Mach schon, Mädchen.«

Jo war aschfahl geworden.

Ihre Hände zitterten so sehr, dass sie es nicht schaffte, sich am Sattel festzuhalten.

»Steigst du allein auf, oder soll ich dir Beine machen?«

Jo nahm den Fuß aus dem Steigbügel und drehte sich mit gequältem Blick zu Winks um.

»Ich kann nicht«, murmelte sie und lehnte sich, mit den Tränen kämpfend, an den weichen, warmen Leib des Pferdes. Ihre eigene Stimme hallte ihr in den Ohren, wie sie damals Rick die Warnung zurief, und sie sah ihn vor sich auf dem Boden liegen. Winks legte den Arm um ihre bebenden Schultern und wartete ab. Er roch tröstlich nach Heu und abgestandenem Tabakrauch. Endlich hob Jo den Kopf.

»Ich kann nicht«, wiederholte sie resigniert.

Winks schloss ein Auge und öffnete es langsam wieder.

»›Kann nicht‹, gibt's nicht«, entgegnete er kopfschüttelnd. »Die Jugend von heute hat einfach keinen Mumm mehr in den Knochen.«

Er ließ Jo los und reichte ihr die Zügel.

»Und jetzt rauf auf den Gaul und Schluss mit dem Gejammer.«

Im ersten Moment wusste Jo nicht, ob sie lachen oder weinen sollte. Dann stieg Wut in ihr auf. Der alte Mann verstand offenbar nicht, wovon sie sprach.

»Ich kann nicht, kapierst du das denn nicht?«, schluchzte sie.

Doch Winks packte sie am Bein, schob die andere Hand unter ihren Po und gab ihr einen Schubs.

»Lass mich los! Ich kann nicht! Ich habe Angst!«, kreischte Jo. Trotz ihres Widerstandes gelang es Winks, sie in den Sattel zu hieven. Dann trat er keuchend einen Schritt zurück.

»Schon besser. Meine Pumpe funktioniert offenbar noch prächtig, mein Kind«, japste er und klopfte sich auf die Brust. Jo zitterte noch immer und stammelte inzwischen mehr vor Wut als vor Angst. Wenigstens hatte sie es geschafft, nicht loszuheulen.

»An die Arbeit.« Winks nahm Fizzy fest am Zügel und führte Pferd und Reiterin vom Hof zum Übungsgelände im Centennial Park.

Als sie den Park erreichten, hatte Jo aufgehört zu zittern. Sie hätte Winks umarmen können. Im Grunde ihres Herzens ahnte sie schon seit einer ganzen Weile, dass sie Probleme damit hatte, wieder in den Sattel zu steigen. Und mit jedem neuen Tag nach Ricks Tod war ihre Gewissheit stärker geworden, dass sie nie wieder im Sattel sitzen würde.

Doch unter Winks Anleitung trottete und trabte sie nun um den Platz, und ihr Selbstvertrauen wuchs mit jedem Schritt. Zwei Stunden später hatte sie nicht nur sämtliche Dressurübungen absolviert, sondern auch einige Hindernisse übersprungen, und die Zusammenarbeit mit Fizzy hatte sich wieder eingespielt.

Auf dem Rückweg zur Kingsford Lodge war ihr zum ersten Mal seit dem Tod ihres Bruders leicht ums Herz. An diesem Wochenende würde sie für Rick den Pokal gewinnen. Nein, für Rick und Winks. Im Hof angekommen, glitt sie aus dem Sattel und fiel dem alten Mann um den Hals.

»Ich liebe dich«, jubelte sie, und endlich funkelten ihre Augen wieder. – »Nun kann dir nichts mehr passieren, Mädchen«, erwiderte Winks mit belegter Stimme. Jo war eine Siegernatur wie ihr Vater, so viel stand für ihn fest.

Mit der für Australien typischen merkwürdigen Logik erstreckten sich sogenannte Ein-Tages-Veranstaltungen meist über zwei Tage. Turniere fanden getrennt nach Ponyclubs und Bezirken statt. Und wenn an einer Prüfung Teilnehmer aus verschiedenen Ponyclubs und Bezirken beteiligt waren, wurden die Gruppen nach Clubs und Bundesstaaten eingeteilt.

Inzwischen war der zweite Tag des Martha-Wellbourne-Turniers schon fast vorbei. Da es sich um eine Bezirkskonkurrenz handelte, wurde es auf Privatgelände ausgetragen. Diesmal war Duffy's Forest an der Reihe, wo die Strecke hügelig und ziemlich schwierig war.

Jo war von Fizzys Leistung bei der gestrigen Dressurprüfung begeistert gewesen. Heute war sie bereits vor Sonnenaufgang auf den Beinen, und inzwischen schmerzten ihr die Finger, denn sie hatte Fizzys dicke, grobe Mähne mit Rosetten gebändigt, ihn gestriegelt und den oberen Teil seines Schweifs geflochten. Dann hatte sie Dianne geholfen, den Schweif ihres lebhaften Wallachs Cuddles mit einem Haarteil zu verlängern, denn der war nicht so üppig wie Fizzys.

Martha Wellbourne, eine englische Pferdenärrin, die in den 1950er-Jahren nach Australien gezogen und 1961 dort gestorben war, wurde in Ponyclub-Kreisen verehrt. Da sie viel Wert auf die äußere Form gelegt hatte, spielten Aufmachung und Präsentation bei dem nach ihr benannten Wettbewerb eine große Rolle. Jo trug die beim Dressurreiten vorgeschriebene formelle Kleidung, bestehend aus dem braunen Pullover des Eastern-Suburb-Ponyclubs, einer hellblauen Bluse, der Clubkrawatte und einer beigen Reithose. Ihr von einem Haarnetz zusammengehaltenes Haar lugte unter der Reitkappe hervor. Jo wusste, dass sie sehr schick aussah. Nach Abschluss ihrer Darbietung ritt sie mit Fizzy im Schritt die Mittellinie des Dressurrings entlang, um die Jury zu grüßen. Das goldene Fell des Pferdes schimmerte in der Morgensonne und auf seinem Pelham-Zaum. Jo wäre fast geplatzt vor Stolz.

Am Nachmittag hatten sie und Dianne zu Fuß den Querfeldeinparcours abgeschritten, der auf einer Wiese neben dem Dressur- und Sprungreitplatz abgesteckt war. Jo ging durch das raschelnde, hüfthohe und trockene Gras und nahm mit den anderen Reitern und deren Eltern die Hindernisse in Augenschein. Dabei hatte sie gehört, wie Mrs Gibbs ihrer Tochter Ratschläge gab und sie ermutigte. Das versetzte ihr einen Stich ins Herz, denn ihre Mutter interessierte sich nie dafür, was sie im Ponyclub trieb, und ihr Dad war meistens zu beschäftigt, um sich um sie zu kümmern.

Während sie den Brustschutz an Fizzys Sattel befestigte, damit dieser während des Querfeldeinrennens nicht nach vorn rutschte, ging sie die Hindernisse in Gedanken noch einmal durch. Der Wassergraben war ihre größte Sorge. Da sie

Fizzys Abneigung gegen Wassergräben kannte, hatte sie das Hindernis von allen Seiten begutachtet. Vor dem Zaun war genügend Platz zum Anreiten. Nun musste sie nur darauf achten, dass Fizzy ruhig blieb. Wenn sie ihm keine Zeit zum Nachdenken gab, würden sie es sicherlich schaffen.

Inzwischen bereute sie ihren Gefühlsausbruch gegenüber Winks und war ihm unbeschreiblich dankbar dafür, dass er so hart mit ihr und Fizzy trainiert hatte. Das einzige Ereignis, das dieses ansonsten so wunderschöne Wochenende überschattete, war, dass Selena McFarlan ihre hinterhältige Fuchsstute Cassie zu dicht an Fizzy herangelassen hatte. Und natürlich hatte diese prompt versucht, ihn zu beißen. Als Jo ihr Pferd rasch herumriss, hatte sie sich die verletzte Schulter gezerrt und war die halbe Nacht mit Schmerzen wach gelegen. Sie zurrte Fizzys Sattelgurt fest und bemühte sich, nicht auf das beharrlich dumpfe Pochen zu achten.

Nervös stieg Jo auf, steckte die mit Sporen versehenen Stiefel in die Steigbügel und nahm ihren Platz in der Reihe der Turnierteilnehmer am Startpunkt des Querfeldeinparcours ein. Dabei warf sie einen raschen Seitenblick auf Selena, die an einem Schokoriegel knabberte.

Es war so ungerecht, dass Selena essen konnte, was sie wollte, trotzdem gertenschlank und eine ausgezeichnete Reiterin war und außerdem keinen einzigen Pickel im Gesicht hatte. Jo hingegen hatte vor lauter Lampenfieber einen Ausschlag am Hals bekommen. Sie trug das hellblaue Club-T-Shirt, das für das Querfeldeinrennen zugelassen war, und dazu ihre beige Reithose. Unter dem polierten Sattel lag die neue cremefarbene Satteldecke von Pete. An Fizzys Beinen waren ordentlich die Gamaschen befestigt, und er trug schützende Springglocken über den Hufen. Jo ahnte nicht, dass sie und Fizzy unter allen Teilnehmern das beeindruckendste Bild abgaben.

In Jos Klasse gab es weitere sechs Wettbewerber – einschließlich Selena McFarlan, die ihr einen finsteren Blick zuwarf, sich den Rest des Schokoriegels in den Mund stopfte und Cassie dann auf und ab gehen ließ. Mit jeder Sekunde krampfte sich Jos Magen mehr zusammen. Sie spürte, wie sich der Schweiß unter ihrer Reitkappe sammelte, während auch sie ihr Pferd bewegte, damit es nicht kalt wurde.

Zum vierten Mal zog sie die Weste mit der aufgedruckten Startnummer 59 zurecht. Um sich ein wenig von dem bevorstehenden Rennen abzulenken, blickte sie sich um, und ihr blieb fast das Herz stehen: Dr. Brunswick steuerte auf das Zelt mit den Erfrischungen zu. Mit ihm hatte sie überhaupt nicht gerechnet, und sie hätte auf seine Anwesenheit gut verzichten können.

»Was soll ich nur tun?«, flüsterte sie Dianne verzweifelt zu. »Wenn er mich sieht, wird er es Mum erzählen.«

Fizzy wieherte aufgeregt.

»Er ist viel zu sehr mit seiner zickigen kleinen Enkelin beschäftigt, die heute zum ersten Mal dabei ist. Also wird er sich nicht für dich interessieren. Außerdem ist es sowieso zu spät«, erwiderte Dianne, die in einer anderen Klasse ritt und heute nicht antrat. »Hast du dir eigentlich überlegt, was du mit dem Pokal machst, wenn du ihn gewinnst? Willst du ihn unter dem Bett verstecken?«

»Noch habe ich ihn nicht«, zischte Jo.

Dr. Brunswick blickte in ihre Richtung, aber in diesem Moment beorderte der Wettkampfleiter zu Jos Erleichterung alle Teilnehmer auf eine andere Koppel, ein Stück entfernt von den Zuschauern.

In den nächsten fünf Minuten galt Jos Aufmerksamkeit nur dem immer ängstlicheren Fizzy, den sie im Kreis gehen ließ, damit er vor dem Start nicht die Nerven verlor. Endlich war sie an der Reihe. Während des 30 Sekunden dauernden Countdowns vor den beiden Baumstümpfen, die als Startpfosten dienten, bedankte sie sich im Stillen noch einmal bei Winks.

»Drei! Zwei! Eins! Los!«, rief der Wettkampfleiter.

Jo trieb Fizzy zu einem raschen Trab an. Im nächsten Moment hatten sie die Startlinie hinter sich gelassen und das erste Hindernis passiert. Jo spürte den Wind im Gesicht und bemerkte, wie Fizzys kraftvolle Schritte länger wurden. Ihre Nervosität legte sich.

Leichtfüßig übersprang das Pferd Hindernis um Hindernis und galoppierte in gleichmäßigem Rhythmus weiter. Jo wurde immer ruhiger und genoss den Ritt allmählich. Sie preschten den Hügel hinunter und überquerten die Brücke. Der gefürchtete Wassergraben kam immer näher. Jo wurde von Aufregung ergriffen. Sie würde es schaffen. Fizzy würde die Herausforderung meistern. Jo presste sich tiefer in den Sattel und lenkte das Pferd im richtigen Winkel auf das Hindernis zu. Ihre Hände in den Reithandschuhen waren schweißnass, das Herz klopfte ihr bis zum Halse, und ihr Mund war trocken. Sie spürte Fizzys Angst.

»Ruhig, Fizzy«, flüsterte sie und fasste die Zügel straffer. Unter dem T-Shirt lief ihr der Schweiß hinunter. Fast hatten sie das Hindernis erreicht, doch in der letzten Sekunde verweigerte Fizzy und wäre beinahe gegen den Balken geprallt.

»Verdammt«, zischte Jo und wendete das Pferd, wohl wissend, dass jede Sekunde zählte. »Komm schon, Fizzy. Du kannst es. Es ist doch nur eine Pfütze«, murmelte Jo dem Pferd ins Ohr und versuchte, ihre Willenskraft auf das Tier zu übertragen.

Ihr Herz klopfte, als sie sich dem Zaun näherten. Mit einem gewaltigen Satz übersprang das Pferd das Hindernis und landete auf der anderen Seite im Wasser. Jos Hose wurde von dem hoch spritzenden Nass völlig durchweicht. Obwohl ihr beim Aufkommen ein Schmerz durch die Schulter schoss, begann sie zu lachen. Sie beugte sich vor, um das tapfere Pferd zu umarmen, und lobte es immer wieder, während sie es langsam durch das Wasser gehen ließ. Jo wusste, welche Überwindung der Sprung Fizzy gekostet hatte, und sie liebte ihn dafür nur umso mehr. Sie trieb den Wallach zur Eile an. Mühelos übersprang er das nächste kleine Hindernis auf der anderen Seite des Wassergrabens.

Dann jagte sie den letzten Hügel hinauf. Die Sonne schien heiß auf ihre geröteten Wangen, und ihre Augen funkelten aus dem mit Schlamm bespritzten Gesicht. Sie passierten die letzten beiden Hindernisse, preschten durch die Eukalyptusbäume zur Ziellinie. Fizzys Atem ging keuchend, und seine Flanken waren mit Schaum bedeckt, als Jo ihn zurück auf die Koppel brachte und abstieg. Vor Anstrengung zitterten ihr die Beine, und ihr Haar unter der Reitkappe war schmutzig und verschwitzt. Doch sie fühlte sich überglücklich. Sie lehnte sich an Fizzy, um nicht das Gleichgewicht zu verlieren, und wischte sich mit dem Unterarm den Schweiß von der Stirn. Dann streichelte sie Fizzys Nüstern, und der Wallach erwiderte die Liebkosung. Am liebsten hätte Jo vor Freude geweint. Mit immer noch zitternden Händen lockerte sie den Sattelgurt und führte das Pferd zum Transporter der Gibbs, um es zu tränken.

»Du warst einfach super«, jubelte Dianne, die grinsend auf Cuddles herangetrabt kam. Jo lächelte ihre Freundin an und ihre Augen strahlten wie zwei violette Edelsteine.

»Das habe ich nur Fizzy zu verdanken. Er war wundervoll«, begeisterte sie sich.

Rasch rechnete sie nach, dass sie sich vermutlich nicht viele Strafpunkte eingehandelt hatte. Außerdem wusste sie, dass ihre Punktezahl im Dressurreiten mehr als zufriedenstellend war. Nun musste sie nur noch das Turnierspringen überstehen. Im nächsten Moment verdüsterte sich ihre Miene – Dr. Brunswick steuerte auf sie zu.

»Ich hatte Ihnen nicht empfohlen, so bald nach dem Unfall wieder zu reiten. Wie ich annehme, ist Ihre Mutter darüber im Bilde, welchen Gefahren Sie sich aussetzen«, sagte er, und eine eiskalte Hand legte sich Jo ums Herz.

Aber ehe sie etwas erwidern konnte, kam ein kleines Kind angelaufen, fiel hin und begann, lauthals zu schreien. Der

Arzt vergaß Jo und hob die Kleine vom Boden auf. Nachdem er sich wieder aufgerichtet hatte, war Jo verschwunden. Achselzuckend drückte er dem kleinen Mädchen einen Kuss auf die tränennasse Wange und ging los, um seiner Enkelin etwas zu trinken zu besorgen. Schließlich war er nicht im Dienst und außerdem nicht für Jo verantwortlich. Aber er nahm sich vor, dennoch ein Auge auf sie zu haben.

Eine halbe Stunde später hatte Jo sich das Gesicht gewaschen, Fizzy gestriegelt und wieder formelle Reitkleidung angelegt. Sie ließ den Wallach vor dem Turnierplatz hin und her gehen, damit er in Bewegung blieb. Die Begegnung mit Dr. Brunswick hatte ihre Nervosität gesteigert, und sie versuchte, nicht auf die stärker werdenden Schmerzen in ihrer Schulter zu achten. In diesem Abschlusswettbewerb würde sie als Letzte antreten.

Inzwischen war Wind aufgekommen, der den Staub aufwirbelte und die Pferde unruhig machte. Satteldecken wurden gegen Pferdetransporter geweht, und Zaumzeug klapperte.

Jo hielt Fizzy am kurzen Zügel, denn sie wusste, dass er dazu neigte, sich zu sehr aufzuregen und dann einfach blind auf die Hindernisse zuzustürmen. Die meisten Teilnehmer hatten das Rick, Hindernis Nummer acht, gerissen. Vier Reiter waren disqualifiziert worden, weil ihre Pferde dreimal einen Sprung verweigert hatten, am letzten Oxer waren die meisten gescheitert, und ein Pferd war sogar durchgegangen. Selena auf Cassie hatte Jo beim Querfeldeinrennen fast eingeholt. Das Pferd verweigerte aber beim Springen einmal vor einem Hindernis und riss eine Stange. Um sie zu schlagen, durfte Jo auf keinen Fall mehr als zwei Fehler machen.

Beim Einreiten auf dem Sprungplatz wehte eine Windböe Fizzy eine Plastiktüte vor die Nase. Das Pferd schrak zusammen. Jo hielt den Wallach zurück und konnte gerade noch verhindern, dass er ihr durchging. Dabei schoss ihr ein glühender Schmerz durch den Arm. Sie zwang Fizzy zurück auf den Parcours und lenkte ihn dorthin, wo sie das erste Hindernis vermutete. Vor Schmerz sah sie alles nur noch wie durch einen Nebel. Angestrengt starrte sie auf die roten und weißen Stangen, während Fizzys Hufe leicht das Hindernis streiften. Mühsam hielt Jo sich im Sattel, ohne zu wissen, ob sie überhaupt in die richtige Richtung ritten. Als sie auf Hindernis Nummer vier zurasten, legte sich der Schwindel zum Glück wieder ein wenig. Doch dann scheute Fizzy vor Numer fünf und riss bei Nummer sechs, dem einfachsten Hindernis, eine Stange. Jo hätte vor Enttäuschung weinen können. Nun durfte sie sich bei Nummer acht und dem Oxer keinen Fehler mehr erlauben. Inzwischen schmerzte ihre Schulter so heftig, dass sie die Zügel nur noch mit der linken Hand halten konnte und deshalb kaum noch Möglichkeiten hatte, das Pferd zu lenken.

Sie näherte sich dem Rick und ihr wurde schlagartig bewusst, was sie sich eingehandelt hatte. Wenn die Probleme mit ihrer Schulter wieder von vorn losgingen, würde ihre Mutter sofort wissen, dass sie ihr Verbot missachtet hatte. Und selbst wenn sie den Pokal gewann, lief sie Gefahr, dass ihre Eltern ihr deshalb Fizzy wegnahmen.

Wegen der tief stehenden Nachmittagssonne konnte sie fast nichts sehen, während sie auf das in einem engen Winkel stehende Hindernis zugaloppierten. Bei Fizzys unsanfter Landung wurde Jo so durchgerüttelt, dass sie die Zügel losließ. Wie durch ein Wunder hatten sie keine einzige Stange gerissen, aber Jo hatte solche Schmerzen, dass sie kurz mit dem Gedanken spielte, das Handtuch zu werfen. Doch dann spürte sie die Kraft des Pferdes unter sich und erinnerte sich an den Sprung über den Wassergraben. Nun war es an ihr, Mut zu beweisen. Also griff sie nach den lose herabhängenden Zügeln und trieb Fizzy an. In Erwartung des Schmerzes biss sie die Zähne zusammen, als er über die erste Stange des Oxers sprang. Wieder verschwammen Rot und Weiß ihr vor den Augen, und sie wusste, dass sie sich auf Fizzy verlassen musste. Instinktiv erahnte Fizzy, was seine Reiterin von ihm erwartete, und übernahm das Kommando. Mit zwei Sätzen überwand er den zweiten Barren und setzte dann mit einem kühnen Sprung über den dritten. Sie hatten es geschafft. Wie ein echter Sieger warf Fizzy den Kopf zurück und trug Jo, begleitet vom Applaus der Zuschauer, vom Platz.

Noch nie im Leben war Jo so glücklich und voller Stolz gewesen. Tränen der Freude und des Schmerzes kullerten ihr über die Wangen, und sie war noch immer sehr aufgeregt. Fizzy hatte den Martha-Wellbourne-Pokal für sie, für Rick und für Winks errungen. Sie hatten gewonnen. Sicher würde Dad stolz auf sie sein. Ihr Gesicht war bleich, als sie sich vorbeugte, um Fizzy zu tätscheln. Dann glitt sie von seinem Rücken und sackte auf dem Boden zusammen. Jo hielt sich den Arm und nahm außer den Schmerzen nichts mehr um sich herum wahr. Die Mutter eines Teilnehmers kam auf sie zugelaufen, während eine andere losrannte, um Hilfe zu holen.

»Jo«, rief da eine vor Rührung zitternde Männerstimme.

Jo schrak zusammen. Als sie trotz ihrer Schmerzen aufschaute, blickte sie in die Augen ihres Vaters und sah die Angst und die Liebe darin.

»Ich habe gewonnen, Dad. Ich habe den Martha-Wellbourne-Pokal gewonnen«, flüsterte sie. »Für Rick, für Winks, für dich und … und … bitte nimm mir Fizzy nicht weg.«

Sie sank an seine Brust. Hinter Charlie standen Mr Gibbs und eine sichtlich blasse Dianne, die gleichzeitig erschrocken und aufgeregt wirkte.

»Nur mit der Ruhe, Kleines. Jetzt sehen wir uns erst mal deine Schulter an«, erwiderte Charlie besorgt und kniete sich neben seine Tochter, um sie besser halten zu können.

Dr. Brunswick eilte herbei. Er besaß die Geistesgegenwart, ihre vorherige Begegnung nicht zu erwähnen, und schon wenige Minuten später trug Jo den Arm wieder in der Schlinge. Da ihr der Arzt außerdem ein Schmerzmittel gegeben hatte, und sie sich noch in ihrem Triumph sonnte, fühlte sie sich gleich viel besser. Sobald feststand, dass Jo wirklich Erste geworden war, fielen Dianne und Mrs Gibbs erst ihr und dann einander um den Hals.

Jo umarmte Charlie und Mr Gibbs, und alle streichelten Fizzy.

»Mein Dad war wegen einer Versicherungssache in Neuseeland und hat auf dem Heimweg deinen Dad im Flugzeug getroffen. Ist das nicht ein wahnsinniger Zufall?«, rief Dianne begeistert, als sie nach der Preisverleihung ihre Sachen packten.

»Hoffentlich war das ein gutes Omen«, antwortete Jo.

Obwohl sie auf dem Heimweg von Wettkämpfen normalerweise sofort einschlief, grübelte sie diesmal während der gesamten Fahrt über die möglichen Konsequenzen nach.

Endlich schloss sie die Tür von Fizzys Box hinter sich und war völlig erschöpft. Die Wirkung des Schmerzmittels ließ allmählich nach.

»Was wird Mum wohl sagen?«, fragte sie. Den Pokal in der Hand, kletterte sie steif in den Rolls-Royce.

Stolz betrachtete Charlie seine müde Tochter; sie hatte dunkle Ringe unter den Augen, und ihr Zopf löste sich.

Er musste an seine eigene Jugend denken. Trotz des Verbots seines Vaters und des Arztes hatte er an einem Rodeo teilgenommen und den Jugendwettbewerb gewonnen. Sein krummer linker Arm erinnerte ihn bis heute an diesen Tag.

Jo hatte ihm zwar einen ziemlichen Schrecken eingejagt, aber er konnte ihr einfach nicht böse sein. Sie war eben die Tochter ihres Vaters und eine richtige Kingsford.

»Du hältst deinen Vater wohl für einen alten Dummkopf.« Er tätschelte ihr das Bein.

Jo hörte sein tiefes, tröstendes Lachen und fühlte sich wieder wie ein kleines Mädchen.

»Ich wusste genau, was du im Schilde führst, Kleines. Schließlich war mir klar, wie viel dir das Turnier bedeutet.

Du kannst manchmal schrecklich stur und rechthaberisch

sein ...« Er hielt inne, und Tränen glitzerten in seinen Augen. »Ich bin stolz auf dich.«

Er räusperte sich und blickte wieder geradeaus auf die Straße.

»Um deine Mutter kümmere ich mich schon. Mach dir keine Sorgen.«

Mit einem Seufzer lehnte Jo sich in das weiche Lederpolster zurück. Wenige Sekunden später sank ihr Kopf an die Fensterscheibe.

Sie schlief tief und ruhig, die Finger fest um den Martha-Wellbourne-Pokal geschlossen.

5

Eine ganze Woche lang sonnte Jo sich in ihrem Triumph. Charlie hielt Wort, beruhigte Nina und überzeugte sie von den Vorteilen von Jos Engagement im Ponyclub gegenüber der Arbeit auf der Rennbahn. Er war sich sehr wohl bewusst, dass Jo diesen Akt des Ungehorsams gebraucht hatte, um über den Tod ihres Bruders hinwegzukommen.

Nina ärgerte sich zwar über Jos Verhalten, sah Charlies Gründe aber ein, und so beschränkte sich ihre Kritik auf einige wenige Bemerkungen darüber, wie leichtsinnig es gewesen sei, sich erneut die Schulter zu verletzen. Sie gab sich große Mühe, Jo aufzuheitern, ermutigte sie, mehr Zeit mit ihren Reiterfreundinnen zu verbringen, und erlaubte zu Jos großer Überraschung sogar, dass Dianne bei ihr übernachtete.

Am Samstagmorgen nach ihrem Sieg lehnte Jo sich aus ihrem Zimmerfenster. Wie gerne wäre sie nun unten in der Botany Bay gewesen, um beim Baden der Rennpferde zu helfen. Der Beweis ihrer Reitkünste hatte sie ihrem Ziel anscheinend keinen Schritt näher gebracht. Das bedrückte Jo sehr. Sie sah, wie Sam es sich ohne Protest gefallen ließ, dass Suzie Wong an seinem Ohr kaute, während er draußen in der Morgensonne lag. Davon sank ihr Stimmungsbarometer nur noch weiter. Ihre Schulter tat weh, und bei dem Gedanken, dass sie einen ganzen Monat lang nicht reiten durfte, fühlte sie sich wie eine lebenslänglich Verurteilte. Traurig pflückte sie eine Blüte von dem gelben Rosenbusch, der unter ihrem Fenster wuchs und dessen gelbe Rosetten vor zwei Tagen aufgeblüht waren.

Jo zupfte ein Blütenblatt nach dem anderen ab, sah zu, wie es in der sanften Brise davonschwebte, und schalt sich für ihren Trübsinn. Sie hätte eigentlich glücklich sein müssen. Immerhin hatte sie das seit ihrem Beitritt zum Ponyclub angestrebte Ziel erreicht. Stattdessen war sie müde und bedrückt. Sie dachte über die widersprüchlichen Folgen der letzten Wochen nach. Einerseits hatten ihre Eltern ihr die Teilnahme an dem Turnier verziehen, das als eines der anspruchsvollsten in ganz Australien galt. Andererseits verboten sie ihr weiterhin die Arbeit auf der Rennbahn. Außerdem lag ihr Nina wieder mit ihren Plänen für eine Karriere als Fotomodell in den Ohren.

Das letzte Blütenblatt trudelte zu Boden. Jo schloss das Fliegengitter des Fensters und ließ sich entnervt aufs Bett fallen. Wenn Rick noch lebte, würde er sie sicher unterstützen. Dad hätte ihn gebeten, ein Auge auf sie zu haben und ihr die umgänglichen Pferde zu geben – was nicht hieß, dass sie mit den schwierigen nicht zurechtgekommen wäre. Jo nestelte an ihrer Armschlinge und fühlte sich hilflos. Sie schlüpfte aus dem Nachthemd und zog einen Pulli und Jeans an.

Warum gab es nur all diese dämlichen Regeln, die für Jungen und Mädchen unterschiedlich waren? Schließlich hatte sie Talent für das Pferdetraining und war der Arbeit auf der Rennbahn körperlich gewachsen. Pferdetrainerin war ihr Traumberuf. Wie oft hatte sie ihren Vater sagen hören, dass man nur dann Höchstleistungen erbringen konnte, wenn man das, was man tat, mit wahrer Leidenschaft betrieb.

»Ich will kein dämliches Fotomodell werden, sondern Pferde trainieren. Und das werde ich auch tun«, sagte Jo ärgerlich zu ihrem Spiegelbild und fuhr sich heftig mit der Bürste durch das verfilzte Haar.

Sorgen bereitete ihr auch die bevorstehende Schulabschlussprüfung. Dianne wollte am Vormittag vorbeikommen, um mit Jo Geschichte und Biologie zu pauken. Nina und Charlie hatten sich damit einverstanden erklärt, dass Jo am Ende des Jahres von der Schule abging, wenn sie einigermaßen annehmbar bei den Prüfungen abschnitt. Ihre bisherigen schulischen Leistungen gaben allerdings keinen Anlass zu großer Hoffnung. Die Schwierigkeiten schienen sich unüberwindbar vor Jo aufzutürmen.

Sie schleuderte die Haarbürste auf den Frisiertisch, kroch voll bekleidet unter die geblümte Bettdecke und zog sie bis über den Kopf. Schon zwei Sekunden später warf sie die Decke wieder beiseite, sprang auf und schlüpfte in ihre Turnschuhe. Wenn diese ganzen Probleme ihren Grund nur darin hatten, dass sie ein Mädchen war, würde sie sich dagegen zur Wehr setzen. Immerhin gab es auch andere Frauen, die in der Welt der Pferderennen erfolgreich waren. Warum also nicht sie? Sie würde einen Weg finden.

Jo griff nach einem Gummiband, fasste ihr aschblondes Haar zu einem Pferdeschwanz zusammen, eilte aus dem Zimmer und machte sich auf die Suche nach ihren Eltern. Charlie und Nina frühstückten gerade im von der Morgensonne hell erleuchteten Wintergarten. Der Raum duftete angenehm nach frischem Toast und Kaffee. Einen Stift in der Hand und die neueste Rennliste auf dem Schoß, telefonierte Charlie mit Ned Kelly, um ihm zu sagen, auf welche Pferde er bei den nachmittäglichen Rennen setzen sollte.

»Guten Morgen, Mum«, sagte Jo und küsste Nina auf die Wange. Dann blieb sie, die Hände in die Hüften gestemmt und mit dem Rücken zur Glasscheibe, stehen.

Nina blickte von ihrer Zeitschrift auf, und ihr Herz machte einen Satz. Auf den ersten Blick sah die schlanke, blasse Joanna mit ihrem zurückgebundenen Haar aus wie Rick.

»Geht es deiner Schulter besser, Schatz?«, fragte sie rasch, um sich von den Gedanken an ihren Sohn abzulenken. Joanna machte ihr Sorgen. Sie hatte abgenommen und aß viel zu wenig.

»Inzwischen wieder recht gut, danke, Mum. Es tut kaum noch weh«, erwiderte Jo. Sie straffte die Schultern, und ein entschlossenes Glitzern trat in ihre violetten Augen.

»Du machst ein Gesicht, als hättest du uns etwas mitzuteilen«, stellte Charlie fest, nachdem er den Hörer aufgelegt hatte.

Jo lachte.

»Wie schaffst du es nur immer, meine Gedanken zu lesen, Dad?«

»Nun, raus mit der Sprache«, forderte Charlie sie lächelnd auf.

Jo war wirklich ein sehr schönes Mädchen. Vielleicht hatte Nina doch nicht so unrecht damit, sie zu einer Modelkarriere zu drängen.

Jo holte tief Luft.

»Gran hat mich über die Schulferien nach Dublin Park eingeladen. Darf ich bitte hinfahren, Dad?«

Wenn man sie schon von der Bahnarbeit fernhielt, konnte sie wenigstens versuchen, so viel wie möglich über die Aufzucht und Pflege von Vollblutpferden zu lernen. Falls ihre Großmutter sie für begabt hielt, könnte sie ihre Eltern möglicherweise davon überzeugen, sie in Dublin Park arbeiten zu lassen.

»Gleich nach den Ferien finden die Prüfungen statt«, entgegnete Charlie langsam und zog missbilligend die Augenbrauen zusammen. Er fing an, mit seinem Stift herumzuspielen. Der Gedanke, dass eines seiner Kinder mit Wayne in Berührung kommen sollte, verursachte ihm wie immer Unbehagen.

Zum Zeitpunkt von Sidney Kingsfords Tod hatte Dublin Park den Gipfel des Ruhmes erreicht und war eines der angesehensten Gestüte in New South Wales gewesen. Fünf Jahre lang hatte Charlie sich dafür abgerackert, dass das so blieb. Und dann hatte Wayne alles kaputt gemacht, und Elaine sah dabei zu. Charlie musste sich damals gegen beide durchsetzen. Er hatte nie verstanden, warum seine Mutter der Spielsucht seines Bruders mit so viel Verständnis begegnete. Nur aus Rücksicht auf seine zarte, einfühlsame Mutter bestand Charlie nicht auf einem Verkauf des Anwesens. Er wusste, wie sehr Elaine Dublin Park liebte und wie viel es ihr bedeutete. Es war nicht nur ihr Zuhause, sondern auch die letzte Ruhestätte des Mannes, den sie vierzig Jahre lang geliebt hatte.

Doch irgendwann konnte Charlie nicht mehr so weitermachen, und er hatte sich einverstanden erklärt, sich seinen Anteil in Form von Pferden auszahlen zu lassen. Außerdem bat er seine Anwälte, eine Klausel in die Vereinbarung einzufügen, dass er seine Stuten kostenlos in Dublin Park decken lassen und seine Pferde unterstellen konnte. Wayne war zwar sehr erbost darüber, konnte jedoch wegen seiner vielen Schulden nichts dagegen unternehmen. Und obwohl die beiden Brüder auf Ricks Beerdigung Waffenstillstand geschlossen hatten, war der Konflikt noch lange nicht aus der Welt geräumt.

Charlie steckte den Stift wieder in die Brusttasche und strich sich mit einer ungeduldigen Bewegung das Hemd glatt. Man musste die Vergangenheit ruhen lassen. Jo, die sein Verhalten missdeutete, machte sich auf eine Auseinandersetzung gefasst.

»Die trockene Luft und die viele Sonne werden deinen Teint ruinieren«, rief Nina entsetzt. »Ich habe in die Wege geleitet, dass du nach deinem Examen für einen Freund ein paar Kleider vorführen kannst. Nur zur Probe, damit du Erfahrung bekommst. Und dann müssen wir alles für die Schweiz vorbereiten.«

Träumerisch sah sie Charlie an.

»Es wäre doch nett, wenn wir die Weihnachtsferien in St. Moritz verbringen würden, bevor Joanna in Pierrefeu anfängt.« Sie nahm ihre Kaffeetasse vom Glastisch und trank einen Schluck.

Am liebsten hätte Jo laut losgeschrien. Zwei rote Flecke erschienen auf ihren bleichen Wangen.

»Mum, wann wirst du es endlich kapieren?«, brach es aus ihr heraus. »Ich will nicht auf ein Pensionat, und außerdem bin ich zu klein und zu dick, um Fotomodell zu werden. Ich will Pferde trainieren wie Dad. Das ist alles, was ich mir wünsche.«

»Sprich nicht so mit deiner Mutter«, befahl Charlie und legte die Rennliste weg.

Nina stellte Tasse und Untertasse ab. Ihre rechte Hand zitterte so sehr, dass sie die linke zu Hilfe nehmen musste. Ihre Augen waren feucht.

»Dann musst du eben abnehmen, Liebling ... Bitte, Charlie, wir haben das doch schon so oft besprochen«, schluchzte sie.

Charlie legte ihr die Hand auf die Schulter.

»Überlass das mir, Neene«, sagte er sanft. »Aber bevor wir weiterreden, wirst du dich bei deiner Mutter entschuldigen, Joanna«, fügte er streng hinzu.

Tochter und Vater starrten einander an. Schließlich wandte Jo verzweifelt den Blick ab. Ihr Vater nannte sie sonst nie Joanna.

»Bitte, wimmelt mich nicht immer ab«, flehte sie, flocht die Finger ineinander und drängte die Tränen zurück. »Wenn ich nicht auf der Rennbahn arbeiten darf, könnte ich doch wenigstens mehr über Pferde lernen. Es war Grans Vorschlag, dass ich sie besuchen soll. Ich verspreche, dort auch für die Schule zu büffeln. Es tut mir leid, Mum, ich wollte dich nicht aufregen.«

Obwohl ihre Eltern es ihr sicher nicht erlauben würden, machte ihr der Gedanke, zu einem Leben weit weg von ihren geliebten Pferden gezwungen zu werden, solche Angst, dass sie einfach nicht lockerlassen konnte.

Charlie fühlte sich hin und her gerissen. Sein Herz drängte ihn, die größte Leidenschaft seines Lebens mit seiner Tochter zu teilen und sie in die Geheimnisse seines Berufes einzuweihen. Doch sein Verstand riet ihm, den sicheren Weg zu beschreiten, für den er und Nina sich entschieden hatten. Jo würde die Schule abschließen, ein Mädchenpensionat besuchen und danach eine Ausbildung zum Fotomodell machen.

Aber als er Jos erschöpftes Gesicht mit den Augenringen sah, die in den letzten Wochen noch dunkler geworden waren, und daran dachte, was sie in letzter Zeit mitgemacht hatte, kam er zu dem Schluss, dass sie ein wenig Abstand brauchte, um nicht ständig an Ricks Tod erinnert zu werden. Inzwischen sah das Mädchen richtiggehend krank aus. Auch seine Mutter hatte einen müden und erschöpften Eindruck auf ihn gemacht. Vielleicht konnten die beiden einander ja ein wenig aufmuntern.

»Pass auf, deine Mutter und ich sind zwar einverstanden, dass du Ende des Jahres von der Schule abgehst, aber du weißt genauso gut wie ich, dass eine Frau nichts auf der Rennbahn verloren hat.«

Jo krampfte sich der Magen zusammen.

»Allerdings«, fuhr Charlie fort, »werden ein paar Wochen in Dublin Park dir sicher nicht schaden. Möglicherweise sind ein paar Sonnenstrahlen und eine ordentliche Prise Landluft genau das Richtige für dich, damit du nicht mehr so blass um die Nase aussiehst.«

Er grinste breit.

»Natürlich werde ich mich bei deiner Großmutter erkundigen, ob du auch brav lernst.«

Jo stand reglos da.

»Das heißt: Ja, du darfst deine Großmutter besuchen. Bestimmt freut sie sich genauso wie du.«

Jos Miene hellte sich auf, und sie fiel ihrem Vater jubelnd um den Hals.

»Danke, Dad, danke, Mum. Ich liebe euch so sehr.« Sie umarmte beide nacheinander.

Erleichtert, dass die Auseinandersetzung wieder einmal hinausgeschoben war, griff Nina nach ihrem Telefonregister.

»Wenn dann alle zufrieden sind«, meinte sie mit säuerlicher Miene. Als sie Charlies warnenden Blick bemerkte, zwang sie sich zu einem Lächeln. »Am besten rufe ich Wendy und John van Haast an. Bestimmt würden sie sich freuen, wenn du bei ihnen in Baerami Creek vorbeischaust. Sie haben eine Tochter in deinem Alter.«

»Du könntest uns ein paar Flaschen von ihrem neuen Rotwein mitbringen. Sie haben neben der Pferdezucht mit dem Weinanbau angefangen.« Charlie sah auf die Uhr.

»Was soll das mit Baerami Creek?«, fragte da eine Stimme.

Alle drehten sich um, und Bertie kam in den Wintergarten geschlendert. Er hatte einen beigen Pullover aus Bändchengarn lässig um die Schultern geschlungen.

»Bertie«, rief Nina und sprang auf, um ihn zu umarmen. »Wie schön! Warum gibst du uns eigentlich nie Bescheid, bevor du kommst?«

Während des Semesters lebte Bertie im St. John's College der Universität von Sydney. Nina war immer froh, wenn er anrief oder der Familie einen Besuch abstattete, was allerdings sehr selten geschah. Charlie, dem Berties Schwäche für Pferdewetten ein Dorn im Auge war, hatte darauf bestanden, dass sein Sohn im Studentenheim lebte und lernte, sich sein monatliches Budget einzuteilen. Alle drei Monate musste Bertie seinem Vater eine Abrechnung vorlegen.

Während Bertie sich von seiner Mutter auf beide Wangen küssen ließ, wurde er von Jo argwöhnisch beobachtet. Ihr für gewöhnlich so selbstbewusster und immer zu Scherzen aufgelegter großer Bruder wirkte heute trotz seines strahlenden Lächelns verkatert, besorgt und eigenartig nervös. Seine Hände zuckten unruhig in den Hosentaschen, und er konnte seinen Eltern und seiner Schwester nicht in die Augen sehen.

»Hallo, Bertie. Was soll denn mit Baerami Creek sein?«, erkundigte Jo sich.

»Hallo, Schwesterherz. Eigentlich gar nichts. Ein paar Jungs aus meinem Semester haben vorgeschlagen, eine Woche Urlaub dort zu machen, bevor die Prüfungen beginnen.« Er breitete die Arme aus. »Ich weiß: ›Wer nicht zu büffeln beginnt, bevor die alte Jacaranda blüht, kann das Examen vergessen‹«, leierte er. Alle kannten die Legende, die sich um den alten Palisanderbaum auf dem Hauptplatz der Universität rankte.

»Also warst du fleißig und wirst bald so weit sein, es mit der ARV aufzunehmen, mein Sohn?«, meinte Charlie nickend.

Dabei musterte er seinen Ältesten prüfend, denn er ahnte, dass es sich nicht um einen Spontanbesuch handelte. Charlies gerichtliche Auseinandersetzungen mit der angesehenen australischen Rennvereinigung, der viele einflussreiche Persönlichkeiten angehörten, waren berüchtigt.

»Noch nicht ganz. Aber letztens habe ich bei einer Probeverhandlung, die einer unserer Dozenten organisiert hatte, einen großen Sieg errungen und den Staatsanwalt ordentlich zur Schnecke gemacht«, erwiderte Bertie mit einem verlegenen Auflachen.

»Was schmiedet ihr für große Pläne?«, wechselte er rasch das Thema und strich sich die dunkelbraune Haarlocke aus dem Gesicht, die ihm ständig in die Stirn rutschte. Er war attraktiv, groß, breitschultrig und hatte schwarze Augen, die ihm eine geheimnisvolle Ausstrahlung verliehen.

»Deine Schwester wird ihre Großmutter in Dublin Park besuchen«, antwortete Charlie kühl.

»Das ist alles?«, gab Bertie gelangweilt zurück, wobei er seinen Vater mit seiner Gleichgültigkeit noch weiter verärgerte.

Charlie war einerseits tief enttäuscht, weil Bertie sich so gar nicht für Vollblutpferde interessierte. Andererseits erleichterte es ihn, dass ihn offenbar nichts nach Dublin Park zog. So hatte er kaum Kontakt mit seinem Onkel. Bertie erinnerte Charlie nämlich in vielem an Wayne, was ihn nicht wenig besorgte. Außerdem erregten Berties unangemeldete Besuche meist sein Misstrauen, denn diese waren häufig mit einem Anliegen verbunden. Auch heute hätte er seinen letzten Dollar darauf verwettet, dass sein Sohn etwas von ihm wollte. »Offen gestanden möchte ich dich um einen großen Gefallen bitten, Dad«, begann Bertie etwas überhastet. Jo bemerkte den angestrengten Zug um seinen Mund und den ängstlichen Blick. »Ich bräuchte einen Vorschuss auf meinen monatlichen Scheck.«

Er errötete bis zu den Haarwurzeln, und sein Herz klopfte, denn er wagte nicht, seinem Vater zu gestehen, dass er sich betrunken und in einer Nacht über dreihundert Dollar am Kartentisch verloren hatte. Und um das Maß vollzumachen, kümmerte er sich am nächsten Tag weder um sein leeres Bankkonto noch um die Warnungen seines Vaters, niemals Schuldscheine auszustellen, und hatte sich weitere zweihundert Dollar geliehen, um bei den Rennen in Warwick Farm auf ein Pferd zu setzen.

»Du wirst dir doch nicht etwa diese Rostlaube kaufen, von der du erzählt hast?«, mischte Jo sich ein.

Sie tänzelte, an einem Apfel knabbernd, im Zimmer umher, fest dazu entschlossen, sich von Berties Desinteresse nicht die Vorfreude auf ihren Besuch in Dublin Farm verderben zu lassen.

»Hör doch mit diesem nervigen Herumgehopse auf, Jo«, schalt Nina. »Natürlich gibt Dad dir einen Vorschuss auf deine Monatszahlung, nicht wahr, Charlie? Du siehst so mager aus, Bertie, mein Schatz. Geben sie dir im College nicht genug zu essen?«

»Aber ja doch«, entgegnete Bertie, der dank der Unterstützung seiner Mutter neuen Mut fasste. »Könntest du mir nicht gleich das Geld für zwei Monate geben, Dad?« Winzige Schweißperlen standen ihm auf der Oberlippe, und er wischte sie rasch mit dem Handrücken weg.

»Am besten erzählst du mir die ganze Geschichte, mein Sohn«, erwiderte Charlie streng und bedeutete Bertie, ihm in sein Arbeitszimmer zu folgen.

Auf einmal bekam Jo Mitleid mit ihrem großen Bruder. Bei den Worten seines Vaters war seine großspurige Art plötzlich wie weggeblasen gewesen, und er sah aus wie ein kleiner

Junge, den man bei einer Riesendummheit erwischt hatte. Sogar seine Ohren waren dunkelrot angelaufen.

Bertie war ein verschlossener Mensch, der seine Gefühle nicht zeigte. Seine einzige Freude bestand darin, mit vollen Händen Geld auszugeben. Schon als Kind hatte er es geschafft, Nina stets das teuerste Spielzeug abzubetteln, bis Charlie diesem Treiben einen Riegel vorgeschoben hatte.

Nach dem Tod eines Freundes vor zwei Jahren war Bertie dann ausgeflippt. Er trank und schmiss mit Geld um sich – alles auf Kosten seines Vaters – und riskierte damit seine Zulassung zum Studium. Ricks Tod hatte ihn ebenfalls tief getroffen; er war nur nicht in der Lage, das zu zeigen. Inzwischen bereute er tief, dass er eine so hohe Summe beim Kartenspielen und auf der Rennbahn verloren hatte. Doch gleichzeitig hoffte er im Innersten seines Herzens, dass er nach Ricks Tod zum Lieblingssohn seines Vaters aufrücken würde.

Bertie schluckte, als die Tür des Arbeitszimmers hinter ihm ins Schloss fiel. Nun konnte seine nachsichtige Mutter ihm nicht mehr helfen, und er würde sich ganz allein der Standpauke stellen müssen.

Im Wintergarten räumte Jackie unterdessen das schmutzige Geschirr ab und eilte zur Tür, weil es geläutet hatte.

»Das ist bestimmt Dianne«, jubelte Jo beim Klang der Türglocke und folgte Jackie hastig, froh, der angespannten Stimmung entrinnen zu können.

Ein paar Tage später war Jo, die Koffer voller Schulbücher, auf dem Weg nach Dublin Park. Widerstreitende Gefühle bewegten sie, als der von Charlies Chauffeur gesteuerte Wagen mit ihr und Sam an Bord an einem frühen Nachmittag in der letzten Augustwoche durch das von beeindruckenden Sandsteinsäulen flankierte Tor des Gestüts fuhr und die breite, gekieste Auffahrt entlangrollte.

Dublin Park lag vierzig Kilometer südlich von Denman, am Anfang des Widden Valley – auch Tal der Sieger genannt –, inmitten der üppigsten Weiden im ganzen Umkreis. Auf der Fahrt zum Haus erschrak Jo darüber, wie sehr der Straßenbelag seit ihrem letzten Besuch gelitten hatte. Der Wagen holperte durch riesige Schlaglöcher und schlitterte durch weiche Schlammhaufen, die nach den letzten Regenfällen nicht beseitigt worden waren. Trotz der säuberlich geflickten Zäune, der ordentlichen Schuppen auf den Koppeln und des gemähten Grases am Straßenrand wirkte das Anwesen etwas heruntergekommen, was sich so gar nicht mit Jos Erinnerung decken wollte. Beim Anblick der abblätternden Farbe an den Zaunpfosten mochte man kaum glauben, dass auf diesem Gestüt seit 1902 die Sieger des Melbourne-Cups gezüchtet wurden. Doch trotz der überall sichtbaren Spuren des Verfalls fühlte Jo sich sofort wieder wie zu Hause, und sie blickte aufgeregt aus dem halb geöffneten Autofenster. Eine Hand leicht auf Sams Halsband gelegt, hielt sie Ausschau nach den Pferden auf den Koppeln. Als sie sich den Ställen näherten, sah Jo zwei Fohlen, die bei ihren Müttern tranken, und sie schluckte. Bei ihrem letzten Besuch hatte Rick die Fohlen als Erster gesehen. Sam saß hechelnd neben ihr, richtete sich auf und wedelte winselnd mit dem Schwanz. Jo entdeckte Elaine, die vor dem großen alten, aus dem hiesigen Sandstein erbauten Haus stand. Rasch wischte sie sich die Tränen weg und begann, wie wild zu winken und zu rufen. Den breitkrempigen Strohhut in einer behandschuhten Hand, kam Elaine auf sie zugeeilt. In der anderen Hand hielt sie eine kleine Gartenschippe. Jo und Sam sprangen aus dem Fahrzeug, noch ehe es richtig stand.

»Den ganzen Tag halte ich schon Ausschau nach euch. Ich musste mich irgendwie beschäftigen, um mich abzulenken«, rief Elaine atemlos. »Ach, ich freue mich ja so, dass du da bist. Wir beide werden uns prima amüsieren«, sagte sie, ein strahlendes Lächeln im Gesicht. Jo fiel ihr um den Hals, während Sam kläffend und mit heftigem Schwanzwedeln um sie herumrannte.

Nachdem Elaine sich aus Jos Umarmung befreit hatte, zog sie die Handschuhe aus, stopfte sie in die großen Taschen ihres Rockes und strich sich die Bluse glatt.

»Du wirst mit jedem Tag hübscher, mein Kind. Aber deine Gran ist immer noch größer als du«, kicherte sie, um die Stimmung aufzulockern. Sie hatte Angst, dass dieser Ort traurige Erinnerungen in Jo wachrufen könnte.

»Nur ein kleines Stück«, erwiderte Jo lachend und richtete sich zu voller Größe auf. Ihre Großmutter überragte sie lediglich um wenige Zentimeter.

»Jedenfalls musst du noch wachsen. Erzähl mir, was du in letzter Zeit so getrieben hast«, meinte Elaine, hakte Jo unter und ging mit ihr zum Haus.

»Wie schön es hier ist«, stellte Jo fest und blieb stehen, um die Kletterrosen zu bewundern, die sich in üppiger Pracht an der Wand emporrankten. Schwere rosarote Blüten hingen herunter bis über die Fensterscheiben. Die Blumenbeete entlang der Veranda, in denen Elaine bei ihrer Ankunft gerade gearbeitet hatte, prangten in leuchtenden Farben.

Obwohl man dem Garten die liebevolle Pflege ansah, hatten die Holzteile einen neuen Anstrich bitter nötig. Die Fliegengittertür vor dem Eingang hing schief in den Angeln, und auf dem Dach, wo dringend einige Dachpfannen ersetzt werden mussten, flatterte eine ausgeblichene blaue Plane. Trotz der Anzeichen des Verfalls hatte Dublin Park, das hoch über dem Tal aufragte, seine majestätische Ausstrahlung nicht verloren. Jo betrachtete die geschwungenen grünen Hügel, die sich in alle Richtungen erstreckten, und spürte einen Kloß im Hals. Sie wandte ab und bemerkte zu ihrem Erstaunen, wie Elaine verstohlen eine Träne wegwischte.

»Gran«, flüsterte sie. Auch sie spürte ein Brennen in den Augen und wusste nicht, wie sie sich verhalten sollte. Die ausgelassene Stimmung war mit einem Mal wie weggeblasen. Elaine tätschelte Jo die Hand und schniefte. Keine von ihnen sagte ein Wort, aber Jo wusste, dass sie beide an Rick dachten.

»Du siehst blass aus, mein Kind. Es gibt nichts Besseres als gute Landluft, damit du wieder rosige Wangen bekommst. Außerdem musst du etwas essen. Du hast eine lange Fahrt hinter dir«, meinte Elaine übergangslos.

»Ich werde mich von dir aufpäppeln lassen«, antwortete Jo vergnügt. In dem Versuch, die ausgelassene Stimmung wieder heraufzubeschwören, machte sie einen Satz auf die Veranda und begann, an einem Holzbalken zu schaukeln. Ihre Umhängetasche wurde dabei hin und her geschleudert.

In diesem Moment kam ein beleibter, altersgrauer Hütehund herbeigestürmt und bellte Sam wütend an. Sam ging sofort zum Angriff über, wedelte heftig mit dem Schwanz und machte sich, ebenfalls laut bellend, quer durch die Blumenbeete an die Verfolgung des Widersachers. Jo rief Sam zurück, aber der gehorchte zu ihrer Verlegenheit nicht. Nach einigen barschen Befehlen von Elaine trollte sich der Hütehund in seinen Korb auf der Veranda. Sam musste sich eine strenge Standpauke von Jo gefallen lassen und legte sich hechelnd unter einen Baum. Von dort aus behielt er das Geschehen aufmerksam im Auge und wirbelte mit dem Schwanz den Staub auf.

»Diese Tölen! Rupert wird allmählich alt und schwerhörig«, meinte Elaine, die sich von dem Auftritt nicht aus der Ruhe bringen ließ. Zu Jos Erleichterung hatte das Herumtoben der Hunde die beklommene Stimmung vertrieben. Großmutter und Enkelin plauderten angeregt miteinander und gingen ins Haus.

Nachdem der Chauffeur Jos Gepäck hereingebracht und sich verabschiedet hatte, bekam Sam etwas zu trinken und den strikten Befehl, einen Bogen um Rupert zu machen.

Elaine und Jo betraten die große Wohnküche.

»Am besten richtest du dich zuerst in deinem Zimmer ein. Es ist genug heißes Wasser da, falls du duschen möchtest. Aber pass auf, dass du dich nicht verbrühst. Wir hatten nämlich in letzter Zeit Probleme mit dem Wasserdruck«, meinte Elaine und marschierte den langen Flur entlang zu dem großen, sparsam eingerichteten Zimmer, in dem Jo bei ihren Besuchen immer schlief. Das größte Möbelstück war ein breites Doppelbett mit einer neuen weißen, handgesteppten Decke, die mit winzigen weißen Rosen bestickt war. Auf das Kopfkissen hatte Elaine eine einzelne Rose in einem kräftigen Pink gelegt. Jo ließ die Umhängetasche fallen und stürmte zum Bett.

»Du hast sie fertig gemacht. Sie ist wunderschön«, rief sie bewundernd.

Elaine strahlte.

»Hier gibt es an den Abenden nicht viel zu tun. Außerdem beruhigt mich das Handarbeiten. Schau dir die Decke ruhig ein bisschen näher an.«

Jo wischte sich die Hand an der Jeans ab und wagte kaum, den blütenweißen Stoff zu berühren. Sie beugte sich über das Bett. Zwischen den Rosen war in jeder Ecke ihr Name eingestickt.

»Du wirst in Dublin Park immer willkommen sein«, sagte Elaine leise. »Und jetzt mach dich frisch. Nach dem Tee machen wir eine Runde durch das Gestüt, und du wirst unsere Tierpflegerin Linda kennenlernen«, verkündete sie vergnügt. Zufrieden rieb sie sich die Hände und zog sich zurück, um der Köchin bei den Vorbereitungen für den Tee zu helfen.

Nachdem die Tür hinter ihrer Großmutter ins Schloss gefallen war, spürte Jo zum ersten Mal seit Ricks Tod vor Aufregung Schmetterlinge im Bauch. Elaine hatte sie mit offenen Armen willkommen geheißen, und Jo fühlte sich herzlich aufgenommen. Sie eilte zum Fenster und betrachtete froh die Ställe und die üppig grünen Felder, die sich dahinter erstreckten. Eine Elster krächzte in einem Baum, und durch die Fenster wehte frische Landluft herein. Jo eilte in das altmodische Badezimmer, wusch sich rasch das Gesicht und die Hände, zog eine saubere Bluse an und bürstete sich das Haar. Dann lief sie durch das Haus in die geräumige Küche. Ja, sie würde ihren Aufenthalt bestimmt genießen.

»Wayne hat versprochen, in diesem Jahr die Fassade zu streichen«, meinte Elaine fröhlich, als sie sich nach einer Mahlzeit aus frisch gebackenem Teekuchen und heißem süßem Tee mit dem Landrover aufmachten, um Dublin Park zu besichtigen. »Manchmal denke ich, dass wir alle ein bisschen übergeschnappt sind. Wusstest du, dass unser Zuchthengst komfortabler wohnt als wir? Ich liebe diese Tiere ebenso sehr wie dein Großvater es tat.«

Mit einem Seufzer stoppte sie den Landrover vor dem überdachten Zugang zur Koppel des Zuchthengstes.

Rasch folgte Jo ihrer Großmutter, denn sie hatte unzählige Fragen auf dem Herzen. In ihrer Hast hätte sie beinahe Linda umgerannt, die gerade aus einer Box kam.

»Linda, ich hatte gehofft, Sie hier zu treffen. Das ist meine Enkelin Jo«, verkündete Elaine stolz.

Linda war einige Zentimeter größer als Jo und hatte keck geschwungene Lippen. Ihr schulterlanges, gewelltes, braunes Haar trug sie mit einer schlichten Spange zusammengefasst. Sie war in Eile, weil sie noch nach einigen anderen Pferden sehen musste. Nachdem sie Jo rasch zugelächelt und einige knappe Sätze mit ihr gewechselt hatte, entschuldigte sie sich und raste in einem der Geländewagen davon. Jo hielt sie für ziemlich hochnäsig, war aber fest entschlossen, sich an ihrem ersten Tag nicht die Freude verderben zu lassen. Begeistert schnappte sie nach Luft, als der Hengst mit dem schimmernden dunkelbraunen Fell auf sie zugetrabt kam und sie durch die weiten Zwischenräume des frisch gestrichenen Gatters beäugte.

»Das ist Sir Lawrence, ein richtiger Schatz, oder, mein Liebling?«, meinte Elaine lächelnd und strich dem Pferd sanft über die Stirn. Sir Lawrence beantwortete die Frage mit einem lauten Wiehern, drehte dann neugierig die Nüstern zu Jos Brust und fing an, sie zu erkunden. Jo stand reglos da und spürte den angenehm warmen Atem des Pferdes an ihrer Hand, während der Hengst das ihm fremde Mädchen beschnupperte. Offenbar fand Jo Gnade vor seinen Augen, denn schon im nächsten Moment versuchte er, einen Knopf von ihrer Bluse abzukauen. Lachend wich sie zurück.

»Er mag dich«, bestätigte Elaine.

Sie verabschiedeten sich von dem Hengst und fuhren zu dem kleinen Ausguck, der einen freien Blick auf die Koppel links von Sir Lawrence' Stall bot. Dort waren die Zuchtstuten untergebracht, die in drei Wochen ihre Fohlen zur Welt bringen würden; um diese Jahreszeit standen sie Tag und Nacht unter Beobachtung. Daneben befanden sich der Stall und die Koppel für die neugeborenen Fohlen und ihre Mütter, die Jo bei ihrer Ankunft gesehen hatte.

»Immer noch derselbe alte Wachturm«, sagte Elaine, die sich von hinten genähert hatte. »Es ist früh für die Jahreszeit, aber letzte Nacht ist bereits ein Fohlen geboren worden, das ein wenig Hilfe brauchte.«

Fröstelnd in dem leichten Wind, der am späten Nachmittag aufgekommen war, kuschelte sie sich fester in ihre Jacke.

»Weißt du noch, wie ich dir an deinem vierten Geburtstag erlaubt habe, die neugeborenen Fohlen zu bewachen? Du warst so aufgeregt, dass ich befürchtet habe, ich würde dich am Abend gar nicht mehr ins Bett kriegen. Und als du älter wurdest, hat sich nichts daran geändert.«

Fröhlich lachte Jo auf und schlenderte Arm in Arm mit ihrer Großmutter zurück zum Haus. In der sich rasch abkühlenden Luft röteten sich ihre Wangen.

»Ich rufe später Linda an«, schlug Elaine vor. »Sie soll dir morgen die trächtigen Stuten zeigen. Vielleicht möchtest du sie ja auf ihren Rundgängen begleiten.«

»Das wäre schön. Lässt du mich auch eine Nacht die Stuten bewachen?«, fragte Jo und wirbelte um die eigene Achse. Inzwischen fielen lange Schatten wie dunkle Finger über die Koppeln, und die untergehende Sonne tauchte die Hügel in einen goldenen Schein. Es war so ein idyllisches Fleckchen Erde.

»Ich habe deiner Mum zwar versprochen, dass ich dich

dazu anhalten werde, für die Schule zu lernen, aber das kriegen wir schon hin.« Elaine lächelte.

Beim Abendessen sah Jo zum ersten Mal seit der Beerdigung ihren Onkel wieder. Wayne, der gerade vom Sägewerk zurückgekehrt war, nahm an dem Tisch aus poliertem Zedernholz Platz, erzählte Elaine von seinen Plänen für die Renovierung einer der großen Scheunen, zeigte ihr eine grobe Skizze, die er für die Umbauarbeiten angefertigt hatte, und legte ihr die Rechnung für das Baumaterial vor.

»Es ist an der Zeit, dass wir sämtliche Gebäude auf dem Gestüt in Ordnung bringen«, sagte Elaine leise und nickte zustimmend.

Jo beobachtete die beiden aufmerksam. Für sie stand fest, dass ihr Onkel kein wirkliches Interesse an Pferden oder dem Gestüt hatte, sondern nur widerstrebend Anweisungen ausführte. Ihr lief unwillkürlich ein Schauer über den Rücken. Waynes Blick war ausdruckslos, sein Lächeln gekünstelt und verkniffen. Er richtete einige barsche Bemerkungen an sie und verbreitete eine Kälte, die dafür sorgte, dass Jo sich unerwünscht fühlte. Deshalb war sie froh, dass er sich nach dem Essen rasch verabschiedete.

Vor dem knisternden Kaminfeuer führten Elaine und Jo ein langes Gespräch unter vier Augen. Zögernd begann Jo, von Rick zu erzählen, und durch Elaines mitfühlendes Nachfragen gelang es ihr endlich, die Schutzmauern beiseite zu räumen, die sie seit dem Tod ihres Bruders um sich errichtet hatte. Mit ihrer Großmutter empfand sie eine Vertrautheit, die sie bei ihrer Mutter oft so schmerzlich vermisste. Allein Ricks Namen aussprechen zu dürfen, bedeutete eine unbeschreibliche Erleichterung.

»Er hat verstanden, wie sehr ich Pferde liebe … Wir hatten schon alles geplant«, gestand Jo. »Ich wollte die Pferde ausbilden, die er dann reiten sollte. Und wenn wir einmal heiraten würden, dann nur Menschen, die sich mit Rennpferden auskannten und sie ebenso liebten wie wir.«

Jos naive Weltsicht löste bei Elaine ein nachsichtiges Schmunzeln aus. Sie war froh, dass ihre Enkelin, die sie in ihrer eindringlichen und ernsthaften Art so sehr an Charlie erinnerte, ihr das Herz ausschüttete. Bertie hingegen schien – zwar nicht äußerlich, aber dem Wesen nach – eher nach Wayne geraten zu sein. Hoffentlich hatte ihr ältester Enkel nicht auch die Leichtfertigkeit in finanziellen Dingen und das sprunghafte und wenig weitsichtige Geschäftsgebaren von seinem Onkel geerbt.

Nachdem Wayne damals mit seiner Frau Dublin Park verlassen hatte, entspannte sich die Lage deutlich. Wayne gründete eine Firma, die Rattanmöbel aus Sri Lanka importierte. Zwei Jahre lang hatte das Unternehmen zu Charlies und Elaines großer Freunde floriert. Doch nach der Geburt von Waynes und Amys zweitem Kind fingen die finanziellen Schwierigkeiten an. Wayne hatte sich überschuldet, hohe Summen aus dem Firmenvermögen verspielt und auf großem Fuß gelebt. Amy, die das nicht länger ertragen konnte, trennte sich von Wayne und zog mit den Kindern in ihre Heimatstadt. Die Firmenpleite und das Scheitern seiner Ehe hatten Waynes Neid und die Abneigung gegen seinen Bruder noch gesteigert. Und so setzte er nach seiner Rückkehr nach Dublin Park alles daran, Charlie, Nina und ihrer Familie das Leben zur Hölle zu machen. Das Zerwürfnis zwischen ihren Söhnen hatte Elaine fast das Herz zerrissen. Charlie selbst ließ sich kaum noch in Dublin Park blicken, aber er hinderte zumindest seine Kinder nicht daran, ihre Großmutter zu besuchen.

Jeannie, Elaines jüngste Tochter, hatte einen Rinderzüchter geheiratet und betrieb mit ihm im Nordwesten von Queensland eine Farm. Mutter und Tochter telefonierten zwar häufig, sahen sich wegen der großen Entfernung jedoch nur selten.

Zu einer weiteren schweren Krise war es gekommen, als Charlies bester Freund begann, die Pferde des Gestüts aufzukaufen. Kurt Stoltz hatte es geschafft, sich als Pferdetrainer zu etablieren, und ergriff die Gelegenheit beim Schopf, die sich durch die missliche finanzielle Lage der Kingsfords ergab. Die bereits auf tönernen Füßen stehende Freundschaft der beiden Männer zerbrach, als Charlie ohnmächtig mit ansehen musste, wie Kurt sein Gestüt Rosefield Stud immer weiter ausbaute: Mit den Zuchthengsten und Zuchtstuten der Kingsfords und auf zwei Dritteln des Landes, das seit 1865 zu Dublin Park gehört hatte. Diese Ereignisse waren eine ungemeine Belastung für Elaine und Charlie gewesen, hatten Mutter und Sohn aber noch enger zusammengeschweißt.

Zwei Derbysieger und ein Gewinner des Melbourne Cups hatten auf Rosefield Stud das Licht der Welt erblickt. Dann gründete Kurt ein Weingut, Rosefield Estate, das hauptsächlich den wachsenden Markt in Übersee bediente. Nie würde Elaine Charlies zornigen Blick vergessen, als er schwor, es Kurt eines Tages mit gleicher Münze heimzuzahlen.

»Der arme Sidney hat sich ganz umsonst geplagt. Dabei hat er so große Hoffnungen in Dublin Park und die Zukunft der Familie Kingsford gesetzt«, dachte Elaine mit einem Aufseufzen.

Charlie hatte es zwar von ihren drei Kindern am weitesten gebracht, doch sein Erfolg hatte die Familie eher gespalten als vereint. Aber als Elaine Jos strahlendes Gesicht, ihre aufgeregt funkelnden violetten Augen und ihre überschäumende Lebenskraft sah, während sie von ihrer Liebe zu Pferden sprach, wuchs ihre Zuversicht wieder.

»Ich stelle doch hoffentlich nicht zu viele Fragen?«, meinte Jo, der der Seufzer ihrer Großmutter nicht entgangen war.

»Nein, nein, überhaupt nicht«, erwiderte Elaine liebevoll.

»Erzähl mir mehr von Dublin Park, Gran«, bettelte Jo mit weit aufgerissenen Augen. »Ich will alles darüber wissen. Wie viele Hengste habt ihr? Wie heißen sie? Welche Stuten sind die besten? Wie viele Fohlen sind bereits geboren worden? Wie viele erwartet ihr noch? Wer passt auf sie auf? Was kann ich tun …?«

In diesem Moment wieherte in der Ferne ein Pferd. Jo sprang auf, eilte zum Fenster, schob die alten Brokatvorhänge beiseite und spähte in die Dunkelheit hinaus. Autoscheinwerfer bewegten sich rasch den Hügel hinauf. Sie konnte es kaum erwarten, morgen mit anzupacken.

»Wo soll ich denn anfangen?«, erkundigte sich Elaine, angesteckt von Jos Begeisterung. Allein die Anwesenheit des Mädchens sorgte dafür, dass sie sich viele Jahre jünger fühlte.

»Wo du willst«, antwortete Jo, die inzwischen zurückgekehrt war und sich in die dicken Polster des Rattansofas kuschelte.

»Aber vorher brauchen wir einen Happen zu essen«, meinte Elaine und lief in die Küche, wo sie die Köchin, die gerade zu Bett gehen wollte, anwies, Tee, Kuchen und für Jo eine heiße Schokolade zu servieren. Dann nahm sie drei dicke Fotoalben aus dem vollgestopften Bücherregal im Wohnzimmer, setzte sich neben Jo und zeigte ihr die Fotos der zuletzt auf dem Gestüt eingetroffenen Stuten.

»Ich habe kurz nach der Hochzeit mit deinem Großvater mit dem Fotografieren angefangen. Wir hatten zwar offizielle Fotografen, aber ich hielt es für eine gute Idee, die Pferde in Dublin Park in allen Lebenslagen abzulichten. Als ein Stück greifbarer Geschichte sozusagen. Einige der Pferde erkennst du sicher.«

Sie blätterte das abgegriffene Album durch.

»Schau mal. Das da ist He's-a-Lad, der drei Cox-Plate-Sieger gezeugt hat«, verkündete sie stolz.

Jo beugte sich hinüber, um den großen Fuchs zu bewundern. Ihre Großmutter roch wie immer leicht nach Rosenblüten und Zimt.

»Und das hier ist Kingsford Gold«, fuhr Elaine fort. »Als er noch Rennen lief, hat er fast immer gewonnen oder ist zumindest unter den ersten Drei gewesen. Er war unser bester Zuchthengst, bevor wir ihn verkaufen mussten.«

Ein träumerischer Ausdruck trat in ihre Augen.

»Er war ein wundervolles Pferd, und dein Dad war ganz vernarrt in ihn. Ich würde ihn gern eines Tages zurückkaufen, wenn er bis dahin nicht zu alt ist.«

Jo musterte den muskulösen, starken Körper, die Kopfhaltung, den kräftigen Hals und die Hinterläufe und musste dabei an die Geschichten über die erfolgreichen Rennpferde denken, die sie in der Kingsford Lodge gehört hatte.

Die alte Dame und das junge Mädchen unterhielten sich bis spät in die Nacht. Jo erfuhr die Namen aller Menschen, die auf dem Gestüt arbeiteten, sowie die der Hengste, der trächtigen und nicht trächtigen Stuten und der Jungpferde, die sich in der Ausbildung befanden. Elaine erzählte ihr von Großvater Kingsfords Tod und von den schweren Zeiten, die sie durchleben musste, bis es ihr Schritt für Schritt gelungen war, das Gestüt wieder auf seinen heutigen Stand zu bringen.

»Es ist nicht so groß und elegant wie zu Lebzeiten deines Großvaters. Vieles muss gestrichen oder repariert werden. Aber Wayne kümmert sich darum, und wir kommen zurecht. Nachdem wir Sir Lawrence gekauft hatten, fingen die Leute wieder an, uns ernst zu nehmen. Das war ein sehr angenehmes Gefühl«, erklärte Elaine.

»Dad und du, ihr wisst so viel, Gran. Glaubst du, ich kann das auch alles lernen?«, fragte Jo ehrfürchtig. »Mum hat keine Ahnung von Pferden, obwohl sie ihr halbes Leben in ihrer Nähe verbracht hat. Sie mag sie nicht einmal.«

»Bei dir tut sich eine Menge zwischen den Ohren, mach mir also nichts vor«, erwiderte Elaine und unterdrückte ein Gähnen. »Du bist wie dein Dad und müsstest dich selbst einmal reden hören. Wenn du dir etwas in den Kopf gesetzt hast, gibt es für dich kein Halten mehr. Aber wenn du für die Schule lernen und auch sonst noch alles in den Tag hineinpacken willst, was du dir für deinen Aufenthalt vorgenommen hast, ist es wohl das Beste, wenn du jetzt zu Bett gehst.«

Vor lauter Aufregung bekam Jo kein Auge zu. In das große Doppelbett gekuschelt und die kostbare weiße Steppdecke bis zum Kinn hochgezogen, starrte sie mit großen Augen in die Dunkelheit. Bei jedem unbekannten Geräusch sprang sie auf, lief zum Fenster und blickte, zitternd vor Kälte, in die mondlose Dunkelheit hinaus. Aus dem Wachturm fiel Licht auf die Koppel mit den trächtigen Stuten. Jo hörte Stimmen; sie fragte sich neugierig, ob vielleicht gerade ein Fohlen zur Welt kam. Als sie mit klappernden Zähnen zurück ins Bett kroch und den schmalen Lichtstreifen betrachtete, der unter der Tür hereindrang, nahm sie sich fest vor, Großmutter zu bitten, sie möge doch Nina überzeugen, den albernen Plan mit der Modelkarriere fallen zu lassen.

Jo konnte den morgigen Tag kaum erwarten, trotzdem wurde sie das Gefühl nicht los, dass jemand fehlte, um ihre Freude vollkommen zu machen.

Achselzuckend drehte sie sich um und presste das Gesicht in die Laken. Sie musste lernen, sich damit abzufinden. Rick würde ihr wahrscheinlich für den Rest ihres Lebens fehlen. Trotz dieses ernüchternden Gedankens war sie, als sie endlich einschlief, so glücklich wie schon seit Wochen nicht mehr.

6

Die Sonne strahlte durch das Zimmerfenster. Ärgerlich, weil sie verschlafen hatte, sprang Jo aus dem Bett und in ihre Kleider und putzte sich hastig die Zähne. Nachdem sie ihr Haar zu einem Pferdeschwanz zusammengebunden und sich die Bluse zugeknöpft hatte, rannte sie in die Küche, wo die Uhr zu ihrem Entsetzen bereits zwanzig nach acht anzeigte. Sicher war Linda schon zu ihrer Runde mit dem Tierarzt aufgebrochen. Elaine saß auf einem großen Holzstuhl am Fenster und ging ihre Liste für den Tag durch.

»Keine Panik, Jo, mein Kind«, meinte die Großmutter, als sie die Miene ihrer Enkelin bemerkte. »Wir haben zwar zum Glück nicht viele kranke Fohlen, aber es gibt um diese Jahreszeit für eine Tierpflegerin und zwei Pferdeburschen trotzdem genug zu tun. Sicher werden sie sich über deine Hilfe freuen.«

»Warum hast du mich nicht geweckt, Gran?«, stöhnte Jo, steckte sich die Bluse in den Hosenbund und griff nach der Schachtel mit den Frühstücksflocken.

»Ich habe es nicht übers Herz gebracht, mein Kind. Als ich gegen sieben zur Tür hineingeschaut habe, hast du tief und fest geschlafen. Schließlich sind wir erst sehr spät zu Bett gegangen. Vor ein paar Minuten hat mich Linda aus dem Büro angerufen. Wenn du dich mit dem Frühstück beeilst, triffst du sie noch auf ihrer Runde mit Phillip Gregg, dem neuen Tierarzt. Sie sind entweder mit dem Hufschmied in Scheune eins oder unten in der Krankenstation. Eines der neuen Fohlen hat eine schlimme Kolik. Ich werde später selbst nach dem Rechten sehen.«

Sie machte sich rasch eine Notiz in ihren Kalender. Die armen kleinen Fohlen. So viele bekamen gleich nach der Geburt schweren Durchfall. Obwohl es in diesem Jahr nur wenige Fälle gegeben hatte, würde die Anzahl der Erkrankungen sicher steigen, sobald das Wetter wärmer wurde. »Nimm deine Jacke mit, Kind. Es ist trotz der Sonne ziemlich kühl draußen«, fügte sie hinzu.

Jo schlang eine Schale mit Frühstücksflocken hinunter, kippte ein Glas Orangensaft hinterher und riss ihre Jacke von dem Haken, an dem sie sie am Vorabend aufgehängt hatte.

»Danke, Gran, bis später.« Grinsend stürmte sie zur Tür hinaus. »Du kannst nachher mitkommen, alter Junge«, meinte sie zu Sam und tätschelte ihn rasch, bevor sie über die Veranda und dann zu den Scheunen hinter der Koppel lief, wo die Zuchtstuten und ihre Fohlen untergebracht waren.

Die Pferde standen da und säugten ungerührt ihren Nachwuchs, als Jo vorbeihastete. Nur einige junge Stuten erschraken über die plötzliche Bewegung, legten die Ohren an und scheuchten ihre Fohlen zum anderen Ende der Koppel.

Großmutter hatte recht. Seit gestern Abend hatte der Wind ziemlich aufgefrischt, fuhr unter Jos Bluse und zerrte an ihrem Haar. Eilig schlüpfte sie beim Rennen in ihre Jacke und zog den Reißverschluss bis zum Kinn. Jo erreichte Scheune eins, und die Pferde streckten neugierig die Köpfe aus ihren Boxen. Ein Hahn stolzierte majestätisch oben auf dem Rand einer Boxenwand entlang. Sein Ehrfurcht gebietendes Krähen übertönte die Stimmen des Hufschmieds und des jungen Pferdepflegers, die gerade mit einem drei Monate alten Fohlen beschäftigt waren. Rasch sah Jo sich um: von Linda und dem Tierarzt keine Spur. Bibbernd vor Kälte, wünschte sie, sie würde mehr bekannte Gesichter sehen, doch in den letzten beiden Jahren hatten in Dublin Park einige personelle Veränderungen stattgefunden.

»Sie ist drüben bei den kranken Fohlen«, verkündete der Stallbursche mit einem breiten irischen Akzent und wies mit dem Kopf in Richtung Tür. »Aber pass auf, was du sagst. Sie war die ganze Nacht auf den Beinen und hat sehr schlechte Laune.«

»Danke für den Tipp«, erwiderte Jo und lief hinaus.

Linda saß in der dritten Box der Krankenstation auf einem Strohhaufen. Sie trug einen weißen Schutzanzug und Gummihandschuhe. Den Rücken an die Wand gelehnt, versorgte sie ein dehydriertes, vier Tage altes Fohlen, das schweren Durchfall hatte. Der Kopf des Fohlens ruhte auf ihrem rechten Bein. Rechts von ihr hing an einer Heugabel ein halb voller Beutel mit einer klaren Flüssigkeit. Der Schlauch endete an einem Katheter im Hals des Fohlens, der von einem Verband festgehalten wurde. Daneben stand die Stute, eine Braune mit freundlichen Augen, die ihr krankes Fohlen unablässig leckte.

»Sie trinkt seit vierundzwanzig Stunden nichts mehr, Sue, wir müssen sie weiter mit Flüssigkeit vollpumpen«, sagte Linda zu dem pummeligen dunkelhaarigen Mädchen, das über einem dicken Pulli ebenfalls einen Schutzanzug trug und etwas in ein Buch notierte. Linda unterdrückte ein Gähnen und überprüfte Herzschlag und Atmung des Fohlens. »Phillip soll es sich noch einmal ansehen, wenn er zurückkommt. Aber ich glaube, es wäre das Beste, diesen Beutel aufzubrauchen und ihm in ein paar Stunden noch zwei Liter Hartmannlösung zu geben.«

»Soll ich das Füttern übernehmen?«, erbot sich Jo. Sie spähte in die Box und bemerkte Lindas hängende Schultern und die dunklen Schatten unter ihren Augen. Da ihre eigene Schulter nur noch hin und wieder protestierte, hatte sie keine Angst vor schwerer körperlicher Arbeit. »Ich weiß, nach welchen Pferden ich schauen und worauf ich achten muss.«

Das Fohlen zuckte erschrocken zusammen und blickte sich furchtsam um.

»Na, bist du aufgewacht?«, meinte Linda liebevoll zu dem Pferdchen, machte sich los und stand auf. »Ich muss mich um die Stuten kümmern«, sagte sie kurz angebunden, drängte sich an Jo vorbei und zog sich dabei die dünnen Gummihandschuhe aus.

Sie hatte nur drei Stunden geschlafen, und ein übereifriges Schulmädchen aus der Stadt bei Laune halten zu müssen, hatte ihr gerade noch gefehlt. Nachdem sie Sue angewiesen hatte, zwei weitere, nur leicht erkrankte Fohlen zu versorgen, schlüpfte sie aus dem Schutzanzug und hängte ihn an einen Haken neben die Box.

»Hol Nick, falls du noch Hilfe brauchst, und wenn sich am Zustand des Fohlens etwas verändert, funk mich sofort an.«

Sie tauchte ihre Stiefel in die Desinfektionswanne an der Tür und warf Jo einen raschen Blick zu.

»Wenn du dich nützlich machen willst, schnapp dir einen der Jungs und lade die Futtersäcke hinten auf meinen Lieferwagen. Ich bin gleich zurück. Und vergiss nicht, dir die Füße zu desinfizieren, bevor du hinausgehst«, fügte sie hinzu und verschwand im abschließbaren Medikamentenlager.

Jo verkniff sich eine patzige Antwort, tauchte ihre Stiefel in die Wanne und machte sich auf die Suche nach den Futtersäcken.

»Ich werde dich auf dem Rückweg mit einer unserer wundervollen Ammenstuten bekannt machen«, sagte Linda bei ihrer Rückkehr etwas weniger unfreundlich. Sie hatte bemerkt, wie tüchtig Jo beim Verladen der Futtersäcke gewesen war.

»Wirklich?«, rief Jo. Sie mutmaßte, dass damit die gutmütigen Zugpferde gemeint waren, die als Ersatzmütter für die verwaisten Fohlen fungierten. Großmutter hatte erwähnt, dass sie drei weitere davon angeschafft hatte. Das hieß, dass es in diesem Jahr insgesamt sechs auf dem Gestüt gab. »Aber ich kann warten. Wahrscheinlich hattest du letzte Nacht sehr viel zu tun«, fügte sie hastig hinzu.

Linda nickte.

»Ich wünschte, ich wäre da gewesen, um dir zu helfen«, seufzte Jo sehnsüchtig.

»Wir sollten uns besser beeilen. Das Wetter gefällt mir gar nicht«, erwiderte Linda und ließ den Wagen an.

Jo blickte nach Westen, wo sich dunkle Wolken zusammenballten. Der Lieferwagen holperte über den langen Kiesweg zu den Koppeln, wo trächtige und nicht trächtige Stuten weideten. Sobald die Pferde das Fahrzeug erblickten, kamen sie herbeigestürmt, um es zu begrüßen. Sie beschwerten sich mit fliegenden Mähnen und vom kalten Wind gepeitschten Schweifen laut wiehernd darüber, dass ihr Frühstück so spät kam.

»Wie lange arbeitest du schon in Dublin Park?«, erkundigte sich Jo auf der Fahrt zur nächsten Koppel.

Linda wurde allmählich ein wenig zugänglicher.

»Seit einem halben Jahr. Es gefällt mir sehr gut hier. Mrs Kingsford ist eine wundervolle Chefin. Tut mir leid, dass ich vorhin so muffig war, aber ich habe in den letzten Tagen kaum geschlafen …«

Sie wurde vom Funkgerät unterbrochen. Sue meldete, dass es dem Fohlen gut ging. Allerdings habe sich eine der jungen Stuten erschreckt, sei in den Zaun gerannt und nun schwer verletzt. Der Tierarzt hatte vor zwanzig Minuten das Gestüt verlassen.

»Bring sie beide in den Hof, Sue, und versuch weiter, Phillip zu erreichen. Ich bin unterwegs«, sprach Linda ins Mikrofon.

Die Lippen zusammengepresst, wendete sie das Fahrzeug und steuerte auf die Ställe zu. Verdammt, der heutige Tag versprach offenbar, ein Albtraum zu werden.

»Ich mache für dich weiter«, erbot sich Jo, während sie zurückrasten. »Es ist nur noch eine Koppel mit trächtigen Stuten zu versorgen. Anschließend füttere ich die nicht trächtigen Tiere und die Jährlinge auf der westlichen Koppel.«

Linda nickte dankbar.

Nachdem sie Linda bei der verletzten Stute zurückgelassen hatte, fuhr Jo auf der Schotterstraße zurück und sang dabei fröhlich vor sich hin. Schon am zweiten Tag ihres Besuches durfte sie die Stuten füttern. Es gab keinen Grund zur Besorgnis, denn diese Stuten würden in frühestens drei bis vier Wochen fohlen. Linda hatte ihr das erklärt und Jo außerdem versichert, dass sie erst gestern persönlich nach den Tieren gesehen habe.

Jos Wangen waren von der Kälte gerötet. Gerade hatte sie die Hälfte der Einzeltröge gefüllt, die aus auseinandergeschnittenen alten Autoreifen bestanden, als sechs trächtige Stuten auf sie zugestürmt kamen. Ihre Mähnen und Schweife flogen, und der Wind zerzauste ihr schimmerndes, straff gespanntes Fell. Jo musterte sie sorgfältig, um sich zu vergewissern, dass keines der Tiere lahmte oder eine andere Verletzung aufwies. Lächelnd füllte sie dann die restlichen Futtertröge und sah belustigt zu, wie die Anführerin der Herde die anderen grob beiseite stieß, um ihre Vormachtstellung zu beweisen, und wie alle anderen um einen Platz beim Futter kämpften.

»Alles Glück der Erde liegt auf dem Rücken der Pferde.« Das war für Jo eine unumstößliche Wahrheit.

Sie ging um die Herde herum, um die Tiere noch einmal zu begutachten. Als sie den Blick über die Koppel schweifen ließ, sah sie ein Pferd, das im Schatten der Bäume verharrte. Besorgt holte sie einen kleinen Beutel aus Lindas Wagen und ging mit einer Hand voll Luzerne auf die große braune Stute zu. Es war meist kein gutes Zeichen, wenn eine Zuchtstute die Nahrung verweigerte. Jo kam näher und erkannte das Pferd an der strahlend weißen Blesse und einer weißen Fessel. Das musste Bountiful Lass sein, die Stute, von der ihre Großmutter beim Betrachten der Fotos so geschwärmt hatte – die wertvollste Zuchtstute von Dublin Park.

Jo war aufgeregt; sie hielt Bountiful Lass das Futter hin. Aber die Stute zeigte nicht das geringste Interesse daran. Stattdessen ging sie hin und her und drehte sich suchend in alle Richtungen und beschnupperte den Boden, als hielte sie Ausschau nach einem Platz, um sich zu wälzen.

Vielleicht steckte ja nichts dahinter, dachte Jo voller Hoffnung.

Sie ging näher heran, streichelte das Pferd sanft und untersuchte es erneut auf Verletzungen oder Anzeichen von Lahmheit. Als sie nichts entdecken konnte, warf sie einen Blick zwischen die Hinterbeine der Stute, um sich das Euter anzusehen. Die Zitzen waren zwar geschwollen, sonderten aber keine Milch ab. Beim Zurücktreten stellte Jo fest, dass sich die Vulva von Bountiful Lass geweitet hatte. Offenbar war die Stute im Begriff, ihr Fohlen zur Welt zu bringen.

»Aber es ist doch noch gar nicht so weit«, rief Jo erschrocken.

Mit aufgeregt klopfendem Herzen sah sie zu, wie die prachtvolle Stute in Kauerstellung ging. Anscheinend wollte sie direkt vor Jos Augen ihr Fohlen bekommen. Eine halbe Minute später sprang Bountiful Lass auf, um sich kurz darauf wieder hinzukauern. Jos Begeisterung wurde von Panik abgelöst. Irgendetwas stimmte nicht. Sie hatte schon zu viele Stuten in den Wehen erlebt, um eine Risikogeburt nicht zu erkennen. Nervös rannte sie zum Auto zurück und funkte die Krankenstation an. Sie bekam einen jungen Stallburschen an die Strippe.

»Linda sagt, es ist unmöglich, dass das Fohlen schon kommt«, beharrte er, nachdem er Jo fast eine Ewigkeit hatte warten lassen.

»Ich muss sofort mit Linda sprechen«, protestierte Jo.

Sie kaute hektisch an ihren Fingernägeln. Wenn die Fruchtblase der Stute jetzt platzte, würde sie auf der Stelle einen Tierarzt brauchen. Und falls das Fohlen dann nicht innerhalb einer halben Stunde kam, bestanden nur wenig Chancen, es zu retten. Das war das Risiko einer Abfuhr von Linda wert. Die Stute rutschte unruhig hin und her und stöhnte.

Endlich kam Linda an Apparat.

»Bountiful Lass ist in frühestens drei Wochen fällig. Wahrscheinlich hat sie eine leichte Kolik«, schimpfte die Tierpflegerin. »Heute ist es ziemlich windig, und die Pferde sind nervös. Außerdem habe ich ein verletztes Tier hier. Ich lasse die Stute in die Geburtskoppel bringen, sobald ich jemanden entbehren kann.«

Jo spürte, wie Panik in ihr aufstieg.

»Nein, nein! Linda, hör mir zu. Bitte, verlier keine Zeit. Mit der Stute stimmt etwas nicht«, schrie sie ins Funkgerät. »Bitte, Linda. Ich habe genug Stuten in den Wehen erlebt, um zu erkennen, dass es Probleme gibt. Du musst sofort den Tierarzt rufen ...«

Ein schnarrendes Geräusch ertönte, und dann war die Leitung tot. Entgeistert starrte Jo auf das Mikrofon in ihrer Hand. Hatte die dumme Pute denn gar keine Ahnung von Pferden? Wenn nicht sofort etwas unternommen wurde, bestand Gefahr, dass sie nicht nur das Fohlen, sondern auch die Stute verloren. Das würde Großmutter Jo niemals verzeihen. Immer wieder funkte sie die Krankenstation an, aber vergeblich. Auch im Haus konnte sie niemanden erreichen.

»Bitte, lieber Gott, mach, dass sie jemanden schickt«, schluchzte Jo und eilte zurück zu Bountiful Lass.

Beruhigend redete sie auf die Stute ein und untersuchte sie erneut. Ihre Fruchtblase war geplatzt. Bountiful Lass presste zwar heftig, aber von dem Fohlen war nichts zu sehen. Wahrscheinlich lag es falsch. Jo erinnerte sich an den Rat ihres Vaters, man müsse eine Stute, die Schwierigkeiten bei der Geburt hatte, stets in Bewegung halten, bis Hilfe kam. Also lockte Jo die Stute auf die Beine und begann, sie herumzuführen. Vielleicht hatte ja niemand geantwortet, weil Linda schon unterwegs war.

»Bitte, bitte, lass sie den Tierarzt schicken«, flehte Jo immer wieder, während sie Bountiful Lass streichelte.

Hoffnung stieg in ihr auf, als oben auf dem Hügel eine Staubwolke zu sehen war. Am liebsten hätte Jo vor Erleichterung einen Schrei ausgestoßen. Also hatte Linda sie doch ernst genommen. Sekunden später tauchte ein verbeulter

Kombi auf, der über die Koppel auf sie zusteuerte und dabei immer wieder den anderen Pferden ausweichen musste, die neugierig herbeigaloppiert kamen. Der Wagen hielt dicht vor den Bäumen, und ein junger Mann Mitte zwanzig in einem Overall sprang heraus und eilte zu Jo hinüber.

»Ich bin Phillip Gregg, der Tierarzt. Schauen wir uns die Stute mal an«, verkündete er und krempelte sich die Ärmel hoch.

»Gott sei Dank«, rief Jo und bemüht sich trotz ihrer zitternden Beine, Bountiful Lass zu stützen.

»Mein Gott, Linda hatte recht, als sie sagte, wir müssten Sie ernst nehmen«, stellte der Arzt überrascht fest, nachdem er sich ein Bild vom Zustand der Stute gemacht hatte. »Sie haben wirklich Ahnung.«

Das Kompliment brachte Jo zum Erröten.

»Ihre Fruchtblase ist vor etwa sieben Minuten geplatzt«, meldete sie atemlos. »Sie presst zwar, aber es passiert nichts.«

Der Tierarzt nickte. Dann holte er hastig einen Eimer und seine Arzttasche aus dem Wagen.

»Ich besorge Wasser«, erbot sich Jo, packte den Eimer und rannte zum Wassertrog.

»Danke«, rief der Arzt ihr nach. Er legte den Inhalt seiner Taschen auf den Beifahrersitz und war froh, dass Jo sich bei diesem Notfall offenbar nicht aus der Ruhe bringen ließ.

Keuchend kam Jo mit dem überschwappenden Eimer zurück.

Der Tierarzt gab ein Desinfektionsmittel hinein und reinigte seine Hände und Arme.

»Können Sie sie festhalten, während ich sie untersuche?«, fragte er und trug großzügig Gleitmittel auf. Während Jo Bountiful Lass beruhigte, schob der Tierarzt seinen Arm bis zum Ellenbogen in den Leib des Pferdes.

»Lass mich mal tasten, altes Mädchen. Stopp, nicht bewegen«, murmelte er leise, als die Stute begann, sich gegen den Eingriff zu wehren.

»Der Kopf hat sich zur Seite gedreht«, meinte er, nachdem er den Arm wieder zurückgezogen hatte, und sah Jo an. »Ich brauche Ihre Hilfe. Schaffen Sie das?«

Die Frage war eher Formsache, und Jo nickte entschlossen.

»Auf dem Rücksitz liegt ein Seil. Tauchen Sie es in Desinfektionsmittel, für den Fall, dass ich es brauchen sollte. Wenn die Stute wieder auf dem Boden liegt, halten Sie ihr den Kopf fest.«

In den nächsten Minuten drehte Phillip, immer wieder unterbrochen von den schmerzhaften Wehen, das Köpfchen des Fohlens im Leib der Stute herum, während Jo Bountiful Lass sanft streichelte. Sie redete beruhigend auf das große Tier ein, das sich stöhnend gegen jede neue Wehe stemmte und immer wieder den Kopf nach hinten wandte, um festzustellen, was der Tierarzt da trieb. Ein Beinchen kam in Sicht. Phillip wies Jo an, das Seil daran zu befestigen, damit es nicht wieder im Mutterleib verschwand.

Jo wünschte, mehr beitragen zu können, während sie das Pferd beruhigte und mit aller Macht das Ende der Geburt herbeiwünschte. Mitfühlend verzog sie das Gesicht, als eine weitere Wehe dem Tierarzt fast den Arm zerquetschte. Endlich gelang es ihm, das zweite Beinchen herauszuziehen. Fliegen umschwirrten seine schweißbedeckte Stirn und seinen Hals. Dann hatte er es geschafft, Kopf und Beine des Fohlens in die richtige Position zu bringen. Keuchend vor Erschöpfung zog er seinen Arm zurück, der durch den Druck der Wehen steif und mit Blutergüssen übersät war. Dann wischte er sich mit dem anderen Arm über die Stirn.

Jos Herz pochte besorgt. Nun konnte das Fohlen kommen. Waren sie schnell genug gewesen? Mit einer letzten, heftigen Wehe presste Bountiful Lass, während Jo sanft an dem Seil zog und dem Fohlen hinaus auf den Boden half. Sein magerer dunkelbrauner Körper schimmerte bläulich durch die schützende Membran. Gerührt sah Jo, dass sich seine kleine Brust langsam hob und senkte. Es lebte. Der Tierarzt ließ die

Hinterbeine noch im Mutterleib, damit die Nabelschnur nicht riss, entfernte vorsichtig die Membran vom Kopf des Fohlens und stand auf.

»Es ist ein kleiner Hengst, und sie sind beide wohlauf«, verkündete er mit einem müden Lächeln. Mit dem Tuch, das Jo ihm reichte, rieb er sich kräftig die schmerzenden Arme ab. »Junge, Junge, das war eine ganz schöne Plackerei. Es kann ziemlich anstrengend werden, wenn das Fohlen falsch liegt. Sie haben sich wacker geschlagen, Jo. Vielen Dank.«

Bewundernd blickte Jo zu ihm auf und wischte sich mit dem Handrücken rasch die Tränen ab. Wenig später richtete die Stute sich auf und leckte ihr Fohlen, dessen dunkelbraunes Fell und Köpfchen mit Blut und Schleim bedeckt waren. Wie bei seiner Mutter leuchtete auf seiner Stirn die berühmte Blesse.

Jo streckte sich und holte frisches Wasser, damit der Tierarzt sich säubern konnte. Sie half ihm, seine Gerätschaften zusammenzuräumen, und spürte, wie sich ihre Anspannung allmählich legte. Mutter und Kind waren einfach wundervoll. Nach weiteren zehn Minuten erhob sich die Stute, wobei die Nabelschnur auf natürliche Weise riss. Phillip tupfte den frischen Nabel mit Jod ab. Bei ihren verzweifelten Versuchen, die Stute zu retten, und ihrer Freude über den Erfolg hatten die beiden die dunklen Wolken nicht bemerkt, die sich drohend am Horizont zusammenballten. Während die Stute die Nachgeburt ausstieß, fiel schlagartig die Temperatur. Ein heftiger Wind kam auf, der an ihren Kleidern zerrte.

»Mir gefällt es gar nicht, den Kleinen hier draußen zu lassen, wenn das Wetter schlechter wird«, rief Phillip. »Sonst verlieren wir ihn vielleicht. Am besten ist, wir nehmen ihn mit.«

Jo nickte zustimmend. Noch während er das sagte, öffnete der Himmel seine Schleusen und durchweichte die beiden innerhalb weniger Sekunden. Der Wind wurde rasch stärker.

Durch peitschenden Regen und Wind kämpften sie sich zu

Bountiful Lass hinüber, die ihren Nachwuchs so gut wie möglich gegen die Elemente schützte. Phillip nahm das verschreckte kleine Geschöpf in die Arme und trug es zum Auto. Mit klappernden Zähnen rutschte Jo auf den Beifahrersitz, trocknete das zitternde Fohlen so gut es ging mit einer alten Decke ab und drückte es – beobachtet von einer zunehmend besorgten Bountiful Lass – an sich, um es zu wärmen. Nachdem Phillip die Nachgeburt zur späteren Untersuchung in einem Eimer verstaut hatte, stellte er diesen zu seiner Tasche in den Kofferraum, sprang auf den Fahrersitz und schlug die Tür zu. Der Sturm peitschte die Eukalyptusbäume und trieb den Regen fast horizontal gegen die Windschutzscheibe. Langsam kehrte die kleine Karawane zu den Ställen zurück. Bountiful Lass trottete mit gesenktem Kopf hinter dem Wagen her.

»Eigentlich wollte ich vorschlagen, ihn ›Bright Morning‹ – ›Heller Morgen‹ – zu nennen. Aber ›Crazy Storm‹ – ›Verrückter Sturm‹ – passt wohl besser«, meinte Jo, die inzwischen Phillips bunten Pullover und eine trockene Jeans von Linda trug und im warmen, trockenen Stall stand.

Sie lehnte an der Tür der Box und wandte sich von dem Fohlen ab, das tief und fest im kuscheligen Stroh schlief. Bountiful Lass stand daneben und labte sich genüsslich an frischer Luzerne. Ihr Nachwuchs hatte sich den Bauch mit Colostrum vollgeschlagen, der Erstlingsmilch für Fohlen, von der in Dublin Park stets ein tiefgefrorener Vorrat für Notfälle vorhanden war. Nun stand dem Fohlen, das so heldenhaft darum gekämpft hatte, geboren zu werden, eine glänzende Zukunft bevor.

»›Crazy Storm‹? Gar nicht schlecht. Und Sie sind die Meerjungfrau persönlich?«, meinte Phillip schmunzelnd und griff nach einer ihrer langen, klatschnassen blonden Haarsträhnen. »Sie haben ihm das Leben gerettet, Jo. Das wissen Sie doch?«

Sein Blick wurde auf einmal ernst. Jo glaubte, noch nie so

wundervolle sanfte graue Augen gesehen zu haben. Schmetterlinge regten sich in ihrem Bauch. Verlegen schob sie sich die Haare hinter die Ohren.

»Was haltet ihr von ›Kick Up A Storm‹ – ›Unruhestifter‹ –, so wie seine Retterin?«, witzelte Linda. Mit spürbarem Respekt blickte sie Jo an. »Aber wenn du dich hättest einschüchtern lassen, hätten die beiden vermutlich kaum eine Chance gehabt.«

»Das gefällt mir … Kick Up A Storm, willkommen auf der Welt.« Jo erwiderte das Lächeln, und die Feindseligkeit zwischen den beiden Mädchen war mit einem Mal wie weggeblasen.

»Morgen früh komme ich wieder, um nach ihnen zu sehen, Linda«, meinte Phillip fröhlich. »Und um meinen Pulli abzuholen«, fügte er lachend hinzu.

Oh ja, dieses Mädchen hatte das gewisse Etwas.

Am Tag vor ihrer Rückkehr nach Sydney schlenderte Jo über eine große Koppel, auf der einige Zuchtstuten mit ihren Fohlen grasten. Sam lief zufrieden hechelnd neben ihr her, blieb hin und wieder stehen, um etwas zu beschnüffeln, und stürmte dann mit hoch erhobener Rute seiner Herrin nach. Da auf Sam in Gegenwart von Pferden Verlass war, hatte Jo keine Bedenken, wenn er sie begleitete. Außerdem hatten sich die meisten der Tiere inzwischen an ihn gewöhnt.

Die Bienen summten geschäftig im weißen Klee umher, und winzige Falter und Käfer flogen auf, als die beiden weitergingen. Die Stuten weideten friedlich, während ihre Fohlen halb versteckt in dem hohen Gras ruhten, das nach dem Sturm aus dem Boden gesprossen war. Auf der anderen Straßenseite leuchteten die dunkelgelben Blüten der Australischen Silbereiche gegen das Grün und Grau von Eukalyptus und Pfefferbaum an. Jo hielt sich schützend die Hand vor die Augen, genoss die Schönheit des Tales und versuchte, den Anblick in ihr Gedächtnis einzuprägen. In ihr mischte sich die Freude, zu Dublin Park zu gehören, mit der Trauer über den bevorstehenden Abschied. Die üppig grünen Felder schimmerten im Sonnenschein, und zu beiden Seiten des Tals hielten urzeitliche Gesteinsformationen Wacht.

An einem Grashalm kauend, schlenderte Jo weiter, ließ ihren Rücken von der warmen Sonne bescheinen und erinnerte sich an die Ereignisse der letzten beiden Wochen.

Der süße Kick Up A Storm war ein mutiger kleiner Bursche. Jo hatte ihn jeden Tag besucht und erfreut zugesehen, wie er zunahm und genüsslich bei Bountiful Lass trank. Da er sofort nach der Geburt im Arm gehalten worden war, war er im Gegensatz zu vielen anderen Fohlen sehr zutraulich und ließ sich von Jo Nacken und Schultern kraulen. Wenn sie eine Stelle fand, wo er sich besonders gerne streicheln ließ, räkelte er sich wohlig und kräuselte voller Freude die Oberlippe. Jo atmete dabei seinen warmen Duft ein und weidete sich an seinem Anblick.

Außerdem hatte es lange Gespräche mit Elaine gegeben. Es war so schön gewesen, ihrer Großmutter alles anzuvertrauen, und sie war ihr unendlich dankbar, weil sie ihr erlaubte, Linda bei den Pferden zu helfen. Sogar der alte mürrische Rupert hatte sich beruhigt und knurrte Sam nur noch hin und wieder an.

»Ach, wie mir das alles fehlen wird«, murmelte Jo, warf den Grashalm weg und bückte sich nach einem anderen. Als sie sich wieder aufrichtete, machte sie vor Schreck einen Satz, denn eine Stute stürmte wiehernd und schnaubend an ihr vorbei. Im nächsten Moment entdeckte sie ein Fohlen, das, nur wenige Zentimeter von Sam entfernt, versteckt im Gras lag.

»Bei Fuß, Sam«, schrie sie. Zu spät. Die Stute keilte aus und traf Sam an der Brust.

Sam stieß einen erschrockenen Schmerzensschrei aus. Während die Stute ihr Fohlen zur anderen Seite der Koppel scheuchte, sackte er in sich zusammen.

»Sam«, schrie Jo. Sie wurde bleich und eilte auf die Stelle

zu, wo ihr Hund nach Atem ringend im hohen Gras lag. Seine großen braunen Augen waren schmerzerfüllt.

Jo sah sich erschrocken und hilflos um. Ihr Puls überschlug sich, und sie versuchte, einen klaren Gedanken zu fassen. Es war niemand zu sehen. Sam schien schwer verletzt zu sein und wog zu viel, um ihn zu tragen. Also musste sie eine Entscheidung fällen.

»Du schaffst das, Sam. Ich bin gleich zurück«, keuchte sie. Obwohl sie ihn eigentlich nicht allein lassen wollte, blieb ihr nichts anderes übrig. So schnell sie konnte, rannte sie über die Koppel zur Straße und hoffte, dass die anderen Stuten ihn während ihrer Abwesenheit in Ruhe lassen würden.

»Er darf nicht sterben, bitte, er darf nicht sterben«, sagte sie sich wieder und wieder.

Mit klopfendem Herzen rannte sie die Schotterstraße entlang zu den Ställen. Jeder ihrer keuchenden Atemzüge schmerzte in ihren Lungen, während sie sich zwang, noch schneller zu laufen.

Der Landrover ihrer Großmutter war das erste Fahrzeug, das sie entdeckte. Jo, die wusste, dass Elaine immer den Schlüssel stecken ließ, sprang in den Wagen und ließ mit zitternden Fingern den Motor an. Nick, der junge irische Stallbursche, kam aus dem Gebäude.

»Hallo, wo willst du so schnell hin?«, rief er fröhlich.

»Nick!«, schrie Jo. »Sam ist verletzt. Eine Stute hat ihn getreten. Ich brauche Hilfe.«

Nick wurde schlagartig ernst und kletterte auf den Beifahrersitz. Nachdem Jo den schweren Wagen gewendet hatte, schlitterte sie durch den nach den Regenfällen immer noch weichen Morast zurück zu Sam.

»Ich muss ihn zum Tierarzt bringen«, stieß Jo hervor, während sie und Nick den inzwischen schlaffen und nach Luft ringenden Sam in den Landrover hoben.

Mit angsterfülltem Blick sah Sam Jo an.

»Schon gut, alter Junge. Das wird wieder«, flüsterte sie und kämpfte mit den Tränen. »Ich fahre nach Denman, Nick. Ruf beim Tierarzt an und sag Bescheid, dass Sam von einem Pferd getreten wurde und kaum noch Luft bekommt«, wies sie Nick an, sprang in den Wagen und fuhr zurück zu den Ställen.

Während Nick ins Gebäude und zum Telefon eilte, gab Jo kräftig Gas. Als sie durch die Furt drei Kilometer vor Dublin Park raste, spritzte das Wasser in alle Richtungen. Ihr Blick wanderte zur Tankuhr: Der Tank war fast leer. Mit einem bangen Gefühl lauschte sie Sams Keuchen. Wenn ihr das Benzin ausging, würde er es nicht schaffen. Dann fiel ihr aber ein, dass die Tankuhr kaputt war. Sie legte eilig die restliche Strecke zur Tierarztpraxis zurück, bog vorsichtig in die Auffahrt des kleinen Holzhauses ein und sah die Tierarzthelferin, gefolgt von Phillip Gregg, auf sich zueilen. Vor Erleichterung wäre Jo beinahe in Tränen ausgebrochen. Inzwischen hatte sich Sams Zahnfleisch bläulich verfärbt, und sein Atem ging flach und stoßweise.

»Wir bringen ihn rein und geben ihm sofort Sauerstoff«, sagte Phillip mit einem mitleidigen Blick auf Jo. »Wir tun unser Bestes, aber er ist nicht mehr der Jüngste.«

Jo krampfte sich der Magen zusammen, doch sie bestand darauf, dabei zu helfen, Sam aus dem Wagen zu heben und ihn in die Praxis zu tragen. Die Assistentin hatte die Sauerstoffmaske schon in der Hand, als Sam auf den Operationstisch gelegt wurde.

»Wir fangen gleich an. Am besten nehmen Sie im Wartezimmer Platz. Der Herr Doktor kommt dann zu Ihnen«, verkündete die Tierarzthelferin streng, nachdem sie Sam die Sauerstoffmaske angelegt hatte.

Jo blieb nichts anderes übrig, als zu gehorchen. Enttäuscht blickte sie der jungen Frau nach, die im Behandlungszimmer verschwand, und ließ sich dann, plötzlich erschöpft, auf einen der harten Holzstühle fallen.

»Du musst überleben, Sam, du musst einfach«, schluchzte

sie leise. Sie durfte ihn nicht verlieren. Nicht Sam, der Trauer und Freude mit ihr geteilt hatte und ihr ständiger Begleiter geworden war. Der liebenswerte, zutrauliche, alberne alte Sam, der immer wusste, wann sie Trost brauchte, und der stets für sie da war.

Die Minuten schleppten sich endlos dahin. Jo sprang immer wieder von ihrem Platz auf, ging in dem stickigen kleinen Raum hin und her und kaute an ihren Fingernägeln. Nur das Summen einer einsamen Fliege durchbrach die Stille. Sie hätte wissen müssen, dass die Stuten so schreckhaft waren. Doch sie hatte das Fohlen weder gesehen noch damit gerechnet, dass die verängstigte Mutter sie angreifen würde. Sam war es genauso ergangen. Schließlich betrachtete er die Pferde als seine Freunde.

»Bitte nicht Sam. Nicht das Letzte, was mir von Rick noch geblieben ist«, flüsterte sie, starrte auf einen dunklen Fleck auf dem Boden und erinnerte sich an den verdutzten Blick des Hundes. Dann presste sie die Faust vor den Mund, biss sich auf die Fingerknöchel und versuchte, ihre Verzweiflung zurückzudrängen. Sam würde durchkommen. Phillip konnte nicht zulassen, dass er starb. Wieder lief sie im Zimmer auf und ab und nestelte an ihrem Haarband herum.

Endlich, nach einer halben Ewigkeit, ging die Tür auf, und Phillip kam herein. Jos Herz machte einen Satz. Sie fühlte sich auf grauenhafte Weise an die Szene im Wartezimmer des Prince-of-Wales-Krankenhauses erinnert.

»Ist er …? Ist er …?«, flüsterte sie.

»Ich muss zugeben, dass er uns eine Weile Sorgen gemacht hat«, erwiderte Phillip.

Jo stieß einen lauten Seufzer aus. Mit zitternden Knien ließ sie sich auf einen Stuhl sinken, das Haar fiel ihr ins Gesicht, und ihre Lippen zitterten.

»Der Tritt hat einen Lungenriss verursacht, und einige Rippen hat er sich auch gebrochen. Genaueres wissen wir erst, wenn wir die Röntgenaufnahme haben«, erklärte Phillip.

»Außerdem hat er einen sogenannten Pneumothorax: Luft ist in die Brusthöhle ausgetreten. Ich habe es geschafft, sie abzusaugen. Deshalb kann er wieder besser atmen und quält sich nicht mehr so. Er muss die nächsten zwei bis drei Tage bei uns bleiben. Mit ein bisschen Ruhe ist er in ein paar Wochen so gut wie neu.«

Ungläubig starrte Jo Phillip an und brauchte ein wenig Zeit, um diese Nachricht zu verarbeiten.

»Soll das heißen, dass er wieder gesund wird? Mein Sam …« Die Worte blieben ihr im Halse stecken. Vor lauter Erleichterung fiel sie Phillip um den Hals und küsste ihn auf die Wange.

Phillip sah das junge Mädchen an, dem die Tränen übers Gesicht liefen. Als er ihren bebenden Körper so dicht an seinem spürte, vergaß er ganz, dass er Tierarzt war und gerade einem Hund das Leben gerettet hatte. Er küsste Jo auf den Mund. Fünf köstliche Sekunden lang genoss er das Gefühl ihrer weichen, vollen Lippen und fuhr ihr mit der Hand ganz automatisch durch das seidige Haar. Vom berauschenden Duft ihres warmen Körpers wurde ihm ganz schwindelig.

Jo wich zurück. Der Zauber des Augenblicks war verflogen. Erschrocken über sein unschickliches Verhalten, ließ Phillip die Hände sinken, machte einen Schritt rückwärts und lief feuerrot an. Er räusperte sich.

»Wenn du magst, kannst du ihn morgen besuchen«, stammelte er.

Dann drehte er sich um und ging, immer noch wie benommen wegen des Kusses, ins Behandlungszimmer. Dass er sich gerade so vergessen hatte, war ihm schrecklich peinlich.

Sam lag auf dem Boden. Er atmete normal, und seine Augen waren geschlossen. Neben ihm saß die Arzthelferin mit der Sauerstoffmaske in der Hand, für den Fall, dass er wieder Atemnot bekommen sollte. Tränen verschleierten Jos Blick. Sie wischte sie weg und kniete sich neben ihren Hund, der kurz die braunen Augen aufschlug und schwach mit dem

Schwanz wedelte. Nachdem Jo eine Weile beruhigend auf ihn eingeredet hatte, stand sie wieder auf.

»Er braucht Ruhe«, sagte Phillip leise und beherrscht und begleitete Jo hinaus zum Auto.

»Ich komme morgen wieder«, meinte sie. Bereits eine Hand am Schalthebel, saß sie im Landrover. »Ich weiß nicht, wie ich dir danken soll, dass du ihn gerettet hast. Er war der Hund meines Bruders. Du kanntest Rick nicht, oder?«

Ihr trauriges Lächeln versetzte Phillip einen Stich ins Herz.

»Nein, aber deine Großmutter hat viel von ihm erzählt«, erwiderte er und hatte Mühe zu verhindern, dass seine Stimme zitterte. Er konnte nur daran denken, dass er sich bis über beide Ohren in dieses Schulmädchen verliebt hatte. Und dass sie in wenigen Sekunden davonfahren würde.

»Dann bis morgen, so gegen sieben«, sagte Jo lächelnd und ließ den Motor an.

»Abgemacht«, entgegnete Phillip. Allerdings hatte er völlig vergessen, dass er heute nur Vertretungsdienst in dieser Praxis gehabt hatte und morgen weder hier noch in Dublin Park sein würde. Er musste nämlich auf einem Gestüt nach dem Rechten sehen, das ein gutes Stück entfernt von Hunter Valley lag, ein Besuch, der vier Tage in Anspruch nehmen würde. Bis dahin würden Jo und Sam längst nach Sydney zurückgekehrt sein, sodass ihm nur die Erinnerung blieb.

»Wahrscheinlich ist es das Beste so«, dachte er, schlagartig ernüchtert, als der Landrover in der Ferne verschwand.

Wenn es sich herumsprach, dass er die Besitzerinnen seiner vierbeinigen Patienten küsste – insbesondere, wenn es sich dabei um junge Mädchen handelte –, würde er sich bald nach einer anderen Stelle und einem neuen Wohnort umsehen müssen. Aber er konnte einfach nicht vergessen, wie sich Jos Lippen auf seinen angefühlt hatten.

Die Schatten wurden bereits lang, als Jo Dublin Park erreichte. Sie war unglaublich erleichtert, dass Sam durchkommen würde, auch wenn ihr der Wagen ohne ihn merkwürdig leer erschien. Leicht strich sie sich mit dem Finger über die Lippen. Hatte Phillip sie wirklich küssen wollen, oder war es nur ein Versehen gewesen?

Ein wohliger Schauder durchlief sie. Er war sicher mindestens sechsundzwanzig Jahre alt und sah außerdem sehr gut aus.

Sie hatte sich gern von ihm auf die Lippen küssen lassen, auch wenn es nur ein einmaliger Ausrutscher war.

Elaine kam aus dem Haus gelaufen, um sie zu begrüßen. Jo schob sich das Haar hinter die Ohren und hoffte, ihre Großmutter würde Verständnis dafür haben, dass sie mit dem Familienauto bis nach Denman gefahren war, obwohl sie gar keinen Führerschein hatte.

»Nick hat mir erzählt, was Sam zugestoßen ist, mein Kind«, rief Elaine besorgt aus.

Langsam stieg Jo aus dem Wagen und schloss die Tür. Ihr Hochgefühl wegen Sams Überleben war mit einem Mal wie weggeblasen, und sie war unbeschreiblich müde.

»Er wird durchkommen, Gran«, antwortete sie und begann vor Erleichterung zu weinen.

Elaine legte den Arm um ihre Enkelin und brachte sie ins Haus, während Jo die ganze Geschichte heraussprudelte.

»Ich hatte solche Angst, Gran. Ich dachte wirklich, ich hätte ihn verloren«, sagte sie, setzte sich und sah zu, wie ihre Großmutter den Teekessel aufsetzte.

»Du hattest Glück, dass Phillip Dienst hatte. Er ist ein ausgezeichneter Tierarzt«, antwortete Elaine.

Wayne, der ein altes Hemd und eine Arbeitshose trug, kam in die Küche und holte sich ein Bier aus dem Kühlschrank. Nachdem er die Flasche geöffnet hatte, nahm er einen großen Schluck.

»Du hast mehr Mumm in den Knochen, als ich den Bälgern meines Bruders zugetraut hätte«, brummte er mürrisch und blickte Jo aus kalten grauen Augen an.

»Ich denke, die vergangene Woche war für uns alle aufregend«, sagte Elaine, die bemerkte, wie Jo sich über diese Bemerkung ärgerte. »Jo, mein Kind, am besten setzt du dich sofort an deine Schulbücher, da du noch ein paar Tage länger bleiben wirst. Ich rufe deinen Dad an und erkläre ihm, was geschehen ist. Übrigens«, fügte Elaine auf dem Weg zum Telefon hinzu, »halte ich es für besser, wenn wir verschweigen, dass du mit dem Landrover auf öffentlichen Straßen herumgefahren bist. Einverstanden?«

»Ich liebe dich, Gran«, erwiderte Jo mit einem verlegenen Grinsen.

7

Trotz der dramatischen Ereignisse hatte der Aufenthalt in Dublin Park, wie Charlie gehofft hatte, bei Jo wahre Wunder gewirkt. Inzwischen war sie seit zwei Wochen zurück in Sydney. Sam war fast wieder der Alte, auch wenn seine gebrochenen Rippen noch schmerzten, und Jo lief, sehr zur Erleichterung ihrer Eltern, wieder singend durchs Haus.

Als Jo eines Nachmittags nach der Schule von einem Ausritt mit Fizzy zurückkam, tätschelte sie Sam fröhlich das Fell. Da sah sie ihren Vater und seinen Stallmeister Mick Steiner auf dem Hof stehen. Die beiden beobachteten Arctic Gold, eines der besten Pferde im Stall, das gerade von Frederic Zinman, Sydneys angesehenem Pferdespezialisten, untersucht wurde. Jo brachte Fizzy in seine Box, wo sie ihn fütterte und für die Nacht vorbereitete, und gesellte sich dann unauffällig zu den Männern.

Arctic Gold, der Charlie gemeinsam mit drei weiteren wohlhabenden australischen Geschäftsleuten gehörte, hatte einige nationale Rennen gewonnen und war beim letztjährigen Caulfield Cup platziert worden. Der Caulfield Cup galt als das anspruchsvollste Zweitausendvierhundert-Meter-Rennen im Pferdesport und als Vorentscheidung für das wichtigste aller Rennereignisse: den Melbourne Cup. Obwohl es bis dahin nur noch zwei Wochen waren, musste Charlie das heutige Training abbrechen, weil Arctic Gold Rückenprobleme hatte. Nun stand er mit verschränkten Armen und finsterer Miene da und sah zu, wie das Pferd schmerzgepeinigt unter den geschickten Fingern des Tierarztes zusammenzuckte.

Jo brannte darauf, ihren Vater nach einem jungen Hengst

zu fragen, der ihnen erst seit Kurzem gehörte. Aber sie sah, dass der Augenblick dafür denkbar ungünstig war. Also schlenderte sie zu einer Box am Rande des überdachten Übungsplatzes hinüber und spähte vorsichtig über die mit einem Vorhängeschloss gesicherte Tür. Der pechschwarze Hengst mit einem Stockmaß von etwas über einem Meter siebzig hatte einen hinterhältigen Ausdruck in den Augen. Er tänzelte mit unbeholfenen Bewegungen in der Box hin und her. Dennoch fand Jo, dass er trotz seiner Hässlichkeit etwas Besonderes hatte, auch wenn das Tier sie nur mürrisch ansah, den Kopf zur Seite schleuderte und mit den Hufen scharrte.

»Das ist ein ganz schlauer Bursche. Mit den Zähnen kriegt er jede Tür auf.«

Jo machte vor Schreck einen Satz, als Winks unvermittelt aus dem Schatten trat.

»Warum musst du dich immer von hinten anschleichen?«, schimpfte sie lachend. Sie konnte sich einfach nicht daran gewöhnen, dass Winks stets aus dem Nichts aufzutauchen schien.

»Er ist nicht nur hässlich und bösartig, sondern auch ziemlich schnell. Gib deinem Dad ein bisschen Zeit, ihm Vernunft beizubringen, dann könnte er sich prima machen«, meinte Winks, ohne auf ihren Tadel einzugehen. »Der Kerl, der deinem Dad dieses Mistvieh verkauft hat – entschuldige die Ausdrucksweise –, hat ihn für seinen Mut beglückwünscht. Dieser durchgeknallte Neuseeländer hat das Pferd praktisch verschenkt.«

»Ich wünschte, Dad würde mir eine Chance geben. Dann brächte ich dir schon Manieren bei, du Satansbraten«, sagte Jo sehnsüchtig zu dem dreijährigen Hengst.

»Mach bloß keinen Unsinn, Mädchen«, warnte Winks und bedachte Jo mit einem argwöhnischen Blick aus kleinen dunklen Augen. Der Hengst stieß ein schrilles Wiehern aus.

Charlie fuhr herum. »Weg da, Jo«, befahl er. »Was zum Teufel hast du dir dabei gedacht, Winks?«

»Wir haben ihn uns bloß angesehen, Boss. Es ist nichts passiert«, erwiderte Winks in aller Seelenruhe.

Er packte Jo am Ellenbogen und zog sie um die Ecke. Sofort reckten sich drei Pferdeköpfe aus drei Boxen. Jo ging auf eine rehäugige Fuchsstute zu und streichelte ihr die weichen Nüstern. Aber der Hengst wollte ihr nicht aus dem Kopf. Was hätte sie dafür gegeben, so ein Pferd reiten zu dürfen!

»Dein Dad macht sich offenbar nicht nur Sorgen wegen Chilly Charlie«, meinte Winks kopfschüttelnd, wobei er den Stallnamen von Arctic Gold benützte. »In letzter Zeit ist er ständig müde und gereizt. Das passt so gar nicht zu ihm.«

Er zog ein zerfleddertes Tabakpäckchen und eine zerdrückte Schachtel Zigarettenpapier heraus und begann, sich eine Zigarette zu drehen.

»Ich kenne deinen Dad schon lang, aber so habe ich ihn noch nie erlebt.« Er steckte sich die kalte Zigarette zwischen die Lippen.

»Mum ist zurzeit ziemlich niedergeschlagen, und das macht Dad schwer zu schaffen. Ich glaube, es liegt hauptsächlich an mir.« Jo seufzte auf.

Wie gerne hätte sie sich Winks anvertraut, aber die Loyalität gegenüber ihrem Vater hinderte sie daran. Sie vermisste ihre Großmutter und die Vertrautheit, die während dieser zwei kurzen Wochen in Dublin Park zwischen ihnen entstanden war. Am vergangenen Abend hatte sie ihre Eltern streiten gehört. Immer wieder waren Satzfetzen in ihr Zimmer gedrungen, wo sie versuchte, sich auf ihren Prüfungsstoff zu konzentrieren.

Den Großteil der Zeit hatte Nina geredet, und zwar in dem piepsigen Kleinmädchenton, der an Jos Nerven zerrte. Der Hysterie nah, hatte sie Charlie vorgeworfen, er ermuntere Jo dazu, ihre ganze Zeit mit Fizzy zu verbringen, anstatt für ihre Prüfungen zu lernen. Außerdem beschwerte sie sich, er arbeite zu lange in den Ställen.

»Warum kann Mum sich einfach nicht damit abfinden,

dass ich und Dad Pferde lieben, und versucht ständig, uns zu ändern?«, fragte sich Jo wehmütig.

Sie dachte wieder an die Pläne ihrer Mutter, sie ins Mädchenpensionat zu schicken und zu zwingen, Fotomodell zu werden. Dabei streichelte sie den seidigen Hals der Fuchsstute und empfand die Nähe des Tieres als tröstend. In der nächsten Woche begannen die Prüfungen – was danach kam, würde sich zeigen. Die Stute stupste Jos Schulter und erwiderte ihre Liebkosungen, als verstünde sie, was in ihr vorging.

»Glaubst du, dass Pferde Gedanken lesen können?«, meinte Jo auf dem Rückweg zum Stall zu Winks.

»Aber natürlich. Und wie kommst du ausgerechnet jetzt darauf?«, erkundigte sich Winks.

»Aus keinem bestimmten Grund«, entgegnete Jo.

Sie war nicht sicher, was sie selbst von übersinnlichen Kräften hielt, doch, wenn sie in den Ställen gewesen war, fühlte sie sich jedes Mal besser. Es war, als könnte sie diesen wundervollen Tieren ihr Innerstes offenbaren, ohne etwas sagen zu müssen.

Inzwischen war der Tierarzt fort, und Mick führte Arctic Gold zurück in seine Box. Jos Vater rief nach ihr.

»Moment mal, Mick. Jo, wenn du schon hier bist, kannst du auch etwas lernen. Denkst du, dass Chilly Charlie es schaffen wird, beim Caulfield Cup anzutreten?«

Jo war ein wenig verdutzt und spürte, wie Mick Steiner sie neugierig musterte. Zwischen Stolz, weil ihr Vater sie nach ihrer Meinung gefragt hatte, und Verlegenheit hin und her gerissen, bat sie Mick, Arctic Gold noch einmal herumzuführen, damit sie sich seinen Gang ansehen könne. Auf den ersten Blick wirkte alles wie gewöhnlich, doch sie erinnerte sich daran, wie das Pferd bei der Untersuchung durch den Tierarzt reagiert hatte.

»Als Mr Zinman sich seinen Rücken angesehen hat, schien er Schmerzen zu haben«, erwiderte sie und hielt inne. »Wenn das Rennen in Sydney stattfinden würde, wäre ich mir meiner Sache sicherer, Dad. Aber angesichts der weiten Fahrt nach Melbourne und des anspruchsvollen Rennens würde ich es, glaube ich, lieber nicht riskieren«, sagte sie und errötete heftig. Sie kam sich ziemlich albern vor, und die Männer starrten sie an.

»Und warum?«, hakte Charlie nach.

Als Jo ihre Entscheidung begründete, nickte Charlie zustimmend.

»Du hast viel gelernt, mein Mädchen. Allerdings hoffe ich, dass du dich irrst«, fügte er lächelnd hinzu, während Mick Arctic Gold wegbrachte. »Und nun fährst du besser nach Hause, bevor deine Mutter sich Sorgen um dich macht. Richte ihr aus, sie bräuchte nicht auf mich zu warten. Ich habe einigen Papierkram im Büro zu erledigen und bleibe noch eine Weile hier. Geh zu Gloria, sie wird sich darum kümmern, dass dich jemand nach Hause bringt.«

Er tätschelte Jo rasch, und seine Miene verdüsterte sich, als er ihr nachblickte, wie sie durch das große grüne Holztor verschwand. Dabei musste er an die Auseinandersetzung des gestrigen Abends denken. War es wirklich das Richtige, ihre Tochter zu einem Beruf zu zwingen, zu dem sie, wie sie immer wieder beteuerte, nicht die geringste Neigung verspürte? Doch Nina hatte den Streit auf die Spitze getrieben, indem sie behauptete, er ruiniere Jos Zukunftschancen, wenn er sie zur Arbeit mit den Pferden ermutigte. Außerdem warf sie ihm vor, sie bedeute ihm offenbar nichts mehr, weil er seine Zeit lieber in den Ställen verbrächte. Wie sehr sie sich irrte. Denn so widersprüchlich es sich auch anhören mochte, lag es an seiner Liebe zu Nina, dass er sich so für die Kingsford Lodge abmühte.

»Es geht ihm tausendmal besser als vor einer Woche«, riss Mick Charlie aus seinen Grübeleien.

»Das soll auch so sein«, erwiderte Charlie nickend. »Ich verlasse mich ganz und gar auf Freddies medizinische Zaubertricks.«

Er steckte die Hände in die Taschen, runzelte die Stirn und schaukelte auf den Absätzen hin und her.

»Was hältst du von dem neuen Hengst, Mick?«, fragte er schließlich.

»Da wirst du erfahrene Reiter brauchen. Aber schau dir an, wie viele erfolgreiche Pferde zu Anfang heimtückisch oder vernachlässigt waren. Du hast sie praktisch für ein Butterbrot bekommen.«

Charlie kratzte sich am Kopf. Er hoffte, dass Mick recht hatte, doch im Moment hatte er zu viel um die Ohren, um sich darüber Gedanken zu machen.

Die Prüfungen waren endlich vorbei. Zufrieden saß Jo im Schlafanzug auf dem Wohnzimmerfußboden. Es war einer der seltenen Momente im Leben, in denen sie sich ihrer Mutter nah fühlte. Während Nina ihr das lange blonde Haar bürstete, war sie so entspannt wie schon seit Wochen nicht mehr.

»Wenn wir alle über Weihnachten nach St. Moritz zum Skilaufen wollen, müssen wir beide zum Einkaufen gehen«, verkündete Nina, fuhr ihrer Tochter mit den Fingern durch die seidigen Locken und versuchte, sich nicht darüber zu ärgern, dass Charlie sich schon wieder verspätete. Den ganzen Tag lang hatte sie Pläne geschmiedet. »Der Skianzug, den ich dir aus Paris mitgebracht habe, ist für die Piste ja in Ordnung, aber du musst auch ansonsten hinreißend aussehen. Man weiß ja nie, wem man so alles begegnet. Schließlich wimmelt es in diesen Wintersportorten von Mitgliedern verschiedener Königshäuser.«

»Neue Skistiefel, Mum?« Hoffnungsvoll lächelte Jo ihre Mutter an. Nach einigen Winterurlauben in australischen und ausländischen Skigebieten stand Jo ziemlich sicher auf den Brettern. Und sie musste zugeben, dass sie sich über die neue Skiausrüstung sehr gefreut hatte – insbesondere über die hochmodernen Skistiefel und die bequemen und sicheren Bindungen.

»Aber natürlich, mein Kind … Halt den Kopf gerade, ich möchte etwas ausprobieren. Vor allem brauchst du ein Kleid für die Veranstaltung im Oktober«, fuhr Nina fort.

Jo verkrampfte sich. Da sie die so störanfällige, friedliche Stimmung auf keinen Fall verderben wollte, wartete sie ab, bis Nina ihr das blonde Haar zusammengedreht und mit einem großen vergoldeten Schildpattkamm festgesteckt hatte, um dann ihr Werk kritisch zu mustern.

»Nein, so geht das nicht«, meinte Nina kopfschüttelnd und zog den Kamm wieder heraus. Aus einem kleinen Körbchen neben sich kramte sie eine schlichte goldene Spange. »Das ist besser. Etwas weniger Auffälliges, das nicht von deinen Augen ablenkt.«

»Was für eine Veranstaltung im Oktober?«, fragte Jo argwöhnisch.

»Ach, Jo, es ist einfach schlimm mit dir! Ich habe dir doch schon vor einer Ewigkeit von dem Capricorn-Mittagsempfang erzählt«, schmollte ihre Mutter und warf, plötzlich gelangweilt vom Herumspielen mit Jos Haaren, die Bürste in das Körbchen. Die Vertrautheit zwischen ihnen war mit einem Mal wie weggeblasen.

»Ach, du meine Güte! Tut mir leid, Mum, das hatte ich ganz vergessen«, rief Jo aus und machte mit ihrer Entschuldigung alles nur noch schlimmer.

Nun fiel es ihr wieder ein: Ein Mittagessen mit Modenschau, bei dem Spenden für das Prince-of-Wales-Krankenhaus gesammelt werden sollten. Ihre Mutter hatte darauf bestanden, dass sie zusammen hingingen. Ihr wurde flau im Magen. Wegen der Enttäuschung ihres Vaters, weil Arctic Gold vermutlich nicht am Caulfield Cup würde teilnehmen können, hatte sie diesen Termin völlig verdrängt.

»Das hast du vergessen! Wie kannst du die größte Chance deines Lebens einfach vergessen«, rief Nina wütend. »Die Chefredakteurinnen von *Vogue, She* und einer Reihe weiterer australischer Modezeitschriften haben mich angerufen und wollen dich unbedingt kennenlernen. Ganz zu schweigen von dem Geld, das unsere Familie gespendet hat! Und du vergisst es einfach. Wie kannst du nur, Jo?« Zornesröte breitete sich auf Ninas Wangen und Hals aus. Sie stieß Jo beiseite, sprang auf und setzte zu einer ihrer Tiraden an.

Jo wollte protestieren. Doch da wurde ihr plötzlich klar, dass die Spende und die Veranstaltung für ihre Mutter auch den Zweck verfolgten, die Trauer um Rick zu verarbeiten.

»Mum, Mum, einen Augenblick bitte. Was soll ich denn anziehen?«, rief sie aus, rappelte sich auf und packte ihre Mutter am Arm.

Nina verstummte schlagartig. Rasch klappte sie den Mund zu und nahm die neueste Modezeitschrift von dem Stapel auf dem Tisch. Sie setzte sich wieder, blätterte das Magazin durch, biss sich auf die Lippe und deutete schließlich auf ein auf den ersten Blick ganz schlicht wirkendes Kleid von *Le Louvre,* dem bekanntesten Modesalon Melbournes.

»Das da«, verkündete sie, und ihre Augen blitzten begeistert. »Ein Kleid von *Lil* wäre am besten geeignet. Einfach und elegant. Außerdem wirst du darin größer wirken. Wir fliegen zu einer Anprobe hin.«

Vorsichtig ließ Jo sich auf dem Sofa nieder und spähte ihrer Mutter über die Schulter. Ninas warmer Duft löste in ihr die Sehnsucht nach Nähe aus. Das Kleid war nicht schlecht, allerdings ein himmelweiter Unterschied zu den alten Hemden und Jeans, die Jo am liebsten anhatte. Das Problem war nur, dass das Mädchen auf dem Foto etwa drei Größen schlanker war als Jo und dafür etwa einen Meter siebzig groß. Aber warum sollte sie das Spiel nicht mitmachen und sich für diesen Tag verkleiden? Es war nur ein Mittagessen, dachte sie. Und wenn sich ihr Verhältnis zu ihrer Mutter dadurch besserte, war es das Opfer wert.

»Doch für die anderen beiden Kleider müssen wir uns etwas einfallen lassen. Vielleicht eines, das ein bisschen gewagter ist«, sprach Nina weiter und deutete auf eine sehr tief ausgeschnittene Bluse. »Und dann noch etwas Lässig-Elegantes«, beendete sie triumphierend den Satz. Jo wurde ganz seltsam zumute.

»Was meinst du mit anderen Kleidern? Es ist doch nur ein Mittagessen, Mum. Ich werde doch bestimmt nicht ständig hinausrennen und mich zwischen den Gängen umziehen.«

»Jo, warum musst du nur so schwierig sein?«, beschwerte sich Nina und warf die Zeitschrift auf den Tisch.

»Verzeihung, Mum. Erklär es mir«, sagte Jo und hatte Mühe, angesichts dieser absurden Situation nicht in Gelächter auszubrechen.

Nina beruhigte sich wieder und senkte die Stimme zu einem verschwörerischen Flüstern.

»Es wird eine Moderedakteurin da sein, mit der ich befreundet bin. Sie sucht ein junges Gesicht für die Erstausgabe ihrer neuen Zeitschrift, die im nächsten Jahr erscheinen soll. Deshalb dachte ich, dass es keine schlechte Idee wäre, für alle Fälle noch ein paar andere Kombinationen aus dem Ärmel zaubern zu können.« Jo blickte ihre Mutter empört an, doch diese brachte sie mit einer Handbewegung zum Schweigen. »Schau mich nicht so an, Jo.«

»Mum, ich bin nicht hübsch genug, um Fotomodell zu werden«, rief Jo verzweifelt.

Nina tätschelte ihrer Tochter die Wange.

»Das wird sich zeigen, mein Kind. Ich glaube, du ahnst gar nicht, wie schön du bist.«

Jo verkniff sich die Antwort, die ihr auf der Zunge lag. Sie hatte das Thema Modelkarriere und Mädchenpensionat mit ihrer Großmutter erörtert und war fest entschlossen, die Ruhe zu bewahren.

»Warte ab, was passiert«, hatte Elaine ihr geraten. »Außerdem kann ein Jahr in der Schweiz nicht schaden. Schließlich laufen die Pferde dir nicht davon.«

Damals hatte Jo sich beschwichtigen lassen, doch als sie das endlose Geplapper ihrer Mutter über Moderedakteurinnen, Designer und Laufstege hörte, wurde ihr wieder ganz anders zumute.

Einige Tage später versuchte sie, ihrem Vater ihre Ängste begreiflich zu machen, aber dieser gab ihr nur wenig Grund zur Hoffnung.

»Ich habe dir nach dem Martha-Wellbourne-Turnier den Hals gerettet, Kleines. Tu besser, was deine Mutter will.«

Jo wusste, dass ihr nichts anderes übrig blieb.

Der Tag der Wohltätigkeitsveranstaltung war angebrochen. In ein fließendes, cremefarbenes Gewand gehüllt und mit einer dicken, schlangengleichen Goldkette und passenden Ohrringen behängt, glitt Nina auf den Rücksitz des silbernen Bentleys. In der Hand hielt sie ihren creme-goldenen Hut. Jo, die sich in dem hellen türkisblauen Kleid mit Jacke, das Nina in dem Modesalon in Melbourne ausgesucht hatte, unbeholfen und aufgetakelt fühlte, ahnte nicht, was für ein beeindruckendes Bild sie abgab, als sie in den Wagen stieg. Beim bloßen Gedanken an die anderen beiden Kombinationen, die ihre Mutter ausgewählt hatte, lief es ihr kalt über den Rücken. Sie war fest dazu entschlossen, die Sachen niemals anzuziehen. Das eine Kleid war so tief ausgeschnitten, dass es Jo die Schamesröte ins Gesicht trieb. Das andere sah derart langweilig und unauffällig aus, dass sie nicht begriff, wie jemand freiwillig fünfzehnhundert Dollar dafür hinblättern konnte.

Nachdem Nina ihren Lippenstift in den getönten Scheiben überprüft hatte, wies sie den Chauffeur an, loszufahren.

»Du siehst hinreißend aus, mein Kind«, flötete sie, strich Jos Kragen glatt und kontrollierte ihr Make-up, während sich die silberne Limousine durch den Stadtverkehr schlängelte. Jo hätte leicht als neunzehn durchgehen können. »Hast du dein Handtäschchen dabei? Du darfst nicht vergessen, nach dem Essen deinen Lippenstift nachzuziehen. Und pass auf, dass nichts davon an deine Zähne gerät«, mahnte sie. Dieser Tag würde den Beginn einer großartigen Zeit markieren.

Nina kramte in ihrer Tasche aus cremefarbenem Satin und versuchte, sich an den Namen der Moderedakteurin zu erinnern, während Jo starr und verkrampft neben ihr saß und sich fragte, warum sie sich von ihrer Mutter zu dieser Unternehmung hatte überreden lassen.

In der Vorhalle des Hotels wimmelte es von elegant gekleideten, kunstvoll frisierten und nach Parfüm duftenden Frauen. Einige trugen Hüte, und es waren auch ein paar Fotomodelle darunter. Nachdem Nina ein Glas Champagner entgegengenommen hatte, schlängelte sie sich durch die Menschenmenge und stellte Jo den Mitgliedern des Komitees und anderen Bekannten vor, die sich um sie scharten. Dabei ließ sie den Blick über die versammelten Menschen schweifen, um festzustellen, wer anwesend war.

Mit großen Augen bewunderte Jo die zwölf Zentimeter hohen Absätze und die gewagten Kleider, die manche der Damen trugen. Da kam Beryl Mawson, die Präsidentin des Capricorn-Komitees, auf sie zugerauscht. Sie hatte einen gewaltigen Hut in Orange und Gelb auf dem Kopf und hauchte einen Kuss in die Luft in der Nähe von Ninas Wangen.

»Nina, meine Liebe, Sie sehen wie immer zum Anbeißen aus«, flötete sie. »Und die kleine Jo wird von Jahr zu Jahr erwachsener. Kommen Sie, ich zeige Ihnen Ihren Tisch.«

Sie hakte Jo unter und begleitete Mutter und Tochter zu ihren Plätzen unter den einhundertundfünfzig geladenen Gästen. Jeder Tisch wurde von einem prachtvollen Blumenarrangement geziert. Die weißen Tischkarten waren mit Goldbuchstaben beschriftet.

Nachdem man die Frau des Ministerpräsidenten als Ehrengast begrüßt und die Präsidentin den Ablauf der Veranstaltung erläutert hatte, wurde das Essen serviert. Während die Damen sich an gegrilltem Lachs, einem leichten Gartensalat und Weißwein labten, begann die Modenschau.

»Sieh, das Mädchen hat weder deine hohen Wangenknochen noch deinen wunderschönen Mund«, wisperte Nina Jo kopfschüttelnd zu, als ein hochgewachsenes dunkelhaariges Mannequin in einem eng anliegenden Hosenanzug über den Laufsteg stolzierte. »Das wird dir auch ausgezeichnet stehen, wenn du ein bisschen abgenommen hast. Jo will nämlich Fotomodell werden«, fügte sie laut, an die anderen Gäste am Tisch gewandt, hinzu.

Jo spürte, wie sie errötete. Noch nie war sie so verlegen gewesen. Während die Modenschau weiterging, machte Nina immer wieder peinliche Randbemerkungen, die man, da war Jo sich ganz sicher, trotz der dröhnenden Musik bestimmt im ganzen Saal hören konnte. Als der höfliche Applaus nach dem Abgehen des letzten Mannequins verebbte, spürte Jo eine Hand auf ihrer Schulter.

»Das ist also die hinreißende junge Dame. Jetzt verstehe ich, was Sie gemeint haben«, begeisterte sich eine dicke, viel zu stark geschminkte Frau Ende vierzig, die von einer aufdringlichen Parfümwolke umweht wurde. »Sie sehen wirklich reizend aus, meine Liebe.«

Sie schob Jo die Hand unters Kinn, drehte ihren Kopf hin und her und musterte sie eingehend. Jo biss die Zähne zusammen, und sie musste sich beherrschen, um nicht einfach aufzuspringen und hinauszulaufen. Stattdessen zwang sie sich zu einem unterkühlten Lächeln.

»Sie müssen lockerer werden und beim Lächeln leicht den Mund öffnen, mein Kind. Wirklich reizend.« Die Frau ließ die Hand sinken. »Sie ist ein Traum, meine Liebe. Ich werde nach der Veranstaltung ein Wörtchen mit Irene reden.«

Nina strahlte, während die fremde Frau sich zurück an ihren Tisch trollte.

»Irene wer?«, erkundigte Jo sich argwöhnisch. »Und wer war das überhaupt?«

»Irene Sarrenson-Hicks ist die Inhaberin von Irene's, der führenden Modelagentur Sydneys«, plapperte Nina aufgeregt los. »Und diese Dame, mein Kind, war Audrey Bishop, die für die Gesellschaftsseite des *Sydney Morning Herald* schreibt.

Also sei nett zu ihr. Ich kann nicht fassen, dass sie das tatsächlich gesagt hat. Normalerweise ist sie nämlich ziemlich ungnädig«, flüsterte Nina. Sie winkte und lächelte Audrey zu, während die Clubpräsidentin die Ansprache der Ministerpräsidentengattin ankündigte.

Nach einer kurzen charmanten Rede, in der sie allen Anwesenden für ihre großzügige Unterstützung des Mittagessens zugunsten des Prince-of-Wales-Krankenhauses dankte, einige der dringenden Bedürfnisse besagter Einrichtung schilderte und sich einen großen Blumenstrauß überreichen ließ, setzte sich die Dame wieder.

»Und nun habe ich die angenehme Pflicht, eine unserer ganz besonderen Gönnerinnen auf die Bühne zu bitten«, verkündete die Präsidentin, die ihren Platz am Mikrofon wieder eingenommen hatte. »Die Dame betrachtet sich zwar nicht als Ehrengast, doch sie steuert jedes Jahr sehr großzügig zu unserem wohltätigen Anliegen bei. Applaus für unsere liebe Nina Kingsford.«

Mit einem selbstbewussten Lächeln betrat Nina, begleitet von lautem Beifall, die Bühne. Die Präsidentin wartete, bis das Klatschen verstummt war, und wandte sich dann an Nina.

»Im Namen des Capricorn-Komitees und aller Anwesenden möchte ich mich noch einmal bei Ihnen für Ihre großzügige Spende an das Prince-of-Wales-Krankenhaus bedanken, Nina. Schon im letzten Jahr waren wir von der Summe überwältigt, doch in diesem Jahr ... tja, mir fehlen einfach die Worte. Nina hat einhunderttausend Dollar für das Krankenhaus gespendet.« Wieder musste sie warten, bis der Applaus verebbte. »Meine liebe Nina, Ihre Großzügigkeit kennt keine Grenzen. Wir alle empfinden tiefes Mitgefühl wegen Ihres Verlustes, und wir wissen Ihre Freundschaft zu schätzen. Bitte betrachten Sie das als Zeichen unserer Zuneigung.« Sie überreichte Nina einen riesigen Blumenstrauß.

»Beryl, wir beide kennen uns schon sehr lange«, begann

Nina, die Blumen im Arm. »Ich weiß, dass Sie und Ihr Komitee viel Arbeit in die heutige Veranstaltung gesteckt haben, und ich bewundere Sie dafür. Treffen wie dieses können etwas bewirken, und ich möchte mich bei Ihnen allen für die heutigen Spenden bedanken. Wie Sie wissen, ist mein jüngster Sohn vor einigen Monaten im Prince-of-Wales-Krankenhaus gestorben, obwohl die Ärzte …« Von Gefühlen überwältigt, musste sie innehalten, und ihre Lippen bebten. Auch Jo spürte, wie ihr Tränen in den Augen brannten, während ihre Mutter um Fassung rang.

»Meine Spende soll in medizinische Geräte und in die Forschung investiert werden«, fuhr Nina fort. »Außerdem gebe ich dieses Geld im Namen aller Mütter. In diesem Jahr habe ich ein Kind verloren. Wenn mein Beitrag Ihnen das Leid ersparen kann, das ich und meine Familie durchgemacht haben, habe ich etwas Wichtiges erreicht. Ich danke Ihnen allen noch einmal, dass Sie die heutige Veranstaltung so großzügig unterstützt haben.« Sie umfasste mit beiden Händen den Blumenstrauß, wieder wurde applaudiert.

Jo schluckte tapfer, klatschte wie wild und betrachtete ihre Mutter stolz. Sie merkte ihr an, dass sie sich inmitten all dieser elegant gekleideten Damen zu Hause fühlte, und sie war wirklich sehr großzügig. Schließlich hatte sie niemand gezwungen, das Geld zu spenden. Doch offenbar hatte ihre Mutter – vielleicht sogar die ganze Familie – diese Geste gebraucht, um den Verlust besser verkraften zu können. Nun würde Rick für immer unvergessen bleiben. Sie musterte die freudigen Gesichter. Im nächsten Moment jedoch schreckte sie zusammen, denn sie hörte ihren eigenen Namen.

»Komm, Joanna, mein Kind, steh auf, damit ich dich allen vorstellen kann.«

Jo schrumpfte auf ihrem Stuhl förmlich zusammen und errötete heftig, als alle Köpfe sich in ihre Richtung wandten. Man wartete auf sie. Widerstrebend stand sie auf, und die Situation war ihr entsetzlich peinlich. Der Schweiß lief ihr den

Rücken und zwischen ihren Brüsten hinunter, und sie fühlte sich, als würde sie von den Blicken ausgezogen. Nina hingegen strahlte vor Stolz.

»Finden Sie nicht auch, dass sie reizend aussieht? Ich versuche gerade, sie dazu zu überreden, Fotomodell zu werden, aber sie glaubt mir nicht, dass sie es schaffen könnte«, erklärte Nina, ohne auf die dicht neben ihr stehende Beryl Mawson oder auf Jos offensichtliche Verlegenheit zu achten. »Ich hoffe, dass sie eines Tages dort oben stehen und so wunderschöne Kleider vorführen wird, wie wir sie heute bewundern durften. Meinen Sie nicht auch, dass Sie das Zeug dazu hat?« Sie warf Joanna eine Kusshand zu.

Jo lächelte ihrer Mutter steif zu, und die Anwesenden begannen zu applaudieren. Viele waren von Ninas kurzer Ansprache zu Tränen gerührt gewesen und freuten sich über die Gelegenheit, ihre Wertschätzung für diese Frau und ihre Großzügigkeit erneut zu zeigen. Während Jo wieder Platz nahm, bemerkte sie zu ihrem Entsetzen aus dem Augenwinkel die echten Mannequins, die in einer Ecke saßen und höflich klatschten, und Zorn stieg in ihr auf.

Nach der Veranstaltung scharten sich die Anwesenden um Jo und Nina. Jo war zwar äußerlich um Ruhe bemüht, doch innerlich kochte sie vor Wut. Ohne Vorwarnung hatte ihre Mutter sie erst wegen Rick zu Tränen gerührt, um sie dann in aller Öffentlichkeit zu blamieren. Das hätte Jo ihr noch verzeihen können, aber sie verstand einfach nicht, warum Nina in Gegenwart von Fremden einfach darüber hinweggegangen war, dass sie, Jo, nun einmal nicht Fotomodell werden wollte.

Als sie sich gerade zum Gehen anschickten, kam Irene Sarrenson-Hicks auf sie zugerauscht. Jo hatte Mühe, sich zu einem Lächeln zu zwingen, denn die Frau ließ keinen Zweifel daran, dass sie Jo während des gesamten peinlichen Auftritts genau beobachtet hatte.

»Sie müssen zwar noch einiges lernen, mein Kind, aber Sie

sind eindeutig ein Naturtalent. Ihre Mutter hat recht, Sie wären ein wundervolles Fotomodell. Rufen Sie mich nächste Woche an«, meinte Irene, die einen elfenbeinfarbenen und schwarzen Hut trug, und drückte Nina ihre Karte in die Hand. Dabei musterte sie Jo weiter von Kopf bis Fuß. »Geben Sie mir sechs Monate, um an ihrer Kleidung und dem Gang zu arbeiten und etwas für ihre Haut und ihr Haar zu tun …« Sie lächelte breit, und Jo sah, dass sie zwei Goldplomben hatte.

»Sie müssen lockerer werden, mein Kind, dann mache ich einen internationalen Star aus Ihnen.«

Nina begann in ihrer Begeisterung, die Aufmerksamkeit von Australiens wichtigster Modelagentur erregt zu haben, aufgeregt zu plappern, und Jo wäre am liebsten im Erdboden versunken.

»Wie konntest du so nett zu dieser Frau sein?«, erregte sie sich, als sie endlich in den Bentley stiegen. »Sie hat doch nur an mir herumgekrittelt. Was stimmt denn bitte nicht mit meiner Haut?«

»Beruhige dich, Joanna. Du redest von Dingen, von denen du nichts verstehst«, befahl Nina, knallte die Wagentür zu und klopfte an die Trennscheibe.

Irene Sarrenson-Hicks' Worte hallten ihr noch immer in den Ohren. Sechs Monate … ein internationaler Star … Die kritischen Bemerkungen über Jos Haar und Kleidung hatten ihr zwar auch nicht gefallen, doch das spielte keine Rolle. Jo war entdeckt worden.

»Ich fand es abscheulich …«, begann Jo.

»Jetzt reicht es mir aber mit deinem Gejammer, Jo«, fuhr Nina sie an, die sich ihren Triumph nicht vermiesen lassen wollte. »Noch ein Wort, und Fizzy kommt weg. Schließlich wird sich sowieso niemand um ihn kümmern können, während du in der Schweiz bist.«

Jo fühlte sich wie nach einem Schlag ins Gesicht. Aschfahl sank sie in ihren Sitz zurück und starrte aus dem Fenster auf die vorbeifahrenden Autos, ohne sie wirklich zu sehen. Fizzy! Das durfte sie nicht. Oder doch? Zu Hause angekommen, riss sie sich die Designerkleider vom Leib, schlüpfte in Jeans und ein altes Hemd und floh aus dem Haus. Sie rannte die Straße hinunter und erwischte gerade noch den Bus, der sie zu den Ställen brachte.

»Abwarten und Tee trinken«, höhnte sie. »Ach, Fizzy!«

Als sie ihn in seiner Box stehen sah, fühlte sie sich gleich viel besser. Rasch sattelte sie ihn und ritt in den Centennial Park, wo sie ihn ein paar Runden galoppieren ließ. Bei ihrer Rückkehr war Pete, der Pferdepfleger, gerade damit beschäftigt, die Pferde zu füttern.

»Schade, dass du keine Bahnarbeit mehr machen darfst«, meinte er und errötete heftig.

»Das finde ich auch«, erwiderte Jo mit finsterer Miene. Sie plauderten kurz über Pferde und das Reiten, wobei Pete sich redlich Mühe gab, das Gespräch in die Länge zu ziehen. Nachdem Jo seine Einladung auf einen Kaffee abgelehnt hatte, brachte sie Fizzy in seine Box. Als sie zurückkam, war Pete zu ihrer Erleichterung verschwunden und der Stall menschenleer.

Jo ließ sich auf eine leere Futtermitteltonne sinken. Die violetten Augen glitzerten in ihrem bleichen Gesicht, und die Wut, die seit der Demütigung in ihr kochte, bahnte sich wieder einen Weg an die Oberfläche. Beim bloßen Gedanken an diesen Nachmittag wurde ihr ganz heiß vor Scham, und die Erinnerung an Rick versetzte ihr einen Stich ins Herz. Wie hatte Mum ihr das antun können? Warum musste sie Jo nur immer weiter bedrängen, obwohl sie genau wusste, dass ihre Tochter kein Fotomodell werden wollte?

Ein plötzliches Geräusch aus der Box in der Ecke ließ sie zusammenschrecken. Jo sprang auf. Sie würde allen zeigen, aus welchem Holz sie geschnitzt war. Dann würde Dad sie ins Team der Kingsford Lodge aufnehmen müssen. Fizzy würde nichts geschehen, und diese verdammte Irene konnte sich zum Teufel scheren.

Vor lauter Wut und Enttäuschung erkannte Jo nicht, wie unvernünftig sie sich verhielt, als sie in die Sattelkammer stürmte. Mit Sattel und Zaumzeug ausgerüstet, marschierte sie zielstrebig auf die Box des neuen Hengstes zu und spähte mit klopfendem Herzen in die Dunkelheit.

»Pass gut auf, du hässlicher Satansbraten, und lass das dämliche Gewieher«, schimpfte sie und legte den Sattel ab, um das Vorhängeschloss an der Tür zu öffnen und den Riegel zurückzuschieben.

Sie schlüpfte in die Box, und blieb, das Zaumzeug in der Hand, stehen. Der Hengst legte die Ohren an und tänzelte mit einem herrischen Wiehern in der Box hin und her. Seine Hufe trommelten auf den mit Sägespänen bestreuten Boden. Nachdem er sich ein paar Mal um die eigene Achse gedreht hatte, verharrte er auf der Stelle und blickte die immer noch reglos dastehende Jo tückisch an.

Jo hielt ihm ein Stück Möhre hin, das sie aus der Sattelkammer mitgebracht hatte, worauf das Pferd sich instinktiv näherte, um die Besucherin zu beschnuppern. Den Arm weiterhin ausgestreckt, wartete Jo ab, während das Pferd gierig an ihrer Hand leckte. Als es für einen Moment das Maul öffnete, schob sie ihm rasch die Kandare zwischen die Zähne, gab ihm die Möhre, streifte ihm das Zaumzeug über den Kopf und befestigte die beiden Riemen. Der Hengst kaute weiter.

Wieder schnupperte das Pferd nach etwas Essbarem, und als es nichts fand, zwickte es Jo kräftig in die Schulter, was ihm einen heftigen Klaps einbrachte. Es begann erneut, in der Box hin und her zu trippeln. Diesmal jedoch hielt Jo es am Zügel fest, sodass ihm das trotzige Schleudern des Kopfes nichts nützte. Jo kam zu dem Schluss, dass der Hengst sich nicht satteln lassen würde. Allerdings war das Tor geschlossen, sodass ihm bis auf den überdachten Übungsplatz kein Fluchtweg offen stand. Deshalb führte sie ihn hinaus auf den Hof, wobei sie die Zügel dicht unterhalb des Mauls festhielt.

Die anderen Pferde schauten aus ihren Boxen, als Jo auf

den ungesattelten Rücken des Hengstes stieg und ihn aufforderte, im Schritt zu gehen. Sie klammerte sich mit den Knien fest, während er wild hin und her sprang und bockte. Aber sie musste sich beweisen, dass sie sich auf seinem Rücken halten konnte.

In ihrer Begeisterung darüber, dass ihr das tatsächlich zu gelingen schien, hätte sie beinahe ein Bein verloren, denn der Hengst versuchte, sie an der Stallwand abzustreifen. Mit Hilfe der Zügel zwang Jo ihm den Kopf nach unten und zur Seite und presste die Beine unnachgiebig in seine Flanken. So sehr sonnte sie sich in ihrem Triumph, dass sie nicht bemerkte, wie Winks aus dem Schatten trat. Außerdem hatte sie nicht mit dem plötzlichen Klappern gerechnet, das den Hengst erschreckte, sodass er mit rudernden Hufen stieg. Jo verlor das Gleichgewicht, als die Zügel plötzlich schlaff wurden. Sie wurde zur Seite geschleudert. Mit beiden Händen krallte sie sich in der dicken schwarzen Mähne des Tieres fest, die ihr jedoch immer wieder aus den Fingern glitt. Ihre Beine fanden keinen Halt mehr an dem abschüssigen Pferdeleib, und sie spürte, dass sie nach hinten rutschte.

Charlie marschierte ins Haus und schnurstracks in sein Arbeitszimmer. Er wollte Frederick Zinman anrufen, um die Ergebnisse einer Lungenkultur abzufragen, wählte die ersten drei Ziffern und brach dann ab, als Nina in der Tür erschien.

»Willst du gar nicht wissen, wie unser zauberhaftes Mittagessen war?«, fragte sie kichernd. In der einen Hand hielt sie ein Glas Champagner, in der anderen die Flasche.

Charlie legte den Hörer auf.

»Tut mir leid, Liebling. Waren alle zufrieden mit der Spende?«, erkundigte er sich geistesgegenwärtig.

»Sie waren begeistert«, erwiderte Nina und schwankte leicht hin und her.

»Und Jo?«

»Oh, Jo. Sie war ganz und gar nicht glücklich. Sie fand es scheußlich. Und dabei waren alle hingerissen von ihr. Irene Sarrenson-Hicks sagte, sie würde sie zum Star machen. Ist sie nicht mit dir nach Hause gekommen? Mich wundert, dass sie sich überhaupt die Mühe gemacht hat, sich umzuziehen, so eilig hatte sie es, zu ihrem albernen Pferd zu laufen«, fuhr Nina in einem bitteren Ton fort.

Charlie ging auf sie zu.

»Neene, bist du sicher, dass wir das Richtige tun, wenn wir sie zwingen, Model zu werden, obwohl sie das partout nicht will?«

Als er einen Schritt näher kam, schlug ihm ein verführerischer Parfümduft entgegen. Er ließ den Blick über ihren kurvenreichen Körper gleiten, und seine Sorgen um Jos Zukunft waren mit einem Mal wie weggeblasen. Ihm schien es eine Ewigkeit her zu sein, seit er seine Frau das letzte Mal in den Armen gehalten hatte.

»Jetzt fängst du schon wieder mit der alten Leier an«, entgegnete Nina spitz. Dass ihr Mann Irenes Interesse so gleichmütig hinnahm, machte sie wütend.

»Wäre es denn wirklich ein Weltuntergang, wenn sie sich zur Pferdetrainerin ausbilden lassen würde?«

»Du möchtest alle meine Kinder umbringen«, beschuldigte ihn Nina. »Als Nächstes setzt du vermutlich auch Bertie unter Druck, damit er das Jurastudium aufgibt und bei dir in der Kingsford Lodge arbeitet.« Sie brach in Tränen aus.

»Dieser Gedanke ist mir schon gekommen.«

Nina weinte jetzt bitterlich.

»Dann schmeiß mich doch gleich hinaus und zieh mit dieser Gloria zusammen, die dich offenbar fest im Griff hat. Wahrscheinlich bin ich die einzige Ehefrau eines Pferdetrainers, die die Sekretärin ihres Mannes anrufen muss, um herauszufinden, wo er gerade steckt.« Sie lachte und schluchzte gleichzeitig, und der Champagner aus ihrem Glas ergoss sich auf den dicken Teppich.

»Neene, Liebling«, begann Charlie und nahm ihr die Champagnerflasche ab.

»Verschon mich damit und verbring lieber mehr Zeit zu Hause, damit ich mich nicht mehr so überflüssig fühle. Zeig mir, dass du mich liebst«, schrie sie. Als sie ihm die Flasche wieder entreißen wollte, kippte sie gegen ihn. »Charlie, was ist nur aus uns geworden?«

In diesem Moment läutete das Telefon. Nina stellte sich ihrem Mann in den Weg.

»Geh nicht ran, Charlie, mein Schatz. Lass es einfach klingeln. Soll sich doch ein anderer um die Pferde kümmern. Du bist schließlich nicht für alles verantwortlich.« Die Wimperntusche lief ihr übers Gesicht, ihre Unterlippe zitterte, und ihr tief ausgeschnittenes Hemdchen gab den Blick auf hübsche runde Brüste frei. »Komm ins Bett, Charlie«, flehte sie.

Das Telefon läutete und läutete. Sanft nahm Charlie Ninas Hand vom Hörer und küsste mit sehnsuchtsvollem Blick ihre Lippen.

»Gib mir fünf Sekunden, Neene.« Er hielt immer noch ihre Hand, als er den Hörer abhob.

»Die Pferde! Immer nur die gottverdammten Pferde. Ich komme erst an zweiter Stelle«, wütete Nina, zog ihre Hand weg und stürmte hinaus.

Charlie hörte sie im Nebenzimmer schluchzen. Gleichzeitig lauschte er Zinmans Erklärung. Offenbar blieb ihm nichts anderes übrig, als noch einmal nach dem Pferd zu sehen.

»Neene, ich liebe dich«, sagte er in Richtung ihres Hinterkopfes und versuchte, an sie heranzukommen. Aber sie stieß ihn weg.

Auf der ganzen Fahrt zu den Ställen musste Charlie an Nina denken. Er würde sich bemühen, so schnell wie möglich nach Hause zu kommen, um sich mit ihr zu versöhnen. Schließlich liebte er sie wie am ersten Tag. Das Problem war nur, dass die Pferde so viel von seiner Zeit beanspruchten.

Vielleicht sollte er Mick wirklich mehr Verantwortung übertragen, aber er brachte es einfach nicht über sich. Man konnte so schnell die Erfolgsleiter herunterrutschen.

Erschrocken zuckte er zusammen, als er beim Aufschließen des großen grünen Tors ein schrilles Wiehern hörte, gefolgt von Hufgetrappel auf dem Beton. Er riss das Tor so heftig auf, dass es gegen die Mauer schlug, und starrte entgeistert auf Winks mageren Rücken. Sein nächster Blick fiel auf den Hengst, dessen Hufe wütend durch die Luft ruderten. Charlie fühlte sich wie in einem Albtraum. Hilflos musste er zusehen, wie Jo den Rücken des Pferdes hinunter und in Richtung Boden rutschte.

»Gütiger Himmel, Jo!«, rief er.

Die vorderen Hufe des Hengstes berührten den Beton, während das Tier mit den Hinterläufen austrat. Rasch zog Jo sich wieder hoch und griff nach den Zügeln, wurde jedoch im nächsten Moment nach vorne geschleudert, weil der Hengst sich erneut aufbäumte, wild entschlossen, die Reiterin abzuwerfen. Vergeblich versuchte Charlie, die Zügel zu packen. Nach einem weiteren empörten Wiehern schlug der Hengst noch einmal kräftig aus und galoppierte dann zum Übungsplatz.

Jos Beine taten weh, und unter ihren Achseln waren dunkle Flecken. Der Schweiß lief ihr übers Gesicht und in den Mund, sodass sie einen salzigen Geschmack spürte, als sie sich mit der Zunge über die ausgedörrten Lippen fuhr. Die Beine fest in die Flanken des Hengstes gepresst, kämpfte sie mit dem gewaltigen Tier, stets darauf gefasst, dass er erneut Anstalten machen würde, sie abzuwerfen. Nachdem der Hengst ein drittes Mal vergeblich gestiegen war, fand er sich offenbar damit ab, dass er Jo nicht so leicht abschütteln konnte, und blieb stehen. Seine schweißnassen Flanken hoben und senkten sich, und er ließ schwer atmend den Kopf hängen. Auch Jo keuchte vor Anstrengung, doch sie wagte nicht, locker zu lassen. Der Hengst schüttelte den Kopf, und der weiße Schaum flog aus seinem Maul in alle Richtungen. Das Pferd ruckte ein letztes Mal trotzig an den Zügeln und gab sich dann geschlagen.

»Danke, du hässlicher Satansbraten«, rief Jo triumphierend. Sie beugte sich vor und tätschelte, immer noch schwer atmend, den Hengst, während Winks und Charlie losliefen, um das Tier festzuhalten. »Mir geht es prima, danke. Nun weiß er, wer hier das Sagen hat.« Sie blickte ihren Vater unverwandt an.

»Was zum Teufel hast du dir dabei gedacht, du dummes Ding? Ist dir nicht klar, dass du hättest umkommen können?«, brüllte Charlie.

Der Hengst hörte die lauten Stimmen, er zuckte zusammen und machte eine Seitwärtsbewegung. Charlie packte ihn am Zügel und zog Jo von seinem Rücken. Seine Miene war finster, und er bebte vor Angst und Wut. Wortlos führte er das Pferd in den Stall, während Jo zornig den Sattel zurück in die Sattelkammer brachte. Als Charlie, das Zaumzeug über der Schulter, wieder herauskam, schloss er zuerst die Box ab und knöpfte sich dann Winks vor.

»Ich habe sie vor dem Burschen gewarnt. Aber sie hat ihm eindeutig gezeigt, wer der Boss ist. Daran besteht kein Zweifel«, kicherte dieser erleichtert.

Charlie fiel ihm ins Wort.

»Du alter Narr! Wie konntest du das zulassen?«, schrie er. »Morgen holst du dir deinen Lohn ab und ziehst aus.«

Winks wurde leichenblass. Jo, die gerade auf den Hof zurückkehrte, erschrak und traute ihren Ohren nicht.

»Dad, Winks ist unschuldig. Er wusste nichts davon. Lass deine Wut lieber an mir aus.«

Charlie wirbelte zu ihr herum.

»Jetzt ist endgültig Schluss, mein Kind. Sobald du zu Hause bist, fängst du an zu packen. Deine Mutter hat recht. Je weniger du mit Pferden in Berührung kommst, desto besser für uns alle.«

Er bedachte seine Tochter mit einem harten Blick aus kalten Augen. Sein Magen hatte sich noch immer nicht von dem Schrecken erholt, denn er war wirklich überzeugt gewesen, er würde nun auch noch Jo verlieren. Seine Tochter starrte ihn fassungslos an.

»Kein Wort mehr«, warnte Charlie und hob den Finger.

»Keine Sorge, Mädchen«, meinte Winks leise und mit tränenfeuchten Augen. »In letzter Zeit war mit mir sowieso nicht mehr viel los. Dein Dad hat recht, ich bin ein alter Narr. Es ist Zeit, weiterzuziehen, mein Kind.«

Jos Augen füllten sich mit Tränen. Nur weil sie so stur und egoistisch gewesen war, hatte sie sich nicht nur den Respekt ihres Vaters verscherzt, sondern auch einem der Menschen, die ihr am meisten bedeuteten, das Leben ruiniert.

Als sie Winks umarmen wollte, hielt Charlie sie grob zurück.

»Du kommst mit, während ich das erledige, weswegen ich eigentlich hier bin. Und dann fahren wir nach Hause«, befahl er.

Traurig drehte Jo sich zu Winks um, aber der war verschwunden. Plötzlich fühlte sie sich so unbeschreiblich leer, dass sie zu weinen begann. Ärgerlich wischte sie sich über die nassen Augen und folgte eilig ihrem Vater, der mit großen Schritten auf das kranke Pferd zusteuerte.

»Dad, bitte wirf Winks nicht wegen einer Sache raus, die ich ganz allein verschuldet habe«, stammelte sie.

»Das Thema ist erledigt«, entgegnete Charlie barsch.

»Dad, das ist ungerecht«, rief Jo. Ihr war ganz elend.

»Mag sein, dass ich ungerecht bin, aber du verhältst dich leichtsinnig«, stellte Charlie fest. »Ständig missachtest du meine Anweisungen und weigerst dich zu gehorchen. In den Ställen bist du eine Gefahr für dich und andere.«

Jo verschlug es die Sprache. Mit hochgerecktem Kinn kämpfte sie gegen die Tränen an und ließ sich von ihrem Vater weiterschieben.

Drei Wochen später, die Jacarandas verstreuten gerade überall ihre lilafarbenen Blüten, nahm eine bedrückt schweigende Jo ihren Platz neben Nina in der Maschine in die Schweiz ein.

»Du wirst deiner Mutter gehorchen«, waren die einzigen Abschiedsworte ihres Vaters gewesen.

Niedergeschlagen blickte Jo aus dem kleinen Fenster und sah zu, wie Sydney unter ihr verschwand. Sie war wütend auf ihren Vater, weil dieser sich einfach geweigert hatte, sie anzuhören. Noch mehr ärgerte sie sich jedoch über sich selbst. Sie hatte das Vertrauen und den Respekt ihres Vaters verloren. Am schlimmsten war, dass er sie im Umgang mit Pferden für unzuverlässig hielt.

Heimlich wischte sie sich über ihre nasse Wange. Wenn doch nur Rick noch leben würde – dann wäre es nie so weit gekommen.

TEIL ZWEI

8

Jo schlug den Ball und schmetterte ihn mit aller Kraft quer über den Aschenplatz zu ihrer Gegnerin Emma Banford hinüber. Sie war rot im Gesicht und mit ihren Gedanken nicht beim Tennis. Es war ein milder Nachmittag in dem exklusiven Mädchenpensionat Villa Pierrefeu unweit von Montreux. In zwei Wochen sollten die Osterferien beginnen, und Jo war wütend.

»Spiel, Satz und Sieg«, rief der Schiedsrichter, als Jo den Ball ins Netz schlug.

»Mist«, grummelte Jo und wischte sich das Gesicht mit ihrem T-Shirt ab. Ohne die atemberaubende Bergkulisse eines Blickes zu würdigen, lief sie auf die hochgewachsene Brünette zu, die ihr lächelnd entgegengerannt kam. Jenseits des Tennisplatzes fing sich der Sonnenschein an den schneebedeckten Gipfeln der Berge, in deren Nähe die Schule lag. Hell glitzerte unter ihnen der Genfer See, der sich von Montreux bis hinüber nach Frankreich erstreckte.

»Was ist mit dir los, Jo? Seit wann lässt du dich von mir besiegen?«, wunderte sich Emma.

Die beiden Mädchen schüttelten sich die Hand und gingen vom Platz. Für gewöhnlich waren sie einander ziemlich ebenbürtig, hatten Spaß am sportlichen Wettstreit und spielten normalerweise drei Sätze. Heute jedoch waren Jos Aufschläge eine Katastrophe gewesen, und sie hatte sogar einfache Bälle verschlagen.

»Frag lieber nicht, Emma. Ich wusste gar nicht, dass ich so miserabel spielen kann«, erwiderte Jo stirnrunzelnd und betrachtete Emma, die dafür, dass sie sich gerade körperlich angestrengt hatten, erstaunlich frisch aussah.

Sie griff nach ihrem Handtuch, trocknete sich das Gesicht ab und schlüpfte rasch in ihre Jacke. Sie fröstelte, weil der Schweiß zu trocknen begann. Nachdem sie sich das Handtuch über die Schulter gelegt hatte, lutschte sie gierig an dem Orangenviertel, das eine ihrer Schulkameradinnen ihr reichte, die heute als Balljunge fungierte.

Jo hatte schlechte Laune. Obwohl es sich heute nur um ein Freundschaftsspiel handelte, hätte sie niemals zulassen dürfen, dass ihre Wut sich auf ihr Spiel auswirkte. Der schlaksige junge Mann, den die Schule als Tennislehrer beschäftigte, war zunächst daran gescheitert, ihr auch nur die Grundlagen dieses Sports zu vermitteln. Ohne Emmas Bemühungen hätte Jo sicher aufgegeben, bevor sie ihr Talent für das Tennisspiel entdeckte.

»Ich habe einen Brief von Mum bekommen«, erklärte sie, öffnete das Haarband und schüttelte ihre lange blonde Mähne.

»Oh«, meinte Emma und legte ihr ausgelutschtes Orangenviertel zurück auf den Teller. Briefe ihrer Mutter hatten meist keinen guten Einfluss auf Jos Stimmung.

»Beeilung, meine Damen«, rief da eine hohe Stimme auf Französisch. »Sie wissen, dass wir in Pierrefeu niemals zu spät zum Nachmittagstee kommen.«

Rasch verstauten Jo und Emma ihre Schläger in den Hüllen und tuschelten auf Englisch weiter.

»Denken Sie an Ihre Haltung, meine Damen«, fuhr die Stimme ungeduldig fort. »Und sprechen Sie Französisch.«

Die beiden Mädchen streckten Mademoiselle Viaud hinter deren Rücken die Zunge heraus. Sie unterrichtete Umgangsformen und lag ständig auf der Lauer, damit die Schülerinnen sich auch richtig benahmen. Kichernd rannten sie auf die wunderschöne braunweiße Villa im alpenländischen Stil zu. Inzwischen lebte Jo schon seit fünf Monaten hier in Pierrefeu.

»Was hältst du davon, vor dem Abendessen auszureiten?«,

fragte Jo und tat, als schlüge sie nach einem imaginären Tennisball. Dabei versuchte sie, ihren Zorn zu dämpfen. »Die Pferde könnten wegen der Kälte ein bisschen lebhaft sein, aber vielleicht ist es in diesem Semester unsere letzte Gelegenheit.«

Emma nickte zustimmend. Reiten, Tennis und Emma waren die einzigen Faktoren, die das Institut Pierrefeu für Jo erträglich machten. Der heutige Brief von Nina hingegen hatte sie in Rage versetzt, denn er hatte ihr wieder einmal vor Augen geführt, dass ihre Eltern ihr Leben über ihren Kopf hinweg verplanten. Auf dem Weg zur Dusche fragte sich Jo, wie sie das alles ohne Emma überstanden hätte.

Sie grollte ihren Eltern immer noch, weil diese sie im vergangenen November ohne viel Federlesens im Institut Pierrefeu abgeladen hatten. Das Weihnachtsfest hatte sie mit ihnen in gedrückter Stimmung in St. Moritz verbracht. Und um das Maß vollzumachen, war sie dazu verdonnert worden, den ganzen Tag in einem Skikurs zu verbringen, während Charlie sich die Pferderennen auf dem Eis des Sees angeschaut hatte. Erst, als Emma Banford an einem eiskalten Januartag in ihr Dreibettzimmer gestürmt war, hatte Jo wieder einen Lichtblick im Leben gesehen. Emma, die zum zweiten Semester an die Schule zurückkehrte, hatte ihre Gucci-Handtasche aufs Bett geworfen, ihr Gepäck auf den Boden fallen lassen und war aus ihrem knöchellangen Mantel geschlüpft. Nachdem sie den Mohairschal abgenommen und ihr taillenlanges kastanienbraunes Haar ausgeschüttelt hatte, dass die Schneeflocken in alle Richtungen flogen, verkündete sie mit lauter Stimme, sie beabsichtige, das erste Mädchen zu werden, das an dieser Schule den Abschluss machte, ohne ein Wort Französisch zu sprechen.

Wie auf ein Stichwort hin hatte sich im nächsten Moment die Tür geöffnet, und eine Stimme rief entsetzt: »*Mademoiselle, non, non!* Aber Sie müssen versuchen *parler français!*«

Emmas braune Augen richteten sich auf die zierliche

Schweizerin, die Assistentin der Hausmutter. Dann lief sie auf sie zu und fiel ihr um den Hals.

»Oh, Madame Fleuri, es ist so schön, Sie wiederzusehen. Keine Angst, wir werden uns nur auf Französisch unterhalten.«

Madame Fleuri machte sich heftig errötend los und drohte dem Mädchen halb im Scherz mit dem Finger, bevor sie mit einem missbilligenden Zungenschnalzen die Flucht ergriff. Emma ließ sich lachend aufs Bett sinken.

»Die arme Madame Fleuri, immer wieder fällt sie darauf herein. Dabei ist sie ein richtiger Schatz und hat immer ein offenes Ohr für unsere Probleme.«

Verwirrt und ein wenig neidisch betrachtete Jo dieses kühne und wunderschöne Geschöpf, das mit seinen langen Beinen und der wohlgeformten Figur einer Modezeitschrift entstiegen zu sein schien.

»Aber wir müssen doch Französisch sprechen! Deswegen sind wir hier«, rief die vollbusige dunkelhäutige Italienerin, die das dritte Bett belegte.

Emma verdrehte die Augen.

»Immer mit der Ruhe, Rosita. Das war ein Witz. Außerdem werden Topmodels wegen ihres Aussehens und nicht wegen ihres Konversationsstils gebucht. Und genau das möchte ich werden, wenn ich mit der Schule fertig bin.«

Sie umrundete ihre beiden gewaltigen Koffer und stolzierte wie die Karikatur eines Mannequins auf dem Laufsteg durchs Zimmer. Dann hievte sie mit einem riesigen Seufzer den größeren der beiden Koffer aufs Bett, kippte den gesamten Inhalt aus und ließ sich neben den Haufen fallen, sodass der Großteil der Sachen auf den Boden rutschte.

»Ach, wie ich Auspacken hasse.«

»Mir geht es genauso, deshalb habe ich auch nur einen Koffer mit«, gab Jo zu, die mit dem Verstauen ihrer Sachen schon beinahe fertig war.

»Nur einen einzigen Koffer? Das meinst du doch nicht im

Ernst?«, staunte Emma. Nachdem sie kurz zur Decke geblickt hatte, richtete sie sich ruckartig auf. »Du bist Joanna, die Neue, richtig? Weißt du was? Wir tauschen. Ich räume deinen Kram weg, und du beseitigst dieses Durcheinander.«

»Nein, danke, ich habe es nämlich schon fast hinter mir. Übrigens heiße ich Jo«, erwiderte Jo lachend. »Aber ich helfe dir natürlich gern.«

»Wirklich? Dich hat der Himmel geschickt«, rief Emma, riss die Arme hoch und fiel wieder aufs Bett.

Lachend fing Jo einen Waschbeutel auf, bevor dieser zu Boden purzelte, und räumte rasch ihre letzten Sachen in die Kommode. Dann nahmen sie gemeinsam Emmas Gepäck in Angriff.

Die beiden Mädchen quälten sich im Laufe der nächsten Wochen mit störrischen Blumenarrangements ab, ließen kichernd den Benimmunterricht über sich ergehen und plagten sich mit der französischen Sprache. Dabei stellte Jo fest, dass Emma trotz ihres exaltierten Auftretens und ihres scheinbaren Selbstbewusstseins ein tief verunsicherter Mensch war und sich wie sie selbst nach Liebe und Anerkennung sehnte. Da ihr Vater, ein hochrangiger Offizier bei der britischen Luftwaffe, immer wieder auf einen anderen Stützpunkt der Welt versetzt worden war, hatte Emma nie ein richtiges Zuhause kennengelernt. Die zwei Semester in Pierrefeu bedeuteten für sie deshalb so etwas wie Beständigkeit. Die Schulferien verbrachte sie meistens in Ferienlagern oder bei ihrer Tante in England. Um sie dafür zu entschädigen, gaben ihre Eltern ihr jede Menge Taschengeld und überhäuften sie mit teuren Geschenken. Von einem Besuch war jedoch nie die Rede.

»Daddy ist beruflich sehr eingespannt, und er braucht Mummy an seiner Seite«, rechtfertigte sich Emma stets, wenn sie jemand auf dieses Thema ansprach. Deshalb erwähnte Jo es lieber gar nicht erst, auch wenn ihr die Trauer nicht entging, die sich hinter Emmas fröhlichem Lächeln verbarg.

Samstags flüchteten sich die Mädchen meist auf die Skipisten in der näheren Umgebung und freundeten sich immer mehr miteinander an, bis sie nach einigen Wochen unzertrennlich waren. Trotz ihres oft dramatischen Gehabes war Emma sehr reif für ihr Alter. Wenn Jo ihr zuhörte, wie sie begeistert über den Beruf des Fotomodells sprach, bekam sie beinahe Lust, auch für eine Weile zu dieser glamourösen und aufregenden Welt zu gehören. Außerdem musste sie sich widerstrebend der Erkenntnis stellen, dass sie das Vertrauen und den Respekt ihres Vaters wohl nur zurückgewinnen würde, wenn sie den sehnlichsten Wunsch ihrer Mutter erfüllte und sich ernsthaft Mühe gab, als Model Karriere zu machen.

Es musste ja nicht für immer sein, tröstete sie sich. Doch tief in ihrem Innersten fragte sie sich, wie lange sie wohl durchhalten würde.

Nur beim Tennis konnte Jo Dampf ablassen. Als das Wetter besser wurde und sie im Freien spielen konnten, verbesserte sich Jos Technik unter Emmas wachsamem Blick rasch. Sie machte ihrer aufgestauten Wut und Verzweiflung Luft, indem sie die kleinen gelben Bälle über den Platz schmetterte. Im Austausch für die Tennisstunden half Jo Emma, ihre Angst vor Pferden zu überwinden, und sie brachte ihr das Reiten bei.

In Pierrefeu war Reiten keine Pflichtveranstaltung, auch wenn man auf Wunsch einen Kurs belegen konnte. Als der Schnee endlich fast geschmolzen war, nutzten Jo und Emma jede Gelegenheit, um auf ihren sanften Pferden die üppig grüne Landschaft zu erkunden. An plätschernden Bächlein entlang, an deren Ufern noch Schnee lag, ritten sie durchs hohe Gras und atmeten den süßen Duft der alten Nadelwälder ein. Die Schönheit der Landschaft ging Jo ans Herz, da sie sich an ihre Zeit in Dublin Park erinnert fühlte.

Rick war das einzige Thema, das Jo Emma gegenüber nie erwähnte. Seit einer Weile litt sie an schrecklichen Albträumen, in denen schauerliche Krankenhausszenen, Pferde, die sie unter ihren Hufen zertrampelten, und Männer, die sie wütend anschrien, eine Rolle spielten. Davon erwachte sie mitten in der Nacht durchgeschwitzt und mit tränennassen Wangen. Wenn sie dann dalag und in die graue Morgendämmerung starrte, litt sie solches Heimweh, dass sie sich fragte, wie sie es nur eine Sekunde länger so weit entfernt von der Kingsford Lodge, von Dad und Winks und all den wundervollen und prächtigen Pferden aushalten sollte. Aber ihr Vater war wütend auf sie, Winks war fort, und außerdem begann in wenigen Minuten der Kochunterricht. Um das Maß vollzumachen, war heute wieder ein Brief von ihrer Mutter eingetroffen. Jos miserable Leistung auf dem Tennisplatz hatte ihren Grund darin, dass sie sich vor lauter Elend und Verzweiflung einfach nicht konzentrieren konnte.

»Du spinnst doch, Jo! Deine Mutter möchte mit dir die besten italienischen Fotografen aufsuchen, um eine Präsentationsmappe für dich zusammenzustellen, die sich die meisten von uns niemals leisten könnten – und du möchtest auf diese Chance verzichten, um mit mir Tante Sarah in ihrer alten Bruchbude zu besuchen! Das alles nur, weil ich erwähnt habe, dass es dort irgendwo ein paar dämliche Ställe gibt«, entsetzte sich Emma. Jo, die sich gerade ein Handtuch um ihr frisch gewaschenes Haar schlang, hatte ihr den Brief ihrer Mutter aufs Bett geworfen.

»Ich dachte, du hättest beschlossen, es zu versuchen. Ein Fototermin in Mailand! Ein Laufstegkurs in Paris! Um Himmels willen, Jo, nutze die Gelegenheit. Da kannst du prima Beziehungen knüpfen.«

Mit einem entnervten Seufzer ließ sich Emma, dramatisch wie immer, rückwärts aufs Bett fallen. Dann drehte sie sich rasch um, stützte das Kinn in die Hand und musterte ihre Freundin.

»Natürlich werde ich es versuchen«, entgegnete Jo unwirsch und kämpfte mit den Tränen.

Verdammt, Emma hatte recht. Eigentlich hätte sie dankbar

sein müssen, anstatt sich zu ärgern. So eine Chance bot sich kein zweites Mal im Leben, und ihre Mutter servierte sie ihr auf einem silbernen Tablett. In zwölf Monaten würde sie sich mit einem Lachen an den heutigen Tag erinnern und ihre Niedergeschlagenheit vergessen haben. Sie hatte sich doch fest vorgenommen, gute Miene zum bösen Spiel zu machen. Aber erst nach dem Schulabschluss, nicht schon jetzt. Sie hatte sich so darauf gefreut, die Osterferien mit Emma in England zu verbringen. Sie planten Ausflüge, Picknicks und lange Ausritte …

»Die dämlichen Ställe, von denen Emma gesprochen hatte, gehören bloß zufällig Guy Compton, und der ist nur einer der bedeutendsten Rennstallbesitzer Englands«, dachte Jo zornig und schleuderte ihr Handtuch zu Boden. Sie wollte nicht alles aufgeben, sondern sich nur die Pferde ansehen, ihren Gang beobachten, ihre langen, kräftigen Hälse streicheln, spüren, wie sie mit ihren weichen Lippen ihre Finger liebkosten und die Geräusche und Gerüche auf sich wirken lassen, die sie so sehr vermisste. Mehr nicht. Die Pferde in Pierrefeu konnten es nicht mit den Vollblütern aufnehmen, die sie gewöhnt war. Inzwischen war sie gar nicht mehr sicher, ob sie überhaupt noch Pferdetrainerin werden wollte, wenn das nur ständige Auseinandersetzungen mit sich brachte.

Wieder spürte sie, wie ihr das Wasser in den Augen stand. Mein Gott, was war sie nur für eine Heulsuse! Sie riss eine Schublade auf, zog einen spitzengesäumten Unterrock heraus, schlüpfte hinein und stieß die Schublade mit der Hüfte zu. Sie war verzweifelt. Der Unterrock, ein Weihnachtsgeschenk von Nina, schmiegte sich verführerisch an ihren schlanken Körper. In den letzten Monaten hatte sie viel Sport getrieben und vor lauter Kummer so wenig gegessen, dass der Babyspeck verschwunden und ihre Figur fest und durchtrainiert war.

»Ich habe keine Ahnung, warum du nicht Fotomodell werden willst«, rief Emma.

»Ach, lass mich, Emma.« Jo sank aufs Bett, wich dem Blick ihrer Freundin aus und nestelte am Spitzensaum des Unterrocks herum. Ihre Wut verwandelte sich allmählich in Schicksalsergebenheit. Zumindest kümmerten ihre Eltern sich um ihre Zukunft. Plötzlich kam ihr in den Sinn, was Emma gerade über das Knüpfen von Kontakten gesagt hatte. Sie richtete sich auf und sah ihre Freundin unternehmungslustig an.

»Warum fährst du nicht einfach mit? Mum hätte bestimmt nichts dagegen.«

Emmas Miene hellte sich auf.

»Bist du sicher?«, fragte sie aufgeregt.

»Aber ja. Sie wird ganz begeistert von dir sein, weil du im Gegensatz zu mir wirklich Fotomodell werden willst. Außerdem musst du dich sowieso fotografieren lassen.« Jo fand ihren Einfall großartig. »Du kennst dich viel besser aus als ich, Emma. Du weißt, wie man sich benehmen und was man sagen muss, und verwechselst nicht ständig irgendwelche Markennamen ... dann haben wir beide eine tolle Präsentationsmappe. Oh, Emma, wenn du dabei bist, ist es nicht so schlimm für mich. Zusammen macht es viel mehr Spaß.« Erleichtert legte sie sich auf den Rücken und blickte zur Decke.

In diesem Moment schlug die alte Kirchturmuhr in der Ferne und erinnerte sie daran, dass es gleich Zeit für den Nachmittagstee war.

»Ach herrje! Wenn wir zu spät kommen, gibt es richtig Ärger.« Emma sprang auf und zerrte eine Bluse aus dem Schrank.

»Du meine Güte, ich hatte ganz vergessen, dass ich heute mit dem Bedienen dran bin«, verkündete Jo erschrocken. Aufgemuntert von ihrem Plan, schlüpfte sie rasch in die Kleider.

»Heute Abend rufe ich Mum an«, meinte sie, während sie sich hastig mit der Bürste durchs Haar fuhr.

Als sie, ihre Sachen zuknöpfend und die Kragen glatt streichend, die Treppe hinuntereilten, sprachen sie weiter über ihr

Vorhaben. Die beiden stürmten in den Raum, wo sich Emma auf einen freien Platz zwischen den anderen Schülerinnen fallen ließ und wie auf Kommando eine Unschuldsmiene aufsetzte. Währenddessen griff Jo kurzatmig – und gerade noch rechtzeitig vor dem Eintreffen der Hausmutter – nach einer Platte mit selbst gebackenem Kuchen und musste sich einen finsteren Blick von Mademoiselle Viaud gefallen lassen.

Jo gab es zwar nur ungern zu, doch die Fotositzung machte ihr Spaß. Anfangs versetzte die Galerie von Bildern berühmter Fotomodelle, die die Wände des hellen und geräumigen Studios in Mailand zierten, ihrem Selbstbewusstsein einen ziemlichen Dämpfer. Aber als Giulio Fellice, in Jeans und Freizeithemd, mit ihr zu arbeiten begann, ließ ihre Verlegenheit allmählich nach, und sie wurde lockerer. Im grellen Licht der Studioscheinwerfer drehte sie lächelnd den Kopf hin und her, verrenkte sich, spielte mit ihrem Haar und nahm auf Anweisung des berühmten Fotografen verschiedene Posen ein.

Draußen kämpfte sich die Sonne durch den gelblichen Nebel, der über den Dächern, Kuppeln und Türmen der belebten Stadt hing. Mit einem raschen Blick auf Nina, die es sich in einem der großen weißen Sessel gemütlich gemacht hatte, dachte Jo daran, dass dank Emmas Gegenwart alles klappte wie am Schnürchen.

Nina und Emma hatten sich auf Anhieb glänzend verstanden, und alles ging seinen Gang. Emmas Ausgelassenheit und Begeisterungsfähigkeit waren ansteckend, und Nina gefiel ihre vernünftige Art. Für Emma hingegen war es wie ein Wunder, eine Art Ersatzfamilie gefunden zu haben.

Nina empfand die fröhliche Stimmung als angenehme Abwechslung, da bei ihr und Charlie in letzter Zeit der Haussegen schief hing. Sie sah ihren Mann immer seltener, und wenn, dann stritten sie nur. Deshalb hatte ihr schon vor den bevorstehenden Auseinandersetzungen mit Jo gegraut. Außerdem hatte sie den Eindruck, dass es zwischen ihr und ihrem Mann zu Spannungen kam, sobald einer von ihnen auch nur Jos Namen aussprach. Nina selbst fühlte sich natürlich völlig schuldlos daran.

Nun erlebte sie ihre Tochter zum ersten Mal, seit Jo das Institut Pierrefeu besuchte, in vergnügter Stimmung, und sie war Emma sehr dankbar dafür. Jeden Tag erstaunte es sie aufs Neue, dass Emma Bamford nicht nur wunderschön war, sondern es auch geschafft hatte, in Jo das Interesse am Modelberuf zu wecken.

»Joanna, *carina*, das Lächeln ... die Augen ... Wir brauchen mehr *passione* ... mehr ...«, rief Giulio aus und schlug sich mit der Handfläche auf die Brust. Dann blickte er rasch in die Kamera. »Den Kopf ein bisschen mehr ...«

Er trat vor, drehte Jos Kopf ein kleines Stück zur Seite, korrigierte die Haltung ihres Arms und wich zurück. Wieder lächelte Jo mit leicht geöffneten Lippen in die Kamera. Dabei erinnerte sie sich an Emmas Rat, sich die Kamera zum Freund zu machen.

»*Si, si! Bene, bene,* sehr gut ...«, begeisterte sich Giulio. »Ich sehe dein Herz ... *e ancora* ... noch einmal«, befahl er und neigte die Kamera, während er unablässig den Auslöser betätigte. Begleitet von einem Blitzlichtgewitter lief er vor Jo hin und her.

Giulio wechselte rasch den Film, während zwei Assistentinnen, die im Hintergrund warteten, sich an Jos Make-up und ihrer Frisur zu schaffen machten. Insgesamt verschoss Giulio vier Rollen Film und hielt nur inne, damit eine dritte Assistentin Jo helfen konnte, immer wieder neue Kleidungsstücke anzulegen. Der Fotograf feuerte eine Salve von Anweisungen auf Italienisch und Englisch ab und betätigte etwa zwanzig Minuten lang ununterbrochen den Auslöser, bis endlich Schluss mit den blendenden Blitzlichtern war.

»Bravo, bravo, Joanna, *bambina, eccellente,* sehr gut.« Er warf einen Blick auf Nina. »Für heute ist es genug, *signora.* Morgen machen wir die Außenaufnahmen.« Als er lächelte, hoben sich seine weißen Zähne strahlend von der gebräunten Haut ab.

Jo war überrascht, wie erschöpft sie sich fühlte, als sie das Fotostudio verließ und in die Garderobe ging. Nach ihr war Emma an der Reihe.

»Es ist ein wirklicher Glücksfall, dass ihr beide euch kennengelernt habt«, flüsterte Nina Jo zu und tätschelte ihr die Hand, während Mutter und Tochter zusahen, wie Giulio Emma fotografierte. »Emma ist das geborene Fotomodell und kennt sich offenbar sehr gut aus. Was hat sie vorhin noch über die Fotos gesagt? ... Moment mal ... ›Die Präsentationsmappe zeigt die Leidenschaft und Hingabe eines Models.‹ Das gefällt mir. Emma ist für ihr Alter sehr vernünftig. Lerne von ihr, so viel du kannst, Kind ...«

Sie griff über den frisch zubereiteten Cappuccino hinweg, der neben ihr stand, und nahm sich ein Stück Mandelkuchen von dem eleganten Porzellanteller.

»Mum«, stöhnte Jo und pflückte ein kandiertes Fruchtstück aus ihrer Kuchenscheibe. Ihre Freude über ihre eigenen Gehversuche war mit einem Mal wie weggeblasen. Ninas Worte hatten ihr das Gefühl vermittelt, absolut unfähig zu sein.

»Sei doch nicht so empfindlich, Jo. Das soll nicht heißen, dass du unreif bist. Aber Australien ist so weit ab vom Schuss ... Offenbar werden europäische Mädchen schneller erwachsen.« Wieder tätschelte sie Jos Hand. »Du kannst ihr auch eine Hilfe sein. Du sprichst viel besser Französisch und bist mindestens genauso hübsch.«

Nina fand Emma zwar sehr nett, sah aber auch, wie Jo von einer engen Zusammenarbeit mit ihr profitieren konnte. Dank der guten Beziehungen würden Emmas Ehrgeiz und ihre Schönheit den beiden viele Türen öffnen. Doch Jo besaß zudem den Vorteil, dass sie die frische Ausstrahlung hatte, die bei Moderedakteurinnen so beliebt war.

Jo kämpfte gegen die Verzweiflung an, die sie zu überwältigen drohte, während ihre Mutter unbeirrt weiterplapperte. Hatte sie wirklich geglaubt, sie würde ein anderer Mensch werden, nur weil sie beschlossen hatte, gute Miene zum bösen Spiel zu machen? Je länger sie Emma beobachtete, desto mehr fühlte sie sich wie ein Trampel. Emma schien es überhaupt nichts auszumachen, fotografiert zu werden. Sie wirkte wie eine erwachsene Frau. Wie ein schöner Schmetterling, der sich aus seiner Puppe befreit. Ihre Bewegungen wurden immer sicherer, ihre Augen strahlender, und es ging ein Leuchten von ihr aus, das Jo noch nie zuvor erlebt hatte. Sie war aber nicht neidisch, sondern befürchtete eher, ihre Freundin und Vertraute an diese selbstbewusste Fremde zu verlieren.

Die beiden Mädchen posierten in den nächsten Tagen lächelnd vor Mailands berühmten antiken Gebäuden und Statuen. Jos Stimmung sank allmählich auf einen Tiefpunkt. Doch als sie dann die Ergebnisse von Giulios Arbeit sichteten, sein Talent bewunderten und sich kichernd über einige von der Kamera festgehaltene seltsame Grimassen amüsierten, legten sich Jos Befürchtungen ein bisschen, und ihre Laune besserte sich. Emma war immer noch die Freundin, mit der sie sich Skirennen geliefert hatte und an Bergbächen entlanggeritten war, die Person, der sie ihre innersten Geheimnisse anvertrauen konnte. Die gemeinsame Englandreise war schließlich nur aufgeschoben, nicht aufgehoben.

Nachdem sie beschlossen hatten, in einem Lokal an der nur einige Straßen entfernten Piazza del Duomo zu feiern, traten sie in den kühlen Aprilmorgen hinaus und schlenderten durch die schmalen, kopfsteingepflasterten Straßen. Das Klappern ihrer Absätze hallte zwischen den Gebäuden aus grauem Stein wider. Aus den benachbarten Straßen wehten Stimmen hinüber, als Hausfrauen und Ladenbesitzer sich in melodiösem Italienisch etwas zuriefen. Junge Männer auf Motorrollern sausten an ihnen vorbei, und man hörte das Quietschen ihrer Reifen noch, wenn sie schon längst verschwunden waren. Andere Jugendliche lehnten rauchend und plaudernd an den feuchten Mauern, und manche pfiffen den drei Frauen nach, als sie vorbeigingen. Aus den Türen winziger Restaurants wehten Küchengerüche und Zigarettenrauch. Jos Magen begann zu knurren.

In ihrer Freude, das Fotografieren überstanden zu haben, machte sie den Fehler, den Passanten zuzulächeln. Bald wurden sie von einer Gruppe junger Italiener verfolgt. Einer von ihnen kniff Emma frech in den Po, und diese stieß einen Schrei aus und brüllte das einzige ihr bekannte italienische Schimpfwort. Danach setzten die drei Frauen ihren Weg rasch fort. Sie durchquerten einen Park und steuerten, beinahe im Laufschritt, auf den Platz zu. Nina, die in ihren neuen hochhackigen italienischen Pumps kaum mithalten konnte, ließ sich erleichtert auf einen Stuhl vor dem Restaurant fallen. Unmittelbar gegenüber ragte Mailands Kathedrale, die mit ihren kunstvollen gotischen Bögen und hohen Türmchen an einen Hochzeitskuchen aus weißem Marmor erinnerte, in ihrer ganzen überladenen Pracht vor ihnen auf.

»Diese grässlichen Südländer«, japste Nina, kontrollierte ihr Make-up und hatte ganz vergessen, dass einige ihrer besten Freundinnen zu Hause aus Italien stammten.

»Ich verhungere«, meinte Emma lachend. Sie brütete über der Speisekarte und mühte sich damit ab, die Namen der italienischen Gerichte auszusprechen.

Da Nina das Italienische nur unwesentlich besser beherrschte als die beiden Mädchen, erforderte die Bestellung einiges an Zeichensprache. Doch zehn Minuten später konnten Jo und Emma sich erleichtert an ofenwarmen Pizzen gütlich tun, die dick mit Tomatensauce, Sardellen und Knoblauchsalami belegt waren. Wohlschmeckender Käse tropfte ihnen das Kinn hinunter und zog sich über den luftigen Teig. Genüsslich wickelten sich die Mädchen die leckeren Fäden um Zunge und Finger, während sich Nina damenhaft an einem *Cotoletta alla Milanese* labte; das köstlich panierte Kalbfleisch zerging ihr auf der Zunge.

Mum hat recht, dachte Jo, schob das letzte Stück Pizza in den Mund und tupfte sich die Lippen an der gestärkten weißen Serviette ab. Sie und Emma ergänzten einander und brauchten sich. Sie griff nach ihrem Glas, aber ihre Hand blieb mitten in der Bewegung stehen, als eine laute Stimme mit australischem Akzent das Schweigen brach, das während der Mahlzeit am Tisch eingekehrt war.

»Das darf doch nicht wahr sein! Ich traue meinen Augen nicht! Träume ich? Nina Kingsford, was zum Teufel machst du denn in Mailand?«

Ninas Kopf fuhr überrascht hoch. Vor Überraschung ließ sie die Gabel aufs Pflaster fallen. Nachdem sie das Messer auf dem Teller abgelegt hatte, schob sie ihren Stuhl zurück und sprang auf.

»Jenny Cooper«, schrie sie begeistert, lief der schlanken, sonnengebräunten Frau Anfang vierzig entgegen und fiel ihr um den Hals.

Jenny war elegant in eine lässige weiße Bluse und eine maßgeschneiderte Hose gekleidet. Ihre Lippen waren leuchtend rot geschminkt, und ihre Ohren wurden von riesigen Goldohrringen verdeckt. Sie hatte die gewaltige Sonnenbrille mit dem weißen Gestell aus dem markanten Gesicht geschoben, sodass sie in ihrem dichten braunen Haar thronte.

»Du wirst es nicht glauben, Jenny, aber ich wollte dich heute Abend anrufen. Eigentlich solltest du doch in Paris sein. Setz dich«, rief Nina, zog einen Stuhl vom Nachbartisch heran und stellte Jo und Emma vor. »*Garçon* – hoppla, falsches Land.«

Sie winkte den Kellner heran und bestellte etwas zu trinken.

»Erinnerst du dich noch an mein kleines Mädchen. Tja, sie ist erwachsen geworden, und nun werden sie und Emma ...«, sie beugte sich zu Jenny hinüber und senkte die Stimme zu einem dramatischen Flüstern, »... Fotomodelle. Giulio Fellice hat gerade ihre Präsentationsmappen zusammengestellt, und ich habe mich gefragt ... Joanna, mein Kind, wo ist denn das Buch?«

Sie wedelte Joanna mit den Händen vor der Nase herum, und ihre Wangen waren vor Aufregung gerötet.

»Giulio!«, stellte Jenny beeindruckt fest.

Jo errötete, als die fremde Frau sie und Emma prüfend musterte und sich dann wieder an Nina wandte. Sie fühlte sich ein wenig wie ein Pferd auf einer Auktion. Sie wickelte sich eine blonde Haarsträhne um den Finger und beobachtete die auf dem Platz herumstolzierenden Tauben.

»Du hast dich kein bisschen verändert. Wie lange ist es her?«, fragte Jenny mit fröhlich funkelnden Augen.

»Zu lange, um nachzurechnen«, entgegnete Nina rasch. »Wir waren zusammen auf der Highschool. Und dann hattest du die Idee, weltweit Bademoden zu vertreiben«, meinte sie, halb an Jenny, halb an die Mädchen gewandt. »Damals haben wir dich alle für verrückt erklärt, aber du hast es geschafft. Australien ist so stolz auf dich, und wir haben uns jedes Jahr Weihnachtskarten geschrieben.«

»Sind Sie etwa die Jenny Cooper von Paradise-Bademoden?«, flüsterte Jo ehrfürchtig.

Sie fragte sich langsam, ob es jemanden in der Welt der Mode gab, den ihre Mutter nicht kannte. Nina hatte ihr und Emma die Badeanzüge in einer der Modezeitschriften gezeigt, die in Pierrefeu überall herumlagen.

»Genau die bin ich«, erwiderte Jenny grinsend und schob mit dem Strohhalm das Eis in ihrem Cinzano mit Limonade herum, den der Kellner serviert hatte. Dann trank sie einen kleinen Schluck. »Schade, dass wir uns nicht schon vor einer Woche über den Weg gelaufen sind. Ich habe gerade die neue Mailänder Kollektion gezeigt. Die Italiener haben eine Schwäche für bunte Farben.«

Sie zog einige Hochglanzbroschüren heraus, reichte sie herum, nahm einen ihrer gewaltigen Ohrclips ab, rieb sich das Ohrläppchen und befestigte das Schmuckstück wieder.

»Wenn die Mädchen das mit dem Modeldasein wirklich ernst meinen, sollten sie meine neuen Badeanzüge anprobieren. Ich bin immer auf der Suche nach jungen Gesichtern.«

»Ich würde nie von dir verlangen, die beiden einzustellen«, fiel Nina ihr rasch ins Wort.

»Das weiß ich, Nina, und vielleicht bin ich ein bisschen voreilig. Aber jetzt musst du mir erzählen, was in letzter Zeit bei euch los war. Warum wolltest du mich anrufen?«

Nina errötete. Sie hatte sich zwar alles zurechtgelegt, doch eine Freundin, die sie seit über vierzehn Jahren nicht gesehen hatte, um einen Gefallen zu bitten, wäre ihr am Telefon leichtergefallen.

»Hm, am besten nehme ich kein Blatt vor den Mund. Ich wollte dich fragen, ob die beiden ein paar Wochen bei dir in Paris wohnen könnten, bis sie sich eingewöhnt haben. Natürlich könnten wir ihnen auch ein Apartment suchen ...«

»Aber natürlich, meine Liebe«, erwiderte Jenny rasch und hinderte Nina daran, sich weiter zu entschuldigen. »Wir können frischen Wind bei uns gebrauchen. Ich bin zwar viel unterwegs, Nina, aber Claudette wird sich um die Mädchen kümmern, wenn ich auf Reisen bin. Sie ist meine Haushälterin und für uns alle wie eine Ersatzmutter. Ich weiß nicht, was mein Mann ohne sie anfangen würde, in Haushaltsdingen ist er so schrecklich unpraktisch. Und für meinen Sohn Jacques wäre es auch schön, mit jungen Leuten zusammen zu sein. Vielleicht schafft es eine von euch beiden ja, ihn dazu zu überreden, schon vor dem Mittagessen aufzustehen. Er ist neunzehn«, beendete sie mit einem spitzbübischen Grinsen den Satz, als sie sah, wie die beiden Mädchen aufmerkten.

Dankbar drückte Nina ihrer Freundin den Arm.

»Jenny, du bist wirklich eine gute Freundin. Auf dich ist immer Verlass. Bestimmt kommen die Mädchen in Paris zurecht.«

Nach dem dritten Cinzano und einem Eis für die Mädchen war alles abgemacht. Nina würde mit Jo und Emma einen dreiwöchigen Urlaub an der Côte d'Azur verbringen und anschließend mit ihnen nach Paris fliegen. Nachdem sie sie bei Jenny und ihrer Familie abgeliefert hatte, wo die Mädchen die nächsten sechs bis zwölf Monate verbringen sollten, könnte Nina nach Australien zurückkehren.

Bevor sie sich verabschiedeten, nannte Jenny Nina noch einige Modelagenturen und Designer in Italien, Frankreich und Griechenland, an die sie sich wenden konnten.

»Nicht zu fassen, dass wir Jenny so zufällig über den Weg gelaufen sind. Das Leben steckt eben voller Überraschungen«, meinte Nina nach ihrer Rückkehr ins Hotel mit einem zufriedenen Seufzer.

Selbst Jo musste zugeben, dass ihnen der Einstieg leicht gemacht wurde. Während sie über die Dächer von Mailand hinwegblickte, spielte sie kurz mit dem Gedanken an Ferien bei Tante Sarah in England. Aber sie entschied sich dagegen. Nina war fest entschlossen, ihnen einen Luxusurlaub in der Sonne zu spendieren. Und da sie Pferde nun einmal nicht ausstehen konnte, war es nicht sehr ratsam, sie zu verärgern, wo sie sich momentan alle so gut verstanden.

»Weißt du, Emma, ich freue mich beinahe auf Paris«, gestand Jo und hakte ihre Freundin unter.

Nachdem sie Nina zum Abschied zugewinkt hatten, gingen sie die Stufen der Villa Pierrefeu hinauf. Oben blieb Jo stehen und ließ den Blick schweifen.

»Nur die wunderschönen Berge werden mir fehlen.«

In den nächsten drei Monaten hatten die beiden kaum Zeit, sich den Kopf über die Zukunft zu zerbrechen, da sie zwischen den verschiedenen von der Schule veranstalteten Exkursionen für die Abschlussprüfungen büffeln mussten.

Nur in ihrer Freizeit, beim Reiten oder beim Tennis hatten sie Gelegenheit, ihren Tagträumen nachzuhängen, und ehe sie es sich versahen, war ihre Schulzeit in Pierrefeu fast vorbei.

»Morgen fängt das Leben an«, flüsterte Emma Jo in perfektem Französisch zu, als die zwei Mädchen bei der Abschlussfeier in der Schlange darauf warteten, ihre Diplome entgegenzunehmen.

Jo trat auf die Bühne, die zu diesem Anlass im großen Speisesaal aufgebaut worden war, und hielt zwischen den vielen Anwesenden Ausschau nach ihrer Mutter. Diese war eigens zur Feier aus Australien eingeflogen und tupfte sich die Augen.

Wie sehr hätte Jo sich gewünscht, ihr Vater wäre auch gekommen, aber ihr Verhältnis war immer noch ziemlich kühl, auch wenn sie in den letzten beiden Monaten ein paar Mal mit ihm telefoniert hatte.

Beim Anblick der stolzen Miene ihrer Mutter wuchs Jos Entschluss, im nächsten Jahr Erfolg zu haben.

Emmas Tante Sarah, die neben Nina saß, strich sich die Handschuhe glatt. Sie bedauerte, dass ihre Schwester so wenig Anteil am Leben ihrer Tochter nahm. Emma Banford hatte eine glänzende Zukunft vor sich, davon war Sarah überzeugt. Und wenn das sogar einer wildfremden Frau, darüber hinaus noch einer Australierin, auffiel, hätten Emmas eigene Eltern das doch eigentlich auch bemerken müssen. Emma besaß Tatendrang, Unternehmungslust und Schönheit und würde es weit bringen. Und nun hatte sie dank ihrer australischen Freundin eine Unterkunft und die Möglichkeit, in den Sommerferien ein wenig Geld zu verdienen. Sarah hatte sich zwar schon auf Emmas und Jos Besuch gefreut, aber das würde wohl warten müssen.

Sarah applaudierte, als die Schülerinnen ihr Diplom entgegennahmen und in die Kamera lächelten. Sie beschloss, sich ein Wochenende in Frankreich zu gönnen, um diese Bademoden-Designerin unter die Lupe zu nehmen. Joanna Kingsfords Blick hatte etwas an sich, das ihr nicht gefiel – er verbarg etwas. Sie würde ein Wörtchen mit Emma reden. Vielleicht konnte Jo Weihnachten bei ihnen verbringen, wenn sie über die Feiertage nicht nach Australien flog. Die Mutter der Kleinen schien ständig durch die Weltgeschichte zu flattern, als befürchte sie, sie könnte etwas verpassen. Doch da Sarahs eigene Schwester genauso war, konnte sie ihr schlecht einen Vorwurf machen. Dennoch gefiel ihr nicht, dass die Familie ihr Geld mit Rennpferden verdiente. Sie würde ein Auge auf ihre Nichte und deren australische Freundin haben.

Strahlend hakte Jo ihre Mutter unter und ging mit ihr hinaus in den Sonnenschein. Die Abschiedsworte der Direktorin hallten ihr noch in den Ohren: »Wir haben unser Möglichstes getan, um Sie auf die Welt vorzubereiten. Nun sind Sie an der Reihe.« Sie sah sich nach Emma um, und die beiden jungen Frauen lächelten sich über die Menschenmenge hinweg zu. Endlich hatten sie die Schule hinter sich, und Jo war froh, den nächsten Schritt nicht allein tun zu müssen.

9

Sonnengebräunt vom Urlaub an der Côte d'Azur und ein wenig atemlos, ließ Jo die Einkäufe erleichtert auf den Tisch fallen, der mitten in der Küche von Jenny Coopers Wohnung unweit des Pariser Bois de Boulogne stand. Es war Anfang September. Nina war Ende August nach Australien zurückgekehrt, und Emma hatte einen Fototermin in Florenz. Wegen des defekten Aufzugs war es ein ziemlich weiter Weg in den vierten Stock. Jo schlüpfte aus ihrer Jacke und hängte sie an einen der vielen handgeschnitzten Haken, die Jenny auf den Flohmärkten der ganzen Welt zusammengekauft hatte. Dann packte sie Baguette, Käse, Gemüse und Landwein aus. Der Duft reifen Roqueforts zog durch den Raum.

Jenny war zwar eine erfolgreiche Modeschöpferin, hatte es aber nicht nötig, zu Hause die elegante Geschäftsfrau zu mimen, die Jo in Mailand kennengelernt hatte. Diese Gegensätze spiegelten sich in ihrer Wohnung wider. Dort teilten sich wertvolle Antiquitäten und Gemälde den Platz mit Kitsch und Krimskrams. Dieser lässige Stil gefiel Jo zwar sehr gut, fand aber weniger Gnade vor den Augen von Jennys französischem Ehemann Louis Bercy. Insbesondere die Küche, deren großes Fenster auf eine belebte Straße hinausging und in der Zwiebel- und Knoblauchzöpfe, Töpfe und Pfannen an riesigen Fleischerhaken hingen, war für Jo in dieser fremden neuen Welt stets ein Zufluchtsort gewesen.

»Du siehst heute Morgen ziemlich niedergeschlagen aus, *chérie*«, sagte Jenny, die aus ihrem Atelier neben der Küche hereingeeilt kam.

Sie hatte einige Stoffstücke, eine Schachtel mit Stecknadeln und ein Schnittmuster ihres neuesten Badeanzugentwurfes in der Hand. Da sie seit fast zehn Jahren in Paris lebte und sich beruflich oft in Italien aufhielt, sprach sie inzwischen häufiger Französisch und Italienisch als Englisch. Bunte Fadenstückchen klebten an ihrer weiten Bluse und dem Folklorerock. In ihrem Haar steckte ein Stift. Jenny schaltete die Kaffeemaschine ein.

»Ich war heute wieder bei der Agentur, aber sie hatten nichts für mich», meinte Jo bemüht fröhlich und legte die Salatköpfe auf das Abtropfbrett neben das schmutzige Frühstücksgeschirr. »Jean François war sogar ausgesprochen unhöflich, was meine Stimmung nicht unbedingt verbessert hat. Außerdem vermisse ich Emma schrecklich«, gab sie zu.

Jean François hatte sich zwar vor Begeisterung förmlich überschlagen, solange Nina in Paris war, Jo aber heute Morgen barsch abgekanzelt, als sie sich nach dem zugesicherten Auftrag erkundigte. Er meinte, sie müsse zuerst abnehmen und vier Zentimeter wachsen, und außerdem habe er nichts zu verschenken. Entrüstet war Jo aus seinem Atelier gestürmt und hatte sich beim Einkaufen auf dem belebten Markt abreagiert.

»Jean François ist ein Idiot«, rief Jenny und verstreute dabei Stecknadeln überall in der Küche. »Er ist ein unbedeutender Schleimer und soll sich wieder unter dem nächsten Blatt verkriechen. Damals hat er seinen Job nur bekommen, weil ich mit Veronique gesprochen habe«, fuhr sie fort, raffte ihren Rock und kroch unter den Tisch.

»Er wackelt mit dem Po«, kicherte Jo und bückte sich, um ihr beim Aufheben der Nadeln zu helfen. Schlagartig fühlte sie sich besser. Wenn sie in Zukunft mit diesem Menschen reden musste, würde sie ihn sich als schleimiges Kriechtier vorstellen.

Als sie und Emma mit Nina in Paris eingetroffen waren, hatte Jenny sie vor den Schwierigkeiten gewarnt. Die beiden Mädchen hatten zwar durch Ninas und Jennys Beziehungen einige kleine Aufträge erhalten, doch letztendlich würde es von ihrem Aussehen und ihrer Beharrlichkeit abhängen, ob sie Karriere als Fotomodelle machten. Da Jo kleiner war als bei Mannequins üblich, hatte sie nur einen einzigen Fototermin in vier Wochen ergattert. Emma, die sie ein gutes Stück überragte, bekam hingegen sofort eine Reihe kleinerer Aufträge. Zurzeit war sie zu zweiwöchigen Fotoaufnahmen nach Florenz gereist, und man hatte ihr weitere Einsätze in Aussicht gestellt.

»Sie wollen nur mit Mädchen arbeiten, die bereits erfolgreich sind«, erklärte Jenny und kauerte sich auf die Fersen. »Das ist wie mit der Henne und dem Ei. Wenn man erst oben ist, reißen sich alle um einen, aber bis dahin wird man behandelt wie Luft. Ich persönlich glaube, dass du es schaffen wirst. Und deshalb möchte ich, dass du bei meiner nächsten Modenschau dabei bist. Leider hat dieser grässliche kleine Jean François recht: Deine Größe ist ein Problem. Emma hat den Job in Florenz nicht wegen ihres Aussehens bekommen, sondern weil sie groß genug ist.«

Jo lief feuerrot an.

»Ich bin nicht neidisch auf Emma. Ich vermisse sie bloß.« Jo richtete sich zu rasch auf, stieß sich den Kopf an der Unterseite des Tisches und fluchte kräftig auf Französisch. Sie stammelte eine Entschuldigung, lief zum Waschbecken und stürzte sich eifrig auf den Abwasch. Auf einmal wünschte sie sich weit fort von Paris.

Jenny legte ihre Stoffmuster auf den unbehandelten Holztisch, breitete sie aus und unterzog sie einer gründlichen Musterung.

»Ich weiß, dass du sie vermisst, *chérie«*, erwiderte sie freundlich und schenkte sich eine Tasse Kaffee ein.

Dann zog sie den Stift aus ihren Haaren, um sich ein paar Notizen auf die braune Papiertüte zu machen, in der das Brot verpackt gewesen war. Anschließend verstaute sie den Stift wieder in ihren Haaren und fing an, die Stoffstücke zusammenzustecken.

»Du müsstest bei einer Kosmetikfirma anheuern. Da würde deine Größe keine Rolle spielen.«

»Mum möchte das auch«, sagte Jo bedrückt. »Aber wie soll ich das Gesicht werden, das für die neueste Wundercreme wirbt? Dazu muss man bereits ein Filmstar oder ein erfolgreiches Fotomodell sein, sonst würdigen die einen doch keines Blickes. Und damit wären wir wieder bei dem Problem, dass ich zu klein bin.«

»Nichts auf der Welt ist es wert, dass man sich deshalb so die Stimmung verderben lässt«, wandte Jenny vergnügt ein. »Warum versuchst du es nicht mit einer anderen Methode? Ruf ein paar Zeitschriften an und frage, ob vielleicht eine Stelle als … als Assistentin der Garderobiere frei ist«, schlug sie fröhlich vor.

Als sie mit den Händen fuchtelte und das richtige englische Wort suchte, hätte sie fast wieder die Schachtel mit den Stecknadeln umgestoßen.

»Mein Gott, ich habe seit einer Ewigkeit nicht mehr so viel Englisch gesprochen. … Oder versuche es in der Make-up-Redaktion. Du könntest dich auch als Mädchen für alles bewerben, während du auf Aufträge als Fotomodell wartest. Die Bezahlung ist zwar ziemlich miserabel, aber auf diese Weise lernst du die Leute in der Branche kennen – und sie dich. Australierinnen sind sehr beliebt, weil sie als fleißig gelten.«

Sie sah Jo an.

»Überlass den Abwasch Claudette und häng dich ans Telefon, solange du in der richtigen Stimmung bist«, befahl sie.

»Ach, Jenny, du machst einem immer wieder Mut«, antwortete Jo. Ihre Schultern entspannten sich, und sie trocknete sich rasch die Hände ab. Für sie war es das Allerschlimmste zu versagen, und da sie sich entschlossen hatte, Fotomodell zu werden, wollte sie auch Erfolg haben. Also eilte sie in den Flur hinaus. Nach dem dritten Anruf legte sie verdutzt den Hörer auf und lief in Jennys Atelier, um ihr alles zu berichten.

»Ich habe die Moderedakteurin von *Elegance Internationale* erreicht. Ihre Assistentin ist krank, und sie braucht in den nächsten beiden Wochen dringend eine Vertretung«, rief Jo aus. »Ich soll sofort zum Vorstellungsgespräch kommen.«

»Siehst du, *chérie*«, erwiderte Jenny lachend und hielt beim Auseinanderschneiden eines Stoffstücks inne. »So bist du wenigstens beschäftigt. Vielleicht kriegst du sogar eine feste Stelle.«

Zwei Stunden später kehrte Jo zurück, grinsend wie ein Honigkuchenpferd.

»Rate, was passiert ist! Ich habe den Job – auf Dauer. Noch während ich beim Vorstellungsgespräch war, rief das andere Mädchen an und hat gekündigt.«

Ihren ersten Tag als Assistentin von Jutta Utz, der ausgesprochen tüchtigen und ziemlich aufbrausenden Moderedakteurin von *Elegance Internationale,* verbrachte Jo damit, die bei Juttas letztem Fototermin benutzten Kleider zu verpacken und an die verschiedenen Designer zurückzuschicken. Während Jo in dem großen, mit Kleiderständern voll gestellten Raum Kleidungsstücke faltete und in Folie verstaute, telefonierte Jutta fast pausenlos und unterbrach die Gespräche nur, um sich eine Tasse Kaffee nach der anderen bringen zu lassen. Riesige Poster von Fotomodellen, die bei verschiedenen Pariser Agenturen unter Vertrag waren, blickten von den Wänden auf Jo herunter. Einige davon kannte sie aus Jean François' Büro. Von ihr selbst war kein Foto dabei.

»Sie sind bestimmt Juttas neue Assistentin«, sagte eine kleine, pummelige junge Frau, deren krauses, mausbraunes Haar einem zerfledderten Haarband zu entkommen versuchte. Jo war wieder einmal in die winzige Küche gelaufen, um für Jutta eine Tasse Kaffee zu holen. Die Frau öffnete ein Päckchen und bot Jo einen Keks an.

»Zum Glück haben sie diesmal jemanden genommen, der klein ist und nicht magersüchtig aussieht. Da werden Sie sicher ein bisschen länger bleiben als die beiden letzten. Die waren eine Katastrophe und haben die Stelle nur angenommen, um durch Jutta an Aufträge als Fotomodell heranzukommen. Ich hätte ihnen gleich sagen können, dass sie nur ihre Zeit verschwenden«, meinte die Frau und griff nach zwei Kaffeetassen und einen Teller mit Keksen. »Jutta nimmt nur bestimmte Mädchen und ist sehr wählerisch.«

Jo errötete und fühlte sich ertappt.

»Viel Spaß bei der Arbeit. Sie wird Sie ganz schön auf Trab halten.«

Bald fand Jo heraus, dass fast die gesamte Redaktion vor Jutta zitterte. Bei ihren Assistentinnen herrschte ein reger Wechsel, was niemanden wunderte. Jutta war reizbar, Kettenraucherin und viel unterwegs, um sich mit Designern zu treffen, Modeveranstaltungen zu besuchen und Fototermine zu arrangieren. Außerdem war sie eine Freundin rascher Entscheidungen, nahm ihre Assistentinnen nur zur Kenntnis, wenn sie sie herumkommandierte, und schrie jeden an, der nicht schnell genug spurte.

Jo, die Ninas aufbrausende Art gewöhnt war, ließ sich nur selten aus der Ruhe bringen, wenn Jutta ihr wieder einmal tausend Dinge gleichzeitig auftrug, und ging alles mit Gelassenheit an. Bald war ihr Leben fast ebenso ruhelos wie Juttas. Sie klapperte im Redaktionsbus die Warenlager von Paris ab, um die für den nächsten Modebericht – so hießen die vier- bis achtseitigen Artikel – bestimmten Kleider abzuholen. Sie half ihrer Chefin, sie auf dem Boden des Ateliers auszubreiten. Jo kombinierte Röcke und Jacken verschiedener Designer mit Oberteilen und Schals aus dem riesigen Fundus, der rings um sie herum auf Ständern hing, und holte Handtaschen und Modeschmuck aus dem Lager herbei, bis Jutta mit dem Ergebnis zufrieden war. Anschließend rief Jo sämtliche Designer an, um Preise und Informationen für die Veröffentlichung in der Zeitschrift zu erfragen.

»Sie müssen mir ein paar weinrote Wildlederschuhe besorgen«, verkündete Jutta und wies auf den Farbton des Schals, den sie ausgesucht hatte. »Versuchen Sie es bei Henri. Wenn er keine hat, telefonieren Sie die anderen Designer ab. Nehmen Sie mein Auto, damit kriegt man leichter einen Parkplatz.« Sie stand auf, zündete sich eine Zigarette an und betrachtete ihr Werk.

Jo hastete zu ihrem Schreibtisch, um die von Jutta auf Zettel gekritzelten Telefonnummern zu durchforsten. Einige Telefonate später hatte sie eine Liste möglicher Anbieter vor sich liegen. Sie eilte aus dem Büro, raste in Juttas winzigem Fiat quer durch Paris zu Henris Lager und kehrte zwei Stunden später mit den dringend benötigten Schuhen zurück.

Während sie die Sohlen der Schuhe mit Klebeband schützte, damit sie noch verkauft werden konnten, betrachtete sie den Strom der Bewerberinnen von den Modellagenturen, die von Jutta gemustert wurden wie Kühe auf dem Viehmarkt. Dabei wuchs ihre Enttäuschung. Ihr gefiel es zwar, diese Seite der Modeindustrie kennenzulernen und ein festes Gehalt zu bekommen, aber ihr Assistentenjob brachte sie in ihrer Modellkarriere nicht weiter. Sie würde sich wohl doch wieder an Jean François wenden müssen, der ihr zutiefst zuwider war. Und um das Maß vollzumachen, reichte Brigitte, eine arrogante, gertenschlanke Brünette, für die Jutta sich schließlich entschieden hatte, Jo einfach ihre halb gerauchte Zigarette, damit sie in eines der Kostüme schlüpfen konnte. Jo blieb nichts anderes übrig, als die Kippe entgegenzunehmen.

Die Aufnahmen sollten in einem Studio eine kurze Autofahrt entfernt von der Redaktion stattfinden. Nachdem Jo Sofas, eine Leiter und verschiedene andere Requisiten beschafft hatte, verbrachte sie den restlichen Tag damit, im Schweiße ihres Angesichts Kleiderständer in Aufzüge zu schieben, Brote zu schmieren, Kaffee zu kochen und für Jutta und den Fotografen Zigaretten und andere in letzter Minute benötigte Kleinigkeiten zu organisieren.

»Beim nächsten Mal müssen Sie Brigitte mehr beim Umziehen helfen und ein wenig netter zu ihr sein. Sie wird in letzter Zeit nämlich immer wählerischer, und ich würde sie gern weiter einsetzen«, sagte Jutta zu Jo, als diese sich am Ende eines anstrengenden Tages im Studio auf einen Stuhl fallen ließ. »Und holen Sie mir ein Glas Wein. *Mon Dieu,* was für ein Tag!«

Sie zündete sich eine Zigarette an, kippte den Rotwein hinunter, den Jo ihr reichte, und sah ihre Notizen durch.

»So, das wäre erledigt. Wir sehen uns morgen in aller Früh.« Mit einem lauten Knall klappte sie ihr Notizbuch zu. Kurz darauf erhob sie sich, zog den Mantel an, verschwand und überließ es Jo, abzuwaschen und das Studio aufzuräumen.

Jo setzte sich, stützte das Kinn in die Hand und betrachtete die Kaffeetassen und überquellenden Aschenbecher. Im Hinterzimmer packte der Fotograf klappernd seine Gerätschaften zusammen und kontrollierte mit seinem Assistenten einige Filme.

Heute hatte Jutta einen schlechten Tag gehabt, nur herumgeschrien und drei der Mädchen zum Weinen gebracht. Der Haarstylist hatte einen Tobsuchtsanfall erlitten, weil er einen Kamm vermisste, und Jo war ihrem Ziel, selbst als Modell zu arbeiten, keinen Schritt näher gekommen. Denn aus Angst, die Stelle bei *Elegance Internationale* zu verlieren, ihre einzige Einkommensquelle, wagte sie nicht, die gelegentlichen, schlecht bezahlten Jobangebote anzunehmen, die Jean François ihr gnädigerweise zukommen ließ. Vom Herumschieben der Kleiderständer taten ihr Rücken und Beine weh, und sie hatte die Nase voll von oberflächlichen Zicken, die sie wie Luft behandelten. Außerdem sehnte sie sich nach einer heißen Dusche. Während sie sich streckte, aufstand und mit dem Aufräumen begann, fragte sie sich, ob es nicht an der Zeit war, den Kram hinzuwerfen.

»Halt noch ein bisschen durch, *chérie.* Du wusstest, dass es kein Zuckerschlecken wird«, meinte Jenny aufmunternd beim Abendessen.

Inzwischen hatte sich Jos Frust nach einem langen heißen Bad ein wenig gelegt, sodass sie Jenny ihr Herz ausschütten konnte.

»Das ist alles nur Theater. Die meisten Models haben solche Angst, keine Aufträge mehr zu bekommen oder zuzunehmen, dass sie nur noch um sich selbst kreisen. Du stellst sie alle in den Schatten. Irgendwann ergibt sich die richtige Gelegenheit. Du musst nur dranbleiben.«

Jo betrachtete das Familienfoto, das neben ihrem Bett stand. Sie musste zugeben, dass Jennys Rat vernünftig war. Außerdem gestattete ihr Stolz nicht, das Handtuch zu werfen, bevor sie nicht zumindest einen guten Auftrag ergattert hatte.

Ein paar Tage später unterhielt Jo sich mit Simone, einem Mädchen, das häufig für Jutta arbeitete, und deutete an, dass sie selbst Aufträge als Fotomodell suchte.

»Geh weg von Jean François, wenn er dich schlecht behandelt. Jeder weiß, dass er seine Lieblinge hat«, meinte Simone, nachdem sie Jo den Namen ihres Agenten entlockt hatte. Da Jutta bereits nach den Mädchen rief, drückte Simone Jo rasch eine Karte in die Hand. »Ruf meine Agentin an und sag ihr, dass du eine Freundin von mir bist. Sie sucht Talente auf der ganzen Welt und ist deshalb viel unterwegs. Aber sie ist sehr nett, und ihre Agentur befindet sich im Aufwind.«

Sie lächelte Jo zu und ging durch den Raum auf den Dressman zu, den Jutta ausgesucht hatte.

Jo las den Namen auf der Karte: Jean Curie, Modelagentur. Das klang nicht so schick wie viele der anderen Agenturen, und auch die Karte war weniger aufwendig gestaltet. Aber es war vielleicht die Chance, auf die Jo gewartet hatte.

Am nächsten Tag war Jutta nicht im Büro. Jo rief Jean Curie an und vereinbarte einen Termin mit ihr. Nicht nur von Jos Mappe, sondern auch von ihrem Anblick positiv beeindruckt, vermittelte Jean Curie ihr kleine Aufträge. Es handelte sich um bescheidene Einsätze, die etablierte Fotomodelle abgelehnt hatten, aber Jo kannte keinen falschen Stolz und war froh, endlich auf eigenen Füßen zu stehen. Als Jean ihr einen Auftritt bei der Eröffnungsveranstaltung einer kleinen Kosmetikfirma vermittelte, war Jo außer sich vor Freude. Die Einstellung ihrer Agentin gab ihr wieder neuen Mut. Jean Curie war von Jos frischem australischem Teint und den ausdrucksstarken violetten Augen begeistert, während ihre mangelnde Körpergröße sie weniger zu stören schien. Allerdings kamen die Aufträge noch zu unregelmäßig, als dass Jo bei *Elegance Internationale* hätte kündigen können. Doch sie fühlte sich wieder zuversichtlich und der Arbeit für Jutta gewachsen.

Kurz vor Sonnenaufgang an einem kühlen Morgen Anfang Oktober blinzelte Jo schläfrig mit den Augen und klammerte sich an ihren Sitz im Garderobenbus von *Elegance Internationale* fest, der von Jutta mit der typischen Pariser Gleichgültigkeit gegenüber dem menschlichen Leben durch die Stadt gesteuert wurde. Dabei spulte Jutta eine endlose Liste von Anweisungen für Jo hinunter. Auf der rasenden Fahrt durch die Straßen der Stadt schwankten die Kleider an ihren Ständern gefährlich hin und her. Als der Wagen rasant um die Kurve vor Le Pont Alexandre III einbog, war Jo endgültig wach. Jutta lenkte das Fahrzeug einfach auf den Gehweg, hielt unter einer der schmiedeeisernen Laternen der Brücke und zündete sich mit zitternden Fingern eine Zigarette an. Ihr Gesicht war bleich vom Schlafmangel. Sie griff nach ihren Notizen. Beim Aussteigen schlug Jo frühmorgendliche Herbstluft entgegen. In ihre Jacke gekuschelt, betrachtete sie die im Schatten liegenden Ufer der Seine. Kalter Wind blies ihr ins Gesicht und fegte ein paar herabgefallene Blätter über die Brücke.

Bis zum Redaktionsschluss für die nächste Ausgabe von *Elegance Internationale* waren es nur noch wenige Tage. An diesem Morgen sollten in aller Eile die letzten Aufnahmen für

Juttas nächsten Artikel mit dem Titel »Elegante Abendmode« gemacht werden; und zwar mit Brigitte, die aufgrund ihrer zahlreichen Verpflichtungen den Termin mit Jutta nur zu dieser Uhrzeit hatte einschieben können. Jo wusste nicht, was schlimmer war: die lautstark auf Französisch geführten Debatten, das ständige Telefongebimmel, die Designer, die ihre Kleider zurückforderten, die Tatsache, dass sie selbst wegen ihrer Nebentätigkeiten nur drei Stunden geschlafen hatte, oder das Herumstehen in der Morgenkälte mit Jutta. Diese war völlig außer sich, weil die Aufnahmen eigentlich bereits seit drei Wochen erledigt sein sollten.

Jo blickte sich um und mutmaßte, ob Emma wohl gerade irgendwo in Florenz in der Morgendämmerung herumlief. Jutta stand an der Motorhaube des Wagens, zündete sich an der glühenden Kippe die nächste Zigarette an und sprach mit André, dem Maskenbildner, der gerade angekommen war. Jo rümpfte wegen des Zigarettenrauchs, der sich in ihren Sachen festzusetzen schien, angewidert die Nase. Dann kletterte sie in den Transporter, um Kaffee für alle zu kochen. Brigitte war zwar eine grässliche Zicke, aber sie verstand sich gut mit André und Fifi, der Haarstylistin. Also würde der Tag zwar lang, aber einigermaßen erträglich werden.

Am anderen Ende der Brücke baute der Fotograf seine Ausrüstung auf, während sein Assistent die Positionen für das Modell mit Klebeband markierte.

»Kaffee, Jo. Und dann helfen Sie André, alles für Brigitte vorzubereiten«, befahl Jutta, als Jo mit den dampfenden Pappbechern erschien. *»Gaston!«*, brüllte sie auf einmal. Aus der Dunkelheit schälten sich zwei Gestalten. Jutta riss Jo einen Becher aus der Hand und hastete auf den Fotografen zu. Mit der freien Hand schwenkte sie ihren Notizblock, ihr beiger Mantel wehte hinter ihr her.

»Geben Sie mir das, wir haben noch jede Menge Zeit«, meinte André ruhig und griff sich einen Keks.

Nachdem er Jo von drei Bechern befreit hatte, schlenderte

er die Brücke entlang. Er nahm Juttas übertriebene Hetzerei schon längst nicht mehr ernst, und außerdem wirkte das Mädchen völlig übermüdet. Als er zurückkam, lächelte Jo ihm dankbar zu. Inzwischen hatte sie sich vergewissert, dass alle Kleider auf ihren Bügeln hingen und sämtliche Accessoires bereitlagen. Dann ging sie zu André hinüber, der am Brückengeländer lehnte.

»Es ist wunderschön um diese Tageszeit, finden Sie nicht?«, murmelte er.

Jo schloss die Hände um ihren Becher und nickte. Nach dem ersten Schluck der heißen Flüssigkeit fühlte sie sich besser. Zusammen sahen sie zu, wie über Paris der Tag anbrach. Der zarte Dunst über dem Wasser löste sich allmählich auf. Boote, Häuser und erleuchtete Fenster schälten sich aus dem Schatten.

Jutta hatte mit Gaston die Aufnahmen besprochen und kam zurückgehastet.

»Ist Brigitte schon da?«, fragte sie bemüht ruhig und drückte Jo ihren leeren Becher in die Hand.

Fotos von Brigitte trieben die Verkaufszahlen in die Höhe, und da die Zeitschrift dringend auf eine Auflagensteigerung angewiesen war, hatte Jutta trotz des Redaktionsschlusses darauf bestanden, dieses Modell anzuheuern. Außerdem mochte sie das Mädchen. Allerdings wurde Jutta vor großen Fototerminen stets nervös, und diesmal ging es immerhin um eine achtseitige Fotostrecke. Auch befürchtete sie, Gaston zu verärgern. Schon seit Monaten bemühte sich Jutta, den international anerkannten Fotografen für die Zeitschrift zu gewinnen. Das hatte sie viel Beharrlichkeit und Überredungskunst gekostet, und morgen wurde er bereits in New York erwartet.

Jutta sah auf die Uhr und blickte zum Himmel hinauf.

»Wo steckt das Mädchen bloß? Gaston wollte das frühe Morgenlicht nutzen«, sagte sie ärgerlich.

Dreißig Minuten, drei Tassen Kaffee und ein halbes Päckchen Zigaretten später war von Brigitte noch immer nichts zu sehen. Inzwischen nahm der Verkehr auf der Brücke zu. Autos stießen Abgaswolken aus. Fußgänger eilten vorbei und bedachten das verloren herumstehende Trüppchen mit neugierigen Blicken. Mit klammen Fingern zündete Jutta sich erneut eine Zigarette an und befahl Jo, die Agentur anzurufen.

»Vielleicht ist sie krank geworden. Dann brauche ich dringend Ersatz«, meinte sie und fragte sich, welches der Stammmodelle wohl kurzfristig einspringen konnte. Sie warf einen besorgten Blick auf Gaston, der, die mageren Schultern hochgezogen und die Hände tief in den Manteltaschen vergraben, auf den Fluss hinausstarrte.

Jo rannte zur nächsten Telefonzelle, während die ersten hellen Sonnenstrahlen durch die dahineilenden Wolken drangen. Die Minuten vergingen. Selbst wenn Brigitte noch erschien, würde es mindestens zwei Stunden dauern, sie für die Aufnahmen vorzubereiten – und der Wetterbericht hatte für den späteren Tag Regen vorhergesagt.

Die Agentur bestätigte, Brigitte habe sich gemeldet und versprochen, zum Termin zu erscheinen. Man versicherte Jo, das Modell werde jeden Moment da sein. Inzwischen wirkte Gaston eindeutig verärgert, und Jutta stand die Nervosität ins Gesicht geschrieben.

»Das ist unglaublich«, rief sie und riss zornig das dritte Zigarettenpäckchen auf.

Jo sah sich schon erneut unterwegs zur Telefonzelle, um ein anderes Modell anzufordern, da näherte sich ein Taxi. Sie lief auf den Wagen zu und riss die Tür auf. Erschrocken schnappte sie nach Luft, als ihr der Geruch von Bourbonwhiskey und Rasierwasser entgegenschlug. Brigitte, in ein zerknittertes weißes Abendkleid gehüllt und ein Herrensakko lässig um die Schultern geschlungen, trat barfuß auf das Kopfsteinpflaster. Auf unsicheren Beinen machte sie einen Schritt vorwärts, griff nach der Tür, fasste daneben und erwischte stattdessen Jos ausgestreckte Hand.

»Ach! Die liebe kleine Assistentin«, höhnte sie und sah Jo herablassend aus glasigen Augen an. Die verschmierte Wimperntusche betonte die verquollenen und geröteten Augen. Ihr braunes, von einer riesigen Silberspange zusammengehaltenes Haar wirkte strohig, und es war offensichtlich, dass sie geweint hatte.

Dicht gefolgt von André und Fifi, kam Jutta angelaufen. »Brigitte«, rief sie erleichtert aus und schlug im nächsten Moment erbleichend die Hand vor den Mund.

»Oh, mon Dieu! Mon Dieu!« Ihr Entsetzen verwandelte sich in Panik. »André, gehen Sie mit ihr in den Wagen und richten Sie sie her. Fifi ...« Sie schob die Haarstylistin zum Transporter.

»Hallo, Jutta.« Brigitte lächelte reizend.

Dann bahnte sie sich einen Weg durch die Umstehenden, ohne sie auch nur eines Blickes zu würdigen, und schwankte auf den Fotografen zu.

»Gaston, liebster, bester Gaston ...« Als sie ihm um den Hals fallen wollte, stolperte sie und stürzte gegen einen der Reflektoren, der umkippte. Die silberne Haarspange löste sich, und ihre zerwühlten Locken hingen ihr wild um den Kopf. Jo stürmte auf sie zu. Dabei stieß sie fast mit Gastons Assistenten zusammen, der den Reflektor retten wollte. Währenddessen wich Gaston empört zurück und wandte sich an Jutta.

»Soll das ein Scherz sein?«, schimpfte er. »Was bildet sich dieses Mädchen eigentlich ein, in diesem Zustand hier aufzukreuzen? Sie verschwenden meine wertvolle Zeit. Ich, Gaston Manoir, bin auf der ganzen Welt ein gefragter Mann ... Wir werden zwei Stunden brauchen, um sie auszunüchtern, und noch mindestens zwei weitere, damit sie vorzeigbar aussieht – wenn bei diesem Gesicht überhaupt noch etwas zu retten ist.« Verzweifelt rang er die Hände und verdrehte die Augen.

»Glauben Sie, ich mache so etwas mit Absicht?«, rief Jutta peinlich berührt aus. Ihr Gesicht zeigte mittlerweile ernste Anzeichen von Erschöpfung. Wütend drehte sie sich zu Brigitte um. »Wie können Sie es wagen, so zu einem Termin zu erscheinen, mein Kind! Sie sind gefeuert. Sie werden in Paris keinen Fuß mehr auf den Boden bekommen.«

Gaston begann, seine Ausrüstung zusammenzupacken. Da dämmerte ihr, dass der gesamte Fototermin im Begriff war zu platzen.

»Nein, Gaston, bitte warten Sie«, rief sie, den Tränen nah. »Wir sind doch beide kreative Menschen, und uns wird etwas einfallen. Sie wissen, was es für *Elegance* bedeutet, Sie mit an Bord zu haben. So etwas ist mir noch nie im Leben ... Ich muss mich an einen Redaktionsschluss halten. Ich besorge ein anderes Mädchen.« Unsicher bot sie ihm eine Zigarette an.

»Und dann beginnen wir nach Sonnenuntergang mit dem Fotografieren! Wenn Sie Ihre Mädchen nicht im Griff haben, ist das nicht mein Problem«, entgegnete Gaston barsch.

Wortlos hob Jo die Haarspange auf und führte Brigitte zurück auf den Gehweg. Sie konnte kaum fassen, dass ein erfolgreiches Fotomodell wie sie so gedankenlos ihre Karriere aufs Spiel setzte.

»Er ist verheiratet. Verheiratet! Wie konnte ich nur so blöd sein?«, verkündete Brigitte. Sie riss sich von Jo los, begann zu kichern und brach im nächsten Moment in Tränen aus.

Jo hielt ein Taxi an, verfrachtete das schluchzende Mädchen hinein, bezahlte den Fahrer und gab ihm die Adresse der Agentur. Dann kehrte sie widerstrebend zu Jutta zurück, die noch immer mit Gaston verhandelte. Die frühe Morgensonne hatte sich längst verflüchtigt. Es war zwecklos, ein anderes Mädchen anzurufen.

Ärgerlich an seiner Zigarette ziehend und mit finsterer Miene starrte Gaston Jo an und bemerkte die Enttäuschung in ihren auffälligen Augen. Rasch wandte Jo sich ab. Ihr wurde ganz heiß, als sie Gastons forschenden Blick auf sich spürte, der langsam über ihr Gesicht und ihren Körper glitt. Seine Miene änderte den Ausdruck, und er musterte Jo interessiert, während Jutta unbeirrt weiterplapperte.

»Schauen Sie mich noch einmal so an«, befahl Gaston und drehte Jos Gesicht in seine Richtung, ohne auf Jutta zu achten. Jo errötete noch heftiger und schenkte ihm einen Blick aus ihren violetten Augen. Ihr Herzschlag beschleunigte sich, und der Pulli war ihr auf einmal viel zu warm.

»Formidable!«, rief Gaston und wandte sich begeistert an Jutta. »Warum haben Sie mir nicht gleich ein Mädchen besorgt, das ein Gesicht und eine Figur hat wie diese Kleine?«, fragte er. »Aus der könnte ich etwas machen.«

»Wie?«, fragte Jutta verwundert. Offenbar war es besser, diesen Tag einfach abzuschreiben. »Nein, Gaston, mein Bester. Sie ist nur meine Assistentin. Geben Sie mir einen Tag Zeit, und ich verspreche, Ihnen ein Topmodell zu besorgen. Es tut mir wirklich leid, was heute passiert ist«, sprudelte sie hervor und zündete sich nervös die nächste Zigarette an.

Gaston bedachte sie mit einem grimmigen Blick.

»Ich habe keinen weiteren Tag Zeit«, entgegnete er und musterte die Moderedakteurin herablassend. »Sie wollen, dass ich für Sie fotografiere, und ich möchte mit diesem Mädchen arbeiten. Ihr Gesicht hat das gewisse Etwas.«

Ungläubig lauschte Jo dem Gespräch. Gaston löste ihr Haarband, das die seidigen blonden Strähnen auf dem Kopf zusammenhielt, und musterte sie, den Finger ans Kinn gelegt. Da wurde ihr klar, dass er es ernst meinte. Ihr Herzklopfen wurde immer heftiger, und ihr drohten die Knie nachzugeben. *Elegance Internationale* – eine achtseitige Fotostrecke von ihr in *Elegance Internationale* – das musste ein Traum sein.

Jutta kaute hektisch an ihren Nägeln. Das war Wahnsinn! Nun würde sie gute Miene zum bösen Spiel machen und ein Mädchen einsetzen müssen, das zu klein und zu dick war. Sie würde dabei nicht nur ihre kostbare Zeit verschwenden, sondern auch noch ihr Budget überschreiten. Aber sie wagte nicht, Gaston zu verärgern. Er sollte auch in Zukunft für ihre Zeitschrift arbeiten.

»Was soll ich tun, André?«, flüsterte sie dem Maskenbildner zu und zermarterte sich das Hirn nach einer Lösung. »Ich werde die Fotos nicht verwenden können, weil die Farben nicht stimmen. Doch wenn ich mich weigere, arbeitet er nie wieder für mich.«

»Tun Sie ihm den Gefallen, Jutta«, erwiderte André, der sich an ihrem Unbehagen weidete. »Wenn er wirklich so gut ist, wird schon etwas Brauchbares herauskommen. Anderenfalls können Sie die Aufnahmen irgendwo im hinteren Teil der Januarausgabe verstecken.«

Jutta sah den Maskenbildner an und lächelte zum ersten Mal an diesem Tag.

»André, Sie sind einfach wunderbar.« Sie nahm Jo zur Seite. »Seien Sie nett zu ihm, ich brauche ihn noch, wenn er aus New York zurückkommt«, flüsterte sie. »Schließlich haben wir dann noch einen Tag Zeit, um die richtigen Aufnahmen zu machen.«

Jo war enttäuscht, denn sie hatte im ersten Moment wirklich geglaubt, dass sie Brigitte vertreten sollte. Das war natürlich völlig absurd, dachte sie, als sie unsanft auf den Boden der Tatsachen zurückgeholt wurde. Also lächelte sie Jutta tapfer zu und stieg in den Transporter.

Jutta schüttelte den Kopf. Sie hatte sich für Brigitte eingesetzt, und nun war der Schuss nach hinten losgegangen. André verteilte Grundierung auf Jos Gesicht, und sie musste zugeben, dass das Mädchen gar nicht so schlecht aussah. Sie war zwar ein gutes Stück kleiner und ein wenig üppiger als Brigitte, doch das ließ sich mit Klebeband und ein paar Klammern hinkriegen. Nein, die Sache war einfach grotesk … jedenfalls, solange Gastons Name nicht die benötigte Auflagensteigerung bewirkte. Sie würde heute Mittag mit Rachelle, der Chefredakteurin, sprechen, damit der morgige Tag nicht so hektisch wurde wie der heutige. Wenn sie nur mehr Zeit hätte …

In den nächsten beiden Stunden waren alle fieberhaft damit beschäftigt, Säume und Ärmel zu kürzen und die kostbaren Stoffe festzustecken, zu raffen und in die richtige Form zu bringen. Während André unter Aufbietung all seines maskenbildnerischen Könnens Jo von einer einfachen Büroangestellten in ein verführerisches weibliches Wesen verwandelte, wirkte Fifi wahre Wunder an Jos Haar. Sie bürstete es, bis es glänzte, und steckte es elegant hoch, sodass es ausgezeichnet zum ersten Kleid passte.

Als Jo in einem von Klebeband und Klammern zusammengehaltenen Designerkleid auf Gaston zurauschte, musste sie ein begeistertes Aufseufzen unterdrücken.

»*Non! Non!* Sie sehen viel zu glücklich aus«, rief Gaston nach einer Weile. »Sie müssen mich so ansehen wie vorhin«, befahl er und betätigte den Auslöser.

Doch trotz Gastons Anweisungen gelang es Jo nicht, das Gefühl auszudrücken, das er von ihr verlangte. Obwohl der Wind durch den dünnen Satin schnitt und ihre nackten Schultern erstarren ließ, konnte sie die Fröhlichkeit nicht verdrängen. Ihre Augen funkelten, ein Leuchten ging von ihr aus, und sie genoss die Situation in vollen Zügen.

Schließlich hielt Gaston inne.

»Haben Sie Familie?«, fragte er.

Jo nickte.

»Lieben Sie Ihre Angehörigen sehr?« Er hielt inne und spähte durch die Kamera. »Stellen Sie sich vor, jemand, der Ihnen nahe steht, wäre gerade ums Leben gekommen.«

Das wirkte auf Jo wie ein Schlag in die Magengrube. Ihre Fröhlichkeit war mit einem Mal wie weggeblasen, und sie musste die Tränen zurückdrängen, um ihr Make-up nicht zu verderben.

»*Oui*, genau so! Und jetzt laufen Sie auf mich zu«, befahl Gaston.

Jo gehorchte. Der Satinumhang wehte hinter ihr her, während ihr die Tränen über die Wangen liefen.

»*Oui! Oui!* Jetzt stimmt der Ausdruck!« Gaston war begeistert. »Und in den nächsten Aufnahmen sehen wir glücklich aus, *chérie*. André, bitte kümmern Sie sich um das Make-up.«

Jo beendete den Fototermin in einem Gefühlsaufruhr. Obwohl es ihr gelang, die von Gaston bei jedem Kleiderwechsel geforderten Emotionen auszudrücken, schwankte ihr Gefühlsbarometer zwischen Trauer und Wut. Gaston, der in ganz Frankreich begehrte Fotograf, war zwar talentiert, aber auch arrogant und gleichgültig. Für ihn war sie nichts weiter als ein Gesicht und ein Körper. Allerdings konnte er unmöglich von Ricks Tod wissen, sagte sie sich. Schließlich hatte sie nach der Abreise aus Australien mit niemandem darüber gesprochen. Und außerdem war alles sowieso umsonst, alles nur Theater. Die Fotos würden niemals veröffentlicht werden.

Die Novemberausgabe von *Elegance Internationale* kam in der letzten Oktoberwoche in die Läden. Selbst Jutta war von Gastons Aufnahmen begeistert gewesen.

»Druck sie«, hatte Rachelle beim Anblick der Fotos gerufen. »Außerdem kann ich dir nur raten, dich nach einer anderen Assistentin umzusehen.« Sie behielt recht. Plötzlich stand Jo hoch im Kurs. Jean Curie war überglücklich. Bis zum Titelmädchen hatte Jo zwar noch einen weiten Weg vor sich, aber die achtseitige Fotoserie hatte sie bekannt gemacht, und die Zeitschriften rissen sich um sie.

In den nächsten Monaten reiste Jo kreuz und quer durch Europa. Dabei wünschte sie sich, Emma häufiger zu sehen, die inzwischen von einem Agenten aus Florenz betreut wurde. Da Jo während ihrer Tätigkeit bei *Elegance Internationale* viele Modeschöpfer kennengelernt hatte, erhielt sie unterwegs ständig neue Angebote. In knapper Badebekleidung stand sie frierend vor dem Kolosseum in Rom, um sich für die *Vogue* ablichten zu lassen. Sie schwitzte sich in überheizten Modehäusern halb tot, balancierte auf hohen Plateausohlen aus Kork durch das Tohuwabohu, das hinter der Bühne von Mailänder Modenschauen herrschte, und verbrachte während der Fototermine in Athen viele lange Stunden mit Warten. Doch irgendwie schaffte sie es, die Feuertaufe zu überstehen.

Ihr Terminkalender war randvoll, denn sie musste sich neben den Fototerminen und Modenschauen am Arm von Männern der verschiedensten Nationalitäten und Altersgruppen bei unzähligen Galadiners, Wohltätigkeitsveranstaltungen und Partys blicken lassen. Dabei kam sie kaum zum Luftholen.

So war Jo schließlich sehr erleichtert, als sie am Weihnachtstag endlich ihre Reisetasche in ihrem Zimmer in Jennys Wohnung abstellen und den dicken grauen Wollpullover und die kniehohen Stiefel ausziehen konnte, um sich aufs Bett sinken zu lassen.

»Sie sind superklasse«, rief da eine vertraute Stimme.

Jo sprang auf.

»Emma«, jubelte sie und fiel ihrer Freundin, die sie seit Monaten nicht getroffen hatte, um den Hals.

»Du bist hinreißend«, begeisterte sich Emma. »Als ich die Fotos in *Elegance* gesehen habe, auf denen du so rennst ... Super! Dein Gesichtsausdruck geht einem richtig ans Herz. Die Klamotten sind, glaube ich, niemandem aufgefallen.«

In Jos violetten Augen funkelte es verärgert. Am Vorabend war sie Gaston bei einer Party in Barcelona begegnet und hatte sich wieder daran erinnert, wie sehr er sie mit seinen Bemerkungen verletzt hatte. Er hatte sogar den Nerv gehabt, sie zu fragen, ob sie mit ihm ausgehen wolle. Von der schlechten Luft in den Flugzeugen hatte sie Kopfschmerzen, und wie immer rochen ihre Kleider nach Zigarettenrauch.

»Ich hasse diesen Mann, und ich hasse es, Fotomodell zu sein. In den letzten beiden Monaten bin ich herumgelaufen wie ein kopfloses Huhn. Mein Gott, was ist nur aus meinem Leben geworden?«, schluchzte sie erschöpft, vergrub ihr Gesicht in ihrem Pullover und begann zu weinen.

Entsetzt betrachtete Emma ihre Freundin. Nach und nach

gelang es ihr, die ganze Geschichte aus ihr herauszuholen: Ricks Tod; Jos Enttäuschung, weil ihr Vater ihr nie schrieb; das ständige Drängen ihre Mutter; ihre Angst, nie wieder mit Pferden arbeiten zu dürfen, und der Ekel, den sie bei Gastons Annäherungsversuchen empfunden hatte. Gaston hatte sie nachdrücklich daran erinnert, dass sie ihm ihre Modellkarriere verdankte.

»Benutzen und wegwerfen – das ist das Motto, nach dem diese Leute leben, Jo. Das musst du lernen. Wenigstens sagt Carlos das immer, wenn es mir schlecht geht. Du musst dir eine harte Schale zulegen. Hier, mach deine Post auf. Bestimmt ist etwas dabei, das dich aufmuntern wird.« Emma reichte ihr einen Stapel Briefe.

Jo setzte sich auf und putzte sich die Nase. »Wer ist Carlos?«, fragte sie, während sie die Umschläge durchsah.

Es waren zwei Briefe von ihrer Mutter und einer von ihrer Agentin dabei. Sie legte die von ihrer Mutter beiseite und riss den geschmackvoll bedruckten Umschlag auf, in dem sie eine Ergänzung zu ihrem Terminkalender erwartete. Doch stattdessen befand sich ein Scheck über einen unanständig hohen Betrag darin, begleitet von einem freundlichen Schreiben. Jo, die bereits eine bescheidene Summe von der Agentur erhalten hatte, schnappte nach Luft. Dann sah sie Emma an und lachte.

»Kann das stimmen?«, fragte sie und zeigte Emma den Scheck.

»Das ist noch gar nichts, verglichen mit dem, was du später einmal verdienen wirst«, erwiderte Emma und umarmte ihre Freundin, erleichtert, dass Jo ein wenig vergnügter wirkte. »Ich habe Claudette gerade auf dem Flur gesprochen. Seit du weg bist, ist hier die Hölle los. Deine Agentin ruft ständig an, weil Agenturen aus ganz Europa ihr die Bude einrennen, um dich zu buchen.«

Aufgeregt sprang sie auf und zog Jo vom Bett hoch. Nachdem sie ihr ein Handtuch in die Hand gedrückt hatte, schob sie sie ins Bad.

»Beeilung. Ich habe für uns in einer halben Stunde einen Friseurtermin vereinbart. Oder hast du Jennys Weihnachtsparty vergessen? Sie hat halb Paris eingeladen, also müssen wir beide etwas hermachen … Außerdem muss ich dir von Carlos erzählen. Er ist ein wundervoller Fotograf, den ich in Florenz getroffen habe. Er kennt Gott und die Welt … Und die zweite Nachricht ist«, rief sie durch die Badezimmertür, »dass wir beide Silvester bei Tante Sarah in England verbringen werden. Ich habe drei Wochen Zeit, bevor ich nach New York muss. Was ist mit dir?«

»Heißt das, dass ich mir endlich die dämlichen alten Ställe ansehen kann?« Eine tropfnasse Jo streckte den Kopf zur Tür heraus. Auf einmal war sie sehr glücklich.

»Ich denke schon … Oh, Jo, ich habe dich so vermisst und muss dir eine Menge erzählen.«

»Du hast mir auch sehr gefehlt. Du musst mir haarklein berichten, was du alles seit unserer letzten Begegnung erlebt hast«, erwiderte Jo, bevor sie erneut im Bad verschwand.

Es war so schön, Emma wiederzusehen.

Während sie sich rasch einseifte, kehrte ihre Entschlossenheit zurück. Eine Pause würde himmlisch sein und ihr die Möglichkeit geben, Kraft zu tanken.

Anschließend würde sie diesem chaotischen und anstrengenden Beruf eine letzte Chance geben, damit ihr Vater ihr nicht vorwerfen konnte, sie hätte es nicht ernsthaft versucht.

Außerdem war das Geld nicht zu verachten. Wenn Dad nur geschrieben oder angerufen hätte … aber daran durfte sie nicht denken.

Jo war froh, wieder bei Emma und Jenny zu sein. In einem atemberaubend schlichten, schwarzen Kleid, das sie in Italien geschenkt bekommen hatte, schlängelte sie sich durch die dicht gedrängte Gästeschar in der Wohnung der Bercys, verteilte Häppchen, lachte und plauderte und ließ sich von der festlichen Stimmung anstecken.

Gerade versuchte sie, Jacques' fünften Versuch zu vereiteln, sie unter dem Mistelzweig zu küssen, da läutete das Telefon. Es war ein Ferngespräch aus Australien.

»Dad«, rief Jo und hatte Mühe, den Partylärm zu übertönen.

»Wie läuft es in der Kingsford Lodge? Ich vermisse euch alle sehr.«

Nachdem Charlie Jo rasch die Lage zu Hause geschildert, ihr über jedes einzelne Pferd Bericht erstattet und ihr versichert hatte, dass Fizzy wohlauf sei, fügte er hinzu: »Ich liebe dich, Jo. Deine Mutter, ich und wir alle hier sind sehr stolz auf dich. Gut gemacht.«

Das war das allerschönste Weihnachtsgeschenk, das Jo sich denken konnte.

10

Tante Sarah wartete allein auf dem Bahnsteig des Bahnhofs von Worcester, als Jo und Emma am Tag vor Silvester mit ihrem Gepäck aus dem Zug stiegen. Die Tante trug einen dicken Tweedmantel und hatte ein Wolltuch mit Paisleymuster um ihren grauen Wuschelkopf geschlungen. Nachdem sie Emma umarmt hatte, drückte sie Jo fest die behandschuhte Hand. Dann griff sie nach Emmas größtem Koffer und steuerte raschen Schrittes auf den Parkplatz zu. Jo, die ihr in den dämmrigen verschneiten Nachmittag hinausfolgte, überlegte, ob sie wohl Ähnlichkeit mit Martha Wellbourne hatte. Mit ihrer barschen Art und der tiefen Stimme strahlte Tante Sarah eine Autorität aus, die auf Jo gleichzeitig einschüchternd und beschützend wirkte.

»So, wie ihr beide ausseht, verordne ich euch ein heißes Bad und frühe Bettruhe«, verkündete Tante Sarah und verstaute die Koffer im Kofferraum des alten, blitzblank polierten schwarzen Mercedes. Jos dunkle Augenringe und Emmas eingefallene Wangen waren ihr nicht entgangen. »Gibt man euch nichts zu essen? Ihr macht einen richtiggehend verhungerten Eindruck.«

»Das sagst du jedes Mal, Tante Sarah. Wenn es nach dir ginge, könnte man mich rollen«, meinte Emma lachend, küsste ihre Tante auf die Wange und blinzelte sich die Schneeflocken von den Wimpern. Jo und sie räumten zusammen zitternd vor Kälte das restliche Gepäck ins Auto.

»Nun, es könnte euch nicht schaden, ein paar Kilo zuzunehmen«, entgegnete Sarah streng, klappte den Kofferraum zu und nahm hinter dem Steuer Platz.

Fröhlich stieg Emma neben ihr ein, während Jo sich erleichtert auf die Rückbank setzte, wozu sie zunächst einen Stapel Broschüren des hiesigen Roten Kreuzes beiseite schieben musste. Sie rieb sich die steif gefrorenen Finger; ihre Ohren brannten vor Kälte. Es dauerte nicht lange, bis die Scheiben von ihrer Körperwärme beschlagen waren.

Die Fahrt zu Tante Sarahs Haus dauerte eine halbe Stunde. Jo wischte mit dem Ärmel die Scheibe frei, spähte hinaus und schnappte begeistert nach Luft. Der Wagen glitt durch eine weiße Winterzauberwelt mit gewundenen Straßen und hohen Bäumen, deren Äste sich unter dem gefrorenen Schnee bogen. Der Weg führte sie durch schneebedeckte Alleen, offenes Gelände, über dem Nebel stand, und vorbei an unter wellenförmigen Schneeverwehungen verschwundenen Feldern. Ratternd überquerten sie eine schmale Holzbrücke. Tante Sarah bog scharf nach links ab, wo es hinter der hübschen alten Dorfkirche in die Ortschaft Shesley Walsh ging. An einigen alten Steinhäusern vorbei, fuhren sie eine schmale Straße entlang, wobei die gestutzten Hecken zu beiden Seiten beinahe den Wagen streiften. Zu guter Letzt erreichten sie eine breite, ordentlich gepflegte Auffahrt und hielten vor einem großen, mit Moos bewachsenen Backsteinhaus. Die Lampen hinter den geschlossenen Vorhängen schimmerten einladend.

»Willkommen im ›Krähennest‹, Jo«, verkündete Tante Sarah und betätigte ein wenig zu nachdrücklich die Handbremse.

Jo fand auf Anhieb, dass das schlichte Anwesen Sarahs Persönlichkeit hervorragend widerspiegelte. Im nächsten Moment öffnete sich die weiße Eingangstür mit dem schimmernden Türklopfer aus Messing, und ein hochgewachsener, leicht gebeugter Mann mit schütterem grauem Haar erschien, um sie zu begrüßen.

»Das ist mein Bruder Charles. Er ist zur Fasanjagd hier«, erklärte Sarah und stellte Jo vor, während sie das Gepäck aus dem Wagen holten und durch den frisch gefallenen Schnee wateten. Jo wich einer tief über der Tür hängenden Ranke des wilden Weins aus und wäre beinahe von einem schwarzen Schatten umgerannt worden, der sich ihr entgegenwarf.

»Zurück ins Haus, Winston und Churchill«, befahl Sarah, als ein zweiter schwarzer Schatten herangestürmt kam.

Jo ließ ihre Taschen fallen, ging mit einem breiten Lächeln in die Knie und umarmte die beiden schwarzen Retriever, die erst sie und dann Emma ableckten und dabei wild mit dem Schwanz wedelten. Jo musste an Sam denken, der laut Ninas letztem Brief wohlauf war.

»Ins Haus!«, wiederholte Sarah, worauf die Hunde widerstrebend gehorchten. »Eigentlich haben wir sie als Jagdhunde ausgebildet, aber ich fürchte, meine Nichten und Neffen haben sie bei ihren Besuchen zu sehr verwöhnt«, meinte Sarah mit einem vielsagenden Blick auf Emma.

Drinnen in dem ordentlichen Flur schlugen ihnen der Geruch von Möbelpolitur und köstliche Küchendüfte entgegen. Jo merkte, dass sie sehr hungrig war. Die Wände wurden von Familienporträts und Originaldrucken geziert, die Fasane, Rebhühner und andere heimische Wildtiere darstellten. In den kleinen Nischen an der Treppe und im Korridor, der zu ihren Zimmern führte, erkannte Jo Kostbarkeiten wie französische Keramiken und orientalische Vasen und Krüge, alles liebevoll angeordnet. Im dritten Stock musste sie atemlos innehalten.

»Das ist der sogenannte Kinderflügel. Du wohnst hier und ich gleich nebenan«, verkündete Emma und riss die Tür zu Jos Zimmer auf.

Begeistert trat Jo in das große Zimmer mit der Dachschräge und sah sich um. In einer Ecke stand ein Waschtisch mit einem großen Porzellankrug. Das kleine Körbchen daneben war voller Tannenzapfen, und außerdem gab es noch ein Stück Seife auf einem Porzellanteller. Die weitere Möblierung bestand aus einem Bett und einem hohen Standspiegel. Die Tapete hatte ein Muster aus winzigen rosaroten Rosenknospen. Jo stellte ihr Gepäck ab und lief zum Fenster. Das Fensterbrett war mit Schnee bedeckt. Sie spähte in die Dämmerung hinaus und konnte einen Gemüsegarten und dahinter die grauen Umrisse eines Wäldchens erkennen. Es schneite immer noch.

»Tante Sarah hat eine Schwäche für selbst angebautes Gemüse und würde nie etwas aus dem Laden anrühren«, erklärte Emma und wies auf dunkle, mit Schnee bedeckte Schatten, die wie Soldaten in Reih und Glied standen. »Siehst du das da? Das ist Tante Sarahs preisgekrönter Rosenkohl. Wollen wir wetten, dass es heute zum Abendessen welchen gibt? Das Bad ist am Ende des Flurs. Ich muss aus diesen Sachen raus, sie stinken nach der Zugfahrt. Bis gleich.«

Jo lächelte zufrieden. Bereits nach zwanzig Minuten fühlte sie sich erholt.

Das Abendessen, das in dem formell eingerichteten Esszimmer an einem langen, polierten Mahagonitisch eingenommen wurde, verlief ruhig und in angenehmer Atmosphäre. Tante Sarah erkundigte sich, was Emma in letzter Zeit so getrieben hatte, während Charles Jo alles über das Abhängen von Fasanen erzählte. Anschließend ließen sie sich mit einer Tasse Kaffee vor dem gemütlichen Kamin nieder, in dem die Tannenscheite knisterten, und Jo schlief zu ihrer großen Verlegenheit ein, sodass Emma sie wach rütteln und zu Bett bringen musste.

Beim Aufwachen am nächsten Morgen hörte Jo die Krähen in dem nahe gelegenen Wäldchen krächzen und war sicher, dass sie seit Monaten nicht mehr so gut geschlafen hatte.

»Heute Abend bleibst du aber wach. Wir sind nämlich zum Silvesterball bei den Hiscott-Halls eingeladen«, neckte Emma, die halb angekleidet ins Zimmer gelaufen kam.

Sie hatte ihre Socken und einen dicken Pullover in der Hand und streifte sich gerade zitternd ein Polohemd über den Kopf, das sie in den Bund ihrer schwarzen Samthose steckte.

Gähnend setzte Jo sich auf und zog die Daunendecke hoch bis zum Kinn. »Wer sind die Hiscott-Halls?«, fragte sie.

Sie spürte die Kälte an der Nasenspitze und zögerte, ihr warmes, gemütliches Bett zu verlassen.

»Freunde der Familie. Tante Frances ist mit Tante Sarah befreundet und eigentlich nicht meine richtige Tante. Sie hat aus erster Ehe drei Söhne, die Mitte zwanzig sind und unverschämt gut aussehen. Lelia stammt aus ihrer zweiten Ehe mit Sir William. Mum hat immer vermutet, das er sie wegen des Geldes und sie ihn wegen des Titels geheiratet hat. Tante Frances' Vater hat Motoren für Rolls-Royce entwickelt und ein Vermögen damit verdient. Die Leute am Ort haben die Nasen gerümpft und sie als Neureiche bezeichnet, bis Tante Frances eine große Summe für die Renovierung der Kirche gespendet hat. Dann waren sie endlich ruhig. Sir William bin ich nie wirklich begegnet«, fuhr Emma, die Stimme gedämpft durch den Pullover, in den sie gerade schlüpfte, fort. »Er ist ein komischer Kauz und ziemlich eigenbrötlerisch und hat sich immer verdrückt, wenn ich mit Tante Sarah bei ihnen zu Besuch war. Ich habe ihn nur einmal kurz gesehen. Da hat er mir vom anderen Ende des Gewächshauses zugewinkt. Dann, als Lelia zwölf war, ist er mit einer Fünfundzwanzigjährigen durchgebrannt. Die arme Tante Frances war am Boden zerstört. Aber ich glaube, dass Lelia das gar nicht weiter aufgefallen ist. Sie ist einfach unbeirrt weiter in ihren Rüschenkleidchen herumgesprungen. Lelia ist vier Jahre älter als ich. Wir haben uns nie richtig verstanden. Sie hat nämlich eine hohe Quengelstimme und wollte mich immer herumkommandieren, als wir noch klein waren. Für mich war sie die größte Idiotin von ganz Worchestershire. Wir haben uns seit Jahren nicht gesehen, und ich weiß nicht, warum ich überhaupt von ihr rede. Ich wollte dir nur erzählen, wie das hier so ist. Schau, die Sonne versucht durchzukommen.« Sie strich sich das Haar aus dem Gesicht und angelte eine Socke unter dem Bett hervor.

»Klingt, als wäre sie genau mein Fall. Aber solange sie keine Moderedakteurin ist, die mir ins Ohr kreischt, kann sie sein, wie sie will.« Jo grinste und beschloss, sich endlich der Kälte zu stellen. In ihrem Baumwollnachthemd huschte sie über den abgewetzten Teppich, riss das Fenster auf und holte tief Luft. »Ah, es riecht so frisch hier.«

In der Nacht hatte es kräftig geschneit, und überall wimmelte es von den Fußabdrücken winziger Vögel. Der dunstige Sonnenschein ließ den Schnee funkeln wie Diamanten, und die frische Brise sorgte dafür, dass sich Jos Wangen röteten. Fröstelnd zog sie den Kopf zurück und schloss das Fenster.

»Brrr, gibt es in England keine Zentralheizung?«, rief sie aus und rieb sich die Arme.

»Tante Sarah ist eine überzeugte Gegnerin des Heizens. Warum der gesunden Natur ins Handwerk pfuschen? Das härtet ab.« Schmunzelnd zog Emma sich Kniestrümpfe über die Strumpfhose. »Aber heißes Wasser gibt es mehr als genug.«

»Na, klasse.« Jo griff nach ihrem Handtuch und verschwand im Bad.

Zwanzig Minuten später gesellte sie sich, mit einem dicken grünen Pulli über einem weißen Polohemd und einer schwarzen Kordhose bekleidet, zu Emma in den großen Frühstücksraum, der einen Ausblick auf die Felder rund um das Haus bot. Die beiden Mädchen labten sich an dampfendem Haferbrei, gefolgt von Toast mit hausgemachter Orangenmarmelade. Der Ölofen brannte auf so niedriger Stufe, dass er den Raum kaum erwärmte.

Tante Sarah kam herein. Sie trug einen dicken Mantel über Tweedrock und Wollpullover. Ihr Gesicht war ungeschminkt, und ihre Nase von der Kälte gerötet. Das Paisleytuch hielt sie in der Hand.

»Heute Abend um Viertel nach sieben fahren wir zu den Hiscott-Halls, Emma«, verkündete sie und nahm die Autoschlüssel vom Haken neben dem Bücherregal. »Ich hoffe, Sie haben gut geschlafen, Jo. Sie waren ja ziemlich müde. Ich fahre in die Stadt, um Wein und einige Kleinigkeiten für Frances zu besorgen. Warum führst du Jo nicht ein wenig herum,

Emma? Im Kühlschrank steht kalter Fasan, und in der Speisekammer sind noch Eier und Suppe. Ein ordentlicher Spaziergang wird euch beiden guttun. Nehmt Winston und Churchill mit, sie brauchen dringend Auslauf.« Nachdem sie sich das Paisleytuch umgebunden hatte, marschierte sie hinaus.

»Das bedeutet, dass wir um Punkt Viertel nach sieben Gewehr bei Fuß in der Vorhalle stehen müssen«, meinte Emma, während der Mercedes davonfuhr. »Ich liebe Tante Sarah, und sie ist eine wundervolle Frau. Doch in diesem Haus hat alles seinen Platz und muss pünktlich auf die Minute vonstattengehen. Sie, nicht ihr Vater, hätte in die Armee eintreten sollen. Komm, ich stelle dich unseren Nachbarn vor. Das ist nur ein paar Kilometer die Straße hinunter.«

Die beiden Mädchen pfiffen nach den Hunden und machten sich, die kurvige Straße entlang, auf den Weg zum Nachbaranwesen. Die Furchen des Weges waren unter dem weichen Schnee gefroren, und immer wieder knirschte Eis unter ihren Füßen.

»Weißt du, ich habe gehofft, dass es so schön sein würde«, seufzte Jo zufrieden.

So entspannt hatte sie sich nicht mehr gefühlt, seit sie aus Australien fortgegangen war. Sie rüttelte an einem Ast und sah zu, wie der Schnee, in der Morgensonne glitzernd, zu Boden rieselte. Sie lief weiter, schüttelte einen zweiten Ast und versuchte, den Schnee mit den Händen aufzufangen.

»Du tust, als hättest du noch nie zuvor Schnee gesehen«, meinte Emma lachend.

»Na und?«, erwiderte Jo und tollte hinter den Hunden her. Emma hob eine Hand voll Schnee auf, rannte Jo nach, warf einen Schneeball nach ihr und traf sie an der Schulter. Churchill fing an zu bellen, während Winston in die entgegengesetzte Richtung davonstob.

»Hey, jetzt ist mir Schnee in den Kragen gefallen«, schimpfte Jo und revanchierte sich umgehend.

Bald entbrannte eine heftige Schneeballschlacht. Die beiden Mädchen sprangen fröhlich hin und her und stolperten dabei immer wieder über die Hunde, die zwischen ihnen im Kreis herumliefen und versuchten, die fliegenden Schneebälle zu fangen. Zweimal wäre Jo beinahe gestürzt, und sie spürte, wie kalter Schnee ihr unter die Jacke drang, worauf sie Emma noch eifriger bewarf. Als die zwei schließlich lachend und atemlos innehielten, waren ihre Wangen gerötet, und ihre Augen leuchteten.

»Es ist so schön, einfach nur man selbst sein zu dürfen«, juchzte Jo, schleuderte eine Hand voll Schnee in die Luft und fischte Schneebröckchen aus ihrem Kragen. »Ach, Emma, danke, dass du mich eingeladen hast.«

»Ich finde es schön, eine Freundin zu haben«, erwiderte Emma, plötzlich schüchtern. »Weil Mummy und Daddy immer in der Weltgeschichte herumreisen, war ich meistens auf mich allein angewiesen. Tante Sarah ist zwar ein Schatz, aber es ist trotzdem nicht dasselbe … An Weihnachten habe ich die beiden wirklich vermisst.«

Sie warf Churchill einen Schneeball zu.

»Heute Abend wird es sicher lustig«, wechselte sie, vergnügt wie immer, das Thema. Aus ihren Manteltaschen förderte sie einige trockene Kekse zutage, die sie an die hechelnden Hunde verfütterte.

Jo betrachtete ihre Freundin und dachte nicht zum ersten Mal, dass sie selbst von ihnen beiden das einfachere Leben hatte. »Du musst mir noch einmal erklären, wer heute Abend alles kommt, damit ich mir wenigstens ein paar Namen merke«, sagte sie, während Winston sich in einen jungfräulichen Schneehaufen fallen ließ.

Die große Standuhr schlug Viertel nach sieben, und Jo zog den langen Mantel über das schwarze Kleid, das sie zu Jennys Party getragen hatte. Sie sah eher aus wie neunzehn als wie siebzehn, als sie neben Emma auf dem Rücksitz des Mercedes

Platz nahm, die ein Kleid aus grünem Knautschsamt trug. Nachdem Tante Sarah beifällig genickt und Charles eine aufmunternde Bemerkung gemacht hatte, brachen die vier auf nach Shelsey Manor, zum wunderschönen alten Landsitz der Hiscott-Halls. Wegen Sarahs strenger Einstellung zu Pünktlichkeit und gutem Betragen waren sie unter den ersten Gästen.

Jo wurde offiziell vorgestellt, bekam ein Glas Orangensaft in die Hand gedrückt und wurde zu ihrer Verlegenheit dazu verdonnert, mit Frances Hiscott-Halls altem, sehr schwerhörigen Vater und einer albernen kleinen Frau, die ein viel zu tief ausgeschnittenes geblümtes Kleid trug, Konversation zu betreiben. Letztere erklärte Jo ausführlich, sie sei bei einem Anwalt am Ort tätig, der den Betreiber des Lokalsenders beriet, welcher sicher auch zu der Feier erscheinen werde.

Frances, die die beiden Mädchen absichtlich getrennt hatte, entführte Emma ans gegenüberliegende Ende des Raums zu einer anderen Gruppe von Gästen, während Sarah das Buffet in Augenschein nahm.

Obwohl Frances zu Anfang als Neureiche verspottet worden war, zeugte das Haus von ihrem guten Geschmack und ihrer Liebe zu schönen Dingen. Die große Eingangshalle war mit Antiquitäten und eleganten Kunstobjekten ausgestattet, und die schweren roten Samtvorhänge im geräumigen Wohnzimmer passten ausgezeichnet zu dem dicken Perserteppich.

Für Jos Gefühl war der Raum riesig und viel zu ruhig. Ihre eigene Stimme klang ihr laut in den Ohren, während sie sich bemühte, die schleppende Konversation in Gang zu halten. Sie zermarterte sich gerade das Hirn auf der Suche nach einem Gesprächsthema, da fiel ihr Blick auf die prachtvolle, mit Gold und Türkisen verzierte antike französische Uhr auf dem mächtigen marmornen Kaminsims. Flankiert von zwei kunstvoll gestalteten Kaminböcken in Form fliegender Adler, erwärmte das lodernde Feuer des Kamins den Raum und tauchte die geschwärzten Metallteile in einen rötlichen Schein. Jo wünschte sich sehnlich Mitternacht herbei, während nach und nach die anderen Gäste eintrafen.

Gerade erklärte sie zum dritten Mal, dass sie mit zwei Hunden und nicht mit dem ehemaligen britischen Premierminister spazieren gewesen sei, als es in der Vorhalle laut wurde, und alle Augen sich zur Tür wandten. Ein leicht übergewichtiger Mann von Mitte vierzig, mit gerötetem Gesicht, kam herein, laut lachend über einen Scherz von Frances, schritt über den Perserteppich und strich sich die Schneeflocken aus dem dichten hellbraunen Haar. Er wurde von einer elegant gekleideten, etwa zehn Jahre jüngeren Frau begleitet. Sie schienen den leeren Platz im Raum zu füllen. Jo war sicher, die beiden schon einmal gesehen zu haben, konnte sie jedoch nicht einordnen.

»Und das ist unsere australische Besucherin Joanna Kingsford. Sie wohnt bei Sarah und Emma im ›Krähennest‹«, erklärte Frances und schob die beiden zu Jo hinüber. Ihr streng geschnittenes Kostüm raschelte bei jeder Bewegung. »Jo und Emma sind gerade im Begriff, erfolgreiche Fotomodelle zu werden. Sie wissen doch, dass das schon immer Emmas sehnlichster Berufswunsch war.«

Dankbar schüttelte Jo den Neuankömmlingen die Hand.

»Jo, meine Liebe, das sind Mr und Mrs Compton, die Besitzer eines erfolgreichen Rennstalls nicht weit von hier«, fuhr Frances fort. »Eins sage ich Ihnen, Guy, Ihre Pferde führen ein besseres Leben als die meisten von uns. Sally, kommen Sie, ich möchte Sie mit einer Freundin von mir bekannt machen.« Mit diesen Worten zog sie Mrs Compton weg.

Plötzlich wusste Jo, warum ihr der Mann so bekannt vorgekommen war. Ihr Puls begann zu rasen, und sie errötete heftig. Die Vorstellung war überflüssig gewesen. Sie hatte das Gesicht dieses Mannes oft genug gesehen. Ständig war zu Hause sein Name gefallen. Sie stand tatsächlich vor Guy Compton, dem führenden britischen Pferdetrainer, Gewinner dreier Epsom Derbys und einiger Rennen in Ascot. Beim letztjährigen »Prix de l'Arc de Triomphe« in Longchamps bei Paris war sein Pferd Zweiter geworden. Außerdem gehörte ihm das berühmte Gestüt Stockenham Park – die »dämlichen alten Ställe« am Ende der Straße, über die Emma Witze gerissen hatte. Sprachlos zermarterte Jo sich das Hirn nach einer intelligenten Bemerkung.

»Kingsford? Sie sind nicht etwa mit dem australischen Trainer Charles Kingsford verwandt?«, fragte Guy.

Trotz seiner leutseligen und freundlichen Art hatte er einen durchdringenden Blick.

»Ich bin seine Tochter«, stammelte Jo.

»Was? Sie sind Charlies kleines Mädchen? Das darf doch nicht wahr sein. Wie geht es dem alten Schwerenöter ... ich meine, Ihrem Vater? Der versteht etwas von seinem Geschäft. Sie müssen uns unbedingt besuchen und mir ein paar seiner Geheimnisse verraten«, witzelte er. »Wir wohnen nicht weit von hier.«

Jos Miene hellte sich auf, ihre Verlegenheit ließ nach, und sie erzählte von ihrem Vater und der Kingsford Lodge. Wie immer hatte das Zusammensein mit Menschen aus der Welt des Pferderennsports eine anregende Wirkung auf sie. Während sie und Guy Compton Anekdoten austauschten, bemerkten sie gar nicht, wie sich der Raum füllte und es immer lauter wurde. Frances kam weiter ihrer Gastgeberpflicht nach, alle Gäste miteinander bekannt zu machen.

»Es ist sehr nett, dass Sie beide sich so gut verstehen, aber ich muss Joanna leider entführen«, unterbrach Frances schließlich und lächelte Guy zu.

Dann nahm sie Jo fest am Ellenbogen und schob sie zu einer Gruppe junger Steuerberater aus London hinüber. Höflich beteiligte sich Jo an ihrem nichtssagenden Geplauder. Die Begleiterinnen der jungen Männer waren ganz besonders blasiert. Jo langweilte sich entsetzlich, insbesondere, als man unweigerlich auf ihre Modelkarriere und ihre Fotos in den

Modezeitschriften zu sprechen kam. Sehnsüchtig sah sie sich nach Guy Compton um. Gerade wollte sie ihn fragen, wann ihm ihr Besuch in Stockenham Park genehm wäre, als Frances sie weggezogen hatte.

Inzwischen drängten sich die Gäste im Raum, und der Geräuschpegel war so hoch, dass man fast schreien musste, um sich verständlich zu machen. In der Hoffnung auf eine weitere Gelegenheit zu einem Gespräch mit Guy blickte sich Jo nach Emma um, die gerade in eine Unterhaltung mit einem dunkelhaarigen Mann vertieft war. Nach der Beschreibung der albernen Dame zu urteilen, musste es sich um den Betreiber des Lokalsenders handeln.

Jo entschuldigte sich bei den Steuerberatern und schlängelte sich zu dem Tisch vor der Terrassentür durch, um sich etwas zu trinken zu holen. Sie schnitt ihrem Spiegelbild in der silbernen Bowleschale eine Grimasse, schöpfte sich eine Kelle voll Punsch und wollte sie gerade in ihr Glas gießen, als sie einen heftigen Stoß erhielt. Ein junger Mann, der fünf leere Gläser über dem Kopf balancierte und dabei seinen Freunden durch den Raum etwas zurief, hatte sie angerempelt.

»Können Sie nicht aufpassen?«, rief Jo ärgerlich, denn sie hatte sich die Hüfte am Tisch gestoßen. Doch ihre Stimme ging in dem Lärm unter. Die Schöpfkelle fiel ihr aus der Hand, und die hellrote Flüssigkeit ergoss sich über einige Dutzend umgefallener Gläser.

»Mein Gott, ist das voll hier! Moment, ich helfe Ihnen«, sagte der junge Mann und griff nach der Schöpfkelle.

Wütend nahm sich Jo eine Papierserviette und hielt sich die schmerzende Hüfte.

»Hiscott-Punsch, wundervoll! Genau das Richtige an einem kalten Wintertag. Es ist nämlich ziemlich kalt draußen«, fuhr der junge Mann fort.

Er drehte sich zu Jo um und reichte ihr ein volles Glas, in dem eine Apfelscheibe schwamm. Plötzlich hielt er inne, und seine Miene wurde ernst.

»Ich muss mich bei Ihnen entschuldigen. Ich habe Ihnen doch nicht etwa wehgetan?«, erkundigte er sich besorgt.

»Schon gut, alles in Ordnung«, erwiderte Jo, rieb sich noch einmal die Hüfte und nahm das angebotene Glas entgegen. »Auf Ihr Wohl.«

Sie fragte sich, wie viel Punsch der junge Mann intus hatte. Sie sah ihn an, und ihr Herz machte einen Satz, denn sie blickte in ein Paar verführerische meergrüne Augen, in denen der Schalk blitzte. Der Fremde war einige Jahre älter als ihr Bruder Bertie, kräftig und sonnengebräunt und hatte schimmerndes dunkelbraunes Haar. Überhaupt war er der attraktivste und aufregendste Mann, dem Jo je über den Weg gelaufen war. Zum zweiten Mal an diesem Abend fehlten ihr die Worte. Sie errötete heftig und stürzte das halbe Glas Punsch auf einmal hinunter.

»Keine sehr gute Methode, sich mit jemandem bekannt zu machen, aber bei Frances' Einladungen ist es immer schrecklich voll. Ich weiß nicht, wo sie die vielen Leute hernimmt«, stammelte der junge Mann und fuhr sich mit den Fingern durchs Haar.

Er hielt Jo die Hand hin.

»Ich bin übrigens Simon Gordon, und Sie? Ich kenne Sie doch«, fügte er nachdenklich hinzu. »Aber woher? Nein, sagen Sie nichts.«

Er deutete mit dem Finger auf Jo.

»Aus der *Vogue* ... der aktuellen Ausgabe. Natürlich. Sie wohnen bei Emma im ›Krähennest‹. Mein Gott, Sie sind in Wirklichkeit genauso schön wie auf den Fotos.«

Offenbar war ihm seine eigene Unverblümtheit peinlich, denn er errötete.

»Tut mir leid, das war schrecklich unhöflich. Ich rede wohl ziemlichen Unsinn.«

Inzwischen strömten die Gäste zum Buffet nebenan, und es war nicht mehr so laut. Sie konnten sich unterhalten.

»Der Punsch ist gut«, meinte Jo, die endlich die Sprache wiedergefunden hatte.

Vorsichtig nahm sie noch einen Schluck. Schon erwartete sie, dass sich das Gespräch den unvermeidlichen Themen Modelkarriere und Modezeitschriften zuwenden würde.

»Was machen Sie beruflich?«, fragte sie höflich und wünschte sich, er würde sie als Mensch sehen und nicht nur als Foto aus einer Zeitschrift.

»Ich arbeite in einer Londoner Bank. Wie machen Sie das eigentlich, dass Sie auf diesen tollen Strandfotos keine Gänsehaut haben, obwohl sie mitten im Winter aufgenommen worden sind?«

Mit dieser Frage hatte Jo ganz und gar nicht gerechnet. Kurz hielt sie inne und musterte ihn über den Rand ihres Glases hinweg. Dann fing sie an zu kichern.

»Man macht sich warme Gedanken. Damit müssten die Briten sich eigentlich auskennen, wenn man das Haus von Emmas Tante als Maßstab nehmen kann. Sie ist wirklich reizend, aber …« Ihre Stimme erstarb, und der Atem stockte ihr beim Blick in diese meergrünen Augen. Ein Feuerstoß durchzuckte ihren Körper. Für eine kleine Ewigkeit stand sie so da, überzeugt, dass er das wilde Klopfen ihres Herzens hören konnte. Keiner von ihnen sagte ein Wort. Schließlich wandte Jo sich ab und spielte am Stiel ihres Glases herum. Ihre Handflächen waren schweißnass, ihre Beine zitterten. Sie wusste nicht, was sie sagen sollte.

»Nun, Sarahs Vorstellungen von Wärme unterscheiden sich nicht unwesentlich von denen der übrigen Menschheit«, stieß Simon schließlich atemlos hervor, ohne den Blick von Jos Gesicht zu wenden. Rasch leerte er sein Glas und griff nach Jos. »Ich glaube, ich brauche noch einen Schluck Hiscott-Punsch.«

Er füllte hastig beide Gläser nach und gab eines davon Jo.

»Wie lange bleiben Sie?«

»Nur über Silvester. Danach müssen wir zurück nach Paris«, erwiderte Jo ebenso atemlos und wich seinem Blick aus.

Der Brandy im Punsch breitete sich in ihren Adern aus wie

ein Lauffeuer. Sie sah auf seine kräftigen Hände und bemerkte, wie er beim Trinken eine Augenbraue hochzog. Noch nie war sie einem so aufregenden Mann begegnet. Bei keinem der braungebrannten, schönen Jünglinge, denen sie im Lauf des vergangenen Jahres begegnet war, hatte sie weiche Knie bekommen. Er war der Erste.

»Eigentlich wollte ich vor meiner Abreise Stockenham Park einen Besuch abstatten«, meinte sie stattdessen. »Außerdem fällt Ihnen gleich der Manschettenknopf heraus.«

»Oh«, rief Simon und warf einen raschen Blick auf seine Manschette, die unter dem Sakko hervorblitzte. Der Manschettenknopf hing lose herab. »Wie peinlich. Offenbar habe ich das falsche Paar erwischt. Diese sind offensichtlich zu klein. Ich war wie immer zu spät dran.«

Er verdrehte die Augen.

»Keine Angst, Sie brauchen sich nicht bei mir zu entschuldigen«, erwiderte Jo, froh, ein unverfängliches Thema gefunden zu haben. »Warten Sie, ich nehme ihn ab, damit Sie ihn nicht ganz verlieren. Ist der andere auch locker?«

Sie entfernte die Manschettenknöpfe und reichte sie ihm. Als ihre Finger sich berührten, durchfuhr ein Schauer ihren Körper. Jo musste ein Aufstöhnen unterdrücken.

»Danke«, sagte Simon rasch und steckte die Manschettenknöpfe in die Jackentasche. »Schwören Sie, es niemandem zu verraten«, flehte er und schob die Manschetten wieder unter die Jackenärmel. »Schließlich gehört es sich nicht, halb angezogen zu einer Einladung bei Frances zu erscheinen«, meinte er grinsend, und in seinen Augen funkelte es spitzbübisch.

Jo lächelte ihm verschwörerisch zu. Der Duft seines Rasierwassers stieg ihr in die Nase und beschleunigte ihren Pulsschlag.

»Nur, wenn Sie niemandem sagen, dass ich literweise Hiscott-Punsch getrunken habe.«

»Ich werde schweigen wie ein Grab«, flüsterte er ihr ins Ohr.

»Ach, da bist du ja, Si. Ich habe dich überall gesucht«, erklang plötzlich eine schrille Frauenstimme.

Wie zwei schuldbewusste Kinder fuhren Jo und Simon auseinander. Jo sah sich um und stand vor einer hochgewachsenen, einer Göttin gleichenden Gestalt in einem metallisch schimmernden grauen Kleid, das ihre überaus schlanke Figur umschmeichelte. Die Fremde schwebte auf sie zu, wobei der kurze Rock den Blick auf lange, wohlgeformte Beine freigab. In diesem Kleid war Jo vor Kurzem für *Harper's Bazaar* fotografiert worden.

Jo schätzte die Trägerin auf Anfang zwanzig. Ein wahrer Heiligenschein aus weichem blondem Haar umrahmte ein zartes herzförmiges Gesicht mit einem klassisch englischen, rosigen Teint und makellos geformten roten Lippen. Jo konnte nicht anders, sie musste die ausgezeichnete Haltung und die Schönheit der jungen Frau bewundern. Alle Augen folgten ihr, als sie auf Simon zuging und ihn am Arm nahm, ohne Jo eines Blickes zu würdigen.

»Na, willst du mir nicht verraten, wo du gesteckt hast, Liebling? Ich habe mir solche Sorgen gemacht«, schmollte sie und klammerte sich an ihn. Ihre kühlen grauen Augen waren stark geschminkt, und sie hüllte die Umstehenden in eine Wolke von Chanel No. 5.

»Auf der A40 war starker Nebel. Ich dachte schon, ich würde gar nicht mehr ankommen, aber hinter Cheltenham wurde es besser«, erklärte Simon leicht verlegen.

Sanft schob er die Hand der jungen Frau weg und tätschelte sie wie die Pfote eines unartigen Welpen.

»Das ist Jo Kingsford, eine Freundin von Emma und auch Fotomodell. Deine Mutter hat von ihr erzählt. Sie ist drüben im ›Krähennest‹ zu Besuch.« Sein Lächeln erhellte den ganzen Raum, als er den Arm ausbreitete, um Jo in das Gespräch einzubeziehen.

Die Göttin schenkte Jo ein süßliches Lächeln.

»Fotomodelle haben mich schon immer fasziniert, aber finden Sie es nicht ein wenig gewöhnlich, Ihr Aussehen für Geld zu verkaufen? Das ist doch eigentlich nur einen kleinen Schritt von Prostitution entfernt«, merkte sie lässig an.

»Wie bitte?«, stieß Jo empört hervor. Ihre Augen funkelten empört über diesen Überraschungsangriff.

Sofort schlug die junge Frau die Hand vor den Mund.

»Hoppla, habe ich da etwas Falsches gesagt?«, flötete sie und sah Simon Hilfe suchend an. »Ach, Sie sind auch Fotomodell ... Das tut mir aber leid, ich wollte nicht unhöflich sein. Natürlich habe ich Sie nicht persönlich gemeint. Genau genommen bewundere ich Sie sogar. Sie müssen sicher sehr diszipliniert sein, um sich nur von Stangensellerie und Salat zu ernähren.«

Jo, die von der Begegnung mit Simon noch immer wackelige Knie hatte, trat verlegen von einem Fuß auf den anderen.

»Jo sieht doch wohl nicht so aus, als würde sie nur von Salatblättern leben«, wandte Simon rasch mit einem Auflachen ein. Er klang ein wenig gereizt. »Ich besorge uns ein Glas Champagner.«

»Ach, du meine Güte, ständig trete ich ins Fettnäpfchen«, kicherte das Mädchen und lehnte sich verführerisch in Simons Richtung. Dieser machte sich jedoch auf die Suche nach einem Kellner. »Das muss am Punsch liegen. Ich weiß gar nicht, was sie da hineinschütten. Simon meint, für mich müsste es Fettnäpfchen in Übergröße geben.« Sie senkte die Stimme zu einem verschwörerischen Flüstern und holte zum nächsten Seitenhieb aus. »Aber eines müssen Sie mir verraten: Werden die Fotos alle retuschiert, damit Sie darauf schlanker aussehen?«

»Nein«, erwiderte Jo wütend und rang um Selbstbeherrschung. Die junge Frau wurde ihr mit jedem Wort unsympathischer, und sie hätte ihr am liebsten das selbstzufriedene Lächeln aus dem perfekt geschminkten Gesicht geprügelt.

»Ihr kleines Schwarzes ist ein Traum. Ich wette, Sie gehen auf viele Prominentenpartys. Das ist sicher sehr aufregend.« Mit einem entwaffnenden Lächeln schleuderte die junge Frau ihre Lockenmähne zurück und betastete den großen Rubin an ihrer mit Diamanten und Perlen besetzten Halskette. »Wie lange bleiben Sie denn?«

»Bis zum vierzehnten Januar«, antwortete Jo und fragte sich, ob sie die Fremde einfach nur missverstand. Sie hatte im vergangenen halben Jahr ausreichend Erfahrung mit zickigen Geschlechtsgenossinnen gesammelt. Doch keine andere benahm sich gleichzeitig so faszinierend und abstoßend wie dieses Exemplar. Gebannt beobachtete Jo, wie die Fremde an ihrer Halskette spielte, den Blick durch den Raum schweifen ließ und dabei weiterplauderte.

»Hat Jo dir erzählt, dass Sarah so sparsam heizt wie eh und je?«, sagte Simon, der mit den Gläsern zurückkehrte und offenbar nichts von dem Kampf ahnte, der da vor seinen Augen ausgetragen wurde.

Mit einem Kopfschütteln nahm die junge Frau ihr Glas entgegen, blickte durch dichte Wimpern bewundernd zu Simon auf und streichelte seine Wange.

»Simon, du böser Junge, du hast mich noch immer nicht richtig vorgestellt«, meinte sie mit einem hinterhältigen Lächeln.

»Ach, wirklich nicht? Verzeihung, das tut mir schrecklich leid, Jo«, rief Simon und strahlte Jo an. Ihr Herz machte wieder einen Sprung. »Wo habe ich nur meine Manieren? Darf ich dich mit meiner Verlobten Lelia Hiscott-Hall bekannt machen?«

»Nächste Woche wird es offiziell im Tatler bekannt gegeben«, verkündete Lelia triumphierend.

Jo konnte nicht verhindern, dass ihr der Mund offen stehen blieb. Verdattert sah sie zwischen Lelia und Simon hin und her. Die Enttäuschung war ihr anzusehen.

»Herzlichen Glückwunsch«, erwiderte sie mit trockenen Lippen. Im nächsten Moment erschien zu Jos großer Erleichterung Emma, einen großen Teller mit Hühnchenbrust in Blätterteig in der Hand und den Fernsehchef im Schlepptau.

»Martin! Was für eine schöne Überraschung«, rief Lelia, wirbelte herum, fiel dem Fernsehchef um den Hals und küsste ihn auf beide Wangen.

»Immer noch ganz die Alte, was, Tiddles?«, antwortete Martin in breitem Yorkshire-Akzent. Seine Miene wurde weicher, als er Lelia auf den Scheitel küsste und sich sanft aus ihren Klauen befreite. »Du bist ein Glückspilz, Simon.«

Ohne auf Lelia zu achten, machte Emma Jo und Martin miteinander bekannt.

»Der arme Martin. Ein Mann mit gebrochenem Herzen«, flötete Lelia kokett. Nach einem vielsagenden Blick auf Emma fuhr sie mit lauter Stimme fort: »Und wie läuft es in Mailand? Was machen denn all die hübschen, glutäugigen Italiener? Wie heißt deine neueste Eroberung? Nico, Mario? Sarah hat mir von dem wundervollen Carlos erzählt.«

»Sei doch still, Lelia. Lass das Herumgezicke«, zischte Emma.

»Ach, wer wird denn gleich so wütend werden«, stichelte Lelia.

»Ich glaube, wir sollten nach den anderen Gästen sehen, Lelia«, sagte Simon mit Nachdruck und zog seine Verlobte von der Gruppe weg. Lelia strich verführerisch über Simons Arm und drehte sich mit triumphierender Miene zu Emma und Jo um.

»Komm, Simon-Schatz, lass die beiden kleinen Mädchen mit dem berühmten Fernsehmann plaudern. Wir gehen die anderen suchen.« Sie zog Simons Hand fest um ihre Taille. »Hoffentlich überstehst du das, Martin«, ließ sie zum Abschied den letzten Seitenhieb los und nahm mit klimpernden Augenlidern seinen Handkuss entgegen.

Kurz trafen sich Simon und Jos Blicke, und sie hätte schwören können, dass er sie um Verzeihung bitten wollte. Um zu verbergen, wie sehr sie Lelias Äußerungen kränkten und ärgerten, wandte Jo sich ab.

»Die reizende Lelia, wie sie leibt und lebt«, flüsterte Emma.

»Zum Glück hat sie in den letzten fünf Jahren ein Vermögen für Sprechunterricht ausgegeben, sonst müssten wir uns auch noch mit ihrem Quengelstimmchen herumquälen. Komm, iss etwas.«

Rasch hielt sie Jo einen vollen Teller hin, fest überzeugt, dass ihre Freundin kurz vor einem Wutanfall stand. Jo seufzte tief.

»Vermutlich habe ich mich gerade schrecklich blamiert«, meinte sie und griff nach einem Blätterteigpastetchen. »Warum hat er mir nicht gleich gesagt, dass er verlobt ist. Wie peinlich!«

»Denk nicht mehr daran, sie wird es auch nicht tun«, meinte Emma und tätschelte ihrer Freundin aufmunternd den Arm. Dann bot sie Martin ebenfalls ein Pastetchen an.

Jo biss in den lockeren Blätterteig und beobachtete mit widerstrebender Bewunderung, wie Lelia majestätisch durch den Raum rauschte, einem Gast zulächelte, einem anderen die Hand schüttelte und einem dritten im Vorbeigehen einen Scherz zurief. Die Menge teilte sich, als sie, Simon an der Hand, hin und her schlenderte. Am meisten erstaunte Jo, wie glücklich und zufrieden die Menschen wirkten, wenn die gertenschlanke Schönheit mit der gekünstelten Art das Wort an sie richtete. Doch im ersten Moment hatte selbst Jo sie sympathisch gefunden.

»Sie ist traumhaft schön, mit dem attraktivsten Mann im Raum verlobt, und nach dem heutigen Abend werde ich die beiden wohl nie wieder sehen. Warum fühle ich mich dann, als hätte ich gerade eine Begegnung mit einer Klapperschlange gehabt?«, seufzte Jo. Nach dem fünften Glas Champagner war ihre Zunge bereits ein wenig schwer. Emma war so mit Martin beschäftigt, dass sie kein Wort hörte. Jo beschloss, sich sinnlos zu betrinken.

Am nächsten Morgen war es noch dunkel, als Jo von Emma wach gerüttelt wurde. Sie setzte sich langsam auf und hielt sich den heftig pochenden Schädel, in dem Tausende kleiner Hämmerchen zu wüten schienen.

»Habe ich das neue Jahr eigentlich bei Bewusstsein erlebt?«, fragte sie und öffnete vorsichtig ein Auge.

»Hast du. Du hast gesungen und getanzt. Und abgesehen davon, dass du unbedingt mit Simon Charleston tanzen wolltest, aber dann plötzlich hinausgelaufen bist, um in Tante Frances' Toilette zu kotzen, warst du ausgesprochen charmant. Wie machst du das bloß, Jo?«

»Keine Ahnung«, stöhnte Jo und ließ sich mit geschlossenen Augen zurück in die Kissen sinken. »Ich war noch nie betrunken. Und wenn das dabei herauskommt, erspare ich mir das in Zukunft.«

»Sehr gut. Und jetzt steh auf«, drängte Emma gnadenlos. »In vierzig Minuten treffen wir die Jagdgesellschaft bei den Hiscott-Halls.«

»Ich glaube, ich muss sterben«, jammerte Jo, ohne sich zu rühren.

»Nein, musst du nicht. Und selbst wenn, du kommst trotzdem mit. Tante Sarah lehnt die Jagd zwar kategorisch ab«, erklärte Emma. »Doch einmal im Jahr lässt sie sich erweichen, damit sie ihre hausgemachte Suppe für zehn Pfund pro Teller verkaufen kann. Bei diesen arktischen Temperaturen haben immer alle zugegriffen. Sie und Frances sind vor etwa sechs Jahren auf die Idee gekommen, und inzwischen ist die Hiscott-Jagd so eine Art Tradition geworden. Sarah bekommt dabei stets ein ordentliches Sümmchen für das Rote Kreuz zusammen.«

»Reitest du mit, Emma?«, fragte Jo, kletterte vorsichtig aus dem Bett und versuchte, nicht auf ihren pochenden Schädel zu achten.

»Ich weiß noch nicht. Ich habe mich mit Martin in Shelsey Manor verabredet. Vielleicht helfen wir nur beim Suppeverteilen und unternehmen dann allein einen Ausritt«, meinte sie und grinste Jo verschwörerisch zu.

»Sei vorsichtig«, mahnte Jo.

»Du auch. Ich habe die Blicke gesehen, die Lelia dir gestern zugeworfen hat. Es ist nicht ratsam, sie sich zur Feindin zu machen, und es hat ihr gar nicht gefallen, dass du mit ihrem geliebten Si getanzt hast.«

»Sei nicht albern, Emma. Die beiden sind verlobt. Bestimmt interessiert er sich nicht für ein albernes Schulmädchen, das auf der Silvesterfeier zu viel Punsch erwischt hat.«

»Den Eindruck hatte ich nicht«, erwiderte Emma.

»Du hast eben eine blühende Fantasie«, entgegnete Jo und schleppte sich ins Bad.

Dank einiger Tassen schwarzen Kaffees, ein paar Schmerztabletten und der eisigen Luft besserten sich Jos Beschwerden ein wenig. Sie bestand darauf, Tante Sarah zehn Pfund für die Suppe zu geben, die sie dann doch verschmähte, und beobachtete, immer noch schlaftrunken, wie sich die Reiter in der Dämmerung auf dem Vorplatz versammelten.

Die Hunde begannen aufgeregt zu bellen, und die Hufe der Pferde klapperten auf dem Kopfsteinpflaster. Sofort fühlte sich Jo ein bisschen besser. Wie Tante Sarah war Jo eigentlich eine Gegnerin der Jagd, doch als ihr ein Stallbursche ein Pferd brachte, konnte sie der Versuchung nicht widerstehen. Vorsichtig stieg sie auf und band den Kinnriemen ihrer Reitkappe fest. Ihr schwummeriges Gefühl wurde von Hochstimmung abgelöst, während sie ihr Pferd tätschelte und es antrieb. Als die Hörner die Jagd anbliesen, zuckte sie leicht zusammen.

Kurz darauf preschte sie über die schneebedeckten Felder, auf denen die vorneweg eilenden braunweißen Hunde aussahen wie winzige Pünktchen. Sie sprang über Zäune und Gräben und genoss den Ritt. Ihre Wangen prickelten von der Kälte, und sie fühlte sich glücklich. Beim Sprung über einen Graben bemerkte sie einen Sturz von Simon. Sie wollte anhalten, um sich zu vergewissern, dass er nicht verletzt war. Doch er stieg rasch wieder auf und galoppierte in den dunstigen Morgen hinein. Zu Jos Erleichterung fehlte von Lelia jede Spur. Im nächsten Moment schloss Sally Compton zu ihr auf.

Die beiden Frauen ritten gemächlich nebeneinander her, plauderten über Pferde, Modenschauen und die neuesten auf der Rennbahn bewunderten Kreationen und ließen die anderen an sich vorbeipreschen. Jo erfreute sich an der idyllischen Landschaft und genoss es, das Pferd unter sich zu spüren. Bis zum Mittagessen hatten sich ihre Kopfschmerzen gelegt, und sie hatte einen Riesenhunger. Wegen des frühen Einbruchs der Dunkelheit im Winter war der Nachmittag rasch vorüber. Jo beschloss, auf die Abschlussfeierlichkeiten in Shelsey Manor zu verzichten, und half Tante Sarah, die großen Suppentöpfe und Schöpfkellen ins ›Krähennest‹ zurückzubringen. Als sie in die Einfahrt einbogen, kam Emma ihnen entgegengelaufen und schwenkte aufgeregt ein Stück Papier.

»Guy Comptons Stallmeister hat angerufen und dich für morgen nach Stockenham Park eingeladen. Er bittet dich, zurückzurufen, sobald du zu Hause bist. Sein Name ist Kurt Stoltz. Da hast du seine Nummer. Ich kümmere mich um Tante Sarahs Töpfe. Geh und ruf ihn gleich an.«

Mit einem Freudenschrei riss Jo Emma den Zettel aus der Hand und stürmte ins Haus, nicht ohne vorher zu versprechen, sich anschließend am Töpfeschleppen zu beteiligen.

»Also?«, fragte Emma, als Jo übers ganze Gesicht grinsend in die Küche kam.

»Um acht Uhr morgen Früh lässt er mich mit dem Wagen abholen. Ich kann es kaum glauben«, jubelte sie und fiel Emma freudestrahlend um den Hals.

Kurt Stoltz war ein kleiner, drahtiger Australier mit aufmerksamen dunklen Augen, denen nichts zu entgehen schien. In seiner Jugend musste er ein gut aussehender Mann gewesen sein, doch inzwischen hatte die jahrelange schwere Arbeit ihren Tribut gefordert. Nachdem Jo aus dem von einem Chauffeur gesteuerten Wagen gestiegen war, begrüßte er sie herzlich, zündete sich eine Zigarette an, hielt wegen des Windes die Hand schützend vor die Flamme und begann sofort zu erzählen, während er die Besucherin durch die blitzblanken Ställe von Stockenham führte.

Jo fühlte sich sofort wie zu Hause und musste daran denken, wie wenig Emmas Beschreibung »dämliche alte Ställe« zutraf. Den Gebäuden war deutlich anzumerken, dass viel Geld investiert worden war. An frisch gestrichenen Stalltüren prangten Namensschilder aus Messing. Leder und Metall in der Sattelkammer waren ordentlich poliert, und nirgendwo lag auch nur ein Strohhalm herum.

»Wir achten sehr auf Sauberkeit«, meinte Kurt und nickte ein paar Stallarbeitern zu, die den wenigen am gestrigen Tag gefallenen Schnee zusammenfegten. Dann zog er an seiner Zigarette und stieß den Rauch durch die Nasenlöcher aus.

»Wissen Sie, ich habe zur gleichen Zeit angefangen wie Ihr Vater. Wir waren vor vielen Jahren für eine Weile sogar Partner«, fuhr er fort, während er Jo einen der wertvollen Vollblüter zeigte. Jo sog den vertrauten warmen Pferdegeruch ein und lauschte gebannt Kurt Stoltz' Erzählungen. »Ja, Ihr Dad und ich haben mit vier alten Kleppern angefangen. Zwei hatte Ihr Vater geschenkt bekommen, und die ganze Stadt lachte darüber. Meine zwei hatten mich meinen letzten Cent gekostet. Nachdem wir sie sechs Monate aufgepäppelt hatten, haben wie sie für Provinzrennen gemeldet, und dreimal dürfen Sie raten, wer gewonnen hat – die alten Mähren Ihres Vaters. Keine Ahnung, wie er das geschafft hat, aber er hat aus den abgemagerten Kleppern zwei anständige Pferde gemacht, die in den meisten Rennen platziert worden sind.«

»Das hat Dad nie erwähnt«, meinte Jo und beobachtete mit stolzem Blick ein Pferd, das sich in einer Sandkuhle wälzte.

»Er war nie ein Mensch, der sich mit seinen Erfolgen brüstet«, erwiderte Kurt mit einem schiefen Grinsen. »Damals waren wir erst achtzehn, hatten hochfliegende Träume und kamen uns vor wie die Größten. Ich bin sogar einmal mit Ihrer Mum ausgegangen, bevor es zwischen ihr und Ihrem Dad was Ernstes wurde.«

Jo konnte den Ausdruck nicht deuten, der kurz über sein Gesicht huschte.

Kurt trat die Zigarette aus und warf die Kippe in einen Sandeimer. Schon nahm er die nächste aus der Tasche.

»Ja, die gute alte Zeit«, seufzte er. »Das Leben ändert sich, man zieht weiter, und nun bin ich hier und habe Besuch von der Tochter meines alten Kumpels, die ein Fotomodel ist.«

Er steckte sich die Zigarette zwischen die Lippen, allerdings ohne sie anzuzünden.

»Kommen Sie, ich zeige Ihnen ein paar unserer Jährlinge. Wie ich gehört habe, haben Sie sich gut mit Mr Compton unterhalten.«

Jo nickte lächelnd. So entspannt fühlte sie sich inmitten der vertrauten Gerüche und Geräusche, dass sie sich nicht verschloss, als Kurt sich nach ihrer Modelkarriere erkundigte. Stattdessen gab sie ein paar lustige Anekdoten aus Europa zum Besten und gestand schließlich, dass sie sich insgeheim danach sehnte, wieder mit Pferden zu arbeiten. Als sie über die Kingsford Lodge und ihre Familie sprach, wurde sie von heftigem Heimweh ergriffen. Schließlich war es Zeit zum Abschied, und da Jo kein Vorwand für einen erneuten Besuch einfiel, nahm sie all ihren Mut zusammen.

»Kann ich morgen wiederkommen?«, fragte sie, ein wenig atemlos. »Wenn ich darf, helfe ich auch beim Ausmisten oder als Mädchen für alles …«

»Natürlich können Sie. Besuchen Sie uns, so oft Sie wollen. Ich habe nichts dagegen, dass ein hübsches Mädchen ein bisschen frischen Wind in die Bude bringt«, erwiderte er.

Jo nahm Kurt beim Wort und lieh sich Onkel Charlies altes Auto aus. Am nächsten Morgen machte sie sich schon vor Tagesanbruch auf die einstündige Fahrt und traf rechtzeitig in Stockenham Park ein, um bei der Versorgung der von der Bahnarbeit zurückkehrenden Pferde zu helfen.

In der nächsten Woche schaffte sie es noch zweimal, den Ställen einen Besuch abzustatten. Es machte ihr Spaß, die Boxen auszumisten, Sattelzeug zu pflegen und andere Aufgaben zu erledigen. Dabei überlegte sie die ganze Zeit, wie sich die Rückkehr nach Paris wohl hinauszögern ließe. Kurt begegnete sie zwar nicht häufig, doch hin und wieder ertappte sie ihn dabei, wie er sie im Vorbeigehen ansah, wenn sie gerade ein Pferd in die Box führte oder es nach dem Wälzen in der großen runden Sandkuhle striegelte.

Die tief stehende Wintersonne war bereits hinter den Bäumen untergegangen, und die Pfützen froren zu, als Jo sich am Ende ihres dritten Besuchstages widerstrebend von den Pferden losriss und sich auf die Suche nach Kurt machte. Sie wollte sich dafür bedanken, dass er sie in den Ställen arbeiten ließ. Sie traf ihn in seinem Büro an, wo er gerade einige Papiere durchsah.

»Ich habe Sie beobachtet. Sie sind fleißig und tüchtig und lieben offenbar Pferde«, meinte er nachdenklich auf dem Weg zu ihrem Auto. »Eine junge, engagierte Mitarbeiterin wie Sie könnten wir gut gebrauchen. Eines unserer Mädchen hat vor zwei Wochen gekündigt, und ich suche seit einiger Zeit nach einer zuverlässigen Nachfolgerin. Sie hätten nicht zufällig Lust, das Modellstehen aufzugeben und stattdessen zu uns nach Stockenham Park zu kommen? Die Bezahlung ist zwar, offen gestanden, nicht so gut wie für das Hin- und Herstolzieren auf dem Laufsteg, aber wenn ich Sie mir so ansehe, bin ich sicher, dass Sie hier glücklicher wären.«

Er lachte. Jo errötete und wollte die Autotür aufschließen. Im nächsten Moment wirbelte sie herum.

»Habe ich Sie richtig verstanden? Haben Sie mir gerade einen Job angeboten?«, erkundigte sie sich unsicher.

Kurt nickte.

»Sie würden als Hilfspferdepflegerin anfangen, doch bei Ihrer Erfahrung würden Sie bestimmt bald aufsteigen«, brummte er. Wieder blickten sie seine Augen seltsam an.

Jo schluckte.

»Kann ich es mir bis morgen Früh überlegen?«, fragte sie zögernd.

»Kein Problem. Es war schön, Sie kennenzulernen. Richten Sie Ihrem Dad Grüße von mir aus«, entgegnete Kurt aalglatt, doch die Muskeln seines Kiefers zuckten kaum merklich.

»Du hast doch schon den ganzen Abend etwas auf dem Herzen. Willst du mir dein Geheimnis nicht endlich verraten?«, drängte Emma, als sie, in dicke Daunendecken gekuschelt, auf ihrem Bett saßen. Durch das kleine Fenster strömte Mondlicht herein.

»Ich gehe nicht nach Paris zurück. Man hat mir eine Stelle in Stockenham Park angeboten, und ich werde sie annehmen«, verkündete Jo, und die violetten Augen leuchteten aus ihrem ovalen Gesicht. – »Was?« Emma war entsetzt.

»Den ganzen Abend denke ich darüber nach. Mein Magen war so zusammengekrampft, dass ich das Abendessen kaum hinuntergebracht habe. Aber nun habe ich mich entschieden«, sagte Jo im Brustton der Überzeugung. »Ich rufe ihn gleich morgen Früh an. Hoffentlich habe ich es nicht vermasselt, weil ich nicht sofort zugegriffen habe.«

»Das meinst du doch nicht ernst, oder? Sag, dass es nicht stimmt«, rief Emma. »Du bist als Model unglaublich erfolgreich. Und jetzt willst du lieber Pferdemist schippen?«

»Wir haben dieses Gespräch schon einmal geführt, Emma, und damals hattest du recht. Aber ich kann nicht mehr so weitermachen«, antwortete Jo. »In einer guten Woche werde ich achtzehn. Während ich in Stockenham Park war, habe ich ständig darüber nachgedacht, wann sich mein Leben endlich in die richtige Richtung entwickeln wird. Dann hat Kurt mir einen Job angeboten, und plötzlich kannte ich die Antwort: jetzt. Die Gelegenheit, in einem so berühmten Rennstall zu arbeiten, ergibt sich kein zweites Mal. Und ich glaube, Kurt würde sich sehr freuen, wenn ich zusage.«

Sie sah ihre Freundin mit strahlenden Augen an.

»Du hast dir solche Mühe gegeben, mich zu ermutigen, damit ich meine Modelkarriere nicht an den Nagel hänge. Aber eigentlich warst immer nur du es, die wirklich Spaß an diesem Beruf hatte. Ich habe einfach Dienst nach Vorschrift gemacht.« Sie wickelte sich eine blonde Haarsträhne um den Finger. »Ich weiß, dass meine Entscheidung richtig ist, und es würde mich auch nicht stören, wenn ich die nächsten fünf Jahre Ställe ausmisten müsste.«

»Offen gestanden wundert mich das nicht sehr«, gab Emma zu. Sie holte tief Luft und ließ die Finger über die Daunendecke gleiten. »Aber wie willst du das deinen Eltern beibringen? Diesen plötzlichen Richtungswechsel werden sie doch sicher nicht gutheißen. Was ist mit deinen Engagements fürs neue Jahr? Und mit dem Geld? Was soll ich Jenny sagen, wenn ich ohne dich zurückkomme?«

Jo beugte sich vor, und das Mondlicht fing sich silbrig in ihrem Haar.

»Bis auf die Frage, wie ich es Dad begreiflich machen soll, habe ich mir alles genau überlegt. Das wird vermutlich schwierig«, erwiderte Jo rasch. »Wegen Jenny habe ich ein leicht schlechtes Gewissen, aber andererseits hat sie selbst gemeint, ich könnte höchstens einen Nischenmarkt erobern und mich nicht lang halten. Bestimmt hat sie Verständnis für meine Entscheidung. Ich rufe sie gleich morgen an. Außerdem habe ich zwanzigtausend Dollar auf der hohen Kante, sodass ich nicht so schnell verhungern werde. Und wenn ich Mum am Sonntagabend anrufe, werde ich ihr einfach erzählen, ich hätte beschlossen, noch ein wenig länger zu bleiben und Freunde zu besuchen. Das verschafft mir ein bisschen Luft.«

Sie hielt inne.

»Könntest du Jenny ausrichten, dass ich bis Ende Januar bleibe? Bis dahin ist mir sicher eingefallen, wie ich es Mum und Dad beibringen kann.« Sie verzog das Gesicht.

»Das alles hat nichts mit Simon zu tun, oder?«, erkundigte sich Emma und musterte Jo forschend.

Jo schüttelte heftig den Kopf, und ihre Augen sprühten Funken. »So dämlich bin ich nicht, Emma.«

»Da bin ich aber erleichtert. Denn du hättest nicht die geringste Chance. Unsere reizende Lelia hat ihn nämlich fest am Haken.« Sie wackelte unter der Bettdecke mit den Zehen. »Wie fangen wir es also an? Ich erzähle Jenny, du hättest beschlossen, deinen Geburtstag in England zu feiern und noch ein paar Wochen zu bleiben. Das gibt uns Zeit bis Anfang Februar. Und was wird dann? Wie erklären wir es Tante Sarah und Onkel Charlie?«

Jos Augen wirkten im Mondlicht wie große dunkle Seen. Sie schmiegte sich fester in die Decke und erläuterte ihren Plan. Emma und sie verließen das »Krähennest« gemeinsam. Auf dem nächsten Bahnhof würde Jo umsteigen und nach Stockenham Park fahren, während Emma nach London und von dort aus nach Paris weiterreiste. Jenny trat am Tag nach der Ankunft der beiden Mädchen eine zweimonatige Europareise an. So würde sie gar keine Zeit haben, sich eingehender nach Jos Plänen zu erkundigen. Und Emma selbst flog in der darauffolgenden Woche nach New York.

»Wann schenkst du allen reinen Wein ein?«, fragte Emma.

»Das weiß ich noch nicht«, erwiderte Jo ohne zu zögern. »Aber wenn ich etwas aus meinem Leben machen will, bleibt mir nichts anderes übrig, als mich dem Problem zu stellen.«

Nachdem dieser Satz endlich ausgesprochen war, fühlte sich Jo wie von einer Zentnerlast befreit und sah ihre Freundin fröhlich an.

»Wenn das wirklich dein Herzenswunsch ist, helfe ich dir«, meinte Emma gähnend.

Beim Anblick von Jos strahlender Miene wurde ihr klar, dass sie ihre Freundin mehr vermissen würde als umgekehrt. Noch nie hatte sie bei Jo eine solche Zuversicht erlebt.

Am nächsten Morgen umarmten sie Tante Sarah zum Abschied, versprachen, mit dem nächsten Besuch nicht so lange zu warten, und stiegen in den Zug nach London. An der nächsten Haltestelle sprang Jo auf den eiskalten Bahnsteig, sie war aufgeregt und froh, dass sie nur einen Koffer bei sich hatte.

»Wehe, wenn du nicht schreibst«, stieß Emma mit tränenerstickter Stimme hervor und umarmte Jo ein letztes Mal. Der Schaffner stieß einen Pfiff aus, und dann setzte sich der Zug wieder in Bewegung.

»Ich werde in den Zeitschriften alles über dich lesen«, rief Jo und lief neben dem Zug her. Tränen standen ihr in den Augen.

Nachdem der letzte Waggon im Nebel verschwunden war, putzte sie sich die Nase, griff nach ihrem Koffer und überquerte hastig den Bahnsteig, um den Zug nicht zu versäumen, der sie nach Stockenham Park und in ihr neues Leben bringen sollte.

11

Charlie warf einen Blick auf seine Frau, die trotz der im Januar herrschenden Hitze bemerkenswert kühl aussah. Sie trug einen breitkrempigen, schwarz-beigen Hut zu einem cremefarbenen Kleid und plauderte angeregt mit Archie, Charlies bestem Jockey. Der Mann saß noch auf seinem Pferd und hatte gerade ein wichtiges Rennen auf Sydneys Rosehill Gardens Rennbahn gewonnen. Charlie wischte sich den Schweiß von der Stirn und fragte sich, wie er verhindern sollte, dass seine Frau das ganze Preisgeld für wohltätige Zwecke spendete – ohne einen ihrer üblichen Tobsuchtsanfälle zu provozieren. Seufzend tätschelte er die zweijährige Stute, die ihm gemeinsam mit seinem besten Freund und Kunden Jack Ellis gehörte. Obwohl er sich eigentlich keine Geldsorgen zu machen brauchte, durfte er nicht übermütig werden. Charlie straffte die Schultern, lächelte in die verschiedenen auf ihn gerichteten Kameras und schüttelte zwei Japanern die Hand. Sie gehörten zur Eigentümergemeinschaft des Pferdes, das seine Stute gerade geschlagen hatte.

Charlie war müde. In letzter Zeit kam er einfach nicht mehr zur Ruhe. Kurz vor Weihnachten hatten ihm Schmerzen in der Brust einen argen Schrecken versetzt, doch diese hatten sich als rein stressbedingt entpuppt. Mit seinem Herzen war alles in Ordnung. Und sein Terminkalender war inzwischen wieder so voll wie eh und je. In zwei Tagen wollte er zu einer Besprechung mit einer neuen Eigentümergemeinschaft nach Hongkong fliegen. Von da aus würde es nach Irland weitergehen, wo auf dem Gestüt Airlie Stud einige Hengste und Zuchtstuten zu besichtigen waren. Anschließend fand in Australien eine Reihe wichtiger Rennen statt, bei denen er ein paar vielversprechende Pferde an den Start schicken wollte. Doch am wichtigsten war, Nina daran zu hindern, verschwenderisch mit dem Geld um sich zu werfen.

Jack Ellis kam näher.

»Offenbar sehen die Dinge trotz unseres kleinen Gewinns nicht so rosig aus«, sagte der stämmige Mann mit den blauen Augen. Charlie sah ihn an und fragte sich, ob er ihm seine Befürchtungen anvertrauen sollte. Doch er entschied sich dagegen.

»Alles bestens, alter Junge«, erwiderte er. Seine vergnügte Miene verbarg seine wahren Gefühle. »Wenn dieses Pferd weiter so läuft wie heute, brauchen wir uns nicht zu beklagen, mein Freund.«

Er klopfte Jack auf den Rücken.

»Einige dieser irischen Stuten haben das Zeug, große Sieger zur Welt zu bringen. Da könnte sich in den nächsten ein bis zwei Jahren ganz schön etwas tun. Interesse?«

»Vielleicht.«

Ihr Gespräch wurde unterbrochen, denn man führte das Pferd weg und bat sie zur Siegerehrung auf die Bühne.

»Bei dir hängt wohl der Haussegen schief«, witzelte Jack leise. Er konnte Charlies Gedanken lesen und kannte das Ehepaar lange genug, um zu wissen, dass es zwischen ihnen nicht so gut lief, wie es nach außen hin aussah.

»Die beruhigt sich schon wieder«, murmelte Charlie und trat vor, um den Pokal entgegenzunehmen – begleitet von einem Blitzlichtgewitter und höflichem Applaus von der Teilnehmertribüne. Anschließend drängten sich die Gratulanten um Charlie und Jack, und die beiden Männer mussten, gemeinsam mit Nina und Archie, für die Fotografen posieren. Trotz seiner Müdigkeit fühlte Charlie sich besser. Jack war ein guter Freund. Jetzt musste er nur noch Nina zur Vernunft bringen.

Der Streit verlief nicht so heftig, wie Charlie befürchtet hatte. Nachdem Ninas Tränenstrom und der Schwall von Beschimpfungen versiegt waren, und sie außerdem aufgehört hatte, mit Kissen nach ihm zu werfen, gelang es ihm, sie zu überzeugen. Es war einfach nicht möglich, sämtliche Wohltätigkeitsorganisationen Australiens gleichzeitig zu unterstützen. Eine – oder höchstens zwei – großzügige Spenden im Jahr mussten genügen.

Er nahm sie in seine Arme und küsste sie zärtlich auf die Lippen. Nina drückte sich an ihn, und ihre Zunge tastete nach seiner. Atemlos wie zwei frisch Verliebte, entkleideten sie sich gegenseitig, und als er das Gesicht zwischen ihren Brüsten vergrub, spürte er, wie sie erschauerte. Er führte sie nach oben zu dem großen, breiten Bett, wo sie sich leidenschaftlich bis tief in die Nacht hinein liebten.

»Ach, Charlie, wenn es nur immer so sein könnte«, seufzte Nina und streichelte seine Stirn. Sie lagen eng aneinandergeschmiegt. Die Vorhänge waren geöffnet, sodass der Schein der Straßenlaternen das Zimmer erhellte. Leise surrte der Deckenventilator.

»Psst«, murmelte Charlie und küsste sie erneut.

»Wie lange willst du diesmal in Hongkong bleiben?«, fragte Nina.

»Nicht lange«, erwiderte Charlie schlaftrunken.

»Du weißt, dass Jo am nächsten Freitag Geburtstag hat?«, fuhr Nina fort. Sie lag auf dem Rücken und sah zu, wie die Schatten der Bäume vor dem Haus an der Zimmerdecke tanzten. »Sie wird achtzehn, Charlie, und das ist etwas ganz Besonderes. Warum fliegen wir nicht hin und überraschen sie?«

Sie drehte sich um und küsste ihn auf die Nase. Er atmete schwer.

»Charlie!« Nina rüttelte ihn sanft, bis er ein Kosewort murmelte und sie an sich zog. »Nein, Charlie, wach auf.«

»Ich bin doch wach«, protestierte er. »Eine prima Idee.«

Nina schüttelte ihn wieder. »Nein, hör mir zu. Wir können in Hongkong bei den Lims wohnen. Und während du dich um deinen Pferdekram kümmerst, lasse ich mir ein paar Sachen nähen. Yen Ho stört es nicht, wenn ich erst in letzter Minute anrufe.« Die Lims waren ein reizendes chinesisches Ehepaar und schon seit vielen Jahren gute Bekannte von Nina und Charlie. Außerdem hatte Nina gegen zwei Tage in Yen Hos Modesalon nichts einzuwenden.

»Und von dort aus fliegen wir nach England und überraschen Jo. Danach kannst du nach Irland weiterreisen.«

»Wie du möchtest, mein Schatz«, erwiderte Charlie schläfrig und drehte sich um. Plötzlich hellwach, lag Nina da und schmiedete Reisepläne.

»Wir werden mit keinem Sterbenswörtchen verraten, dass wir kommen«, sagte Nina am nächsten Tag beim Frühstück aufgeregt. Charlie war gerade von der Rennbahn nach Hause gekommen. »Stattdessen stehen wir einfach mit unseren Geschenken bei Emmas Tante Sarah vor der Tür. Wenn wir uns telefonisch anmelden, wird sie sich bestimmt verplappern. Aber ich möchte, dass es für meine wundervolle Modeltochter eine Überraschung wird. Wir müssen ja nicht dort übernachten und Sarah Arbeit machen. Ich werde mit Jo in London ins Theater gehen, und dann lassen wir sie noch einmal fotografieren, um ihre Mappe auf den neuesten Stand zu bringen und etwas in der Hand zu haben, was wir unseren Freunden zeigen können. Wenn du nach Irland fliegst, kehren wir nach Paris zurück. Ich werde sofort Eve im Reisebüro anrufen. Bestimmt weiß sie, welche Stücke gerade in London gespielt werden, und kann mir Eintrittskarten besorgen. Bertie kommt schon zurecht, schließlich arbeitet er während der Sommerferien in einer Kanzlei. Er und Jackie können auch ein Auge auf das Haus haben und sich um Sam kümmern«, sprach sie fröhlich weiter.

Erstaunlicherweise gelang es Nina tatsächlich, alles in kürzester Zeit zu organisieren, und so landeten die Kingsfords zwei Tage später in der stickigen Hitze des Flughafens von Hongkong.

Charlie musste zugeben, dass er sich genauso wie Nina auf ein Wiedersehen mit Jo freute. Während der Besprechungen mit seinen Geschäftspartnern in Hongkong hatte er Schwierigkeiten, sich zu konzentrieren, und als sie in die Maschine nach London stiegen, war er ebenso aufgeregt wie seine Frau. Jo hatte es geschafft, sich als Fotomodell durchzusetzen. Obwohl Charlie seine Tochter immer für schön gehalten hatte, machte es ihn stolz, dass sie in einem nicht selbst gewählten Beruf erfolgreich war. Er konnte es kaum erwarten, ihr das zu sagen.

Verglichen mit der schwülen Hitze Hongkongs waren die eisigen Temperaturen in England beinahe eine Erleichterung, wenn man davon absah, dass Nina sich sofort eine Erkältung einfing. Nach einem kurzen Abstecher in die teuren Einkaufsstraßen von Knightsbridge machten sich die Kingsfords auf den Weg aufs Land. Charlie war glücklich über Ninas fröhliche Miene. Sie redete wie ein Wasserfall und versuchte, nicht auf die arktische Kälte zu achten. Munter sauste der mit Geschenken beladene Mietwagen über die Schnellstraße. Sie verbrachten die Nacht in einem hübschen, kleinen und altmodischen Gasthaus am Stadtrand von Worcester und brachen nach dem Frühstück nach Shelsley auf. Nina nieste und putzte sich ständig die stark gerötete Nase.

Bei der Ankunft der Kingsfords führte Sarah gerade die Hunde aus. Die Köchin öffnete die Tür. Charlie und Nina lehnten ihr Angebot ab, ins warme Haus zu kommen, um die Überraschung nicht zu verderben, und warteten zwanzig Minuten lang mit auf Hochtouren laufender Heizung und beschlagenen Scheiben im Auto. Schließlich sahen sie eine hoch gewachsene Gestalt in einem mit Schlamm bespritzten Dufflecoat und Gummistiefeln die Straße hinaufkommen. Sie wurde von zwei schwarzen Retrievern begleitet, die hechelnd mit dem Schwanz wedelten und alles am Wegesrand beschnüffelten. Der Atem stand ihnen in weißen Wolken vor den Schnauzen. Sarah musterte die frühen Besucher und stieß einen erstaunten Ruf aus, als sie sie erkannte.

»Nina! Und Sie müssen Mr Kingsford sein! Was für eine schöne Überraschung. Wenn Sie mich vorgewarnt hätten, hätte ich etwas Besseres angezogen.« Sie schob sich eine graue Haarsträhne aus der Stirn, die unter dem Paisleytuch herausgerutscht war, und rief nach den Hunden. »Kommen Sie ins Warme. Ich bitte die Köchin, uns Kaffee und Kuchen zu bringen.«

»Wir wollten Jo zu ihrem Geburtstag überraschen«, verkündete Nina strahlend.

Sie sprang aus dem Wagen und tätschelte die Hunde, die schnuppernd um sie herumtänzelten, ohne auf Sarahs Befehle zu achten.

»Ist meine liebe Tochter schon wach, oder sind wir zu früh dran?«, fragte sie aufgeregt.

Sarah musterte Nina verdutzt.

»Jo ist nicht hier. Sie ist nach Paris zurückgekehrt. Vor einer Woche habe ich Emma und sie zur Bahn gebracht.«

»Paris!«, rief Nina entsetzt und wurde unter dem dicken Make-up ganz bleich. Trotz des warmen Wollmantels überlief sie ein Kälteschauer. Wegen der Erkältung hatte sie einen dicken Kopf und fühlte sich fiebrig. »Das kann nicht sein. Ich habe am letzten Sonntag mit ihr telefoniert, und sie hat mir erzählt, sie werde bis Ende des Monats in England bleiben.« Hilfesuchend sah sie Charlie an.

»Nein, nein, das muss ein Missverständnis sein. Sie ist ganz sicher in Paris«, entgegnete Sarah mit Nachdruck. »Emma hat sich gemeldet, um mir zu sagen, dass sie wohlbehalten angekommen ist …«

Ihre Stimme erstarb, als ihr ein schrecklicher Verdacht kam.

»Wollen wir das nicht lieber drinnen besprechen?«, schlug Charlie vor.

Wegen der Kälte hatte er den Kopf zwischen die Schultern gezogen, und der Ausdruck um Ninas Mund war ihm nicht entgangen. Plötzlich fühlte er sich ziemlich albern. Nie hätte er sich von Ninas Begeisterung anstecken und alles dem Zufall überlassen sollen. Doch auch er hatte Lust gehabt, Jo zu überraschen. Als er nach dem Arm seiner Frau griff, riss sie sich los, stapfte wütend durch den Schneematsch, streifte sich mit einer ungeduldigen Bewegung die Füße ab und folgte Sarah ins Haus. Nachdem Charlie sich sorgfältig die Schuhe an der Fußmatte abgewischt hatte, trat auch er ein.

»Ach, du meine Güte, wie entsetzlich. Haben Sie eine Vermutung, bei wem sie sein könnte?«, fragte Sarah, nachdem Nina, vom Niesen geschüttelt, immer wieder beteuerte, Jo habe Freunde in England besuchen wollen. »Deshalb haben wir angenommen, dass sie bei Ihnen wohnt und dass Sie wissen, was los ist«, erwiderte Nina spitz, zog die Lederhandschuhe aus und verstaute sie in ihrer neuen Handtasche.

Tränen traten ihr in die Augen. Das Ganze war so enttäuschend. Wie hatte Jo nur derart rücksichtslos sein können, ihnen nicht mitzuteilen, wo sie war. Außerdem war es in diesem Haus kalt wie in einem Iglu. Wieder fröstelte sie.

»Ich wünschte, das wäre so«, meinte Sarah besorgt.

»Nun, haben Sie vielleicht einen Verdacht? Könnten Sie jemanden anrufen?«, fragte Charlie.

Er war ebenso enttäuscht und verärgert wie Nina. Außerdem machte ihm der Zustand seiner Frau zu schaffen, deren Wangen sich zusehends röteten. Sarah schüttelte den Kopf. Emma war in New York. Jenny war in Griechenland. Und Jo hatte sie zuletzt gesehen, als sie ihr am Bahnhof von Worcester beim Abschied zugewinkt hatte. Sie überlegte.

»Moment ... da gibt es jemanden, der uns vielleicht weiterhelfen kann ...« Sie griff zum Telefon, wählte und hoffte, dass ihr Verdacht unbegründet war.

Jo beugte sich über die mit alten Hufeisen bedeckte Werkbank des Hufschmieds und pustete, angefeuert vom Johlen ihrer neuen Kollegen, die achtzehn Kerzen auf ihrem Geburtstagskuchen aus. Sie freute sich, dass Faith, ihre Zimmergenossin, diese kleine Überraschungsfeier für sie organisiert hatte. Entschlossen senkte sie das große Messer in den Kuchen, schloss die Augen und wünschte sich etwas.

»Lass Daddy verstehen, dass ich unbedingt mit Pferden arbeiten muss«, schickte sie ein lautloses Stoßgebet zum Himmel.

»Mach, dass die Pferde ihr endlich antworten«, rief John, ein hochgewachsener, schlaksiger Neunzehnjähriger, der sich rasch mit Jo angefreundet hatte.

Seitdem er Zeuge geworden war, wie sie an ihrem zweiten Tag in Stockenham Park einem Pferd etwas zugeflüstert hatte, hänselte er sie damit – das Ergebnis war, dass die anderen sie ebenfalls aufzogen.

»Das tun sie doch schon«, erwiderte Jo und errötete.

Sie versetzte John einen Schubs, schnitt den Kuchen auf und verteilte die einzelnen Stücke. Zufrieden biss sie in das lockere, gelbe Backwerk und konnte noch immer kaum fassen, dass sie tatsächlich in Stockenham Park arbeitete.

In den nächsten Minuten waren bis auf genüssliches Kauen nur das Zwitschern der Spatzen im Gebälk und hin und wieder die Bewegung eines Pferd in seiner Box zu hören. Jo konnte sehen, wie Wolken über den Winterhimmel jagten. Ein dunstiger Sonnenstrahl spiegelte sich in der Messingplakette einer Stalltür. Schließlich war der Kuchen verspeist. Jo bedankte sich schüchtern bei ihren neuen Freunden für die schöne Überraschung, und dann machten sich alle wieder an die Arbeit.

Es war schon fast zehn Uhr vormittags. Berge von grauem Schneematsch mussten weggeräumt und vom Wind durcheinandergewehtes Stroh zusammengefegt werden. Jo hatte ausgerechnet, dass England neun Stunden in der Zeit hinter Sydney herhinkte, und beschlossen, ihre Eltern erst spätabends anzurufen. So gewann sie nicht nur Zeit, sondern würde ihren Vater ziemlich sicher zu Hause antreffen. Es wäre leichter, zuerst mit ihm zu sprechen. Während sie den Pferdemist aus einer Box gabelte und es auf den Haufen im Hof warf, ging sie in Gedanken durch, was sie ihm sagen wollte. Ihr wurde flau im Magen.

So sehr war sie in ihre Grübeleien versunken, dass sie beinahe einen Satz machte, als Kurt ihr auf die Schulter tippte. Beim Anblick seiner schlitzohrigen Miene lief es ihr kalt den Rücken hinunter.

»Du hast Besuch«, sagte er barsch.

Jos Herz machte einen Satz. Emma! Sie hatte versprochen vorbeizuschauen, wenn Jo am wenigsten mit ihr rechnen würde. Sicher war sie aus New York zurück. Es passte zu ihr, an Jos Geburtstag unangemeldet aufzukreuzen. Jo bohrte die Heugabel in den Haufen und hastete, ein erwartungsvolles Lächeln auf dem Gesicht, aus dem Stall. Kurt folgte ihr langsam.

»Hallo, Jo«, meinte Charlie.

»Dad!« Jo blieb ruckartig stehen.

Sie errötete heftig, und ihr Lächeln war mit einem Mal wie weggeblasen. Nachdem sie sich von ihrem Schrecken erholt hatte, lief sie auf ihn zu und fiel ihm um den Hals. Doch als sie bemerkte, dass er nicht vorhatte, die Umarmung zu erwidern, wich sie zurück.

»Ich wollte dich heute anrufen, Dad. Ich kann dir alles erklären«, stammelte sie, ihre Hände ringend. »Kurt war sehr nett zu mir, und Mr und Mrs Compton auch. Ich habe viel gelernt, Dad. Du wirst stolz auf mich sein, wenn du aufhörst, dich zu ärgern. Ich wollte dir nur beweisen, dass ich mit Pferden arbeiten kann, damit du es mir auch wirklich zutraust … Etwas anderes ist mir nicht eingefallen …«

Ihre Worte verhaspelten sich. Als Jo endlich verstummte, zitterte sie am ganzen Leib. Charlie hatte sich nicht von der Stelle gerührt.

»Deine Mutter ist im Auto. Sie ist so wütend, dass sie nicht aussteigen wollte«, sagte er mit finsterer Miene.

Jo starrte ihn an.

»Mum ist hier?«, fragte sie entsetzt, und ihre Wangen glühten.

»Wir wollten dich an deinem Geburtstag überraschen. Es war ihre Idee. Nun, eine Überraschung war das sicher. Wir müssen unter vier Augen miteinander reden, mein Kind«, verkündete er.

Rasch trat Kurt vor.

»Sie ist meine Mitarbeiterin, und sie hat zu tun. Mach weiter, Jo. Das Gespräch kannst du in der Mittagspause führen«, befahl er.

»Wie gewonnen, so zerronnen, was?«, höhnte Charlie, dessen Wut von Kurts Verhalten noch geschürt wurde. Entsetzt hatte er seinen Augen kaum getraut, als er beim Betreten des Stalls plötzlich vor seinem Erzfeind gestanden hatte. Außerdem war er zornig auf Jo.

»Jo«, wiederholte Kurt drohend.

»Du Dreckskerl. Wie kannst du es wagen, mich in Gegenwart meiner eigenen Tochter herumzukommandieren?«, brüllte Charlie, der nun endgültig die Beherrschung verlor. »Und was dich betrifft ...«

Er packte Jo am Arm.

»Bitte, Daddy«, flehte Jo und versuchte unter Tränen, sich loszureißen.

»Lass meine Mitarbeiter in Ruhe, sonst werfe ich dich raus«, sagte Kurt kühl, ohne auf Charlies Anspielung einzugehen: Nur seinem leichtsinnigen Umgang mit Geld hatte er es nämlich zu verdanken, dass er wieder für andere arbeiten musste. »Wir streiten uns wieder um ein Mädchen, ganz wie früher«, fügte er grinsend hinzu. Dann wies er mit dem Kopf auf die Box. »Fang an, Jo, wenn dir dein Job wichtig ist.«

»Ja, lass sie gehen«, sagte da eine heisere Stimme.

Jo und Kurt wirbelten herum und sahen Nina, die vorsichtig durch den noch nicht weggeräumten Schneematsch watete. Ihre Wangen waren gerötet, und sie presste sich ein Taschentuch vor die Nase.

»Nina. Das darf doch nicht wahr sein. So schön wie eh und je«, rief Kurt zur Begrüßung.

»Mum«, stieß Jo hervor.

»Hallo, Kurt«, sagte Nina mit verkniffenen Lippen. Ihre Mundwinkel bebten, und sie blickte zwischen Jo und Kurt hin und her. »Du kannst diese miese kleine Egoistin haben. Schau, dass sie wirklich arbeitet und dir nicht nur das Geld abknöpft.«

Mit hasserfülltem Blick trat sie auf Jo zu. Ihr Schädel pochte. Ihre Worte trafen Jo wie ein Schlag ins Gesicht.

»Wenn sie unbedingt so leben will, soll sie doch. Lass sie im Mist und Dreck herumwühlen.« Sie sah Jo an. »Du undankbare kleine Schlampe. Wie kannst du es wagen, mir das anzutun und mich und meine Freunde derart zu beleidigen? Erst siehst du seelenruhig zu, wie ich Geld und Zeit investiere, um dir einen Start zu ermöglichen, damit du es zu etwas bringst. Und dann das. Wie kannst du nur?«

Sprachlos starrte Jo ihrer Mutter in das tränenüberströmte Gesicht. Charlie eilte auf Nina zu und legte ihr den Arm um den zitternden Körper. Er spürte, dass sie immer mehr außer sich geriet.

»Neene, mein Schatz, du fühlst dich nicht wohl. Lass uns später wiederkommen und alles in Ruhe bereden«, meinte er leise, in dem Versuch, sie zu beschwichtigen. Aber Nina stieß ihn weg.

»Nein, Charlie, nein«, rief sie, von Schluchzern geschüttelt. »In den letzten beiden Jahren haben wir Unsummen ausgegeben, damit sie nur das Beste bekommt. Und sie wirft es uns einfach vor die Füße und belügt und hintergeht uns. Dir mag es genügen, die Hände in den Schoß zu legen und dich von ihr ausnützen zu lassen, aber mir reicht es. Sie hat uns mitgeteilt, was sie will. Soll sie es haben.«

Sie drehte sich zu Jo um.

»Du wirst keine fünf Minuten durchhalten, nachdem du in ganz Europa die Prinzessin gespielt hast. Für dich ist das alles nur ein Spiel, und es interessiert dich nicht, wen du dabei vor den Kopf stößt oder kränkst. Wann wirst du endlich erwachsen? Lass sie ihre Lektion lernen, Charlie. Soll sie bleiben, in dem Dreck und Matsch. Irgendwann wird sie schon heulend nach Hause zurückkommen.«

Ihre Augen glitzerten fiebrig.

»Ich gebe dir höchstens sechs Monate.«

Sie bekam einen Hustenanfall.

»Mum, bitte, Mum, so ist es nicht ... Hör mich doch an. Tu das nicht«, rief Jo, verzweifelt angesichts der Gehässigkeit ihrer Mutter.

Die Tränen liefen ihr die Wangen hinunter, aber Nina wandte unwillig den Blick ab, machte auf dem Absatz kehrt und stolzierte an den Ställen vorbei zum Auto.

»Du hattest deine Mädchen noch nie im Griff, was, alter Junge? Aber ich muss ein Gestüt leiten. Verschiebe deinen Familienstreit also bitte auf später«, höhnte Kurt.

Diese Worte waren der Tropfen, der für Charlie das Fass zum Überlaufen brachte. Hin und her gerissen zwischen dem Bedürfnis, Nina zu unterstützen, und dem Schrecken gegenüber Jos Entsetzen, packte er seine Tochter fest am Arm und zerrte sie mit sich. Die freie Hand zur Faust geballt, trat er auf Kurt zu.

»Das war ein Trick zu viel, du Bastard, und zwar einer, den du den Rest deines Lebens bereuen wirst.« Charlie musste sich beherrschen, um seinem Widersacher nicht das spöttische Grinsen aus dem Gesicht zu prügeln.

»Willst du mir drohen?«

»Genau das tue ich! Wir gehen, Jo«, brüllte Charlie und schob Jo zur Stalltür.

Jo riss sich los und blickte verzweifelt zwischen ihrem Vater und Kurt hin und her.

»Ich kann nicht, Dad. Ich arbeite hier. Das ist mein Job«, stieß sie hervor, floh in den Stall und ließ Charlie mitten auf dem Hof stehen.

Mit tränenüberströmtem Gesicht stocherte sie blind im Heu herum. Alles war schiefgelaufen. Ihre Mutter hasste sie, und ihr Vater würde sie vermutlich nie verstehen. Außerdem hatte sie sicher auch noch ihren Job verloren. Sie schüttelte die Tränen weg, die weiter ihren Blick verschleierten, und nahm einen Haufen Mist auf die Gabel. Draußen brüllten sich Charlie und Kurt an. Dann wurde es plötzlich still.

Jo schleuderte den letzten Pferdeapfel auf den Haufen und knallte die Heugabel gegen die Wand, sodass sie klappernd zu Boden fiel. Doch diesmal ließ Jo sie einfach liegen. Nachdem sie die Box ausgespritzt hatte, fegte sie in Rekordgeschwindigkeit den Boden und verteilte frisches Heu. Als sie hinauslief, um Luzerne zu holen, stieß sie beinahe mit John zusammen, der gerade, einige Sättel auf dem Arm, aus der Sattelkammer kam.

»Schau doch, wo du hinrennst, verdammt«, schimpfte sie mit gesenktem Kopf, zog ein Taschentuch heraus, um sich die Nase zu putzen, und eilte in den Lagerraum. Der Vormittag erstreckte sich unendlich vor ihr.

»Wenn du möchtest, kannst du früher Mittagspause machen. Dein Vater erwartet dich im Büro«, meinte Kurt freundlich und spähte in die Box, in der Jo gerade den Verband an der Fessel eines Pferdes wechselte.

Jo murmelte einen Dank, ohne aufzublicken. Als sie mit dem Verbinden fertig war, wusch sie sich Hände und Gesicht. Mit rot geweinten und verquollenen Augen eilte sie zum Büro. Auf den gefrorenen Blumenbeeten sah es so leer und trostlos aus wie in ihrem Herzen.

Charlie saß auf einem Stuhl und las in einer Zeitschrift. Mit finsterer Miene stand er auf, als sie hereinkam.

»Steig sofort ins Auto! Wir fahren zum Mittagessen«, befahl er.

Jo gehorchte kleinlaut, obwohl sie wusste, dass sie keinen Bissen herunterbringen würde. Von Nina war nichts zu sehen.

»Daddy, wenn du mir Gelegenheit geben würdest, zu erklären …«, begann Jo, als sie in einer Ecke des Gasthofes *George & Dragon* saßen. Sie war fest entschlossen, nicht mehr zu weinen.

»Nein, du hörst mir zu, Jo. Du hast keine Ahnung, was du angerichtet hast. Dieser Mann ist ein übler Kerl. Er hat dich nur eingestellt, um mir zu schaden und die Kingsford Lodge in den Ruin zu treiben. Also schlag dir deine albernen und romantischen Flausen aus dem Kopf. Warum, glaubst du, hat er dich genommen, obwohl er Dutzende von Mädchen mit viel mehr Erfahrung hätte haben können?«

»Weil ich auch Erfahrung habe, Dad, das hat er mir selbst gesagt … und zwar, weil ich für dich gearbeitet habe«, gab Jo zurück. »Wo ist Mum?«

»Sie hat Fieber. Hast du ihm das wirklich abgenommen? Jo, du bist so naiv.« Charlie streckte die Hand aus, aber sie zog rasch den Arm zurück und spielte auf dem Schoß an ihren Fingernägeln herum.

»Sei nicht so gönnerhaft, Dad. Ich bin schon achtzehn, und ich weiß, was ich tue.«

Charlies Blick wurde hart.

»Du bist erst achtzehn und hast keine Ahnung, mit wem du dich eingelassen hast. Kurt Stoltz ist ein böser Mensch. Er hat mir nie verziehen, dass ich deine Mutter geheiratet habe und erfolgreicher bin als er. Dich hat er nur eingestellt, weil du meine Tochter bist, und er will dich über meine Methoden aushorchen. Geh dort weg, bevor du uns alle ruinierst.«

Jo erinnerte sich an Kurts beharrliche Fragen. Sie verzog das Gesicht.

»Ich habe recht, oder? Er hat bereits versucht, dich auszuspionieren«, fuhr Charlie fort.

»Du irrst dich, Dad. So ist er nicht«, rechtfertigte sich Jo und schob den dampfenden Teller mit der Fleischpastete weg, die Charlie bestellt hatte. Dann strich sie eine Haarsträhne zurück. »Er hat mir alles über dich, Mum und ihn erzählt.«

Sie konnte nicht verhindern, dass ihre Augen sich mit Tränen füllten, als sie ihre Mutter erwähnte, aber sie sprach beharrlich weiter.

»Er sagte, er hätte dich bewundert. Früher sah er viel besser aus, und er meinte, ihr beide seid Freunde gewesen. Er hätte Mum sehr gern gehabt, aber immer gewusst, dass sie dich liebt. Ihr wart eine große glückliche Familie. Warum sollte er das alles erfinden?«

Charlie holte tief Luft.

»Das hat dieser Mistkerl dir also weismachen wollen. Jetzt pass mal gut auf …«

Aber Jo wollte nichts mehr hören.

»Ich mag ihn, Dad, und mir gefällt mein Job.« Sie stand auf und zog den Pullover an, der über der Stuhllehne hing. »Die Comptons sind stolz darauf, dass ich auf ihrem Gestüt arbeite. Das hat Mrs Compton selbst zu mir gesagt. Ich habe Freunde. Kurt respektiert mich. Ich weiß, dass ich recht habe, und ich bleibe. Können wir zurückfahren?«

»Du irrst dich, Jo. Du machst einen Fehler«, erwiderte Charlie und erhob sich ebenfalls. Es machte ihn wütend, dass Jo nicht wahrhaben wollte, wer Kurt in Wirklichkeit war. Allerdings war der Mann ein geschickter Betrüger.

Obwohl Charlie zugegebenermaßen nicht der Mensch war, der sich eine Gelegenheit entgehen ließ, ärgerte es ihn noch immer, mit welcher Genugtuung Kurt Teile von Dublin Park an sich gerissen hatte, als die Familie in einer Krise steckte. Wenn es ihm nur auf das Land angekommen wäre, hätte Charlie ihn verstehen können, aber das war nicht genug gewesen. Kurt würde erst zufrieden sein, wenn er Charlie alles genommen hatte. Am allermeisten war ihm früher daran gelegen, Nina für sich zu gewinnen. Dank seines guten Aussehens und seiner Schlagfertigkeit hätte er es beinahe geschafft. Doch ihr Instinkt hatte Nina vor dem romantischen Kavalier gewarnt und in letzter Minute verhindert, dass sie mit ihm vor den Altar trat. Charlie war so erleichtert gewesen, dass er es gar nicht in Worte fassen konnte. Damals hatte er triumphiert. Nina hatte lange gebraucht, um die Beziehung zu Kurt, ihrer ersten Liebe, nicht mehr zu verklären.

Charlie schüttelte es, wenn er sich vorstellte, wie Nina vor ihrer Hochzeit in Kurts Armen gelegen hatte. Damals glaubte er, sie für immer verloren zu haben, und diese Erinnerung schürte seine Wut und Erbitterung gegen Jo.

»Du hast deiner Mutter das Herz gebrochen, unsere Freunde beleidigt und unbeschreibliche Mengen an Geld und Zeit vergeudet, die wir in dich investiert haben. Genug ist genug, Jo. Entweder kehrst du nach Paris zurück und bleibst Fotomodell, oder du kommst mit mir nach Hause.«

»Um bei dir in den Ställen zu arbeiten?« Kurz leuchtete Hoffnung in Jos Augen auf.

»Fang nicht wieder damit an, Jo«, sagte Charlie barsch und zog die Brieftasche heraus.

Jo war verzweifelt. Sie konnte nicht zu ihrem Vater durchdringen, und ihre Mutter weigerte sich sogar, mit ihr zu sprechen. Noch nie hatte sie sich einsamer und schuldiger gefühlt, aber sie durfte nicht nachgeben.

»Es tut mir leid, Dad, denn ich wollte dir und Mum niemals wehtun. Ich liebe euch beide sehr. Warum wollt ihr nicht verstehen, dass ich mich nie nach etwas anderem gesehnt habe, als diesen Beruf zu ergreifen? Du liebst Pferde, und du hast mir beigebracht, sie auch zu lieben. Warum erlaubst du es mir dann nicht?« Ihre Stimme bebte. »Wenn ich zu Hause nicht für dich arbeiten darf, bleibe ich in Stockenham Park, bis du deine Meinung änderst. Und jetzt muss ich zurück, meine Mittagspause ist vorbei.«

Jos Beine waren so wackelig, dass sie sich fragte, wie sie es bis nach draußen schaffen sollte. Sie wischte sich die Tränen weg, die sie nicht länger unterdrücken konnte, und ihre Verzweiflung wuchs, als sie sah, wie ihr Vater bedächtig Pfundnoten aus der Brieftasche zog.

»Bitte, Dad.«

Ungerührt musterte Charlie seine Tochter. Er war nicht in

der Lage, über seine Wut und Kränkung hinauszublicken und zu erkennen, dass Jo ihre Beharrlichkeit von ihm geerbt hatte.

»Gut, wenn du es so willst … Von nun an bist du auf dich allein gestellt, bis du wieder zur Vernunft kommst. Aber heul uns nichts vor, wenn es schiefgeht.« Er warf die Geldscheine auf den Tisch und marschierte an Jo vorbei ins Freie.

Jo lächelte dem Wirt verlegen zu und lief ihrem Vater nach. Draußen war die Sonne hinter bedrohlichen Wolken verschwunden, und ein eisiger Wind peitschte ihr ins Gesicht. Auf der Fahrt über die gewundenen Straßen zurück nach Stockenham Park sprach keiner von ihnen ein Wort.

Charlie hielt den Wagen an, und Jo stieg aus. Das Elend schnürte ihr die Kehle zu.

»Es tut mir leid, Dad. Ich liebe euch beide so sehr. Bitte glaubt mir«, flüsterte sie und blickte zum Wagenfenster hinein. »Bitte richte Mum aus …«

Charlie sah sie mit eiskalter Miene an.

»Es tut dir leid? Du hast keine Ahnung, was du angerichtet hast«, sagte er und fuhr davon.

Tränenblind wankte Jo in den Lagerraum und brach weinend auf dem Steinfußboden zusammen.

12

Jo wiegte sich hin und her, ohne die Kälte des Fußbodens zu spüren. Die Arme um die Knie geschlungen, weinte sie bitterlich, und ihr Körper wurde von heftigen Schluchzern geschüttelt. Es dauerte eine Weile, bis sie sich endlich beruhigte und das Zittern nachließ. Der Duft von frischem Hafer und Spreu stieg ihr in die Nase, durchdrang allmählich den Schleier, der sie umgab, und erinnerte sie daran, wo sie sich befand. Für gewöhnlich machte dieser Geruch Jo glücklich, doch im Moment herrschte nichts als abgrundtiefe Düsternis in ihrem Herzen. Ihre Augen brannten, und die Brust war ihr wie zugeschnürt. Als sie etwas Weiches an ihrem Bein spürte, hob sie betrübt den Kopf und betrachtete Puss, die Stallkatze, mit stumpfem Blick. Puss krümmte miauend den Rücken und rieb ihr flauschiges graues Fell an Jos Jeans. Ihre weiße Brust und ihr Bäuchlein leuchteten im Dämmerlicht. Jo wiegte sich weiter hin und her. Doch Puss ließ sich davon nicht abschrecken und sprang auf Jos Knie, wo sie geschickt balancierte und versuchte, sich an Jos Brust zu schmiegen. Dabei miaute sie noch lauter und beharrlicher und sah Jo aus großen grünen Augen eindringlich an. Seufzend hielt Jo inne, und ein trauriges Lächeln spielte um ihre Lippen.

»Du bist ganz schön hartnäckig«, sagte sie und streichelte die Katze. Sie streckte die Beine aus. Puss hörte sofort auf, sich zu beklagen, und machte es sich, nachdem sie sich dreimal um die eigene Achse gedreht hatte, auf Jos Schoß gemütlich. Dann fing sie laut an zu schnurren und bearbeitete Jos Oberschenkel mit den Krallen. Das tiefe, zufriedene Vibrieren ging durch Jos ganzen Körper. Während Jo, immer wieder bedrückt aufseufzend, die tragische Szene mit ihren

Eltern noch einmal Revue passieren ließ, kraulte sie Puss' weiches Fell. Sie war nicht sicher, was sie mehr gekränkt hatte – der kalte Ausdruck in den Augen ihres Vaters oder die Abwesenheit ihrer Mutter. Lieber hätte sie eine weitere Tirade erduldet, als auf diese Weise weggestoßen zu werden. Sie glaubte einfach nicht, dass ihre Mutter wirklich so hohes Fieber gehabt hatte.

»Das habe ich mir alles selbst eingebrockt, was, Puss?«, meinte sie schließlich. »Und nun bin ich frei und kann bei meinen geliebten Pferden arbeiten. Weshalb weigert Daddy sich, das zu verstehen, Puss? Warum wollen die beiden das einfach nicht einsehen?«

Es schnürte ihr die Kehle zu, und wieder wurden ihre Augen feucht. Ratlos lehnte Jo sich an die Wand und blickte durch den Türspalt hinaus ins Sonnenlicht. Sie war zu erschöpft, um sich weiter das Hirn zu zermartern. Puss bearbeitete sie mit den Pfoten und schnurrte. Nachdem Jo eine Weile stillgehalten hatte, um die zufriedene Katze nicht zu stören, wurde sie unruhig und begann, hin und her zu rutschen. Allmählich schlief ihr der Po ein, und außerdem war der Steinfußboden entsetzlich kalt.

»Nun denn, was geschehen ist, ist geschehen. Das siehst du doch auch so, nicht wahr, Puss? Und da ich jetzt auf mich allein gestellt bin, mache ich mich wohl am besten wieder an die Arbeit«, verkündete sie entschlossen und nahm die Katze zärtlich in die Arme.

Nachdem sie die Wange kurz in das warme, weiche Fell geschmiegt hatte, setzte sie Puss vorsichtig auf den Boden und rappelte sich auf. Während sie sich die Beine vertrat und sich Spreu und Schmutz von den Jeans klopfte, fand die Katze offenbar, dass sie genug geruht hatte, gähnte und trollte sich.

Jo rieb sich das taube Hinterteil, musterte ihr Gesicht in der Spiegelscherbe, die auf einer Bank lag und band sich das Haar zurück. Sie kam zu dem Schluss, dass sie nicht allzu sehr zum Fürchten aussah, und spähte durch den Türspalt hinaus auf den gepflasterten Hof. Von Kurt und den Kollegen fehlte jede Spur. Nur ein schwarzes Pferd mit einer großen weißen Blesse knabberte am Rand seiner Boxentür, und ein Brauner blickte sich neugierig um. Jo kam zu dem Ergebnis, dass sie offenbar nicht gefeuert war, und steuerte auf das Hufgetrappel am anderen Ende des Stalls zu.

Am folgenden Montag teilte Guy sie zu ihrem Erstaunen zur Bahnarbeit ein. Weder er noch Kurt erwähnten den Besuch ihrer Eltern oder den überstürzten Aufbruch. Auch wenn Kurt sich ihr gegenüber freundlich verhielt, spürte Jo, dass sich etwas verändert hatte. So sehr sie auch dagegen ankämpfte, fühlte sie sich in seiner Nähe unwohl. Fragen, die sie früher als harmlos betrachtet hätte, erschienen ihr nun aufdringlich. Ihr Vertrauen in den Stallmeister hatte stark gelitten. Ständig hallten ihr die Worte ihres Vaters in den Ohren, und obwohl sie sich zwang, fröhlich mit Kurt zu plaudern, wuchs ihr Argwohn gegen ihn. Sie achtete sorgsam darauf, die Geheimnisse, die sie als Kind gelernt hatte, für sich zu behalten. Sie wusste jedoch, dass sie ihr Misstrauen überwinden und gegen die Niedergeschlagenheit und Verzweiflung ankämpfen musste, die sie immer wieder zu überwältigen drohten. Um den Schmerz zu betäuben, trieb sie sich zur Arbeit an. Sie war die Erste, die vor Sonnenaufgang in der Dunkelheit in den Ställen eintraf, und die Letzte, die ging, nachdem die Pferde für die Nachtruhe vorbereitet waren. Trotzdem wollte sich Jos Trauer in den nächsten Wochen nicht legen. Nur ihrem Starrsinn und ihrem Stolz hatte sie es zu verdanken, dass sie bei der Stange blieb.

Allmählich wich der Winter dem Frühling. Morgens war es nicht mehr so eisig kalt, und die schwarze Wolke, die Jos Seele überschattete, verzog sich. Winzige gelbe Krokusse wuchsen aus dem gefrorenen Boden, und die ersten Blüten reckten die Köpfchen der Sonne entgegen. Bald schwebte der berauschende Duft von Schneeglöckchen und Hyazinthen durch die Luft, und Jos Herz begann wieder zu singen. Allmählich ordneten sich ihre Gedanken.

An ihren freien Tagen suchte sie die Umgebung nach bewährten und wirksamen Heilkräutern ab, über deren Anwendung sie in der Kingsford Lodge und in Dublin Park etwas gelernt hatte. Ohne auf die schiefen Blicke ihrer Kollegin oder deren Bemerkungen über Hexenbesen, schwarze Katzen und Einhörner zu achten, stellte sie sich eine kleine Auswahl an ätherischen Ölen, Kräuterextrakten und Pulvern zusammen, die sie in einem Verbandskasten unter ihrem Bett aufbewahrte.

Wenn sie frühmorgens durch das Dörflein Stockenham mit seinem mittelalterlichen Marktplatz und den hübschen alten, in Nebel gehüllten Häusern ritt, begrüßte sie Guy mit einem fröhlichen Winken. Und beim Ausritt mit den Pferden auf der Heide fühlte sie sich zum ersten Mal seit Wochen wieder glücklich. Der Wind rötete ihre Wangen, sie spürte die Bewegungen des kräftigen Tieres unter sich und sah den Dampf, der aus seinen Nüstern wölkte, während sein Schnauben über die Heide klang. So kehrte die Begeisterung zurück, die Jo zu Hause in Australien auf dem Rücken eines Pferdes empfunden hatte.

Auf Kurt wirkte der Frühlingsanfang hingegen weniger belebend, und sein Triumphgefühl, die Tochter seines Widersachers Kingsford angeheuert zu haben, verwandelte sich mit der Zeit in wütende Enttäuschung.

»Sie muss gehen. Nachdem ihr Vater ihr so zugesetzt hat, werden wir nichts mehr aus ihr rauskriegen«, knurrte Kurt seinem obersten Jockey Willie Carstairs eines Tages bei der Bahnarbeit zu, während sie zusahen, wie Jo über die Heide preschte. »Zum Teufel mit Charlie.«

»Hm, ich weiß nicht so recht«, erwiderte Carstairs und stocherte zwischen seinen Zähnen herum. Seine wettergegerbten Wangen waren von tiefen Furchen durchzogen. Der nur einen Meter fünfzig große und magere Carstairs ritt seit fünf Jahren für Compton. »Ich würde an deiner Stelle besser aufpassen. Mit Frauen und Pferden ist es immer dasselbe. Man muss nett zu ihnen sein, aber ab und zu die Peitsche zeigen. Dann erfährst du schon, was du wissen willst.« Kurt stieß zwar nur ein mürrisches Brummen hervor, beschloss aber, auf Willies Rat zu hören und nichts zu überstürzen.

Mitte April bekam Jo einen Brief von Emma. Dem Schreiben lag ein Zeitungsausschnitt mit einem Foto bei, auf dem Emma sich auf der Treppe eines Pariser Luxushotels mit einer Modelkollegin buchstäblich in den Haaren lag. »Zickenkrieg der Laufstegköniginnen«, lautete die Schlagzeile.

»Der Wahlspruch, dass schlechte Presse besser ist als gar keine, trifft offenbar zu«, schrieb Emma. »Seit dieser Bericht über mich und Meloney erschienen ist, kann ich mich vor lukrativen Angeboten nicht mehr retten. Mein Agent ist ganz aus dem Häuschen. Übrigens ist Meloney eine blöde Kuh und hatte es verdient, an den Haaren gezogen zu werden, auch wenn die Vortreppe eines der teuersten Hotels von Paris vielleicht nicht der beste Ort dafür ist.«

Der Brief munterte Jo sehr auf. Am Abend nahm sie endlich ihren Mut zusammen und rief Jenny an, um mit Emma zu sprechen. Jenny war so nett zu ihr wie eh und je, was Jos schlechtes Gewissen noch verstärkte. Sie entschuldigte sich mehrmals für ihr Benehmen.

»Sie findet, dass es deine Eltern übertreiben«, vertraute Emma Jo an, nachdem die beiden die letzten Neuigkeiten ausgetauscht hatten. »Ich vermisse dich schrecklich. Du musst mir öfter schreiben, du treulose Tomate.«

»Das sagst ausgerechnet du«, erwiderte Jo lachend. Doch dann verkündete ein dreimaliger Piepton, dass das Telefongeld aufgebraucht war, und sie musste auflegen.

Emmas Zuversicht, ihre gute Laune und ihre respektlose Art fehlten ihr sehr. Aber beim Entladen der Pferde, die gerade vom Rennen in Cheltenham zurückgekehrt waren, aus dem Transporter kam sie zu dem Schluss, dass sie ihre Freundin überhaupt nicht um ihr Leben im Rampenlicht beneidete. Nein, sie hatte ihr Glück gefunden, genau hier im »Schlamm und Dreck«, wie ihre Mutter es genannt hatte. Jo war fest entschlossen, viel länger durchzuhalten als die zugestandenen sechs Monate. Mit federnden Schritten ging sie auf Outsider zu, einen vielversprechenden dreijährigen Wallach, der angebunden in einem der Pferdetransporter stand. Das Pferd, ein Neuzugang, schleuderte den Kopf zurück und wieherte schrill, als Jo sich näherte. Hastig wich sie zurück.

»Bleib weg von ihm«, rief ein Pferdepfleger, während Kurt, gefolgt von einem äußerst besorgten Guy Compton und dem Tierarzt, auf das Tier zueilte. »Er hat sich beim letzten Rennen die Schulter gezerrt. Schon vor der Verletzung war er ziemlich schwierig, doch jetzt machen ihn die Schmerzen bösartig.«

Rasch suchte sich Jo eine andere Aufgabe. Sie spritzte einen der Transporter mit dem Schlauch aus. Trotz des Wasserrauschens hörte sie das Gepolter des Kampfes: Zwei kräftige Stallburschen mussten das Pferd festhalten, damit der Tierarzt es untersuchen konnte. Outsider hatte ein Stockmaß von über einem Meter siebzig, war muskulös und sträubte sich in seiner Angst wie ein Wilder. Jo ließ sich beim Beruhigen einer verschüchterten Jungstute Zeit und beobachtete dabei durch die Gitterstäbe, wie die Männer die Seile immer fester anzogen. Sie hatte Mitleid mit dem mächtigen Pferd, das die Ohren anlegte, die Augen verdrehte, bis das Weiße sichtbar wurde, und sich gegen den Tierarzt wehrte, der ihm eine Spritze geben wollte.

»Halt still, du Mistvieh«, brüllte Kurt und stemmte seinen drahtigen Körper gegen die Seile. Willie Carstairs, der das Pferd bei seiner Verletzung geritten hatte, beobachtete den Kampf. Kurt, der auf einen großen Sieg in zwei Wochen hoffte, legte sich weiter mit finsterer Miene ins Zeug. Endlich gelang es den Männern, das Pferd lange genug ruhig zu halten, damit der Arzt ihm das Schmerzmittel verabreichen konnte. Jo beobachtete, wie Kurt sich anschließend trollte, und sie war überzeugt, dass er sich gerade eine Standpauke von Guy eingehandelt hatte.

Als es später ruhig im Stall war, pirschte Jo sich mit ihrem Verbandskasten zu Outsiders Box und spähte hinein. Sofort legte das Pferd die Ohren an, blähte die Nüstern, wieherte und trat aus. Ohne auf die Drohgebärden des Tieres zu achten, blieb Jo einfach stehen und redete leise auf Outsider ein. Nach einer Weile hörte er auf, in der Box hin und her zu laufen, und musterte Jo eindringlich. Als sie sicher war, dass er sich beruhigt hatte, verteilte sie ein paar Tropfen ätherisches Öl aus ihrem Kasten auf ihren Händen, öffnete vorsichtig die Tür und schlüpfte hinein. Sofort setzte Outsider sich wieder in Bewegung. Jo näherte sich flüsternd dem Pferd und verharrte, scheinbar fasziniert von einem Dunghaufen, in einer Ecke der Box.

Allmählich wurde das Pferd ruhiger und verbrachte die nächsten zehn Minuten damit, Jo zu beäugen, während diese imaginäre Krümel von der Wand pickte. Schließlich siegte die Neugier, und Outsider kam näher, um Jo zu beschnuppern. Langsam hob Jo die Hände und zeigte dem Pferd ihre Handflächen. Outsider schnüffelte an dem Öl. Sein warmer Atem kitzelte auf ihrer Haut. Mit einem lauten Wiehern wandte er den Kopf ab. Jo, die fand, dass dieser Fortschritt für heute genügte, wich weiter flüsternd zur Tür zurück und schlüpfte aus der Box.

Am nächsten Tag waren wieder einige kräftige Männer damit beschäftigt, Outsider zu bändigen, um ihn dem Tierarzt vorzuführen.

»Warum können sie nicht sanfter mit ihm umgehen? Merken sie denn nicht, dass sie es so nur schlimmer machen? Das Tier hat Todesangst«, schrie Jo in der Sattelkammer. Fassungslos musste sie mit ansehen, wie die von ihr erzielten Fortschritte wieder zunichte gemacht wurden. Sie wollte hinlaufen, doch John hielt sie von hinten fest.

»Spinnst du? Oder willst du deinen Job verlieren? Du hast wohl nicht gemerkt, was Kurt heute Morgen für ein Gesicht gezogen hat. Dieses Pferd kostet den Rennstall ein Vermögen, und der Chef hat Kurt die Hölle heißgemacht, weil er bei der Bahnarbeit geschlampt hat. Kurt will, dass das Pferd so schnell wie möglich wieder antritt, und das ist die einzige Möglichkeit.«

»Nein, ist es nicht«, protestierte Jo und riss sich los. »Ich könnte die Schulter sofort wieder hinkriegen, wenn Kurt mich nur lassen würde.«

»Ach, könnten Sie das, Miss Kingsford? Dann verraten Sie mir mal, wie Sie dieses Wunder zustande bringen wollen.«

Jo wirbelte herum und stand vor Guy Compton.

»Mr Compton, darf ich es versuchen? Ich weiß wirklich, wie ich ihm helfen kann«, stieß sie hervor.

»Sie wollen wohl unbedingt im Krankenhaus landen. Nein, Jo, mein Kind, Sie machen einen Bogen um dieses Pferd«, sagte Guy streng. Seine Miene wurde versöhnlicher.

»Nur aus reiner Neugier: Was wollten Sie mit ihm machen?«

»Ich wollte mit ihm sprechen. Und ihn mit Kräutern behandeln. Mein Dad hat mir das gezeigt, als ich acht war«, erwiderte Jo gelassen. »Wir hatten eine wundervolle Stute und rechneten damit, dass sie das Rennen in Oaks gewinnen würde. Doch dann trat sie in ein Loch und zerrte sich die Schulter wie Outsider. Niemand hat geglaubt, dass sie in der Lage sein würde zu starten, aber sie hat es geschafft.«

Guy Compton legte den Kopf in den Nacken und brüllte vor Lachen.

»Gespräche und Kräuter«, amüsierte er sich, und seine Augen versanken fast in den gerundeten Wangen. »Haben Sie überhaupt eine Vorstellung davon, wie viel dieses Pferd wert ist? Sprechen und … Ach, die Jugend hält sich für unbesiegbar!«

Schließlich beruhigte er sich wieder. Er zog ein Seidentaschentuch heraus, wischte sich über die Augen, schnäuzte sich und steckte es wieder in die Tasche seiner Reithose. Kurt kam heran, um den Anlass des Heiterkeitsausbruchs zu erkunden.

»Sie meint, sie kann Outsider heilen, indem sie mit ihm spricht«, klärte Guy ihn auf und brach wieder in Gelächter aus.

Jo errötete. Kurt krümmte sich ebenfalls vor Lachen.

»Es funktioniert wirklich. Ich beweise es Ihnen«, flehte Jo.

Kurt hörte auf zu lachen und musterte Jo argwöhnisch.

»Warum geben wir ihr nicht eine Chance, Chef? Reden kann nicht schaden.« Er grinste verschlagen und wandte den Blick ab. »Aber wirklich nur reden.«

»Seien Sie doch kein Narr, Stoltz«, schimpfte Guy. »Das Mädchen könnte sich schwer verletzen oder Outsiders Zustand weiter verschlimmern. Auf gar keinen Fall werde ich erlauben ...«

Kurt zupfte an seiner Schirmmütze.

»Wenn sie draußen bleibt und Outsider drinnen, kann nichts passieren, Chef«, unterbrach er.

Guy betrachtete ihn zweifelnd, beruhigte sich aber ein wenig.

»Na gut, in diesem Fall habe ich nichts dagegen. Aber die Box bleibt zu«, fügte er streng hinzu.

»Also, Jo, wollen wir es versuchen? Hast du dir überlegt, was du sagen willst?«, meinte Kurt und nickte Jo feixend zu.

»Gebt mir zwei Sekunden«, jubelte Jo, ohne auf den Seitenhieb zu achten. Sie hastete über den Hof und in die Sattelkammer, und kam mit einem kleinen Plastikeimer voller ätherischer Öle und einigen Stofflappen zurück.

»Darf ich in die Box, wenn er sich beruhigt?«

»Aber klar doch«, antwortete Kurt mit einem vielsagenden Blick auf Guy.

Die drei gingen auf die Box zu. Outsider wieherte empört. Er legte die Ohren an und bleckte wie am Vorabend die Zähne. Dabei sprang er in der Box hin und her und streckte wütend den Kopf nach vorn, um nach Jo und den beiden Männern zu schnappen. Jos Bemühungen blieben vergeblich. Schließlich bat Jo ihre Begleiter verlegen, ein Stück zurückzutreten, aber Guys Geduld war zu Ende.

»Schluss mit diesem Unsinn«, befahl er. »Niemand nähert sich diesem Pferd, ohne dass ich oder Kurt dabei sind.«

Kurt nickte und trollte sich mit einem gehässigen Grinsen. Seiner Meinung nach verstand sich das Mädchen sowieso viel zu gut mit den Comptons.

Guy, der Jos Niedergeschlagenheit bemerkte, betrachtete sie freundlich. Er mochte das Mädchen, und außerdem war die Kleine sehr fleißig.

»Das war eine nette Idee, Jo, aber ich fürchte, die Friede-Freude-Eierkuchen-Methode funktioniert in der Wirklichkeit nicht. Warum kommen Sie nicht morgen zu uns und trinken mit mir und Sally Tee? Sie würde sich sicher über Ihren Besuch freuen. Seit unsere Tochter im Ausland ist, ist sie ein bisschen einsam.«

Jo zwang sich zu einem Lächeln. Ihre Wangen glühten, und sie wäre am liebsten im Erdboden versunken.

»Vielen Dank für die Einladung«, erwiderte sie.

Bitter enttäuscht kehrte sie in die Sattelkammer zurück, verstaute den Eimer wieder in ihrem Spind und griff nach der Heugabel.

»Aber wie sehr sie auch lachen und spotten, ich werde es ihnen zeigen und deine Schulter heilen, Outsider«, flüsterte sie und stieß die Gabel in einen Heuhaufen.

Nach der Arbeit schlich sie sich zurück in den Stall, verrieb ätherisches Öl auf ihren Händen und steckte die Flasche ein. Vorsichtig näherte sie sich Outsiders Box und erstarrte, als er sie beim Öffnen der oberen Klappe mit einem erschrockenen Wiehern empfing. Verstohlen blickte sie sich um, um festzustellen, ob jemand von dem Lärm angelockt worden war, und entdeckte John.

»Gibst du niemals auf?«, fragte er.

Jo legte den Finger an die Lippen. »Pass auf«, flüsterte sie. »Und rühr dich nicht.«

Wieder lief Outsider ängstlich in der Box hin und her, während Jo mucksmäuschenstill abwartete. Wie schon zuvor kam das Pferd nach einer Weile in dem Glauben näher, dass Jo nicht das geringste Interesse an ihm zeigte, und beschnupperte ihre Jacke. Als Jo den Zeitpunkt für gekommen hielt, schlüpfte sie in die Box, wo sie erneut reglos verharrte. Zeit verging. Sie ließ ihre Hand über den Rücken des Pferdes gleiten und schrak im nächsten Moment zusammen. Es hatte sich umgewandt und sie heftig gezwickt. Jo biss sich auf die Lippe und unterdrückte ein Lachen. Sie hatte etwas vergessen.

»Entschuldige, Outsider. Es ist Lavendelöl, so wie beim letzten Mal«, flüsterte sie und hielt dem Pferd die Handflächen hin, damit dieses daran schnuppern konnte. Zufrieden knabberte Outsider an Jos Pullover und ließ sich von ihr streicheln, wie sie es vor seiner Verletzung so oft getan hatte.

»Du Armer, diesmal hast du dir aber ganz schön was eingebrockt«, sagte sie beruhigend.

Langsam strich sie mit der Hand über seinen Rücken, hielt inne, wenn er nervös reagierte, und baute Schritt für Schritt Vertrauen auf. Währenddessen konzentrierte sie sich auf die Reaktion des Pferdes, wenn sie die wunde Stelle erreichen würde. Outsider zuckte zusammen und machte Anstalten, Jo zu beißen. Sofort hielt sie inne und ließ ihre warmen Hände auf dem schimmernden Fell des Pferdes liegen. Outsider stampfte zwar mit dem Huf und schüttelte den Kopf, schnappte aber nicht mehr nach ihr. Jo wartete ab, bis das Pferd bereit war, und begann vorsichtig, den gezerrten Muskel zu massieren. Dabei redete sie leise auf das Tier ein, während ihre Berührung immer fester wurde. Ab und zu benetzte sie ihre Hände erneut mit Öl und ließ Outsider stets daran schnuppern, bevor sie mit der Massage fortfuhr. Dabei hatte sie stets ihren Erfolg vor Augen. Mit der Zeit ging eine Verwandlung in dem Pferd vor. Der Schmerz ließ nach, und der Muskel entspannte sich – genauso, wie sie es vorausgesehen hatte.

»Siehst du, mein Junge«, flüsterte sie, als sie schließlich fertig war. »Morgen machen wir weiter.«

Sie kramte ein Stück Möhre aus der Tasche. Outsider schmiegte die Nüstern an ihre Schulter und pustete ihr warme Luft in den Kragen. Jo fuhr fort, leise mit ihm zu sprechen. Nach einem letzten Streicheln schlüpfte Jo aus der Box und legte den Riegel vor. Sie suchte ihre Öle und Lappen zusammen, bemerkte John und erschrak, denn sie hatte ihn völlig vergessen. John stand da und starrte sie mit weit aufgerissenen Augen an.

»Bist du immer noch da?«, rief sie.

»Das ist Hexerei«, stammelte John fassungslos. »Mich hätte niemand dazu gebracht, auch nur einen Fuß in diese Box zu setzen.«

»Aber nein, du Dummkopf«, erwiderte Jo, griff nach ihrem Eimer und betrachtete den jungen Mann. »Mein Dad hat mir schon ein paar Dinge beigebracht«, fuhr sie lächelnd fort und eilte zur Sattelkammer.

»Ich bin völlig fertig. Hast du zur Feier des Tages Lust auf ein Gingerale im *George & Dragon?*«, fragte John, der ihr gefolgt war.

»Gern, vielen Dank. Aber du musst mir versprechen, dass du mit niemandem darüber redest.«

Als am nächsten Tag der Tierarzt erschien, leistete Outsider viel weniger Widerstand. Am späten Nachmittag setzte Jo ihre Arbeit fort. Allerdings merkte sie nicht, dass Kurt sich im Stall versteckt hatte und sie beobachtete.

»Ich habe keine Ahnung, wie sie das anstellt«, raunte er Willie zu, der neben ihm stand. »Vor zwei Tagen konnte sich nicht einmal der Tierarzt an das Pferd heranwagen, geschweige denn ein kleines Mädchen. Und jetzt frisst ihr der Gaul aus der Hand. Er riecht zwar wie ein Blumenladen, aber die Verletzung heilt schneller, als ich es je für möglich gehalten hätte.«

Ärgerlich runzelte Kurt die Stirn. Es wurmte ihn, dass es ihm nicht gelang, Jo ihr Geheimnis zu entlocken.

»Wenn du mich fragst, hätte sich das Problem so oder so gegeben«, brummte Willie.

Ihm war es gar nicht recht, dass Jo sich an dem Pferd zu schaffen machte, doch seine Kritik hatte ihm vorhin einen Rüffel von Kurt eingebracht.

»Kann sein«, antwortete Kurt zweifelnd.

Seine Miene verfinsterte sich noch mehr, als Jo aus der Box kam, sich die Hände abwischte und den Riegel vorschob. Sie marschierte, ihren Eimer schwenkend und mit federnden Schritten, in die Sattelkammer.

»Sie ist wie ihr Vater«, fuhr Kurt fort und schob die Hände tiefer in die Jackentaschen. »Der macht auch solche Sachen, aber man kriegt nie richtig mit, was eigentlich gespielt wird. Es funktioniert wie Gedankenübertragung. Als würde er dem Pferd etwas erzählen, ohne dabei zu sprechen. Mich macht das ganz nervös. Aber ich werde schon herausfinden, was dahintersteckt.«

Es blieb bei diesem frommen Wunsch. Doch zumindest verhinderte Kurt Jos Besuche bei Outsider nicht, und seine Stimmung besserte sich vorübergehend, als das Pferd tatsächlich in Doncaster starten konnte, Zweiter wurde und ein beträchtliches Preisgeld für das Gestüt gewann.

Jo, die Outsider auf Kurts Betreiben hin während der Reise betreute, vergoss Freudentränen. Die Menge jubelte ihm zu, und sie wurde Zeugin, wie er unter Willie Carstairs eine Nasenlänge hinter Lester Piggott auf Blood Royal ins Ziel kam.

Eine Woche später in Newmarket – Jo suchte gerade unter ihrer Koje in dem gewaltigen Reisetransporter der Comptons nach einem sauberen Paar Socken – hörte sie wider Willen mit, wie Kurt Willie Carstairs befahl, sein Pferd im dritten Rennen zurückzuhalten. Von einem Missverständnis überzeugt, wandte sie den Blick nicht von Nummer sechzehn ab, als der Startschuss zum dritten Rennen fiel. Willie musste sich eigentlich sicher platzieren, wurde aber nur Fünfter.

Zurück in Stockenham Park, sprach Jo mit John über diesen Zwischenfall.

»Das wundert mich nicht. Es wäre nicht das erste Mal. Der Sieger hatte eine ziemlich gute Wettquote«, antwortete John achselzuckend. »Aber das hast du nicht von mir«, fügte er rasch hinzu.

»Bist du sicher? Ich meine, Kurt wird doch nicht ... Ich weiß, dass so etwas manchmal vorkommt, aber ...« Jo stand der Schrecken ins Gesicht geschrieben.

»Für jemanden, der den Großteil seines Lebens in Rennställen verbracht hat, bist du ziemlich naiv, Jo«, entgegnete John. Da Jo nichts mehr aus ihm herausbekam, verabschiedete sie sich. Allerdings war sie noch nicht überzeugt. Schließlich hatte jedes Rennpferd einen schlechten Tag. Solche Machenschaften konnte sich ein hochkarätiger Rennstall gar nicht leisten. Und aus welchem Grund sollte jemand freiwillig verlieren?

Am nächsten Tag war der Vorfall vergessen. Kurt verkündete, dass Outsider in Ascot starten sollte. Jo würde für ihn verantwortlich sein, auf der Fahrt zur Rennbahn und zurück für sein Wohlergehen sorgen und ihn zwischen den Rennen betreuen.

Jos Aufregung wuchs, je näher der Juni rückte. Inzwischen hatte Outsider sich vollständig von seiner Verletzung erholt und brachte großartige Leistungen. Jo liebte das große, tapfere Pferd und verbrachte so viel Zeit wie möglich mit ihm. Außerdem begeisterte sie die Vorstellung, zum ersten Mal beim Royal Ascot Pferderennen, dem wichtigsten britischen Rennereignis, dabei zu sein.

Endlich war der große Tag da. Ehrfürchtig lauschte Jo von den Ställen aus dem Jubel der Menge beim Eintreffen der königlichen Familie im Stadion. Die Queen, die ein leuchtend gelbes Kleid mit einem passenden breitkrempigen Blumenhut trug, winkte den Zuschauern aus der von den berühmten Windsor-Grauschimmeln gezogenen Kutsche zu, die sie zur königlichen Loge brachte. An ihrer Seite saß Prinz Philip. Die Zuschauertribünen waren brechend voll. Die Frauen trugen Kleider nach der neuesten Mode und balancierten gewagte Hutkreationen auf den Köpfen. Die Männer wirkten in Gehrock und Zylinder nicht minder elegant. Die makellos gepflegten Blumenbeete leuchteten farbenprächtig. Der Himmel war wolkenlos und hellblau. Jos Herz klopfte aufgeregt. Sie war gerade mit dem Striegeln des Pferdes fertig, das Willie am ersten Tag reiten sollte, und hielt es fest, damit Guy den Sattel auflegen konnte.

Am nächsten Tag erlebte Jo etwas sehr Aufregendes. Die Queen blieb auf dem Weg zu ihren eigenen Pferden, die sie vor dem Rennen inspizieren wollte, tatsächlich stehen und sprach sie an. Vor lauter Überraschung vergaß sie, einen Hofknicks zu machen.

Und am letzten Renntag führte Jo endlich Outsider hinaus aufs Feld zu den anderen Teilnehmern. Guy Comptons leuchtend orange-rotes Emblem glänzte auf dem Rücken des Jockeys und der Stadionsprecher verkündete die Lebensdaten des Pferdes. Fast wäre sie geplatzt vor Stolz. Einzig der Reiter trübte ihre Freude, denn sie verabscheute Willie und traute ihm nicht über den Weg. Der Mann hatte stechende Augen und einen bösen Zug um den Mund. Sie musste aber zugeben, dass er ein guter und zuverlässiger Reiter war, der Outsider die nötige Stabilität vermittelte.

Jo, die mit den anderen Pferdepflegern der Comptons im Gegenlicht auf der Tribüne saß, stieß einen Jubelruf aus, als sich die Starttore öffneten und acht Vollblüter die gut anderthalb Kilometer lange Gerade entlangpreschten. Outsider war hoher Favorit und eroberte sich bald die zweite Position, dicht gefolgt vom Pferd der Königin, das Scheuklappen trug.

In der zweiten Kurve behauptete Outsider noch immer seine Position, und der Abstand zum Ersten verringerte sich zusehends. Die Pferde bogen auf die Zielgerade. Alle Zuschauer sprangen gleichzeitig auf und feuerten die Reiter aus Leibeskräften an. Jo folgte ihrem Beispiel und musste an einem gewaltigen orangefarbenen Hut vorbeispähen. Sie schrie sich heiser, um Outsider zu noch größerer Leistung anzuspornen. Der Wallach preschte auf den Zielstrich zu und kämpfte um die Führung. Willies Arm mit der Gerte ruderte wie ein Windmühlenflügel, und sein zierlicher Körper wirkte auf dem Rücken des Pferdes winzig. Die Stimme des Stadionsprechers übertönte das Johlen des Publikums.

Gerührt beobachtete Jo, wie ihr heldenhafter Dreijähriger die Geschwindigkeit erhöhte, seinen Rivalen in letzter Sekunde überholte und das Rennen um Kopfeslänge gewann. Die Zuschauer gerieten außer Rand und Band, fielen einander jubelnd in die Arme und warfen Hüte und Programme in die Luft. Gleichzeitig lachend und weinend drängte Jo sich durch die Menge zur Koppel, wo ein verschwitzter, aber triumphierender Willie auf Outsiders Rücken saß und, immer noch außer Atem, Interviews gab. Auf dem dunklen Fell des Pferdes glänzte der Schweiß. Während Guy und Willie den Pokal in Empfang nahmen, führte Jo Outsider zurück in den Stall. Sie liebte dieses wundervolle Pferd von ganzem Herzen.

Jo plauderte freundlich mit dem Tier, spritzte es ab und rieb es trocken. Sie wünschte sich, sie hätte diesen siegreichen Augenblick mit ihrem Vater teilen können. Nachdem sie dem Wallach eine Decke übergeworfen hatte, damit er sich nicht erkältete, ging sie mit ihm auf der kleinen Koppel hinter der Tribüne hin und her, um ihn langsam abzukühlen und ihm die Gelegenheit zum Grasen zu geben.

Seit dem schicksalhaften Tag im Januar hatte sie nichts von Charlie gehört. Jo hatte ihm und ihrer Mutter einige gestelzte Briefe geschrieben, in der Hoffnung, dass sich ihre Wut inzwischen gelegt haben könnte. Ihre Mutter hatte ihr förmlich geantwortet, wie einer entfernten Verwandten. Und während Jo nun mit Outsider ihre Runde machte, fasste sie einen Entschluss: Wenn ihre Eltern ihre Verbitterung nicht überwinden konnten, dann musste sie es eben tun. Sie würde ihnen weiter schreiben, von der Liebe berichten, die sie für Pferde, diese wundervollen Geschöpfe, empfand, und von der Freude erzählen, die ihre Arbeit ihr bereitete. Ohne eine Antwort zu erwarten. Zumindest ihr Vater würde ihre Gefühle sicher verstehen.

So sehr war Jo in ihre Gedanken versunken, dass sie nicht hörte, wie eine Stimme ihren Namen rief. Erst als sie eine Hand auf der Schulter spürte, fuhr sie herum und starrte überrascht in das Gesicht von Simon Gordon. In seinem grauen Anzug, den Zylinder in der Hand und den Mitgliedsausweis am Revers, sah er einfach hinreißend aus.

»Jo Kingsford, du bist es wirklich! Ich war nicht sicher, als ich dich vorhin mit Guy bei den Ställen bemerkt habe. In dieser Aufmachung siehst du so anders aus.«

»Simon«, jubelte Jo, fiel ihm um den Hals und küsste ihn überschwänglich auf die Wange. Die Zügel hatte sie weiter fest im Griff. »Ist das nicht das tollste Pferd, das du je gesehen hast?«

Sie errötete aufgeregt und lachte, denn Outsider beugte sich besitzergreifend nach vorn und schob die Nase zwischen ihre Gesichter.

»Schon gut, mein Schönster. Der ist besetzt. Du bist der einzige Mann in meinem Leben.«

Sie lehnte sich an Outsider, um ihm den Hals zu kraulen. Als ihr auffiel, wie ihre Äußerung hätte verstanden werden können, errötete sie erneut.

»Ich wusste gar nicht, dass du dich für Pferderennen interessierst«, stammelte sie, strich sich das Haar zurück und wünschte, Simon hätte nicht wieder dieselbe Wirkung auf sie wie damals in Shelsley Manor.

»Das ist nur ein Hobby, obwohl ich mir manchmal überlege, ob es nicht nett wäre, selbst ein Rennpferd zu besitzen«, erwiderte Simon und musterte sie eindringlich.

Jo errötete noch heftiger.

»Wo ist Lelia?«, fragte sie, nur um etwas zu sagen.

Sie fing wieder an, Outsider im Kreis herumzuführen. Ihre Knie waren weich wie Gelee, und sicherlich sah sie schrecklich aus.

»Sie hat ein paar Freunde getroffen«, antwortete Simon und folgte Jo. Sein Pulsschlag beschleunigte sich. »Du siehst toll aus. Wie geht es Emma?« Simon sah Jo an und fand sie unbeschreiblich schön. Ihre Wangen waren gerötet, und die Sonne tauchte ihr Gesicht in einen warmen Schein. »Ich war schon häufig in Ascot, aber heute war es einmalig. In den letzten Sekunden ist das Publikum so außer Rand und Band geraten, dass es sogar die britische Selbstbeherrschung vergessen hat.«

Er lachte. Gleichzeitig fand er die höfliche Konversation mit Jo absurd. Er hätte sie viel lieber in die Arme genommen und ihr Gesicht mit Küssen bedeckt. Dass er trotz seiner Verlobten solchen Fantasien nachhing, trieb ihm die Schamesröte ins Gesicht. Widerstrebend wandte er den Blick von Jos verführerischen Lippen ab, die ihm – so völlig frei von Lippenstift – sehr begehrenswert erschienen. Simon klopfte sich mit dem Rennprogramm gegen die Handfläche.

»Was ist aus deiner Modelkarriere geworden? Ich hörte, dass du bei Guy und Sally arbeitest, und habe das für ein Gerücht gehalten.«

Jo machte sich noch einmal klar, dass Simon sich nicht im Mindesten für sie interessierte und mit einer anderen Frau verlobt war. Danach gelang es ihr, ein einigermaßen vernünftiges Gespräch mit ihm zu führen. Bald fachsimpelten sie über Rennpferde und debattierten wie langjährige Freunde angeregt miteinander. Jo hatte ein schlechtes Gewissen, weil ihr unter seinem Blick ganz warm wurde. Sie hoffte, dass Lelia nicht ausgerechnet jetzt auftauchen würde. Da trafen sich ihre Blicke. Sie sah den Ausdruck in den meergrünen Tiefen seiner Augen und vergaß das oberflächliche Geplauder völlig. Ihr Herz machte einen heftigen Satz.

»Bis jetzt waren Pferderennen für mich nur ein Hobby, aber sie machen mir Spaß, und wenigstens komme ich so einmal aus dem Büro«, gab Simon zu und beobachtete, wie Outsider genüsslich zu grasen begann. »Apropos: Hast du ab und zu auch einmal frei?«

»Nur selten«, antwortete Jo schuldbewusst. »Aber das stört mich nicht. Es ist besser, viel zu arbeiten und seinen Beruf zu lieben, als jede Menge Freizeit und dafür einen Job zu haben, den man hasst.«

Kurz hielt Simon inne und spielte an seinem Rennprogramm herum.

»Ich habe mich gefragt, ob du nicht zu einer kleinen Feier kommen möchtest, die ich nächsten Monat in Norfolk gebe. Meine Tante besitzt ein Häuschen in der Nähe von Fakenham. Wir wollen am Samstag die Rennen in Newmarket besuchen und am Sonntag ein wenig die Gegend erkunden. Es gibt dort ein paar tolle Pubs, wo man gut zu Mittag essen kann. Meinst du, du könntest Guy überreden, dir ein Wochenende freizugeben?«

»Das klingt toll«, antwortete Jo begeistert. Vor Aufregung bekam sie kaum noch Luft.

»Frei wovon, Si, mein Schatz?« Das war Lelias zartes Stimmchen. Sie stakste mit ihren hohen Absätzen, die bei jedem Schritt im Gras einsanken, auf Jo und Simon zu.

Jos Freude verflog schlagartig, und sie setzte eine höfliche und nichtssagende Miene auf. Lelia, die von Kopf bis Fuß in hautenges Babyrosa gewandet war und einen riesigen rosa Hut mit Chiffonwolken und einer großen Satinschleife in der Hand hielt, fiel Simon praktisch in die Arme. Bei einer weniger attraktiven Frau hätte diese Aufmachung lächerlich gewirkt, doch Lelia sah darin nur hinreißend und weiblich aus. Jo war enttäuscht. Sie hatte insgeheim gehofft, dass Simon es mit Lelia vielleicht doch nicht ernst wäre. Aber so viel Schönheit und verführerischer Hilflosigkeit konnte sich wohl kein Mann entziehen. Verglichen mit Lelia fühlte Jo sich schäbig und unscheinbar.

»Pflegen wir Kontakte zum Stallpersonal, Liebling? Hallo, ist das das Pferd, das gerade gewonnen hat?« Lelia nickte kurz in Jos Richtung, hielt inne, und musterte sie forschend. »Kennen wir uns nicht?«

Jo starrte sie nur wortlos an.

»Verdammt, Lelia, verschon uns mit deinen kleinen Spielchen. Du bist Jo im Haus deiner Mutter begegnet und hast drei Tage lang nur über sie geredet«, zischte Simon. Diese unerwartete Antwort verschlug Jo die Sprache.

Lelia schienen im ersten Moment ebenfalls die Worte zu fehlen. Dann jedoch legte sie die Hand vor den Mund und kicherte ganz entzückt.

»Ach du meine Güte, du meinst doch nicht etwa Emmas kleine Modelfreundin?«, sagte sie und fächelte sich mit ihrem Programmheft Kühlung zu. »Hast du ernsthaft erwartet, dass ich sie in diesem Aufzug erkennen würde? Ich meine ...«, fügte sie vorwurfsvoll und mit schriller Stimme hinzu und musterte Jos Gesicht. »Du siehst in diesen Sachen ganz anders aus.«

Sie seufzte und unterdrückte die Wut, die in ihr beim Anblick der beiden in vertrautem Gespräch hochgestiegen war.

»In der Modebranche wird zwar mit harten Bandagen gekämpft, aber du warst doch, wenn ich richtig gehört habe, sehr erfolgreich. Gut, nur die Besten kommen durch, aber ich bin sicher, dass du mit ein bisschen Anstrengung ...« Sie schenkte Jo ein reizendes Lächeln.

»Ich habe Jo zu unserem Wochenende in Norfolk eingeladen«, verkündete Simon.

»Oh.« Lelia verstummte. »Wie nett. Dann haben wir wenigstens eine gerade Anzahl von Gästen«, sprach sie weiter, als sie den ärgerlichen Ausdruck in Simons Gesicht bemerkte.

»Es tut mir leid, dass ich so unhöflich bin, eure kleine Unterhaltung zu stören, aber ich muss Si entführen.«

Sie legte eine Hand mit korallenrot lackierten Fingernägeln besitzergreifend auf Simons Arm und sorgte dafür, dass auch niemand den Verlobungsring mit dem gewaltigen Diamanten übersah.

»Lord und Lady Cleaver würden sich freuen, wenn wir mit ihnen und der königlichen Familie ein Gläschen Champagner trinken. Gut, ich denke, dann sehen wir uns in Norfolk.« Sie lächelte Jo zu. »Sicher wirst du uns gern von deiner Stallarbeit erzählen.«

»Ruf mich an, wenn du weißt, ob du freibekommst«, fügte Simon ein wenig zu hastig hinzu und reichte Jo seine Visitenkarte. »Hoffentlich klappt es.«

Jo durchlief bei der Berührung ihrer Finger ein zarter Schauer. Sie sah in sein Gesicht, und für einen Moment waren Lelia und der Rest der Welt vergessen. Jo spürte seinen eindringlichen Blick und glaubte fast, sie könnte ihm etwas bedeuten. Doch schon meldete die Wirklichkeit sich zurück.

»Ja, wir freuen uns auf deinen Besuch. Ciao«, schrillte Lelia. Dann zerrte sie Simon in Richtung VIP-Loge.

»Wir freuen uns auf deinen Besuch«, äffte Jo sie nach und führte Outsider zum Transporter. »Etwa so wie auf die Beulenpest. Du solltest ein paar Stunden auf deine Stimmbildung verwenden, du blöde Kuh. An diesem wundervollen Wochenende wirst du auf mich verzichten müssen.«

Zornig zerriss sie die Visitenkarte, steckte die Schnipsel ein und fragte sich, wem sie etwas vormachen wollte.

»Komm, Outsider. Bereiten wir alles für die Heimfahrt vor.«

Auch die anderen Pferdepfleger waren damit beschäftigt, Gerätschaften zusammenzupacken und ihre Schützlinge für die Heimreise fertig zu machen.

Es tat so weh.

»Aber es hätte auch nicht geklappt, wenn er nicht verlobt

wäre«, dachte Jo niedergeschlagen. Sie legte Outsider eine Decke über und schnallte diese an der Brust und zwischen den Hinterbeinen fest.

Ihre Finger prickelten noch immer von Simons Berührung. Sie und er waren viel zu verschieden, und außerdem verkehrten sie nicht in denselben Kreisen. Bei seinen Freunden wäre sie immer eine Außenseiterin gewesen. Und er schien mit seinem Leben ganz zufrieden zu sein.

Outsider wieherte ungeduldig, drehte sich zu Jo um und stampfte mit dem Hinterhuf auf.

»Du Frechdachs. Du brauchst dir gar nichts einzubilden, ich vergesse dich schon nicht«, meinte sie lächelnd, und wandte ihre Aufmerksamkeit wieder dem Pferd zu.

Nachdem Jo ihn abgedeckt hatte, band sie ihn an seinem Platz im Transporter fest, füllte seinen Futtertrog und fing an, Zaumzeug und Zügel wegzuräumen, die in wirren Haufen auf dem Boden herumlagen. Genüsslich tat Outsider sich an seinem Futter gütlich, schüttelte hin und wieder den Kopf und scharrte mit den Hufen. Jo arbeitete weiter, und die übrigen Pferde wurden ebenfalls aus dem Rennstall der Comptons zur Heimfahrt in den Transporter geführt. Zu guter Letzt holte Jo sich eine braune Papiertüte aus der Fahrerkabine des Wagens und setzte sich auf die Stufen, die den Pferdebereich von den Schlafplätzen der Mitarbeiter trennten. Nachdem sie ein nicht mehr ganz frisches Sandwich aus der Tüte geangelt hatte, starrte sie ins Leere, kaute auf dem Brot herum und dachte dabei an Simon.

»Mein Gott, ich bin so blöd«, murmelte sie ärgerlich und stopfte sich den letzten Bissen in den Mund.

Auf einmal war sie unbeschreiblich müde. Wie hatte sie nur so dumm sein können, sich in einen Mann zu verlieben, der bald heiraten würde? Doch sie konnte ihre Sehnsucht einfach nicht verdrängen, die sie beim Anblick von Lelia und Simon empfunden hatte – und auch nicht die Leere nach dem Abschied.

»Auch andere Mütter haben schöne Söhne«, hielt sie sich streng vor Augen, nachdem das letzte Pferd vorschriftsmäßig gesichert war. Eingezwängt zwischen zwei Kollegen sitzend, nahm sie die angebotene Coladose entgegen und stimmte entschlossen in die grölenden Siegesgesänge ein, während der Bus quer durch England zurück nach Stockenham Park fuhr.

Endlich wieder in ihrem Zimmer, hatte sie sich von dem Triumphgefühl ihrer Kollegen anstecken lassen. Die Ströme von Champagner, die geflossen waren, nachdem jedes Pferd wieder wohlbehalten in seiner Box stand, hatten ihre Wirkung ebenfalls nicht verfehlt.

Sie redete sich ein, Simon würde auf wundersame Weise plötzlich zur Vernunft kommen. Er würde seinen schweren Fehler erkennen, nach Stockenham Park eilen, sie in die Arme nehmen und ihr ewige Liebe schwören. Mit diesem Gedanken kuschelte sie sich ins Bett und schlief sofort ein.

13

In Stockenham Park wurde noch einige Tage nach Outsiders Sieg fröhlich gefeiert. Jeden Abend gab jemand im *George & Dragon* eine Runde aus oder veranstaltete eine Privatparty, zu der natürlich alle eingeladen waren. Bald fragte sich Jo, ob es sich überhaupt noch lohnte, zu Bett zu gehen. Die allgemeine Übermüdung forderte bereits ihren Tribut, und während der Bahnarbeit herrschte eine gereizte Stimmung.

An einem Dienstagmorgen, drei Wochen nach dem Rennen, wachte Jo hundemüde auf. Obwohl sie nach den ersten beiden Runden Black-Velvet-Cocktails zu Cola gewechselt hatte, pochten ihr die Schläfen, und ihre Bronchien litten immer noch unter den Folgen der verqualmten Luft. Eine Weile blieb sie mit geschlossenen Augen liegen und schwor sich, nie wieder diese Mischung aus Guinnessbier und Champagner anzurühren und außerdem heute Abend bald schlafen zu gehen – ganz gleich, wozu die anderen sie noch überreden wollten. Am Wochenende sollte in York ein wichtiges Rennen stattfinden, und gegen Ende des Monats mussten einige Zweijährige nach Frankreich gebracht werden. Widerstrebend schlug Jo die Decke zurück, setzte sich auf und rieb sich die Augen. Die Luft im Zimmer war stickig. Offenbar würde heute wieder einer dieser heißen Julitage werden, an denen die Pferde leicht ermüdeten und widerspenstig wurden. Sie sah, dass durch die halb offenen Vorhänge bereits das Sonnenlicht hereinfiel.

Ihr Blick fiel auf das ordentlich gemachte Bett ihrer Zimmergenossin Faith, und sie sah erschrocken auf die Uhr. Sie musste zweimal hinschauen, weil sie ihren Augen nicht traute: Sie hatte zwei Stunden verschlafen. Jo sprang aus dem

Bett und kontrollierte den Wecker. Wie befürchtet, hatte sie vergessen, ihn einzuschalten. Rasch schlüpfte sie in Kleider und Reitstiefel, griff nach Jacke und Kappe und rannte aus dem Haus und zu den Ställen. Kurt würde ihr den Kopf abreißen, denn heute hätte sie nicht nur mit ihren eigenen Pferden arbeiten sollen, sondern auch mit denen von John, da ihr Kollege zur Beerdigung seiner Großmutter gefahren war. Keuchend hastete Jo weiter. Vielleicht würde sie zumindest einen Teil der Arbeit rechtzeitig schaffen. Dann jedoch sah sie zu ihrem Entsetzen, dass die Reiter bereits einer nach dem anderen auf den Hof zurückkehrten. Immer noch in der Hoffnung, dass niemand sie vermisst hatte, schlich sie nach dem letzten Pferd in den Stall, um beim Absatteln zu helfen. Aber natürlich war Kurt ihr Fehlen nicht entgangen, und er marschierte mit finsterer Miene auf sie zu.

»Es tut mir schrecklich leid«, murmelte Jo und senkte den Blick. »Mein Wecker hat nicht geklingelt.«

Die Pferde tänzelten unruhig hin und her, und die Luft knisterte vor Spannung.

»Wenn du weiter hier arbeiten willst, kommst du gefälligst pünktlich. Das ist kein Freizeitvergnügen«, brüllte Kurt.

Die Bahnarbeit war katastrophal verlaufen. Kurz zuvor hatte es geregnet, und der Matsch machte die Reitwege tief und schlammig. Außerdem sorgte der heftige warme Wind dafür, dass Pferde und Menschen nervös waren.

»Haltet das Pferd fest!«, schrie Kurt auf einmal. Eines der Tiere hatte sich losgerissen.

Zu spät sprang Jo auf den Wallach zu, konnte ihn nicht mehr bremsen, und das Pferd zog sich an einer Stalltür eine Abschürfung zu. Dieses wiederum brachte ihr eine Schimpftirade von Kurt ein. Empört über seine unberechtigten Vorwürfe und gleichzeitig voller Angst vor dem Rausschmiss, führte Jo das Pferd zurück in seine Box und nahm ihm den Sattel ab. Mit Wut im Herzen behandelte sie die Wunde mit Salbe. Ihr Ärger über Kurts Anschuldigungen hatte sich noch immer nicht gelegt, als sie anschließend nach einer jungen Stute sah, die sich am Wochenende erkältet hatte. Jo stellte fest, dass das Futter des Tiers unberührt war. Das normalerweise vorwitzige Pferd stand mit gesenktem Kopf und stumpfem Blick da. Sanft streichelte Jo die Stute, deren offensichtliche Niedergeschlagenheit ihr gar nicht gefiel. Ausgerechnet in diesem Moment blickte Kurt über die Stalltür und glaubte, er habe Jo schon wieder beim Nichtstun ertappt. Außerdem nahm er an, dass sie im Begriff war, einen ihrer Zaubertricks anzuwenden, und erschreckte das Pferd, indem er hereingestürmt kam und eine Erklärung verlangte.

»Ich denke, das Pferd sollte morgen nicht starten«, erwiderte Jo besorgt.

Sie beobachtete die Stute schon seit einigen Tagen. Doch da John nicht da war, verließ sich der Tierarzt auf die Auskünfte der Stallburschen und hatte das kranke Tier offenbar übersehen.

»Wenn der Tierarzt zufrieden ist, bin ich es auch«, gab Kurt barsch zurück.

»Meiner Ansicht nach ist sie nicht reisefähig«, beharrte Jo.

Mit dreizehn hatte sie in Dublin Park etwas Ähnliches erlebt. Diese Stute war eindeutig nicht gesund. Deshalb fand Jo es absolut überflüssig, sie noch mehr unter Stress zu setzen. Schließlich gab es in Stockenham Park genug andere Pferde mit guten Siegeschancen.

»Ich lasse mir von dir nicht vorschreiben, wie ich diesen Reitstall leiten soll. Anderenfalls werde ich dafür sorgen, dass du bald nicht mehr hier arbeitest«, bellte Kurt nach einem kurzen Blick auf das Pferd.

»Könntest du nicht wenigstens den Tierarzt bitten, es sich noch einmal anzusehen?«, flehte Jo.

Kurt lief puterrot an. Jos Zweifel an seiner Autorität brachten ihn in Rage. Sein Gesicht näherte sich bedrohlich dem ihren, und seine schmalen Augen glitzerten gefährlich.

»Lass dir eines gesagt sein, mein Kind. Ich leite diesen

Rennstall, und ich will, dass dieses Pferd morgen startet«, schrie er, machte kehrt und stürmte davon.

»Ich traue der kleinen Kingsford nicht über den Weg«, raunte er Willie beim Mittagessen im Pub zu. »Wenn du mich fragst, führt sie uns an der Nase herum. Wir erfahren nichts von ihr. Aber sie nimmt das, was sie bei uns lernt, in den nächsten Rennstall mit – oder noch schlimmer, nach Australien, wo der gottverdammte Charlie Kingsford davon profitiert. Sie muss weg, Willie, aber ein einziger Fehler reicht nicht, um sie hinauszuwerfen.« – »Sie wird schon einen zweiten machen, das tun sie immer«, erwiderte Willie gelassen.

»Vielleicht sollte ich ein bisschen nachhelfen«, knurrte Kurt. Diese Kingsfords hatten etwas an sich, das ihn in Wut versetzte und ihn jede Vernunft über Bord werfen ließ. Mit Charlie war es nach all den Jahren dasselbe gewesen. Zum Teufel mit dieser Familie. Aber er würde es ihnen heimzahlen.

»Warum hast du mich nicht aus dem Bett geholt? Ich dachte, wir hätten ausgemacht, uns gegenseitig zu wecken, damit niemand verschläft«, wollte Jo in einer ruhigen Minute von Faith wissen, als sie durch den Fluss hinter dem Dörfchen Stockenham ritten.

»Ich dachte, du wärst wach«, entgegnete das Mädchen mürrisch und lenkte ihr Pferd aus dem Wasser.

»Habe ich dir etwas getan?«, fragte Jo, erstaunt über Faith' unfreundlichen Ton.

Wortlos band Faith ihr Pferd an einem Pfosten fest. Seit Jo Outsiders Schulter geheilt hatte, stand sie im Mittelpunkt, was Faith ziemlich wurmte. Dennoch musste sie zugeben, dass Kurt übertrieben reagiert hatte.

»Ich mache es wieder gut«, sagte sie, während sie das Pferd mit heftigen Bewegungen trockenrieb. »Wir wollten John zum Essen einladen, wenn er von der Beerdigung seiner Großmutter zurück ist. In Tenbury gibt es einen tollen kleinen Pub mit fantastischer italienischer Küche. Ich gebe dir Bescheid.«

»Oh, danke«, erwiderte Jo erstaunt. Nun besser gelaunt, schnalzte sie mit der Zunge, um ihr Pferd zum Weitergehen anzutreiben. Die beiden Mädchen ritten langsam über die Wiesen zurück, deren hohes Gras ihre Beine streifte. Am Tor angelangt, folgte Jo Faith auf die Straße. Wildrosen und schneeweiße Waldrebe überwucherten die Hecken. Die Hufe der Pferde klapperten auf dem Straßenbelag. Über ihren Köpfen sang eine Lerche. In einer Umgebung wie dieser war es schwierig, lange schlechter Laune zu bleiben.

John kehrte in der folgenden Woche nach Stockenham Park zurück, und alle Kollegen zwängten sich in ihre verbeulten alten Autos und fuhren ins *Horse & Groom* nach Tenbury Wells. Die ausgelassene Gesellschaft vertilgte Berge von Spaghetti und Ravioli und tat sich am roten Hauswein gütlich. Jo, die in Experimentierlaune war, bestellte Tintenfisch in einer köstlichen Kräuter-Knoblauch-Sauce. Der Abend erfüllte seinen Zweck, John aufzuheitern, und kurz nach Mitternacht fielen alle in ihre Betten.

In den frühen Morgenstunden wachte Jo mit Magenkrämpfen auf. Sie kroch aus dem Bett und torkelte ins Bad, wo sie sich übergab und bewusstlos zusammenbrach. Nach einer Weile kam sie auf dem kalten Linoleumboden zu sich, und verbrachte die nächste Stunde damit, sich wieder und wieder zu erbrechen. Schließlich taumelte sie, leichenblass und gekrümmt vor Schmerzen, zurück ins Bett.

»Mein Gott, du siehst ja schrecklich aus«, sagte Faith, die gerade dabei war, sich zur Arbeit anzuziehen. »Soll ich den Arzt verständigen?«

Jo schüttelte den Kopf. Im nächsten Moment floh sie, sich den Bauch haltend, schon wieder ins Bad.

»Richte den anderen aus, ich schaffe es heute nicht zur Bahnarbeit. Aber ich komme zum Stall, sobald das aufhört«, keuchte sie. Sie hatte einen säuerlichen Geschmack nach Erbrochenem im Mund.

»Keine Sorge, ich erkläre alles«, rief Faith durch die halb

offene Tür, während sie sich den Pullover anzog und ihr Haar zurückband. »Das war bestimmt der Tintenfisch. Du hast als Einzige welchen gegessen.«

Sie ging hinaus und ließ Jo benommen auf dem Badezimmerboden zurück.

Nach einer Weile rappelte Jo sich auf und suchte im Medizinschränkchen nach etwas, um den Brechreiz zu stoppen. Aber sie konnte die Tablette kaum eine Minute bei sich behalten. Schließlich kroch sie zurück ins Bett und fiel in einen unruhigen Schlaf. Gegen zehn erwachte sie und setzte sich vorsichtig auf. Vom Würgen taten ihr alle Muskeln weh, und sie war völlig erschöpft. Allerdings konnte sie sich offenbar wieder bewegen, ohne sich übergeben zu müssen. Also zog sie sich langsam an und ging zur Arbeit.

Die für gewöhnlich so willkommenen Stallgerüche schlugen ihr entgegen wie eine Wand. Ihr Magen revoltierte beim Ausmisten einer Box. Sie fragte sich, wie lange sie den Gestank nach Pferdemist wohl würde ertragen können. Kurt beobachtete sie von seinem Büro aus. Als Faith ihm die Nachricht überbrachte, hätte er beinahe laut losgelacht. Offenbar sollte Willie recht behalten. Mit hochgerecktem Kinn marschierte er siegessicher auf Jo zu. Seine Absätze klapperten auf dem Pflaster. Er riss die Tür auf, das Sonnenlicht fiel von hinten auf seine hagere Gestalt, sodass er aussah wie ein böser Geist. Jo stützte sich schwer auf die Heugabel und stammelte eine Entschuldigung.

»Meine Geduld mit dir ist zu Ende. Ich habe dich letzte Woche gewarnt«, brüllte Kurt mit finsterem Blick. »Wir betreuen wertvolle Pferde. Wenn dir das Verantwortungsgefühl fehlt, dein Privatleben einzuschränken, kann ich dich nicht gebrauchen. Du kannst dir in der Buchhaltung deinen Lohn abholen.«

»Aber hat Faith dir denn nicht ausgerichtet … Ich habe eine Lebensmittelvergiftung. Die Meeresfrüchte waren verdorben«, protestierte Jo und durchwühlte hektisch ihre Hosentaschen nach einem Taschentuch. Die Magenkrämpfe kehrten zurück.

»Ja, ja, schon gut. Hol dir deinen Lohn und verschwinde. In einer Stunde will ich dich nicht mehr hier sehen. Du bist nicht länger in diesem Rennstall beschäftigt«, entgegnete Kurt, ohne darauf zu achten, dass sie sich ganz offensichtlich elend fühlte.

»Ich sage die Wahrheit, ich schwöre …«, flehte Jo und presste sich das Taschentuch vor den Mund. »Verzeihung«, stieß sie hervor und rannte an Kurt vorbei zur Toilette.

Mit einem selbstzufriedenen Grinsen marschierte Kurt zurück in sein Büro. Wie sollte er als medizinischer Laie schließlich beurteilen, ob es sich wirklich um eine Lebensmittelvergiftung handelte? In seinen Augen war das Mädchen eindeutig verkatert, und das würde er auch jedem sagen, der es wagte, seine Entscheidung in Frage zu stellen. Wenigstens war er sie nun endlich los.

Jo kam verheult aus der Toilette und machte sich auf den Weg zum Büro. Faith, die sich vergewissert hatte, dass Kurt sich am anderen Ende der Ställe aufhielt, lief ihr nach und drückte ihr ein Päckchen in die Hand.

»Das hat der Tierarzt mir für dich gegeben«, flüsterte sie mit einem ängstlichen Blick über die Schulter. »Du sollst sofort zwei davon nehmen. Er sagte, das müsste deinen Magen beruhigen und die Schmerzen lindern.«

Immer noch grün im Gesicht, schluckte Jo die Tabletten und schüttelte sich. Faith lachte verlegen auf.

»Du solltest dir keine Sorgen machen, wenn du heute Nacht zu wiehern anfängst. Die Wirkung lässt in zwei Tagen nach.« Jo grinste schief, und ein kleiner Funke blitzte in ihren stumpfen Augen auf.

»Seine genauen Worte lauteten: ›Das wird sie für einen Monat zukleistern, und sie wird nichts mehr spüren!‹«, beendete Faith den Satz.

»Danke.« Jos Auflachen endete in einem Schluchzer. »Ich muss zurück, bevor Kurt mich erwischt. Kommst du allein klar?«, fragte Faith besorgt.

»Das schaffe ich schon«, antwortete Jo, obwohl das keineswegs sicher war.

»Ich habe ein schrecklich schlechtes Gewissen. Wenn ich nicht den Vorschlag mit dem Abendessen gemacht hätte, wäre das nie passiert«, sprach Faith weiter. »Aber du findest bestimmt leicht etwas Neues. Es gibt in der Gegend massenhaft Ställe, und alle wissen, wie gut du mit Pferden umgehen kannst.«

Sie umarmte Jo verlegen.

»Viel Glück. Wir treffen uns bestimmt auf der Rennbahn.«

Mit diesen Worten eilte sie zurück zu den Ställen.

Jo holte mit nassen Augen ihren Lohn ab und kehrte zurück in ihr Zimmer. Selbst die Sekretärinnen im Büro waren über ihren Anblick erschrocken. Zum Glück wirkten die Tabletten des Tierarztes rasch, sodass Jo nach zwei weiteren Würgeanfällen wenigstens ein Glas Wasser bei sich behalten konnte. Sie rülpste, starrte auf ihre Kommode und fragte sich benommen, was sie nun machen sollte. Jeder Knochen im Leibe tat ihr weh, und sie hatte keine Ahnung, wie sie von hier wegkommen und wohin sie gehen sollte. Ihr erster Gedanke war, Tante Sarah anzurufen und sie um Obdach zu bitten. Dann jedoch fielen ihr Emmas Worte ein, Tante Sarah sei außer sich gewesen, als sie von dem Betrug erfuhr. Im Moment hatte Jo keine Kraft für die Vorwürfe, die sie vermutlich über sich ergehen lassen müsste, auch wenn Sarah ihnen laut Emma inzwischen verziehen hatte.

Müde zog sie ihren Koffer aus dem Schrank und begann, langsam ihre Sachen zusammenzufalten. Die Stunde, die Kurt ihr zugestanden hatte, war zwar längst überschritten, doch das kümmerte sie in ihrer Erschöpfung nicht mehr. Endlich war sie fertig. Eine Wasserflasche in der Hand, schulterte sie ihre Handtasche, griff nach ihrem Koffer, sah sich ein letztes

Mal um und ging die Treppe hinunter und durch das Tor von Stockenham Park.

Sie erwischte den letzten Bus ins Dorf Stockenham, wo sie die erste Nacht in einer schäbigen kleinen Pension verbrachte, in der es nach feuchtem Schimmel roch und deren Fenster einen freien Blick auf einen Müllhaufen boten. Doch Jo beschloss, dass ein Umzug sich nicht lohnen würde, da sie ohnehin vorhatte, bei einem anderen Reitstall in der Gegend anzuheuern. Sie bezahlte der dicken Wirtin mit dem struppigen Haar eine Wochenmiete im Voraus. Dann mietete sie sich mit einem Teil ihres Ersparten ein Auto und machte sich auf Arbeitssuche. Von der Lebensmittelvergiftung erholte sie sich rasch, nicht so schnell ließen sich aber die Folgen von Kurts Boshaftigkeit überwinden. Er hatte eine Reihe hässlicher Gerüchte über sie verbreitet, die sich in Windeseile herumsprachen. Jo klapperte einen Reitstall nach dem anderen ab und musste feststellen, dass sie in den Augen der hiesigen Renngemeinde nicht mehr als die Retterin des besten Compton-Pferdes galt, sondern – im Gegenteil – ziemlich tief in der Wertschätzung gesunken war.

»Nein, wir haben keine Stelle frei«, meinte der Besitzer eines mittelgroßen Rennstalls, dem sie einige Male auf der Rennbahn begegnet war. »Ich beschäftige keine Frauen«, erwiderte ein anderer und wich ihrem Blick aus. »Ich habe keinen Platz für faule und unzuverlässige Mitarbeiter, die mir die Pferde durcheinanderbringen«, zischte ein Dritter. Bedrückt, aber fest entschlossen, sich nicht geschlagen zu geben, bewarb Jo sich weiter. Doch am Ende der Woche musste sie sich eingestehen, dass es zwecklos war, im Umkreis von Stockenham Park eine Stelle zu suchen. Offenbar hatte Kurt ganze Arbeit geleistet.

»Geben Sie auf, und werden Sie wieder Fotomodell«, sagte ein freundlicher Besitzer, der gerade sein Pony zur Tränke führte. »Da waren Sie doch recht erfolgreich. Überlassen Sie diesen Job den Männern.«

Jo schäumte vor Wut, aber das nützte ihr nichts. Nachdem sie mit hängenden Schultern und Blasen an den Fersen in ihre schäbige Pension zurückgekehrt war, machte sie sich eine Tasse Tee mit viel Zucker und ließ sich auf einen der wackeligen Stühle fallen.

»Keine Sorge, meine Liebe, das wird schon wieder«, meinte die Wirtin aufmunternd und wischte sich die Hände an der schmutzigen Schürze ab. Sie servierte ihr drei Tage alte Suppe und Rührei, das sich schon grau verfärbt hatte. Jo war so hungrig, dass sie das Essen trotzdem hinunterschlang und anschließend zum Trost noch zwei Rosinenbrötchen verspeiste, die sie zuvor in einer Bäckerei gekauft hatte.

»Die hat leicht reden«, dachte Jo bedrückt und stopfte sich den letzten Rest Brötchen in den Mund. »Erst der Krach mit Mum und Dad, dann werde ich gefeuert und jetzt das.«

Sie tastete in der Jackentasche nach ihren Pfefferminzbonbons, da berührten ihre Finger einen Fetzen Papier. Sie zog ihn heraus und betrachtete ihn fragend. Es war ein Stück von Simons Visitenkarte, die sie in Ascot zerrissen hatte. Jo ließ den Kartonschnipsel zwischen den Fingern hin und her gleiten, als könne sie so das überschäumende Glück heraufbeschwören, das sie damals in seiner Gegenwart verspürt hatte.

Vielleicht hatte Dad ja recht. Es war eine Männerwelt, und sie musste einsehen, dass es keinen Sinn hatte, gegen Windmühlen anzukämpfen.

»Nein, verdammt, ich lasse mich nicht unterkriegen«, rief sie und starrte wütend auf die Karte. Ausgerechnet jetzt wurde sie an Simon erinnert.

»Außerdem werde ich keine Zeit mehr damit verschwenden, meinen Traumbildern nachzujagen.«

Sie pflückte sorgfältig alle Schnipsel aus ihrer Tasche und drehte diese um, damit sicher war, dass sie auch nichts übersehen hatte. Dann türmte sie die Papierstückchen im Kamin zu einem Häufchen, nahm die Streichhölzer, die neben dem Gasherd lagen, und zündete die Schnipsel an. Auf den Fersen kauernd, sah Jo beklommen zu, wie die Flammen die Reste der Visitenkarte umzüngelten, aufloderten und das Papier verzehrten, bis nur noch geschwärzte, dünne und brüchige Stückchen übrig blieben, die rasch zerfielen und ihre letzte Verbindung zu Simon abschnitten.

»Du hast nicht die leiseste Ahnung«, flüsterte sie und ließ die Schultern hängen.

Ein Luftzug strömte unter der verzogenen Tür herein und wirbelte die Asche auf, als ob er die Bedeutung dieser Geste betonen wollte. Mit einer abschließenden Bewegung klopfte Jo sich die Hände ab und straffte sich. Es war an der Zeit, mit dem Jammern aufzuhören und ihr Leben wieder in Angriff zu nehmen.

14

Am nächsten Tag ließ Jo sich von einem Ladenbesitzer im Wagen nach Newmarket mitnehmen. Um sich etwas Gutes zu tun und auch, weil sie inzwischen herausgefunden hatte, dass sie in dieser Gegend ohne Auto aufgeschmissen war, kaufte sie sich einen alten, verbeulten, dunkelblauen Morris Minor. Ihre Ersparnisse schmolzen rasant dahin.

Zuversichtlich machte sie sich dann erneut auf die Arbeitssuche, die sich jedoch in Newmarket als ebenso fruchtlos erwies wie in der Umgebung von Stockenham – auch wenn Kurts üble Gerüchte nicht bis hierher gedrungen waren. Es gab keine Arbeit, und wenn doch eine Stelle frei war, wurden ausschließlich junge Männer gesucht. Die ständig wiederkehrende Litanei lautete, dass ein Mädchen nicht kräftig genug sei, um die Pferde zum Galoppieren zu bringen, und niemand ließ sich von Jos Argumenten erweichen.

In der zweiten Woche wuchs der Druck. Sie hatte nur noch zwei Ställe auf ihrer Liste stehen. Der erste Name war mit einem großen Fragezeichen versehen, denn sie hatte gehört, dass die Besitzer nicht gut mit ihren Pferden umgingen. Also machte Jo sich auf den Weg zu den Orion-Ställen, deren Besitzer Nicholas »Neddy« Fox hieß.

Es war ein düsterer grauer Tag. Ein kalter Wind pfiff durch das Loch neben dem Bremspedal des Morris, wo der Wagen schon zwei Tage nach dem Kauf durchgerostet war, und drang durch die schlecht schließenden Türen. Durch das undichte Fenster auf der Fahrerseite tropfte es auf Jos Jeans. Ein feuchtkalter Fleck breitete sich rasch auf ihrem Oberschenkel aus. Zwischen Thetford und Norwich bog sie von der Hauptstraße ab und fuhr durch ein Labyrinth schlecht ausgeschilderter Nebenstraßen. Dabei dachte sie an Winks und wünschte sich zurück in die australische Sonne.

An einer Gabelung blieb Jo stehen, um auf die Karte zu schauen, kurbelte das Fenster herunter und spähte hinaus. Der Regen hatte sich in ein leichtes Nieseln verwandelt, das Straßenschild war fast vollständig weggefault. Der Rest war so mit Moos überwuchert, dass man den Namen nicht mehr lesen konnte. Bedrückt blickte Jo über die regennasse Ebene. Ihr war klar, dass sie sich verfahren hatte. Nun hatte sie zwei Möglichkeiten: Entweder kehrte sie auf dem Weg zurück, den sie gekommen war, oder sie fuhr weiter, in der Hoffnung, irgendwann auf ein lesbares Straßenschild zu stoßen. Gerade hatte sie sich fürs Umkehren entschieden, da sah sie in der Ferne zwei Pferde mit wehenden Mähnen über das Feld jagen. In der Hoffnung, sich wirklich dort zu befinden, wo sie der Karte nach sein sollte, fuhr sie den Pferden hinterher. Und wirklich stand sie kurz darauf vor den Orion-Ställen. Allerdings waren das windschiefe Tor und der schlammige Weg eine ziemliche Enttäuschung. Neben dem baufälligen Haus, auf dessen Dach Ziegel fehlten, erhoben sich heruntergekommene Gebäude, die offenbar als Ställe dienten. Bei zwei Boxentüren fehlten die Scharniere des oberen Teils. Auf dem Hof prangte ein gewaltiger Misthaufen, und überall lag durchweichtes Stroh herum. Jo fragte sich, wie diese Gebäude Norfolks heftigem Wind so lange hatten standhalten können. Es schien niemand zu Hause zu sein.

Jo parkte ihren Wagen an einem Graben neben einer wuchernden Hecke und watete durch den Schlamm. Sie spähte in eine der Boxen. Es war unvorstellbar für sie, wie ein wahrer Pferdeliebhaber seine Ställe so herunterkommen lassen konnte. Eine dicke Schmeißfliege surrte zornig an ihr vorbei.

»Suchen Sie jemand Bestimmten?«

Jo machte vor Schreck einen Satz. Sie blickte sich um und sah einen mürrischen Mann Anfang sechzig auf sich zukommen. Er trug eine zerlumpte alte Hose, eine schmutzige

Schirmmütze und führte einen räudig wirkenden Klepper am Zügel. Seine mit Dreck verkrusteten Gummistiefel platschten durch die Pfützen. Sein Kinn war mit Bartstoppeln bedeckt, und die wenigen verbliebenen Zähne wiesen Nikotinflecken auf. Die eingesunkenen Wangen zierten ein wettergegerbtes Gesicht, seine Nase war fleckig und knallrot.

»Ich suche Mr Fox, aber ich glaube, das hat sich schon erledigt. Ich wollte nur fragen, ob er eine Pferdepflegerin braucht«, stammelte sie und trat hastig den Rückzug an. In dieser Bruchbude wollte sie ganz bestimmt nicht arbeiten.

»Sie sind nicht von hier, richtig? Kennen Sie sich denn mit Pferden aus?«, brummte der Mann.

»Ich bin Australierin. Und, ja, ich kenne mich mit Pferden aus«, erwiderte Jo, wobei sie sich überlegte, ob sie einfach ihr Heil in der Flucht suchen sollte.

»Australierin, was? Ich bin Neddy Fox. Wann können Sie anfangen?«, fragte er, während er sanft die Nüstern des Pferdes streichelte. Das Pferd kaute liebevoll an der Kappe des Mannes.

»Äh, ich ... sofort, denke ich«, antwortete Jo höflich. Sie war überrascht, dass ihr ohne richtiges Vorstellungsgespräch eine Stelle angeboten wurde. Es kam aber überhaupt nicht in Frage, dass sie in einem derart heruntergekommenen Stall arbeitete. Dann jedoch siegte ihre Neugier. Wie konnte ein Mann, der von seinen Pferden offenbar geliebt wurde, seine Ställe so verfallen lassen? »Gibt es bei Ihnen eine Unterkunft?«

Neddy brachte das Pferd in seine Box und zeigte ihr ein schäbiges Zimmer über den Ställen, das einen neuen Anstrich bitter nötig hatte. In einer Ecke stand ein geschwärzter Herd mit zwei Platten. Der Toilettensitz war zerbrochen, die Badewanne unter dem tropfenden Gasboiler schmutzig braun und von grünlichen Flecken bedeckt.

»Wie viele Pferde haben Sie?«, erkundigte Jo sich beiläufig, als sie die wackelige Holztreppe hinunterstiegen. Dabei beobachtete sie den alten Mann aufmerksam. Trotz seiner Ungepflegtheit und der zerschlissenen Kleidung hatte er etwas Rührendes an sich. Seine wasserblauen Augen blickten traurig.

»Zehn, zusammen mit meinem Kumpel Will. Sie sind zwar nicht olympiareif, aber uns genügen sie. Seit mir mein Rücken zu schaffen macht und Will schwer krank ist, läuft es bei uns nicht mehr so, wie es eigentlich sollte. Bis zum letzten Sommer sah das Gestüt noch ganz anders aus. Haben Sie Angst vor schwerer Arbeit?«

Jo schüttelte den Kopf, wurde jedoch vom Husten eines Pferdes abgelenkt.

»Ist eines Ihrer Pferde krank?«, fragte sie.

Es interessierte sie nicht, ob der alte Mann sie für neugierig hielt. Sie hatte ohnehin nicht vor zu bleiben.

»Sie hat sich vor ein paar Tagen etwas eingefangen. Wenn sie sich nicht bald erholt, muss sie zum Abdecker. Ein Jammer, sie ist ein gutes Pferd, und ich habe ihr viel zu verdanken«, sagte er. Jo vermeinte, Tränen in seinen Augen zu sehen.

Jo watete durch den Schlamm und Mist und spähte über die Stalltür. Ihr Herz machte einen Satz. Die Stute sah fast genauso aus wie die, die Kurt ihr verboten hatte zu verarzten. Sie kannte sich mit Pferden in diesem Zustand aus. Mit stumpfem Blick und niedergeschlagen stand das Pferd da und keuchte immer wieder heftig. Jo zuckte jedes Mal zusammen. Sie war gerührt, als sie sich zu dem alten Mann umdrehte.

»Wenn Sie mich lassen, rette ich sie«, verkündete sie. Ihre Worte hörten sich sogar in ihren eigenen Ohren prahlerisch an.

»Soso. Offenbar wissen Sie etwas, das ich nicht weiß«, gab Neddy barsch zurück, aber Jo hatte den Funken Hoffnung in den eingesunkenen Augen des alten Mannes gesehen. Sie wünschte sich von ganzem Herzen, ihm helfen zu können.

»Ja«, antwortete Jo und erzählte ihm die Geschichte von

der Stute in Stockenham Park, die sie hätte heilen können, wenn man es ihr nur erlaubt hätte. Vor ein paar Wochen war sie völlig unnötig auf der Rennbahn gestorben. Sie erzählte Neddy, sie habe ihr ganzes Leben lang mit Rennpferden gearbeitet.

»Soso«, brummte Neddy wieder. »Wollen Sie den Job oder nicht?«, fügte er nach einer kurzen Pause hinzu.

»Ich fahre nur meine Sachen holen und bin in einer Stunde zurück, wenn Sie mir erklären, wie ich wieder herfinde«, erwiderte sie grinsend und mit blitzenden Augen.

Mit einer Mistgabel, einem Wasserschlauch und einem Eimer Farbe ließ sich eine Menge bewirken. Und wenn sie schon einmal dabei war, konnte sie in der Stadt einen neuen Toilettensitz und Desinfektionsmittel besorgen. Sie eilte zum Auto, um die Karte zu holen.

»Ich muss verrückt sein«, dachte sie.

Aber dieses Pferd durfte nicht sterben.

Nach einem Monat harter Arbeit war das Anwesen nicht wiederzuerkennen. Jo hatte mit den Ställen angefangen, zuerst die Boxen ausgemistet und das Gebäude bis in die letzte Ecke ausgespritzt und desinfiziert. Unterstützt von einem Jungen aus dem Dorf, den sie von der nahe gelegenen Milchfarm abgeworben hatte, wechselte sie das alte Stroh gegen frisches aus. Die Fliegen wurden vertrieben und der Mist dort verteilt, wo er nützlich war.

Nach einem nicht sehr harmonischen Auftakt mit dem Bereiter, der häufig zu spät oder gar nicht kam und ständig über die schlechte Bezahlung nörgelte, gelang es Jo, einen Arbeitsplan aufzustellen, der ihrer beider Bedürfnisse entsprach. Sie ritt die Pferde an den Wochenenden und falls der Mann während der Woche zu einem Rennen musste, und sie erklärte sich bereit, ihn bar zu bezahlen, wenn er pünktlich erschien. Dafür stimmte er zu, ihr rechtzeitig Bescheid zu geben, falls ihm etwas dazwischenkommen sollte. Meistens klappte es dank dieses Arrangements ganz gut.

Außerdem bemühte sich Jo mit Neddys Hilfe, die Stute gesund zu pflegen. Sie brauchte zwei Tage, um Neddy dazu zu überreden, den Tierarzt zu holen. Die Hausmittelchen seines Großvaters schienen einfach nicht zu wirken. Dem Tier ging es danach immer noch schlecht, und Jo befürchtete schon, zu spät gekommen zu sein. Doch endlich wirkten die Antibiotika, und die Flüssigkeit konnte aus den Lungen des Pferdes abgesaugt werden. Allmählich kehrte so – unterstützt durch besseres Futter und die Kräutertinkturen von Jos Vaters – Leben in die Augen der Stute zurück, und ihr Fell glänzte wieder.

Ab dem Tag, an dem die Stute den Kopf aus der Box streckte, um ihr Frühstück zu fordern, war Neddy ein andeerer Mensch. Als Jo nach dem Training mit den anderen Pferden kam, um ihr das Futter zu bringen, sah sie zu ihrer Freude, dass das immer noch magere Pferd ungeduldig mit dem Kopf gegen die Plastikflaschen schlug, die Jo ihr als Spielzeug aufgehängt hatte, damit sie sich während der Genesungszeit nicht langweilte.

»Ich traue meinen Augen nicht«, sagte Neddy, ließ sich auf die alte Holzbank neben dem Stall fallen und wischte sich über die feuchte Wange. Dann bedankte er sich ausführlich bei Jo.

»Dieses Pferd ist die Freude meines Lebens«, gestand er. »Winny's Pride habe ich sie genannt, nach meiner Frau Winifred. Wir waren einundvierzig Jahre lang verheiratet. Vor drei Jahren ist sie an Krebs gestorben. Sie hat dafür gesorgt, dass hier immer alles blitzblank war, und sich nicht vor harter Arbeit gescheut. Als ich sah, wie es mit der Stute bergab ging, habe ich es nicht einmal mehr über mich gebracht, ihren Namen auszusprechen.«

Er sah Jo erleichtert an.

»Aber glauben Sie bloß nicht, dass Sie jedes Mal den Tierarzt holen können, wenn eines der Pferde ein Zipperlein hat. Diese Doktoren sind doch alle gleich. Sie kassieren nur. Und wofür? Für eine Schachtel Tabletten.«

Lachend fiel Jo dem alten Mann um den Hals. »Wir haben

Winny's Pride gerettet«, sagte sie strahlend. »Wie, spielt eigentlich keine Rolle.«

Nachdem Winny wieder gesund war, änderte sich Jos Verhältnis zu Neddy gewaltig. Erstens erhöhte er ihr Gehalt, weil ihm nichts anderes einfiel, um sich angemessen bei ihr zu bedanken. Außerdem war er endlich einverstanden, den Dachdecker zu bestellen. Aber die wichtigste Veränderung bestand darin, dass er anfing, über seine Probleme zu sprechen. Während sie gemeinsam die Steigbügelriemen überprüften, fand Jo heraus, dass Neddy nicht nur den Tod seiner Frau verschmerzen musste. Seine beiden Söhne – inzwischen verheiratet und Familienväter – wohnten zwar in der Nähe, hatten aber den Kontakt zu ihm abgebrochen. Sie gaben ihm die Schuld am Tod ihrer Mutter und warfen ihm vor, er habe ihr aus Geiz die nötige ärztliche Hilfe verweigert, bis es zu spät gewesen sei. In Wahrheit jedoch hatte Neddy nur versucht, seine Söhne vor der traurigen Wahrheit zu schützen, dass ihre Mutter unheilbar krank war.

»Familien sind schon merkwürdig«, sagte Jo, hängte die Riemen auf und nahm einen Sattel, den sie polieren wollte, vom Haken.

Einige Tage später kam Neddy nachts aus dem Haus, weil er kurz nach zehn ein Geräusch gehört hatte. Er traf Jo dabei an, wie sie neue Scharniere an die Stalltüren schraubte.

»Warum schuften Sie sich so ab? Sind Sie völlig übergeschnappt?«, wollte er wissen. – Jo zuckte mit den Achseln. »Eines Tages werde ich die angesehene Trainerin eines großen Rennstalls sein und den Melbourne Cup gewinnen. Und dorthin bringt man es nicht durch Herumsitzen«, gab sie grinsend zurück.

»Und ausgerechnet in diesen Ställen beginnen Sie Ihre Karriere?«, wunderte sich Neddy. Schmunzelnd wandte sich Jo wieder ihrer Arbeit zu.

»Irgendwo muss ich ja anfangen«, antwortete sie fröhlich.

Vor sich hin brummend kehrte Neddy zum Haus zurück.

Am folgenden Nachmittag führte er Winny's Pride mit Jo auf dem Rücken zur Wiese. Jo bemerkte überrascht ihren federnden Schritt. Voller Begeisterung ließ sie das Pferd vorsichtig die ersten Übungen machen. Der Wind fuhr ihr unter die Kappe, spielte mit ihrem Haar und brachte den reifenden Mais auf den nahe gelegenen Feldern zum Wogen. Aus dem Augenwinkel sah sie, dass Neddy sie – einen Fuß auf dem Gatter – stolz beobachtete. Sie beugte sich vor, tätschelte den Hals der Stute, lobte sie leise und trieb sie zum Trab an. Diese Schlacht hatte sie eindeutig gewonnen.

Der August kam und ging, und der Herbst nahte. Eines kühlen Morgens Anfang September ging Jo Richtung Haus, um mit Neddy wie jeden Morgen eine Tasse Tee zu trinken. Sie eilte ins Haus, um in der altmodisch ausgestatteten Küche den Kessel aufzusetzen, und legte Kekse auf einen Teller.

»Das wird mein nächstes Projekt«, dachte sie, als ihr Blick über die zerkratzten Küchenschränke und die abblätternde Farbe an den Wänden glitt. Während sie darauf wartete, dass das Wasser kochte, sah sie zu den Ställen hinüber, die inzwischen ordentlich und hellgrün gestrichen waren. Zufrieden dachte sie daran, was sie seit ihrer Ankunft an jenem regnerischen Julitag geschafft hatte. Aus den Fenstern von Jos winziger Wohnung über den Ställen wehten bunte Vorhänge. Die Herbstsonne tauchte die Felder in ein weiches Licht. Winny graste, eine Pferdedecke auf dem Rücken, zufrieden auf einer nahe gelegenen Weide, und Jo hörte, wie Neddy sich oben zu schaffen machte.

»Ich bin glücklich hier«, sagte sie sich. »Das ist meine kleine Oase.«

Nachdem sie die alte braune Teekanne gefüllt hatte, stellte sie sie neben den angeschlagenen Milchkrug auf den Tisch, zog sich einen Stuhl heran und setzte sich. Das Kinn in die Hände gestützt, starrte sie ins Leere und überlegte sich zusätzliche Trainingseinheiten für die Pferde, bis sie von Motorengeräuschen aus ihren Tagträumen gerissen wurde.

»Bestimmt ist das Harry, der die Pferde beschlagen will«, rief sie Neddy zu, sprang auf und zog Notizbuch und Bleistift aus der Tasche. »Heute haben wir vier Kandidaten, Harry. Northern Gypsy hat seine Hufeisen schon wieder abgenützt«, sprach sie weiter, während sie, den Kopf über den Block gesenkt und den Bleistift in der Hand, die Liste durchging und gleichzeitig die Tür öffnete. Ihr stieg der Duft von Rasierwasser in die Nase, sie schnupperte, hob den Kopf – und blickte sprachlos in ein meergrünes Augenpaar.

»Simon«, stieß sie hervor.

Wie angewurzelt stand sie da, bevor sich all ihre aufgestauten Gefühle mit der Macht einer Flutwelle Bahn brachen. Das Herz drohte ihr zu zerspringen, der Stift glitt aus ihrer Hand, unbemerkt landete er auf den Steinstufen. Lange Zeit starrten sie einander schweigend an. Jo konnte keinen klaren Gedanken mehr fassen, als Simon sie mit Blicken umfasste.

»Jo, bist du das wirklich? Habe ich dich endlich gefunden?«, stammelte er.

Tausendmal hatte er sich zurechtgelegt, was er ihr sagen wollte. Und nun, da sie vor ihm stand, fiel ihm nichts mehr ein. Er konnte nur noch daran denken, dass sie noch schöner geworden war und er sie am liebsten an sich gedrückt und für immer festgehalten hätte. Erleichterung paarte sich mit einer schmerzlichen Sehnsucht, als er in ihre überrascht geweiteten Augen blickte. Er fasste sich wieder, hob ihren Bleistift auf und hielt ihn ihr mit zitternder Hand hin.

»Jo, ich muss mit dir reden. Sind wir irgendwo ungestört?«, fragte er mit bebender Stimme.

Das Blut rauschte so laut in Jos Ohren, dass sie ihn kaum verstehen konnte. Wie eine Schlafwandlerin nahm sie den Stift entgegen und betrachtete ihn verständnislos. Ihr Mund war ganz trocken, sie brachte keinen Ton heraus.

»Ich wusste gar nicht, dass Sie mit feinen Pinkeln befreundet sind«, brummte Neddy, der hinter ihr erschienen war.

»Er ist kein feiner Pinkel, Neddy.«

Jo lachte zittrig und fuhr sich mit der Zunge über die Lippen. Sein Einwurf hatte die angespannte Stimmung ein wenig aufgelockert.

»Das ist Simon Gordon, ein alter Freund von mir. Und das ist Mr Fox, der Besitzer der Orion-Ställe.« Sie lächelte Simon zu, und ihre Mundwinkel zuckten. Er war in der hellen Leinenhose und dem offenen Hemd so unbeschreiblich attraktiv, seine meergrünen Augen hoben sich wie früher verführerisch von der sonnengebräunten Haut ab. Allerdings hatte er abgenommen, und die kleinen Fältchen um seine Augen waren ihr neu.

»Na, dann ... Wir haben viel zu tun, und das Mädchen kann nicht den ganzen Tag herumstehen und Maulaffen feilhalten. Sagen Sie, was Sie zu sagen haben, und gehen Sie wieder«, knurrte Neddy mit einem finsteren Blick auf Simon. »Und Sie, Jo, schauen nach, was aus dem alten Harry geworden ist. Die Pferde müssen dringend beschlagen werden, und wir haben keine Zeit, mit feinen Pinkeln zu plaudern.«

Jo errötete verlegen. Das Herzklopfen und das Rauschen in ihren Ohren hatten inzwischen nachgelassen.

»Tut mir leid, Sir. Ich will sie nicht lange aufhalten«, wandte Simon mit verzweifeltem Blick ein.

»Ich habe um fünf Uhr Feierabend. Komm doch danach vorbei«, meinte Jo unruhig und hielt nach Harry Ausschau.

»Darf ich dich zum Essen einladen?«

»Sehr gern«, erwiderte sie schüchtern.

»Abgemacht«, sagte Simon entschlossen. »Dann hole ich dich um halb sieben ab. Was machen ein paar Stunden mehr oder weniger, nachdem ich dich drei Monate lang gesucht habe?«

Völlig durcheinander blickte Jo dem davonfahrenden Simon nach. Sie fragte sich, ob es klug gewesen war, seine Einladung anzunehmen und die Gefühle der Vergangenheit wieder aufzurühren. Aber sie hatte es nicht über sich gebracht, ihn einfach ziehen zu lassen.

Den restlichen Tag über hatte sie Konzentrationsschwierigkeiten. Ständig grübelte sie über den Anlass von Simons Besuch. Warum musste er nur so dringend mit ihr sprechen? Nachmittags bekam sie vor lauter Nervosität Magendrücken. Sie beendete ihre Arbeit eine halbe Stunde früher als gewöhnlich, nahm ein heißes Bad, um sich zu beruhigen, und zog dann ihre hübscheste Bluse und eine lange Hose an. Mit zittrigen Händen schaffte sie es kaum, die Knöpfe zu schließen. Dann schmierte sie sich beim Schminken Wimperntusche auf die Wange, sodass sie noch einmal von vorn anfangen musste. Es war das erste Mal, dass sie sich schminkte, seit sie in den Ställen arbeitete. Endlich war sie fertig und fand das Ergebnis ganz gelungen. Sie fuhr sich mit der Bürste durch das lange blonde Haar, das ihr offen bis auf die Schultern fiel. Als sie den Wagen auf dem Hof hörte, griff sie nach Jacke und Tasche und eilte die Stufen hinunter.

»Du siehst sensationell aus«, lautete Simons Begrüßung, worauf Jo heftig errötete. Er half ihr in den verbeulten olivgrünen Sportwagen, schloss die Tür und nahm rasch hinter dem Steuer Platz.

»Ich dachte, wir gehen ins *Plough & Bell.* Das ist nicht weit. Warst du schon einmal dort?«, fragte er, legte den Rückwärtsgang ein und blickte sich um. Kurz ruhte seine Hand auf der Lehne ihres Sitzes. Jo schüttelte den Kopf, während Simon Gas gab, wendete und vom Hof raste.

»Lass dich bloß nicht von Neddy erwischen«, meinte Jo lachend, in der Hoffnung, dass er ihr die Verlegenheit nicht anmerkte. Im Vergleich zu heute Vormittag schien Simon sich wieder gefasst zu haben. Die Verzweiflung war verschwunden, und doch spürte Jo, dass er etwas auf dem Herzen hatte. Das steigerte ihre Nervosität nur noch.

»Worüber wolltest du so dringend mit mir reden?«, erkundigte sie sich bemüht lässig. Sie konnte die Anspannung nicht mehr ertragen.

Der Wagen glitt über die Landstraße, während die Abendsonne langsam auf den Horizont zusteuerte. Simon bremste, lenkte das Fahrzeug an den Straßenrand und hielt an. Als er sich zu Jo umwandte und sie eindringlich ansah, spürte sie, wie ihr das Blut in den Kopf stieg.

»Ich habe die Hochzeit abgesagt«, verkündete er knapp und sah in ihre erstaunten Augen.

Jos Herz schlug einen Salto.

»Was hast du getan?«, rief sie und senkte den Blick, damit er nicht merkte, wie Hoffnung darin aufleuchtete.

»Ich habe die Hochzeit abgesagt. Sie hat nicht stattgefunden.«

Mit einem weichen Ausdruck in seinen Augen nahm er Jos Hand zwischen seine sonnengebräunten Finger und drehte sie um. Sie sah ganz klein und verloren aus. Dann hob er die Hand an seine Lippen und drückte einen Kuss auf die Handfläche. Simon war sich nicht sicher, ob er Jos Blick richtig gedeutet hatte, aber nun zitterte sie wie ein gefangenes Vögelchen.

»Wie hätte ich Lelia heiraten können, obwohl ich dich liebe?«, flüsterte er mit klopfendem Herzen.

Jo starrte ihn ungläubig an.

»Du bist nicht verheiratet?« Sie traute ihren Ohren nicht, und ihr Pulsschlag geriet völlig außer Takt.

»Nein«, erwiderte Simon mit belegter Stimme.

Sanft beugte er sich vor und streifte ihre Lippen mit seinen. Als er nicht auf Widerstand stieß, küsste er sie zärtlich. Jo fühlte sich wie aus einem tiefen Schlaf erwacht, schlang die Arme um Simons Hals und erwiderte seine Küsse. Wogen der Leidenschaft durchpulsten sie, und sie spürte die berückende Wärme seines Körpers. Der berauschende Duft seines Rasierwassers stieg ihr in die Nase, und sie versank in seinem Kuss, von dem sie sich wünschte, er möge ewig dauern. Nach einer Weile löste er die Lippen von ihren.

»Oh, Jo. Das habe ich mir schon so lange gewünscht«, murmelte er und hielt sie immer noch in den Armen.

Jo betrachtete sein zart gebräuntes Gesicht und wagte kaum zu glauben, was sie da hörte. Sie spürte seinen Herzschlag und war einfach unbeschreiblich glücklich. Simon strich mit dem Finger über ihre Stirn und spielte mit ihrem Haar.

»Lelia habe ich nie geliebt, aber das wollte ich nicht wahrhaben«, gab er leise zu, während die Berührung seiner Finger Jo kleine wohlige Schauer durch den Körper jagte. »Wir gingen zweieinhalb Jahre miteinander aus, und irgendwann haben wir uns ganz automatisch verlobt und Heiratspläne geschmiedet. Dann bist du gekommen, und meine Welt stand auf einmal kopf. Nach Frances' Party konnte ich nur noch an dich denken.«

Er seufzte tief.

»Ich befürchtete, verrückt zu werden. Mitten in der Nacht bin ich aufgewacht und bekam Angst, ich könnte dich nie wieder finden. Ich wusste nicht, was ich tun sollte. Dabei habe ich mich in Ausreden geflüchtet, meinen Zustand auf Überarbeitung oder die Nervosität vor der Hochzeit geschoben und mir eingeredet, es würde sich schon wieder geben. Aber das tat es nicht.« Er rutschte auf seinem Sitz herum und sah sie an. »Dann habe ich dich in Ascot gesehen, strahlend vor Glück, in alten Schlabberjeans, einem T-Shirt und mit Schlamm im Gesicht. Du hast mit einem Pferd gesprochen. Da ist mir zum ersten Mal so richtig klar geworden, dass ich hoffnungslos und bis über beide Ohren in dich verliebt bin.«

Er hielt inne.

»Du weißt nicht, wie schwer es mir gefallen ist, dich an diesem Tag einfach stehen zu lassen.« Fest umfasste er Jos Hand. »Am nächsten Tag habe ich Lelia mitgeteilt, dass es aus ist. Das war ziemlich scheußlich. Jo, du bist wunderschön. Ich liebe dich über alles. Bitte verschwinde nicht wieder.« Er küsste sie noch einmal leidenschaftlich.

»Ich war total verrückt nach dir und dachte, du hättest mich überhaupt nicht wahrgenommen, geschweige denn, dass ich dir etwas bedeuten könnte«, platzte sie heraus, sobald sich ihre Lippen, noch prickelnd vom Kuss, voneinander gelöst hatten.

Bei ihren Worten leuchteten Simons Augen auf.

»Ich habe kaum gewagt, zu hoffen ... Soll das heißen, dass du meine Gefühle erwiderst?«

Jo nickte.

Dann lag sie erneut in seinen Armen. Ihre Lippen berührten sich, ihre Zungen ertasteten einander, und sie genoss seine Liebkosungen, als er ihr mit den Fingern durchs Haar fuhr und ihre so sorgfältig gebügelte Bluse zerdrückte. Sie küsste ihn mit all ihrer aufgestauten Leidenschaft und Sehnsucht.

»Ich hätte es nie für möglich gehalten, so glücklich sein zu können«, stieß Jo schließlich lachend hervor, zupfte ihre Bluse zurecht und strich sich das Haar glatt.

Simon, der es noch immer nicht fassen konnte, antwortete nicht sofort.

»Tut mir leid, dass ich deine Bluse und deine Haare zerwühlt habe«, sagte er reumütig.

»Wen kümmert das?«, jubelte Jo und küsste ihn wieder, bis sie sich atemlos voneinander trennten.

»Ich sterbe vor Hunger«, verkündete Simon fröhlich. »Jetzt genehmigen wir uns das Abendessen, das ich dir versprochen hatte.«

Jo steckte ihre Bluse in den Hosenbund und warf einen Blick in den Spiegel der Sonnenblende.

»Das mit dem Lippenstift hätte ich mir sparen können«, meinte sie lächelnd und betrachtete erstaunt ihr Spiegelbild. Obwohl sie ihrem Äußeren meist kritisch gegenüberstand, entging ihr nicht, wie weich ihr Gesicht geworden war.

»Den kannst du in Zukunft gleich weglassen, denn ich habe vor, dich häufiger zu küssen«, erwiderte Simon und ließ den Wagen an. Draußen dämmerte es.

»Wie hast du mich gefunden?«, fragte Jo.

Sie saßen im *Plough & Bell* an einem gemütlichen Ecktisch.

Jo hatte ein Glas Limonade, Simon ein einheimisches Bier vor sich stehen. Die Gaststube des heimeligen Pubs im elisabethanischen Stil wurde von antiken Paraffinlampen auf jedem der geschnitzten Holztische erleuchtet, was dem Raum mit der niedrigen Decke etwas Altmodisches und Behagliches gab. An der einen Wand hing ein alter Pflug, an der anderen ein Joch, und von den Deckenbalken baumelten weitere altertümliche landwirtschaftliche Geräte, Schwerter und Sensen.

»Du machst es einem Mann nicht gerade leicht«, entgegnete Simon, nahm einen Schluck aus seinem dicken Glaskrug, lehnte sich zurück und sah zu, wie sich das Lampenlicht in Jos Augen spiegelte. »Wahrscheinlich habe ich jeden Stall zwischen hier und York abgesucht. Ich hatte die Hoffnung schon fast aufgegeben, als ich auf Orion stieß.«

Er legte den Arm um sie, drückte sie an sich und konnte kaum fassen, dass er schließlich doch fündig geworden war.

»Häufig glaubt man, einen Menschen zu kennen, obwohl das gar nicht stimmt«, sprach er zögernd weiter. »Ich wusste, dass es nicht leicht sein würde, Schluss mit Lelia zu machen. Aber ich dachte, sie wäre so vernünftig einzusehen, dass eine Trennung vor der Hochzeit besser ist, als ein bitteres Erwachen danach. Leider hat sie das anders gesehen. Zuerst hat sie bitterlich geweint und beteuert, ich bräuchte sie mehr als umgekehrt. Dann hat sie mit Selbstmord gedroht, falls die Hochzeit nicht stattfinden sollte. Sie sagte, diese Demütigung könne sie nicht ertragen. Ich glaube nicht, dass sie das wirklich gemacht hätte, trotzdem hat sie mir Angst eingejagt. Natürlich war Mum ebenfalls außer sich und hat jeden Tag stundenlang mit Lelias Mutter telefoniert. Außerdem mussten alle Hochzeitsvorbereitungen abgeblasen und die Geschenke zurückgegeben werden. Eine ziemlich unschöne Sache.«

Mit finsterer Miene hielt Simon inne und erinnerte sich an all die ermüdenden Szenen, in denen Lelia abwechselnd getobt, gefleht und ihre Verführungskünste eingesetzt hatte, während er darauf beharrte, dass es besser für sie beide war, die Hochzeit abzusagen.

»Ich weiß, ich schweife ab. Ich möchte aber nicht, dass es zwischen uns Geheimnisse gibt.« Er verstummte.

»Sprich weiter«, meinte Jo und musterte sein Gesicht.

Simon entspannte sich ein wenig. Er erzählte weiter.

»Sie gab mir keine Möglichkeit, einen Schlussstrich unter die Beziehung zu ziehen, und ich war kurz davor, den Verstand zu verlieren. Nachdem sie mir wieder einmal den ganzen Tag am Telefon im Büro die Ohren vollgeheult hatte, ging ich in mein Stammpub. Und da sah ich sie auf den Knien meines ehemaligen Trauzeugen sitzen. Eine Horde meiner Kumpels stand um sie herum. Marcus machte ein Gesicht wie die sprichwörtliche Katze, die einen Kanarienvogel gefressen hat, und Lelia umgarnte ihn, wie es ihr nun einmal im Blut liegt. Sie meinte zu mir, sie hätte alle eingeladen, um zu feiern ... Wie nannte sie es noch einmal? Den Anfang eines neuen Lebens. Ich wollte mich aus dem Staub machen, aber meine sogenannten Freunde haben das nicht zugelassen. Und dann hat Lelia mir ganz ruhig die Hand hingehalten und gesagt: ›Ich hoffe, dass du mit deiner kleinen Pferdepflegerin glücklich wirst.‹ So, als hätte es nie Streit zwischen uns gegeben. Das hat sie nur getan, damit ich mich schuldig fühle. Kurz danach rutschte sie von Marcus' Knie, warf sich mir an den Hals und flüsterte: ›Ich liebe dich.‹ Ich war so wütend, dass ich mich losriss und sofort gegangen bin. Außerdem wusste ich nicht, ob sie mich zum Teufel schicken oder wieder eines ihrer Spielchen veranstalten wollte, um mich zurückzugewinnen. Da rief sie mich an und entschuldigte sich, sie habe übertrieben und bäte mich um Verzeihung. Und ich konnte ihr endlich klarmachen, dass ich mich nicht mehr von ihr erpressen lasse und dass es aus zwischen uns ist.«

Jo lauschte gebannt. Ihr Herzschlag beschleunigte sich. Simon, der diese kleine Veränderung spürte, zog sie fester an sich und blickte ihr besorgt in die wunderschönen Augen.

»Es ist wirklich vorbei. Glaubst du mir das?« Jo nickte erleichtert. Simon hauchte ihr einen zarten Kuss auf die Wange.

»Um endlich auf den Punkt zu kommen ... Nach der Trennung von Lelia – Mum hatte sich wieder beruhigt – fuhr ich nach Stockenham Park, um dich zu treffen. Aber du warst fort. Ich fragte nach Kurt, und man sagte mir, dass er ebenfalls nicht mehr dort arbeitet. Zuletzt habe ich mit John gesprochen, und er hat mir alles erzählt.

Offenbar hatte Guy den tückischen kleinen Mistkerl schon länger im Auge gehabt und ihn des Wettbetrugs verdächtigt. Guy konnte ihm zwar nichts beweisen, aber der Kerl ging ihm auf die Nerven. Außerdem war Guy mit vielen seiner Entscheidungen im Stall nicht einverstanden. Dich hatte er sehr gern, und er bewunderte deinen Mut. Dass Kurt dir den Laufpass gegeben hat, war der Tropfen, der das Fass zum Überlaufen brachte. In der darauffolgenden Woche hat Guy ihn hinausgeschmissen, und zwar mit der Drohung, er werde einigen einflussreichen Leuten ein paar Dinge erzählen. Er würde nie wieder in einem Rennstall arbeiten, falls er Schwierigkeiten machen sollte. Der Mann ist erledigt und kann niemandem mehr etwas anhaben. Aber kein Mensch hatte auch nur die leiseste Ahnung, wo du abgeblieben sein könntest.«

Simon lächelte. Jo kam zu dem Schluss, dass die kleinen Fältchen in den Augenwinkeln ihn nur noch anziehender machten. Lässig legte er den Arm auf die Rückenlehne der Bank und spielte mit ihrem Haar. Kleine Stromstöße durchzuckten Jo.

»Ich war kurz davor, das Handtuch zu werfen, als meine Tante mich gerettet hat. Sie besitzt ein Häuschen in der Nähe von Fakenham, etwa eine Dreiviertelstunde Autofahrt von hier, und sie hatte von dir gehört. Aus heiterem Himmel rief sie mich an und berichtete, sie habe mit einem Freund gesprochen, der Tierarzt sei. Dieser sei vor Begeisterung ganz aus dem Häuschen gewesen und erzählte ihr von einem jungen Mädchen, das Neddy überredet habe, seine Pferde von ihm behandeln zu lassen. Fünf Jahre hatte er den Alten vergeblich bearbeitet. Ich dachte, es könnte einen Versuch wert sein. Eigentlich hatte ich nicht damit gerechnet, dass du es wirklich bist, aber ich war so verzweifelt, dass ich wegen eines Hinweises sogar bis zum Mond geflogen wäre.«

Lachend streichelte Jo sein Kinn, das sich anfühlte wie feines Sandpapier, was ein wohliges Prickeln in ihr auslöste. Eigentlich brachte alles an ihm ihre Nerven zum Vibrieren. Seit Ricks Tod hatte sie sich nicht mehr so glücklich und lebendig gefühlt, und mit jeder Sekunde in Simons Gegenwart steigerte sich ihre Sehnsucht, wieder in seinen Armen zu liegen. Die Heftigkeit ihrer Gefühle machte ihr beinahe Angst.

»Von dem Moment an, als du mich auf Frances' Party mit der Hüfte gegen den Tisch geschubst hast, war mein Leben die Hölle«, gab Jo zu, nachdem der Kellner zwei Portionen Scampi mit Pommes und frischen Erbsen gebracht hatte.

»Oh, Gott, habe ich dir so wehgetan?«, stöhnte Simon.

Jo schüttelte grinsend den Kopf.

»Damit meine ich nicht den blauen Fleck, sondern meine Verliebtheit in einen Mann, der für mich absolut unerreichbar war. Ich dachte, du hättest mich gar nicht wahrgenommen. Der blaue Fleck verschwand, und es war, als würde ich dich Schritt für Schritt verlieren«, beendete sie theatralisch den Satz, aber ihre Stimme bebte.

Simon küsste sie auf den Scheitel.

»Und so bin ich schon wieder vergeben«, lachte er. »Iss, sonst wird alles kalt. Ich möchte heute Abend wenigstens eine Sache richtig hinkriegen.« Jo schob den ersten Bissen in den Mund und merkte, wie hungrig sie war.

Sie unterhielten sich, und die Zeit verging wie im Flug. Im flackernden Lampenlicht saßen sie an ihrem gemütlichen

Tisch und sprachen über ihre Sehnsucht und das, was sich in den vergangenen Monaten ereignet hatte. Dabei hielten sie einander an den Händen, sahen sich in die Augen und konnten es kaum fassen, dass ihre Gefühle wirklich erwidert wurden. Jo nahm sich ein Stück von der Pfefferminzschokolade, die Simon zum Kaffee bestellt hatte, sah auf die alte Uhr auf dem Kaminsims und bemerkte erschrocken, wie spät es war.

»Geht die Uhr richtig?«, rief sie aus. »Versteh mich nicht falsch, aber du musst mich zurückbringen. Ich stehe normalerweise auf, wenn du ins Bett gehst, und wenn ich nicht genug Schlaf bekomme, ist die Bahnarbeit eine Katastrophe.«

Widerstrebend warf Simon ebenfalls einen Blick auf die Uhr und half Jo in die Jacke. Auf dem Weg zum Auto legte er den Arm um sie.

»Wehe, wenn du wieder davonläufst. Ich könnte es nicht ertragen, dich noch einmal zu verlieren«, sagte er, drehte kurz den Kopf in ihre Richtung und ließ den Finger über ihre erhitzte Wange gleiten. Seine andere Hand lag auf dem Lenkrad, als sie in raschem Tempo zu den Ställen fuhren.

»Das habe ich nicht vor. Ich bleibe«, antwortete Jo schläfrig und lächelte leise.

Es war ein langer, aufwühlender Tag gewesen. Auf dem Weg über die stockfinstere Landstraße schmiegte sie sich eng an Simon und spürte die Wärme seines Körpers. Im Licht der Scheinwerfer sah sie Hasen und Füchse über die Straße huschen und wünschte, diese Nacht würde nie zu Ende gehen.

Am Ende der Straße, die zu den Ställen führte, hielt Simon den Wagen an und küsste Jo ein letztes Mal. Seine Leidenschaft verschlug ihr den Atem.

»Wann sehen wir uns wieder?«, fragte er, bange Erwartung in seinem Blick.

»Sonntag in einer Woche ist mein nächster freier Tag. Vielleicht können wir eine Spazierfahrt machen, falls das Wetter schön ist«, schlug Jo mit klopfendem Herzen vor.

»Keine zehn Pferde werden mich daran hindern«, antwortete Simon grinsend und bog zu den Ställen ein. »Ich rufe dich unter der Woche an und bin um Punkt zehn Uhr hier, du wunderbares, fantastisches Mädchen. Ich möchte nämlich einen ganz besonderen Ausflug mit dir unternehmen.«

Er begleitete sie zur Treppe und blickte ihr nach, als sie zu ihrer winzigen Wohnung hinaufeilte. Auf der ganzen Fahrt zum Haus seiner Tante sang er aus voller Kehle. Sein klarer Bariton hallte über die geheimnisvolle und dunkle Moorlandschaft.

15

Den ganzen Sonntag goss es wie aus Kübeln, und das Wetter besserte sich auch für den Rest der Woche nicht. Jo war das einerlei. Mit Gummistiefeln, Regenmantel und Südwester ausgestattet, stapfte sie durch den Matsch. Sie war nach der Bahnarbeit völlig durchweicht und verbrachte die Nächte frierend, weil trotz aller Bemühungen, sämtliche Ritzen abzudichten, der Wind durch ihr Zimmer pfiff. Aber nichts konnte ihre Hochstimmung dämpfen.

Auf der holperigen Fahrt zur Huggins-Farm, wo sie für Neddy ein Pferd abholen sollte, das sonst beim Schlachter gelandet wäre, pfiff sie vergnügt vor sich hin. Und auch auf dem Heimweg, den sie im Schneckentempo hinter einem gewaltigen Mähdrescher herzuckelnd zurücklegen musste, der fast die ganze Straßenbreite einnahm, dachte sie nur an Simon. Wohlige Schauer liefen ihr den Rücken hinunter, als sie sich an die Berührung seiner Lippen, den salzigen Geschmack seines Mundes und seine starken Arme erinnerte. Jeden Abend rief er sie an, und wenn sie seine Stimme hörte, wurde sie von einem unbeschreiblichen Glücksgefühl und einer tiefen Sehnsucht ergriffen. Sie fragte sich, wie sie die quälenden Tage und Nächte bis zu ihrem nächsten Wiedersehen überstehen sollte. Dann, am Freitagabend, hörte der Regen endlich auf, der Wind legte sich, und am Samstag herrschte wieder trockenes Wetter.

Den ganzen Samstag über zermürbte sich Jo mit der Sorge, dass Simon absagen könnte. Vielleicht hatte er eine Autopanne, eine Familienkrise brach aus oder ihm kam etwas Wichtiges dazwischen, sodass er ihre Verabredung vergaß. Sie führte sich vor Augen, dass sie sich albern benahm und kein

Mann diese Grübeleien wert war, doch sie wurde nur noch nervöser. Nachts wälzte sie sich schlaflos herum und wachte jede Stunde auf wie ein Kind, das das Weihnachtsfest nicht erwarten kann. Schließlich hielt sie es nicht mehr aus.

Ungeduldig schleuderte sie die Bettdecke beiseite, obwohl die Sonne noch nicht aufgegangen war. Und dabei war der Sonntag eine der seltenen Gelegenheiten für sie, endlich einmal auszuschlafen. Sie zog sich an, putzte ihr Zimmer, wusch sich die Haare und war Stunden vor Simons Ankunft abfahrbereit. Die Sonne schien durch das winzige Fenster herein, und die Luft war frisch, als sie, mit Windjacke und Kamera ausgerüstet, vor die Tür trat. Der Wind trug den Geruch von verbranntem Holz mit sich. Es würde ein milder Herbsttag werden.

»Wehe, wenn Sie mit diesem feinen Pinkel durchbrennen, wo ich Sie hier so dringend brauche«, neckte Neddy, der gerade einen Futtersack zu den Ställen schleppte und Jos strahlende Miene sah. Sie legte ihre Sachen ordentlich auf die alte Holzbank.

»Ach, Neddy, ich habe nicht vor durchzubrennen. Simon will mir nur die Gegend zeigen«, rief Jo aufgeregt.

Da sie zu unruhig war, um still zu sitzen, folgte sie Neddy in den Stall, redete pausenlos auf ihn ein, erbot sich, ihm bei der Arbeit zu helfen, und sah dabei alle fünf Sekunden auf die Uhr oder blickte zum Tor, um Ausschau nach Simon zu halten.

»Diesen Gesichtsausdruck hatte meine Frau auch, kurz bevor wir geheiratet haben. Gehen Sie mir aus dem Weg, damit ich in Ruhe arbeiten kann. Sie sind heute Morgen schlimmer als ein Sack Flöhe. So vergeht die Zeit auch nicht schneller«, stellte Neddy fest.

Jo errötete. In diesem Moment näherte sich Simons Wagen mit dröhnendem Motor und bog in die Auffahrt ein. Er umrundete eine Pfütze, hielt an und sprang aus dem Auto. Heute trug Simon eine alte grüne Kordhose, ein offenes Hemd und seinen Lieblingspulli. Sein dunkelbraunes Haar war vom Wind zerzaust, und ein Lächeln stand in seinem Gesicht. Jo schmolz bei seinem Anblick förmlich dahin.

»Guten Morgen, Sir.« Simon nickte Neddy zu. Dann drehte er sich rasch zu Jo um und musterte sie mit unverhohlener Bewunderung. »Wie kann jemand in einer ganz gewöhnlichen alten Jeans und einem Pulli so toll aussehen?«, fragte er begeistert.

»Die Jeans ist nicht alt«, protestierte Jo, lief rot an und griff nach Jacke und Kamera.

»Passen Sie bloß gut auf sie auf, junger Mann«, befahl Neddy mit einem argwöhnischen Blick auf Simon, der Jo gerade die Wagentür aufhielt. »Ich weiß nicht, was ich von diesem Herumschäkern halten soll. Schließlich gäbe es hier genug Arbeit.«

»Ich dachte, du hättest heute frei«, flüsterte Simon besorgt, während Jo auf dem Beifahrersitz Platz nahm.

»Richtig. Hör nicht auf Neddy, er schimpft eben gern«, erwiderte Jo quietschvergnügt und machte es sich bequem. Simon stieg ebenfalls ein.

»Warst du schon mal in Burnham Overy Staithe?«, fragte Simon mit einem Blick auf Jo während der Fahrt nach Fakenham.

Jo schüttelte den Kopf.

»Was gibt es da zu sehen?«, erkundigte sie sich angeregt. Sie wusste nur, dass sich die Ortschaft an der Küste befand.

»Schau es dir selbst an«, erwiderte Simon grinsend.

Er freute sich, ihr als Erster sein geliebtes Norfolk zu zeigen. Sie brausten durch die flache Landschaft und vorbei an alten Kirchen. Jo bewunderte die hübschen Steinhäuschen mit ihren winzigen Gärten und den niedrigen grauen und weißen Steinmauern, die in der Sonne leuchteten. Da es im Inneren des Sportwagens ziemlich eng war, stieß Jo immer wieder gegen Simons Arm und erschauderte jedes Mal angenehm. In etwas langsamerem Tempo passierten sie einen Dorfanger und bogen dann in eine schmale Landstraße ein. Plötzlich hielt Simon an. Jo sah ihn erstaunt an, aber er nahm sie einfach in die Arme und küsste sie hingebungsvoll.

»Viel besser«, verkündete er, legte den Arm um sie und fuhr weiter.

»Hmmmm«, schnurrte Jo, schmiegte sich an ihn und musterte ihn durch halb geschlossene Wimpern.

Zum wohl tausendsten Mal machte sein Herz einen Satz, und er hatte Schwierigkeiten, sich auf die Straße zu konzentrieren. Immer, wenn er sie ansah, hätte er am liebsten angehalten, um sie zu küssen.

Jo musste sich kneifen, um sicherzugehen, dass sie nicht träumte, während Simon sie in der nächsten Stunde vergnügt plaudernd auf Sehenswürdigkeiten hinwies und ihr Anekdoten aus der Umgebung erzählte. Frische Landluft wehte zum Autofenster herein. Einige der historischen Stätten stammten aus der Steinzeit. Sie machten einen Umweg zur berühmten Windmühle von Burnham mit ihren großen flachen Flügeln, die man kilometerweit sehen konnte, und gelangten über Burnham Market schließlich nach Burnham Overy Staithe. Simon parkte den Wagen auf einem bei Ebbe nur feuchten Stück Kiesstrand, der als »Staithe« bekannt war, schaltete den Motor ab und zog die Handbremse an. Sofort waren sie von friedlicher Stille umgeben.

»Da sind wir. Mein Lieblingsplatz. Ich hänge an diesem Ort, seit ich fünf bin, und immer wenn etwas Wichtiges in meinem Leben passiert, komme ich hierher.« Simon stieg aus und hielt Jo die Wagentür auf.

Ehrfürchtig betrachtete Jo die riesigen Marschen, hinter denen sich die Nordsee erstreckte. Frischer Salzgeruch stach ihr in die Nase, und die Schreie von Meeresvögeln zerrissen die Stille. Von dem hübschen kleinen Hafen schlängelte sich ein kleiner Fluss Richtung Meer, und auf der von Steinen übersäten Wattlandschaft sah man kleine Segelboote, die mit schief stehenden Masten auf dem Trockenen liegen geblieben waren. Überall schimmerten die lila Blüten des hier heimischen Lavendels.

»Es ist so einsam und wunderschön«, seufzte Jo, hielt sich schützend die Hand vor Augen und blickte in die Ferne. »Was ist das da drüben für ein grünlicher Hügel?«

»Das ist Scolte Head, eine wandernde Insel, die sich mit den Bewegungen von Schlamm und Sand verändert. Es gibt dort eine reizende kleine Bucht, wo ich im Sommer mit dir zum Schwimmen hingehen werde.«

Jo konnte einen winzigen Sandstrand erkennen.

»Abhängig von den Gezeiten kann man auf dem Damm zur Insel hinüberlaufen. Außerdem gibt es einen alten Fischer namens Jimmy, der Ausflügler bei Flut mit dem Boot hinbringt. Aber bis dahin sind noch einige Stunden Zeit. Wir haben den ganzen Tag vor uns.«

Seine Stimme klang plötzlich belegt. Sanft zog er Jo in die Arme und küsste sie.

»Haben wir genug Zeit?«, fragte Jo bemüht ruhig, als sie sich endlich voneinander lösten.

»Zeit wofür?«, wollte Simon wissen. Ihm drehte sich der Kopf.

»Um zur Insel zu gehen.«

»Ich würde sagen, dass wir es schaffen müssten, bevor die Flut kommt«, erwiderte Simon nach einem raschen Blick auf die Uhr. »Was für ein wunderschöner Tag. Ich gehe nachsehen, wann die Gezeiten wechseln.«

Er lief zu dem großen Schild hinüber, das an einem kleinen schwarzweißen Bootsschuppen hing.

Jo schlenderte zum Ufer und atmete die frische Meeresluft ein. Simon hatte recht. Es war ein wunderschöner Tag. Sie zog die Schuhe aus, nahm sie in die Hand und steckte vorsichtig den Zeh in eine Wasserlache. Das Wasser war zwar eiskalt, aber erträglich. Bei den ersten Schritten schnappte sie nach Luft, doch dann genoss sie das Gefühl, wie ihr der Schlamm zwischen den Zehen hindurchquoll.

Neben ihr schwankten blaugrüner Seespargel und Meeresdisteln im Gleichtakt mit dem Lavendel im Wind. An der Mündung des Flusses verrottete ein altes hölzernes Ruderboot im Schlamm. Jo bückte sich, um die harten, trockenen Blüten zu betasten.

»Den halben Weg könnten wir schaffen«, verkündete Simon, als er vom Bootsschuppen zurückkehrte. »Wir müssen nur diesen Flusslauf überqueren. Der Damm dahinter liegt ein kleines Stück höher und sollte eigentlich trocken sein.« Er krempelte sich die Hosenbeine bis über die Knie hoch. »Auf dem Damm musst du die Schuhe wieder anziehen. Die Steine sind ziemlich scharfkantig. Wollen wir es versuchen?«

Jo ließ sich von seiner Begeisterung anstecken, krempelte sich ebenfalls die Hose hoch, griff nach ihren Schuhen und hüpfte auf den Fluss zu.

»Halt«, rief Simon lachend. Jo drehte sich erwartungsvoll um, und er nahm sie unvermittelt in die Arme, trug sie kichernd über den schmalen Wasserlauf und setzte sie auf dem Damm ab.

»Jetzt weiß ich endlich, woran mich deine Augen erinnern: Lavendel. Darüber zermartere ich mir nämlich schon seit einer Weile das Hirn«, meinte er und küsste sie zart auf die Nasenspitze.

Jo lachte, und ihre ebenmäßigen weißen Zähne hoben sich von den vollen Lippen ab, die – ebenso wie ihre rosigen Wangen – völlig ungeschminkt waren. Als Simon sie freigab, ließ sie die Hand kurz auf seiner Brust liegen.

»Ich weiß gar nicht, was ich mit all den Komplimenten und der Zuwendung anfangen soll«, erwiderte sie mit einem breiten Grinsen. »So lange schlage ich mich schon alleine durch, dass es mir richtig seltsam vorkommt.«

Eigentlich war das nur so dahingesagt gewesen, doch im nächsten Moment wurde ihr klar, dass sie es ernst meinte. Ehe sie sich versah, war sie schon dabei, Simon alles zu erzählen, was sich in den letzten achtzehn Monaten zugetragen hatte.

Sie sprach über ihre Entschlossenheit, Pferdetrainerin zu werden, den Widerstand ihrer Eltern, den verhängnisvollen Überraschungsbesuch, die schrecklichen Vorwürfe ihrer Mutter und ihre höflich-kühlen Briefe. Simon lauschte entsetzt.

»Durch dich ist meine Welt wieder in Ordnung gekommen«, fuhr Jo mit wehmütiger Stimme fort. »Aber du musst verstehen, dass ich meinen Traum nicht aufgeben kann. Ich habe mich deshalb mit meiner Familie überworfen, und ich muss mir beweisen, dass ich es schaffe. Vielleicht finden sie sich dann endlich damit ab.« Tränen traten ihr in die Augen und liefen ihr über die Wangen. »Ich liebe dich von ganzem Herzen und könnte es nicht ertragen, dich wieder zu verlieren.« Sie zitterte. »Mum schreibt wenigstens noch, aber Dad …«

Es gelang ihr nicht, den Satz zu beenden. Simon reichte ihr sein Taschentuch, und sie putzte sich damit die Nase.

»Irgendwann werden sie sich schon beruhigen«, sagte er leise, legte beschützend den Arm um sie und wünschte, er könnte ihren Schmerz lindern.

»Wenn ich bei dir bin, geht es mir gleich viel besser«, fuhr Jo fort, schniefte, lehnte sich an ihn und ließ die idyllische Landschaft auf sich wirken.

Arm in Arm schlenderten sie über den Damm, der sich durch die Wattlandschaft schlängelte. Allmählich besserte sich Jos Stimmung wieder. Schlamm und Steine glitzerten im Sonnenschein, und eine Brise liebkoste Jos Wangen und zauste die Lavendelblüten. Vögel segelten durch den Himmel oder huschten über die Ebenen, und ihre Rufe waren weithin zu hören.

»Schau sie dir an. Sind sie nicht wunderschön?«, rief Simon aus. Er war erleichtert, dass Jos Miene wieder glücklich wirkte, und wies auf einen Möwenschwarm, der gerade auf dem Strand aufflog.

Begeistert sog Jo die Luft ein und ließ den Zauber der Landschaft auf sich wirken. Die Ebene erinnerte sie in gewisser

Weise an zu Hause, und der hellblaue Himmel wirkte wie eine gewaltige Kuppel, die sie beide anzuziehen schien.

»Wirklich erstaunlich, dass diese Vögel über Hunderte von Kilometern jedes Jahr an denselben Ort zurückkehren. Sieh dir nur den mit der schwarzweißen Brust und den roten Beinen an. Der gefällt mir am besten. Das ist ein Austernfischer. Er wird bald in den Süden fliegen.«

Simon zeigte auf einen kecken kleinen Vogel, der anmutig über den feucht glänzenden Sand trippelte. Hinter Jo stehend, drehte er sie in Richtung des Vogels, legte eine Hand sanft auf ihren Arm und deutete mit der anderen über ihre Schulter. Jo umfasste seine Hand, und ihr wollte vor Liebe das Herz übergehen, als sie gemeinsam die Vogelwelt beobachteten. Der Austernfischer flog auf, kreiste über ihren Köpfen und stieß seinen unverkennbaren Schrei aus. Nun wusste Jo, warum dieser Ort Simon so viel bedeutete.

»Man fühlt sich ganz klein und unwichtig«, flüsterte sie.

»Deshalb wollte ich es dir zeigen«, flüsterte Simon. »Du solltest es selbst sehen und dieses Gefühl erleben. Man kann es nicht in Worte fassen. Außerdem möchte ich, dass es auch dein Lieblingsplatz wird, an den wir uns unser ganzes Leben lang erinnern werden.« Er drehte sie zu sich herum. »Ich liebe dich, Jo. Ich liebe alles an dir. Deine Leidenschaft, deine Tränen, deine Pferdevernarrtheit. Niemals würde ich deinen Traum zerstören, mein Liebling.« Seine Stimme zitterte. »An diesem Ort wollte ich dich fragen. Mitten in der Marsch, wo der Rest der Welt ganz weit weg ist, wir allein miteinander sind und nur die Vögel uns hören können. Heiratest du mich, Jo?«

Sie sah ihn an und entdeckte eine solche Liebe und Sehnsucht in seinen Augen, dass sie darin zu ertrinken glaubte.

Ehe sie Gelegenheit zu einer Antwort hatte, zog Simon sie an sich und küsste sie voller Hingabe. Er genoss die Weichheit ihrer Lippen, die sich willig teilten, und er nahm sie so fest in seine Arme, als wollte er sie nie wieder loslassen – als befürchtete er, dass sie sich jeden Moment in Luft auflösen könnte. Ihre Reaktion genügte ihm als Antwort, denn sie erwiderte freudig seinen Kuss, bis sich ihr der Kopf drehte. Das Blut strömte ihr wie Feuer durch die Adern, als sie sein Gesicht und seinen Hals mit Küssen bedeckte, die ein ungeahntes und süßes Sehnen in ihr wachriefen. Simon ließ sie los, trat zurück – und spürte, wie kaltes Wasser in seine Schuhe sickerte. So sehr waren sie miteinander beschäftigt gewesen, dass sie beide die herannahende Flut nicht bemerkt hatten. Hand in Hand liefen sie über den Damm zurück. Der Wind fing sich in Jos Haar, das wie eine prachtvolle silbrige Mähne hinter ihr herwehte. Ihre Wangen röteten sich. Unvermittelt hielt Jo inne und sah Simon mit ernster Miene an.

»Ich muss eines wissen«, keuchte sie. Ihre Kehle wurde vor Angst ganz trocken, als sie sich die mögliche Antwort ausmalte. »Du wirst nicht von mir verlangen, dass ich meine Stelle bei Neddy aufgebe, oder?«, fragte sie, die Augen zwei tiefe amethystfarbene Teiche.

Am liebsten hätte Simon vor Erleichterung aufgeschrien.

»Ist das alles? Mir ist es egal, in wie vielen Rennställen du arbeitest, solange du nur ja sagst.«

»Mein Herz gehört dir, Simon, aber wie soll unsere Beziehung funktionieren, wenn du in London wohnst und ich in Norfolk?«, fragte Jo unsicher.

»Das ist ganz einfach, mein Liebling. Ich ziehe nach Norfolk. Ich suche schon lange nach einem Vorwand, um London den Rücken zu kehren«, antwortete Simon und küsste sie erneut.

»Das würdest du wirklich für mich tun?«, wunderte sich Jo, machte sich los und bedachte ihn mit einem fragenden Blick.

»Für dich würde ich bis ans Ende der Welt gehen«, entgegnete er lachend. »Allerdings kenne ich eine noch viel einfachere Lösung. Ich habe nämlich zufällig erfahren, dass in der Filiale einer großen Bank in Norwich ein Posten frei geworden ist. Letzte Woche habe ich meinem Chef gegenüber erwähnt, dass mich die Stelle interessieren würde.«

Jo blinzelte überrascht. »Natürlich ist die Antwort ja, du Dummer … Oh, Simon, ich liebe dich, liebe dich, liebe dich. Ich bin das glücklichste Mädchen der ganzen Welt.« Sie fiel ihm um den Hals und überhäufte ihn wieder mit Küssen. Inzwischen hatten sie den kleinen Flusslauf erreicht, den sie zuvor überquert hatten und der inzwischen reißend dahinströmte. Jo sah Simon bewundernd und übers ganze Gesicht strahlend an, und er nahm sie auf seine Arme und watete durch das Wasser. So überglücklich war er, dass er vergaß, seine Hose hochzukrempeln, und nicht einmal bemerkte, wie ihm der Stoff nasskalt an den Beinen klebte, nachdem er das Gewässer hinter sich gebracht hatte und Jo absetzte.

»Jetzt wird gefeiert, und ich weiß auch schon, wo«, verkündete Simon und hielt Jo die Autotür auf. »Im *Lord Nelson,* das ist ein toller kleiner Pub zwei Dörfer weiter und sehr gemütlich. Wir köpfen eine Flasche Champagner zusammen. Wusstest du, dass Lord Nelson in der Nähe geboren wurde?«, fügte er überflüssigerweise hinzu.

Er war unbeschreiblich glücklich und fühlte sich wieder wie ein Teenager, obwohl er Jo sieben Jahre Lebenserfahrung vorausgehatte. Außerdem wusste er, was für ein Glückspilz er war, dieses wunderschöne Mädchen gefunden zu haben, das er von ganzem Herzen liebte.

Zufrieden kuschelte Jo sich an Simon, während dieser den Motor anließ, und genoss die Wärme und Geborgenheit, die ihr seine Liebe vermittelte. Er verstand ihren Lebenstraum und liebte sie so, wie sie war. Mit Simon an ihrer Seite konnte sie es mit der Welt aufnehmen und alles gewinnen. Die Rufe der Austernfischer hallten ihnen noch immer in den Ohren, als sie widerstrebend Burnham Overy Staithe verließen.

Zwei Wochen später fuhr Jo nach London, um Simons Eltern kennenzulernen. Insgeheim graute ihr vor der Begegnung, da sie wusste, dass Simon seine Hochzeit ihretwegen abgeblasen hatte. Doch zu ihrer großen Erleichterung hießen sie sie mit offenen Armen willkommen. Um die Atmosphäre ein wenig aufzulockern, unternahmen Jo und Simon Streifzüge durch Londons Antiquitätenmärkte und Juwelierläden und sahen sich einige Ringe an. Aber Jo konnte erst wieder aufatmen, als sie zurück in Norfolk war.

»Ich kann es kaum erwarten, dass wir endlich verheiratet sind. Dann muss ich mich nicht mehr ständig von dir verabschieden und nach London fahren«, meinte Simon, als sie eines kühlen Oktobernachmittags Arm in Arm die gewundene Landstraße hinter den Orion-Ställen entlangschlenderten.

Jo küsste ihn zart auf die Wange. Sie war müde und hatte die dauernden Abschiede ebenfalls satt. In letzter Zeit war sie sehr beschäftigt gewesen und hatte kaum einen freien Tag gehabt. Auch heute hatte sie sich nur für ein paar Stunden loseisen können, denn sie wollte sich nicht zu weit von den Ställen und von Neddy entfernen, der sich eine schwere Bronchitis eingefangen hatte.

»Sicher bereitet Dad sich gerade auf den Melbourne Cup vor«, sagte sie, unterdrückte ein Gähnen und sah zu, wie sich ein Schwarm Spatzen auf einer Mauer zankte.

Den langen hellbraunen Kaschmirschal, den Simon ihr geschenkt hatte, trug sie lose um den Kopf geschlungen und hatte die Enden über die Schultern geworfen. Eine heftige Windböe wehte ihr trockene Blätter und Staubkörner ins Gesicht. Hinter ihnen erstreckten sich dunkle umgepflügte Felder bis an den Horizont, und die Baumreihen, die die einzelnen Stücke Land voneinander trennten, waren inzwischen beinahe kahl. Der Winter stand vor der Tür. Jo war kalt.

»Er hat den Melbourne Cup schon zweimal gewonnen, und eines Tages werde ich es auch schaffen«, meinte sie, bückte sich, hob ein Blatt auf, zerdrückte es in der Hand und sah zu, wie der Wind die Reste davonblies.

»Seit ich Mum von dir berichtet habe, klingen ihre Briefe

etwas freundlicher. Wenn ich zwischen den Zeilen lese, glaube ich sogar, dass sie mich vermisst.«

Kurz blickte sie Simon an und ging mit ernster Miene weiter. Plötzlich streifte sie den Schal zurück, rannte zum nächsten Gatter, sprang hinauf und blieb mit einem breiten Grinsen oben sitzen.

»Der Tag ist viel zu schön, um Trübsal zu blasen, und außerdem bin ich mit dir viel zu glücklich«, rief sie und klatschte in die behandschuhten Hände. »Ich verlange einen Kuss.«

Mit auffordernd geschürzten Lippen beugte sie sich vor, um ihn am Mantel festzuhalten.

»Das muss leider warten«, erwiderte Simon lachend und kramte in seiner Tasche. Er griff nach ihrer linken Hand und zog ihr den Handschuh aus.

»Hey, willst du, dass ich mir die Finger abfriere?«, protestierte sie.

Im nächsten Moment verstummte sie schlagartig und blickte überrascht auf einen riesigen, mit winzigen Diamanten gefassten Smaragdring, den er ihr an den Ringfinger steckte. Selbst an diesem trüben Nachmittag funkelten die Steine im Licht. Simon umfasste ihre Finger und betrachtete ernst ihr Gesicht.

»Joanna Kingsford, ich bete dich an, und ich werde dich lieben bis ans Ende meiner Tage. Obwohl du bereits Ja gesagt hast, möchte ich dich nun offiziell fragen, ob du meine Frau werden willst.« Seine Stimme erstarb, und Jos Augen füllten sich mit Tränen.

»Simon Gordon, Stern meines Herzens«, flüsterte sie. »Ich werde dich bis ans Ende meiner Tage lieben und möchte sehr gern deine Frau werden.«

Sie rutschte vom Gatter hinunter in seine Arme und blickte zu ihm auf. Sie schloss die Augen. Freudentränen quollen unter ihren Wimpern hervor und liefen ihr die Wangen hinunter, als ihre Lippen sich trafen und ihre Körper sich eng aneinanderschmiegten. Die spätherbstliche Kälte war vergessen. Lange standen sie reglos da, bis Simon sich schließlich losmachte und sich die Augenwinkel wischte. Er bebte am ganzen Leib.

»Eigentlich dürfen Männer nicht weinen, aber ich glaube, du wirst nie ermessen können, was du mir bedeutest, meine geliebte Jo«, stieß er aufgewühlt hervor. »Wenn wir noch länger hier herumstehen, wirst du Mutter werden, bevor du verheiratet bist. Du bist so schön und verführerisch.«

»Eine Mutter mit erfrorenen Zehen«, erwiderte Jo mit einem zittrigen Lachen. Ihr ganzer Körper pulsierte vor Sehnsucht. Durch das lange Stehen hatte die Kälte ihre Schuhe durchdrungen. Ihre Zehen fühlten sich ganz taub an. Sie stapfte mit den Füßen auf und betrachtete ehrfürchtig den prachtvollen Verlobungsring, drehte ihn hin und her und sah, wie sich das Licht in den Diamanten fing und den üppigen Smaragd betonte.

»Er ist wundervoll. Genau so einen habe ich mir gewünscht. Wann erzählen wir es den anderen?«, fragte sie, während sich ihre Fingerspitzen vor Kälte röteten. An die Reaktion ihrer Eltern wollte sie lieber nicht denken.

»Warum rufen wir Mum und Dad nicht noch vor meiner Abfahrt an?«, schlug Simon vor.

»Und ich erzähle es Neddy. Seit Wochen hänselt er mich schon mit meinem ›feinen Pinkel‹. Wenn ich die Pferde gefüttert und alles für die Nacht vorbereitet habe, telefonieren wir mit meinen Eltern.« Sie spreizte die Finger und drehte die Hand in alle Richtungen. Dann drückte sie Simons Arm. »Du bist wirklich hinterhältig. Ich hätte nie gedacht, dass du einfach losgehst und einen Ring kaufst. Er sitzt wie angegossen.«

»Du musst nicht alles wissen.«

»Doch«, gab Jo glücklich zurück. Sie genoss das Gefühl des ungewohnten Gewichts des Rings an ihrem Finger. Langsam schlenderten sie zurück zu den Ställen.

Rauch stieg einladend aus Neddys Kamin auf, und sie legten gemeinsam die letzten Meter zum Eingangstor der Orion-Ställe zurück. Offenbar brannte das Feuer noch, das Jo im Wohnzimmer angezündet hatte. Neddy wachte sicher gerade auf. Jo beschloss, ihm vor dem Abendessen ein Glas Milch mit einem Schuss Whisky zu bringen.

Das hat er gern, dachte sie, als sie das Tor durchschritten. Sie hörte ein Scharren aus dem Stall und das Wiehern von Winny. Das Leben war wundervoll. Jo hatte große Pläne mit diesem Rennstall, denn sie konnte hier eine Menge bewirken. Lautes Gepolter riss sie aus ihren Gedanken. Die beiden jungen Leute blickten erschrocken auf, als Neddy aus dem Haus gehastet kam.

»Jo«, rief er und wurde von einem heftigen Hustenanfall geschüttelt. Jo rannte auf ihn zu, um ihn zu beruhigen und ihn zurück ins Warme zu bringen. Doch er wehrte sie mit hochrotem Gesicht ab und presste sich ein Taschentuch vor den Mund.

»Telefon! Australien!«, keuchte er und schob Jo ins Haus, wo er sich, hustend und keuchend, von Simon in einen Sessel helfen ließ. »Sie sagt, sie ist Ihre Mutter.«

Jos Herz machte einen Satz.

»Kümmere dich um Neddy«, sagte sie zu Simon und eilte in das kleine Büro, das sie selbst eingerichtet hatte. Der Hörer des alten schwarzen Apparats lag auf einem Papierstapel.

»Mum, bist du es?«, begann Jo. »Ich wollte dich heute sowieso anrufen. Oh, Mum, du und Dad, ihr fehlt mir. Aber ich bringe wundervolle Nachrichten. Simon und ich haben uns verlobt.«

Jo wurde angesichts der Panik in Ninas Tonfall ganz blass. Entsetzt versuchte sie, dem hysterischen Gestammel ihrer Mutter zu entnehmen, worum es eigentlich ging.

»Ich komme sofort nach Hause, Mum«, erwiderte sie leise. »Ich liebe dich. Richte Dad aus, dass ich ihn auch liebe.«

Sie hörte ein Klicken. Die Verbindung war unterbrochen. Langsam legte sie den Hörer zurück auf die Gabel. Dann saß sie mit aschfahlem Gesicht auf der Kante des Schreibtischs und starrte ins Leere. Gefolgt vom immer noch heftig hustenden Neddy, kam Simon hereingelaufen.

»Was wollte sie, Liebes?«, fragte er, besorgt angesichts ihrer Blässe. Mit wenigen Schritten durchquerte er den Raum, kniete sich neben sie und legte ihr die Hand auf die Schulter. Jo rang nach Worten.

»Beruhige dich«, flüsterte Simon.

»Es geht um Dad …«, stieß Jo schließlich hervor. »Er hatte einen Unfall und liegt im Krankenhaus … Vielleicht überlebt er es nicht … Ich muss nach Hause. Oh, mein Gott!« Sie presste das Gesicht an Simons Brust und weinte bitterlich.

TEIL DREI

16

An Bord der Boeing 747 nach Sydney und eingeklemmt zwischen einem übergewichtigen Geschäftsmann und einem geschwätzigen Neuseeländer, vergrub Jo sich in ihrer Zeitschrift und gab vor, zu lesen. Die Worte ihrer Mutter wollten ihr nicht mehr aus dem Kopf. Kurz vor der Abreise hatte sie zu Hause angerufen, um ihre Flugdaten durchzugeben, und war überrascht gewesen, wie ruhig und vernünftig, ja, fast gefühllos, Nina auf einmal klang. Dad lag immer noch auf der Intensivstation im Koma. Er und sein Stallmeister Mick waren auf der Rückfahrt von Queensland auf einer Nebenstraße unterwegs gewesen, als plötzlich ein Lastwagen aus einer Einfahrt geschossen war und sie von der Fahrbahn gedrängt hatte. Mick war sofort tot gewesen; Dad musste man aus dem Fahrzeug herausschneiden. Ein Farmer fand sie. Dad hatte Kopfverletzungen erlitten und vermutlich auch Schäden am Rückenmark davongetragen. Das Ausmaß der Verletzungen würde erst festzustellen sein, wenn er aus dem Koma erwachte – falls es überhaupt je dazu kam. Jo lehnte sich zurück und schloss die Augen. Tränen brannten hinter ihren Lidern, und die Trauer schnürte ihr die Kehle zu. Vielleicht starb er, während sie im Flugzeug festsaß. Die Stewardess zog die Fensterabdeckungen herunter und dämpfte die Kabinenbeleuchtung. Jo wischte sich die Tränen ab. Sie zog die Decke bis zum Kinn. Bei dem Gedanken an den langen Flug, der vor ihr lag, wuchs ihre Niedergeschlagenheit. Allerdings blieb ihr nichts anderes übrig, als sitzen zu bleiben und abzuwarten.

Müde stieg sie nach langen Stunden aus dem Flugzeug und hatte endlich wieder australischen Boden unter den Füßen.

Den vertrauten Anblick und die Geräusche ihrer Heimat empfand sie im ersten Moment als tröstend. Doch welch ein himmelweiter Unterschied war das zu der triumphalen Rückkehr, die sie sich immer ausgemalt hatte!

Nach einer weiteren endlosen Warterei konnte sie schließlich ihre Koffer vom Förderband nehmen und auf einen Gepäckwagen wuchten. Sie durchquerte den Ankunftsbereich und betrat den Haupttterminal des Kingsford-Smith-Flughafens, wo sie mit nervösen Blicken die Menschenmenge absuchte, die sich hinter der Absperrung drängte.

Sie entdeckte Bertie, schob sich ungeduldig an unentschlossen herumstehenden Fluggästen vorbei und bahnte sich einen Weg durch die Wartenden.

»Hallo, Schwesterherz«, sagte Bertie.

Ohne darauf einzugehen, wie sehr sie diesen Kosenamen hasste, fiel Jo ihm um den Hals.

»Ist Dad …?«, fragte sie, das Gesicht an seine breite Schulter gepresst.

»Er liegt noch auf der Intensivstation im Koma. Mum ist bei ihm«, erwiderte Bertie rasch und in sachlichem Ton. Er wollte keine Gefühle zeigen.

Jo, die überzeugt gewesen war, dass Bertie ihr den Tod ihres Vaters melden würde, konnte nicht verhindern, dass ihr Tränen der Erleichterung über die Wangen strömten.

»Dann gibt es also eine Chance …«, sagte sie und wich zurück. Rasch wischte sie sich mit den Handflächen die Tränen weg und kramte nach einem Taschentuch.

Bertie ließ die Schultern hängen.

»Die Ärzte sagen, es ist noch zu früh, um etwas sagen zu können. Wir müssen abwarten.«

»Wie kommt Mum damit klar?«, erkundigte sich Jo, putzte sich die Nase und steckte das Taschentuch wieder ein.

Bertie bot mit seinem blassen Gesicht, den dunklen Schatten unter den Augen und den für ihn untypischen heruntergezogenen Mundwinkeln ein Bild des Elends.

»Nicht sehr gut. Joan Ellis leistet ihr Gesellschaft, seit es passiert ist«, antwortete er und hatte Mühe, seinen Tonfall zu beherrschen.

Joan war die Frau von Jack Ellis, Charlies bestem Freund. Die beiden Ehepaare standen sich seit mehr als zehn Jahren sehr nah.

»Möchtest du erst nach Hause, um dein Gepäck loszuwerden und dich umzuziehen? Oder sollen wir sofort ins Krankenhaus fahren?«

»Ins Krankenhaus«, erwiderte Jo wie aus der Pistole geschossen. Sie musste sich sehr beherrschen, als sie, begierig, endlich ihren Vater zu sehen, den Gepäckwagen in Richtung Ausgang steuerte. Sie hatte ihm so viel zu sagen. Warum erkannte der Mensch das immer erst in Situationen wie dieser? Zumindest würde sie sich nicht allein mit ihrer Mutter auseinandersetzen müssen. Joan Ellis war einer der vernünftigsten Menschen, die Jo kannte, und außerdem an Ninas rasche Stimmungsumschwünge gewöhnt.

Beim Betreten des Krankenhauses schlug Jo der Geruch von Desinfektionsmitteln entgegen. Es herrschte die übliche gedämpfte Stimmung, die ihr Beklemmungen verursachte. Ein leeres, kaltes Gefühl machte sich in ihr breit, als sie in den Aufzug stieg, schweigend abwartete, bis sie die richtige Etage erreicht hatten, und dann hinaushastete. Sie folgte der gelben Linie auf dem Boden bis zur Intensivstation, wo Bertie an einer doppelflügeligen Kunststofftür läutete. Ungeduldig trat er von einem Fuß auf den anderen.

Eine Krankenschwester erschien.

»Zu Mr Kingsford? Sind Sie Verwandte?«, wollte sie wissen.

»Ich bin seine Tochter, und das hier ist mein Bruder«, erwiderte Jo und betastete ihren Verlobungsring.

Simon und ihr gemeinsames Glück – das alles schien einer anderen Welt anzugehören. Die Miene der Krankenschwester wurde versöhnlicher.

»Ich muss Sie auf ein paar Dinge hinweisen«, begann sie und versperrte Jo den Weg durch die Tür. »Wir haben festgestellt, dass es für die Angehörigen besser ist, wenn sie sich darüber im Klaren sind, was sie erwartet. Es kann ein ziemlicher Schock sein, einen nahestehenden Menschen auf der Intensivstation liegen zu sehen. Mr Kingsford hängt an einem Beatmungsgerät. Das heißt, dass ein Schlauch durch seinen Mund bis hinunter in die Lunge führt und ihm das Atmen abnimmt. Außerdem hat er eine Magensonde in der Nase, einen Infusionsschlauch im Arm und ist an einen Herzmonitor angeschlossen. Die Geräte machen ziemlich viel Lärm, aber das sagt uns, dass alles funktioniert …«

Jo nickte, und ein flaues Gefühl machte sich in ihr breit.

»Mum hat es mir erzählt«, erwiderte sie mit zitternder Stimme.

»Tapferes Mädchen.« Die Schwester tätschelte Jo den Arm. »In diesem Stadium empfehlen wir, nicht zu lange zu bleiben und auch nicht mit zu vielen Personen gleichzeitig zu kommen, da es den Patienten zu sehr anstrengt. Mr Kingsford braucht viel Pflege und Ruhe. Im Moment ist Mrs Kingsford bei ihm. Vielleicht sollte einer von Ihnen im Wartezimmer bleiben.«

»Geh du nur rein, ich warte«, sagte Bertie mit leichenblassem Gesicht und gab Jo einen kleinen Schubs.

Ihm machte die Krankenhausatmosphäre schwer zu schaffen. Als er seinen Vater zum ersten Mal an all den Geräten gesehen hatte, wäre er beinahe in Ohnmacht gefallen. Die Worte der Krankenschwester genügten schon, dass ihm wieder flau wurde.

»Danke«, erwiderte Jo ernst.

Sie musste an Rick denken und folgte der Schwester durch die Doppeltür. Das mulmige Gefühl verstärkte sich.

Charlie lag in Bett Nummer sechs und sah genauso aus, wie die Schwester es beschrieben hatte. Er hatte die Augen geschlossen, sein Kopf mit dem fahlen Gesicht ruhte in den weißen gestärkten Kissen. An der rechten Schulter hatte er einen weißen Verband, seine Hände lagen auf der Bettdecke. In seiner linken Hand steckte ein Infusionsschlauch, der mit einem an einem Ständer hängenden Beutel verbunden war. Unter der Decke lugte ein weiterer durchsichtiger Plastikschlauch hervor, der in einen weiteren Beutel an der Seite des Bettes mündete. Trotz der Erklärung der Krankenschwester wurde Jo schwindelig, als sie ihren Vater so sah. Das Rauschen des Beatmungsgeräts, das Luft in seine Lungen presste, dröhnte ihr unerträglich in den Ohren. Am Bett saß eine Krankenschwester, die die Maschinen überwachte und sich Notizen machte. Nina, die ein paar Meter entfernt mit einem Arzt sprach, bemerkte Jo, brach mitten im Satz ab und eilte zu ihr hinüber.

»Jo, mein Liebes. Also hat Bertie dich gefunden«, flüsterte sie zerstreut und streifte Jos Wange mit den Lippen. »Ich habe gerade mit dem Arzt gesprochen.«

Sie holte tief Luft.

»Du musst sehr tapfer sein, mein Kind. Wir alle müssen sehr tapfer sein. Dein Dad ist schwer krank.«

Sie presste die Finger an die zitternden Lippen. Jo erwiderte den Kuss ihrer Mutter. Die Trauer schnürte ihr die Kehle zu, aber das Schwindelgefühl legte sich. Geistesabwesend streichelte Nina Jos Arm.

»Wir unterhalten uns später, Liebes. Ich muss erst die Oberschwester suchen«, sagte sie und ging davon.

Jo setzte sich auf den Stuhl neben dem Bett und musterte das reglose blasse Gesicht ihres geliebten Vaters. Sein Bild verschwamm vor ihren Augen.

»Dad«, flüsterte sie und streckte die Hand nach ihm aus.

Obwohl sie so gerne seine bleichen Wangen geküsst hätte, wagte sie nicht, ihn zu berühren. In dieser von medizinischen Geräten und unpersönlichen Abläufen geprägten Welt fühlte sie sich verloren und überflüssig. Was geschah, wenn er nicht überlebte? Wenn sie ihm nie mehr sagen konnte, wie sehr sie ihn liebte und sich danach sehnte, dass er sie respektierte? Wenn sie nie die Möglichkeit erhielt, ihm zu erklären, warum sie sich so verhalten hatte? Sie biss sich auf die Unterlippe.

»Sie dürfen seine Hand drücken, Liebes«, meinte die Krankenschwester, die das Beatmungsgerät überwachte, leise, als sie Jos Schmerz bemerkte. Sie hatte großes Mitleid mit dem Mädchen, denn junge Menschen trafen Tragödien wie diese immer am schwersten.

Kurz blickte Jo auf und nickte zum Dank. Dann umfasste sie vorsichtig die schlaffe, reglose Hand ihres Vaters, und die Berührung sorgte dafür, dass ihr erneut die Tränen über die Wangen liefen.

»Ich liebe dich, Dad. Du kannst dir nicht vorstellen, wie sehr«, stieß sie hervor. »Du musst wieder gesund werden.«

Um sie herum eilten Krankenschwestern hin und her, um die anderen in Lebensgefahr schwebenden Patienten zu versorgen. Jo fühlte sich fremd. Die Mitte des Raums wurde von einer Geräteinsel mit Monitoren beherrscht, um die herum fächerförmig die Betten angeordnet waren. Je eine Schwester kontrollierte ein Beatmungsgerät. Nina kehrte zurück und ließ sich erschöpft neben Jo auf einen Stuhl fallen.

»Diese Ärzte sollten eigentlich wissen, was sie tun. Aber der, mit dem ich vorhin gesprochen habe, konnte nicht einmal die einfachsten Fragen beantworten, und die Schwestern sind auch nicht besser. Dabei habe ich mich nur erkundigt, wie lange er noch so daliegen wird«, flüsterte Nina trotzig.

Sie beugte sich zu Jo hinüber und knetete ihr Taschentuch zwischen den Händen.

»All diese Apparaturen ... da möchte man doch meinen, dass sie einem eine Auskunft geben können ... Und dann werfen sie ständig mit medizinischen Fachausdrücken um sich, von denen ich die Hälfte gar nicht verstehe. Ich wünschte, die Schwester von gestern wäre hier. Mit der konnte ich wenigstens reden.« Sie tupfte sich die Augenwinkel ab.

»Was hat der Arzt gesagt?«, fragte Jo. Sie ließ die Hand ihres Vaters los, um die ihrer Mutter zu drücken.

»Dasselbe wie immer: In diesem Stadium könne man sich nur schwer festlegen. Wir müssten Geduld haben und abwarten, ob er Fortschritte macht«, stieß Nina hervor. »Geduld? Wie kann ich Geduld haben? Die Ärzte verschweigen mir etwas, da bin ich ganz sicher.«

Nina hielt inne, und ihre Augen weiteten sich ängstlich, als sich eine Schwester mit raschelnder Tracht näherte. Sie überprüfte Charlies Pupillen, indem sie die Augenlider anhob und mit einer kleinen Taschenlampe hineinleuchtete. Dann ersetzte sie den fast leeren Infusionsbeutel durch einen vollen.

»Ein schönes, gesundes Mittagessen für Sie, Mr Kingsford«, verkündete sie fröhlich, nachdem sie die Fließgeschwindigkeit im Schlauch kontrolliert hatte. Sie lächelte Nina und Jo rasch zu und eilte davon.

»Sie tun sicher ihr Bestes, Mum«, meinte Jo und bemühte sich, überzeugend zu klingen. »Dad wird bestimmt wieder gesund. Schließlich lässt er sich nie unterkriegen.«

Sie lächelte gezwungen.

»In ein paar Tagen wird er sich aufsetzen, und dann werden wir alle darüber lachen.«

Ihre Worte hörten sich auf tragische Weise vertraut an. Nina presste die Lippen zusammen und entzog Jo ihre Hand. Jo sah die Panik in ihrem Blick.

»Was soll ich tun, Jo? Ich habe solche Angst. Seit drei Tagen liegt er so da. Ohne Charlie komme ich nicht zurecht. Er ist mein Leben. Dein Vater ist der einzige Mann, mit dem ich je zusammen gewesen bin. Er hat alles in unserer Ehe geregelt. Ich weiß gar nicht, wo ich anfangen soll.«

Jo lauschte entsetzt, als ihre Mutter über die Ängste sprach, die sie seit dem Unfall ausstand. Sie sah ihre Zukunft in den düstersten Farben, vertraute Jo intime Einzelheiten ihrer Ehe an und gestand ihr, sie habe ein schlechtes Gewissen, weil sie seine Liebe zu Pferden nie habe verstehen können. Noch nie hatte Jo ihre Mutter so hilflos und verschüchtert erlebt. Es erschütterte sie bis ins Mark.

»Mum, Dad würde nicht wollen, dass wir so reden«, flüsterte sie, während ihr die Angst die Brust zuschnürte.

Alles war ihr recht, um den Redefluss zu stoppen und ihre Mutter von ihren finsteren Gedanken abzubringen, damit sie sich der Wirklichkeit stellte.

»Von ihm würden wir sicher Sprüche wie ›Reißt euch zusammen, Mädels. Denkt positiv. So schnell werdet ihr mich nicht los, und außerdem muss ja jemand die Pokale gewinnen‹ hören. ›Habt ihr euch auch um die Ställe gekümmert?‹, würde er fragen«, sprach sie weiter, erleichtert, dass ihre Mutter nicht mehr so niedergeschlagen wirkte. »Hast du das, Mum? Hast du mit Gloria gesprochen?«, fügte sie hinzu.

»Verschone mich mit Ställen und Pferden«, rief Nina mit schriller Stimme und wildem Blick.

Jos Worte hatten einen wunden Punkt getroffen. Und nun richtete sich Nina, die drei schlaflose Nächte hinter sich hatte und nicht mehr klar denken konnte, in ihrer Hilflosigkeit und Trauer gegen ihre Tochter.

»Hat es denn nicht gereicht, dass ich Rick verloren habe, weil ihr beide es nicht lassen konntet, auf diesen grässlichen Tieren herumzureiten? Und jetzt Charlie ... Ich wollte ihn aufhalten, aber er hat nicht auf mich gehört. Ich habe es versucht ...« Sie schluchzte auf. »Wie viel muss ich denn noch ertragen? Und das alles nur wegen dieser verdammten Ställe! Manchmal glaube ich, du liebst sie mehr als deine eigene Familie. Hast du denn nichts aus dem Leid gelernt, das du mir und deinem Vater zugefügt hast? Wenn es nach mir ginge, könnte der ganze Laden bis auf die Grundmauern abbrennen.«

Jo fühlte, wie sich ihre Augen mit Tränen füllten. Sie war wie vom Donner gerührt und verstand nicht, warum ihre Mutter sie so plötzlich angriff. Sie verkniff sich aber die Retourkutsche, die ihr auf der Zunge lag. Eine Schwester eilte herbei.

»Warum gehen Sie nicht frische Luft schnappen und etwas essen, Mrs Kingsford?«, sagte sie streng. »Es war eine sehr lange und anstrengende Nacht. Vielleicht sollten Sie Ihre Diskussion ein andermal fortsetzen.«

»Ich bleibe noch ein wenig bei meinem Mann. Danke, Schwester. Aber du solltest nach Hause fahren, Jo«, entgegnete Nina barsch.

Zum ersten Mal fielen ihr die dunklen Ringe unter den Augen ihrer Tochter auf, die in dem eingefallenen Gesicht viel zu groß wirkten.

»Joan ist im Wartezimmer. Sie hat darauf bestanden«, fügte sie, ein wenig freundlicher, hinzu. »Am besten stellst du dich unter die heiße Dusche und schläfst ein wenig. Bertie kommt bald nach. Falls sich der Zustand deines Vaters verändern sollte, rufe ich dich an.«

Jo war erleichtert, dass ihre Mutter sich wieder vernünftig verhielt.

»Eine gute Idee, Mum. Hier kann ich sowieso nichts ausrichten.« Sie lächelte traurig. »Ich liebe dich«, sagte sie und küsste Nina auf die Wange.

Nina nickte, tätschelte noch einmal Jos Hand und sackte ausgelaugt auf ihrem Stuhl zusammen.

Jo verließ die unwirkliche Welt der Intensivstation und kämpfte gegen die Angst, die sie zu überwältigen drohte. Auch sie fühlte sich erschöpft, und die Launenhaftigkeit ihrer Mutter machte ihr Sorgen. Doch am meisten belastete sie die Erkenntnis, dass sie nun von ihnen dreien die Starke sein musste. Ihre Mutter war völlig hilflos und überfordert. Ja, sie würde in den Ställen nach dem Rechten sehen müssen, von Bertie war in dieser Hinsicht nichts zu erwarten. Schließlich hatte er Pferde und alles, was damit zusammenhing, schon immer verabscheut. Dad würde es das Herz brechen, wenn es mit der Kingsford Lodge bergab gehen sollte. Außerdem hing der Lebensunterhalt der Familie von dem Rennstall ab.

Im Wartezimmer fiel Joan Jo um den Hals und drückte sie an sich. »Er wird es schaffen, du wirst sehen. Dein Vater ist kein Mensch, der sich kampflos geschlagen gibt. Bald wird er hier hinausspazieren, denke an meine Worte. Und jetzt bringe ich dich nach Hause und stecke dich in die Badewanne und anschließend ins Bett. Du siehst ziemlich erledigt aus.«

»Nein, eigentlich geht es mir recht gut. Mir ist gerade einiges klar geworden. Als Erstes muss ich zu den Ställen, um dort nach dem Rechten zu sehen. Kannst du mich hinfahren?«, erwiderte Jo rasch.

»Wird gemacht«, antwortete Joan und wünschte, ihr Mann wäre nicht auf Geschäftsreise in Hongkong.

»In einer Stunde hole ich dich wieder ab«, sagte sie, als sie vor dem Eingang des Rennstalls hielten.

Dankbar lächelte Jo sie an und schritt auf das große, grüne Tor zu. Joan drehte den Zündschlüssel um und zuckte leicht zusammen, als sie bei Jo den typischen Gang der Kingsfords erkannte. Beim Davonfahren dachte sie, dass man das Mädchen von hinten leicht mit ihrem Vater hätte verwechseln können, wäre das lange blonde Haar nicht gewesen.

Der Hof lag verlassen da. Die Pferde standen nach dem morgendlichen Training in ihren Boxen. Jo beschloss, nach den Tieren zu schauen, bevor sie sich auf die Suche nach Gloria machte. Sie schlenderte von Box zu Box und sah viele alte Bekannte und einige Neuzugänge. Ihr fiel auf, dass ein paar Boxen leer waren.

Bei jedem Schritt rechnete sie damit, ihren Vater um die Ecke biegen zu sehen. Vertraute Gegenstände und Gerüche riefen traurige Erinnerungen in ihr wach. Arctic Gold wieherte zornig. Sie bog um die Ecke und schlüpfte in Fizzys Box. Kurz fand sie eine tröstende Zuflucht, als sie das sanfte Pferd umarmte, ihm etwas zuflüsterte und den Kopf an seinen Körper lehnte. Der Pferdegeruch beruhigte sie. Sie spürte seinen warmen Atem auf der Hand, als er, auf der Suche nach einem

Stück Apfel, daran knabberte. Während sie sein weiches goldgelbes Fell streichelte, hörte sie Hufgetrappel auf dem Hof. Rasch schlüpfte sie aus der Box, sah sich um und erkannte Hawk, den zwielichtigen Gesellen, der inzwischen fest als Bereiter bei ihrem Vater arbeitete. Jo mochte ihn nicht und traute ihm nicht über den Weg. Begleitet von zwei anderen Männern, die Jo noch nie gesehen hatte, führte er einen robust wirkenden Braunen aus einer Box.

Jo beschloss, sich zu verstecken, blieb in einer dunklen Ecke stehen, beobachtete die Männer und belauschte ihr Gespräch, das deutlich zu verstehen war. Zunächst ging es nur um allgemeine Themen wie den Gesundheitszustand des Pferdes und die Rennen, bei denen es in nächster Zeit antreten sollte. Dann jedoch übertönte Hawks unverkennbares australisches Näseln die anderen Stimmen.

»Es bringt Ihnen nichts, das Pferd noch länger hier unterzustellen«, sagte er, nachdem er sich rasch vergewissert hatte, dass niemand in Hörweite war. »Charlie wird sicher den Löffel abgeben. Und falls er durchkommt, sitzt er für den Rest seiner Tage im Rollstuhl. Wie ich erfahren habe, soll er außerdem weich in der Birne sein. Es heißt, er hätte sich seit dem Unfall nicht mehr bewegt. Nein, ich rate Ihnen, sich etwas Neues zu suchen. Schade, er war ein guter Trainer, und es ist wirklich eine Schande. Aber so ist das Leben. Bei Rosy sind Sie bestimmt besser aufgehoben.« Da er Jo das Profil zuwandte, sah sie, wie er sich an die Nase tippte.

Im ersten Moment traute Jo ihren Ohren nicht. Doch als ihr die ganze Tragweite von Hawks Worten klar wurde, spürte sie, wie rasende Wut in ihr aufstieg. Hawk, der hinterhältige Mistkerl, für den es nichts Schöneres gab, als sich am Leid seiner Mitmenschen zu weiden; Hawk, der Bereiter, der es nie zum Jockey gebracht hatte, ermutigte die Pferdebesitzer dazu, der Kingsford Lodge den Rücken zu kehren. Jo hatte ohnehin nie verstanden, warum ihr Vater diesen Halunken überhaupt eingestellt hatte. Sie war fest entschlossen, dafür zu sorgen, dass dieses Arbeitsverhältnis nicht mehr von langer Dauer sein würde. Da sie Hawk schlecht in Gegenwart der beiden Pferdebesitzer eine Szene machen konnte, wartete sie ab, bis er allein zurückkehrte. Inzwischen kochte sie vor Wut. Hawk schlenderte pfeifend und mit seiner Gerte knallend über den Hof. Als er Jos Versteck fast erreicht hatte, trat sie vor und stellte sich ihm in den Weg.

»Was zum Teufel …«, schrie er, erholte sich aber rasch von seinem Schrecken. »Na, wenn das nicht das Töchterlein vom Boss ist«, höhnte er mit einem anzüglichen Grinsen und wich ihrem Blick aus. »Das mit Ihrem Dad tut mir leid«, fügte er hinzu.

»Das ist das letzte Mal, dass Sie uns auf diese Weise schaden«, entgegnete Jo eiskalt. Ihre violetten Augen schimmerten beinahe schwarz.

Hawk musterte sie abfällig.

»Uns, wer ist denn uns? Ich habe keine Ahnung, wovon Sie reden«, gab er mit einem selbstzufriedenen Grinsen zurück.

»Das wissen Sie sehr wohl, Hawk«, zischte Jo und machte einen Schritt auf ihn zu.

Aber Hawk verschränkte nur die Arme und musterte sie herablassend. Die Gerte baumelte lässig in seiner Hand, und er wippte unruhig mit dem Knie.

»Das müssen Sie mir schon erklären, ich hab's nämlich nicht verstanden«, erwiderte er in provozierendem Ton. Seiner Ansicht nach hatte es die Kleine schon lange nötig, dass jemand sie zurechtstutzte.

»Sie haben den Mann vorhin dazu überredet, sein Pferd in einem anderen Stall unterzustellen«, herrschte Jo ihn an.

Hawk verzog ärgerlich das Gesicht.

»Halt, halt, halt! Sie sollten besser nachdenken, bevor Sie so schwere Vorwürfe gegen mich erheben. Ich habe dem Mann nur einen Rat gegeben. Einen Tipp, nach bestem Wissen und Gewissen. Er war nämlich nicht sehr zufrieden.«

»Sie verlogener, betrügerischer Mistkerl. Ich habe jedes

Wort gehört. Ein guter Tipp, dass ich nicht lache! Sie haben dem Mann klipp und klar gesagt, er solle seine Pferde anderswo unterbringen. Ich weiß nicht, warum Dad Ihnen je einen Job gegeben hat«, brüllte sie.

»Ach, wirklich?«, unterbrach Hawk und trat drohend auf sie zu. »Seien Sie doch nicht so naiv, Kleine. Sie glauben doch nicht im Ernst, dass Ihr Vater je wieder aus dem Bett aufstehen und putzmunter weitermachen wird. Finden Sie sich damit ab, dass seine Zeit als Trainer ein für alle Mal vorbei ist. Dasselbe gilt auch für diesen Rennstall. Kein vernünftiger Mensch wird seine Pferde mehr hier unterstellen.«

Jo roch, dass sein magerer Körper nach Schweiß und Zigarettenrauch stank. Am liebsten hätte sie ihm das zufriedene Grinsen aus dem Gesicht geprügelt. Sie sah rot.

»Heute haben Sie zum letzten Mal Ihr Gift verspritzt, Hawk. Sie sind gefeuert. Gloria soll Ihnen Ihren Lohn auszahlen. Ihre Dienste werden nicht mehr gebraucht.«

»Ich lach mich tot«, höhnte Hawk. »Sie können mich gar nicht rausschmeißen. Offenbar werden Sie Ihrer Mutter immer ähnlicher.«

Sie hielten beide inne, als sie hörten, wie jemand langsam Beifall klatschte.

»Wohl eher ihrem Vater«, merkte eine tiefe Stimme an.

Jo wirbelte herum und erkannte Pete, den ehemaligen Stallburschen, der früher für sie geschwärmt hatte. Inzwischen war er ziemlich groß und breitschultrig und hatte ein von der Arbeit im Freien gebräuntes Gesicht. Hawk wich einen Schritt zurück.

»Pete«, rief Jo.

Da flog die Tür zum Büro auf, und Gloria kam auf den Hof hinausgerannt. Ihre weite Jacke umwehte ihre mütterlich rundliche Figur.

»Hawk! Pete! Was ist denn los? Jo, ich habe gar nicht mit dir gerechnet«, rief sie aus.

»Hawk ist gefeuert. Könntest du seine Lohnabrechnung

fertig machen?«, stieß Jo mit zusammengebissenen Zähnen hervor und fragte sich, auf wessen Seite Pete wohl stand.

Gloria errötete, blickte zwischen Jo und Hawk hin und her und bemerkte Jos verkniffene Miene und ihre zornig funkelnden Augen.

»Beruhige dich, Mädchen. Du kannst doch nicht grundlos Leute hinausschmeißen.« Sie raffte ihre Jacke zusammen. »Hawk war in den letzten Tagen eine große Hilfe. Was ist denn passiert?«

»Nein, Gloria, sie hat recht. Ich frage mich schon die ganze Zeit, warum in den letzten Tagen plötzlich ein Pferd nach dem anderen abgeholt wird«, fiel Pete ihr ins Wort.

Gloria hielt inne und sah Hawk argwöhnisch an. Auch sie hatte den Mann nie sympathisch gefunden.

»Nun, ich ...«, begann sie, aber Hawk unterbrach sie.

»Bemühen Sie sich nicht, Gloria. So knapp bei Kasse bin ich nun auch wieder nicht. Und Jo hat in einem recht: Hier gibt es bald keine Arbeit mehr für mich. Viel Spaß bei den Sandkastenspielchen, kleines Fräulein.«

Er machte auf dem Absatz kehrt und marschierte zum Tor, wobei er sich mit der Gerte ärgerlich auf den Schenkel klopfte.

»Die lässt du schön brav da, die gehört nämlich uns«, meinte Pete, folgte Hawk rasch, riss ihm die Gerte aus der Hand und kehrte mit triumphierender Miene zurück. Hawk trollte sich fluchend, und Gloria blickte sichtlich betreten drein.

»Ich habe das Gespräch belauscht«, sagte Pete mit finsterer Miene zu Gloria und Jo, als sie schließlich einigermaßen ungestört im Büro saßen. »Schon bevor Mick und dein Vater den Unfall hatten, hatte ich einen Verdacht, aber heute habe ich die Bestätigung bekommen. Bis dahin konnte ich nichts beweisen, und Aussage hätte gegen Aussage gestanden.«

Dann erklärte er Gloria, was Hawk angerichtet hatte.

»Er ist ein ziemlich unangenehmer Zeitgenosse, aber ich denke nicht, dass er uns noch etwas anhaben kann. Du hast mich wirklich überrascht, Jo. Ich bin richtig erschrocken, und im ersten Moment dachte ich, ich hätte deinen Dad vor mir. Geht es dir nicht gut?«, fügte er besorgt hinzu, als Jo plötzlich feuchte Augen bekam.

Auch Gloria, die seit dem Unfall sehr nah am Wasser gebaut hatte, begann zu weinen.

»Ich mache uns eine Tasse Tee«, schlug Jo vor und sprang auf. »Ist der Zucker da, wo er immer war?«

Nickend durchwühlte Gloria ihre Schreibtischschublade nach den Papiertaschentüchern.

»Ich weiß, ich führe mich albern auf, aber die letzten Tage waren einfach die Hölle«, schniefte sie, wischte sich die Augen ab und schnäuzte sich lautstark.

»Hat sich der Zustand deines Vaters verändert?«, fragte sie und sah Jo, die gerade mit drei Tassen Tee und Plätzchen zurückkam, aus geröteten Augen an.

»Er schwebt nach wie vor in Lebensgefahr«, entgegnete Jo ernst und reichte Gloria ihre Tasse. »Aber er wird es schaffen. Schließlich ist er ein Kingsford«, fuhr sie entschlossen fort. Beim Gedanken an ihre Mutter verdüsterte sich ihre Miene.

»Ich hoffe, dass ich niemals in den Genuss einer solchen Standpauke kommen werde«, meinte Pete scherzhaft.

»Danke, Pete«, gab Jo mit gespielter Entrüstung zurück. Dann ließ sie sich von Pete erzählen, was im vergangenen Jahr in den Ställen geschehen war, und fragte nach Micks Vertreter.

»Da gibt es eigentlich niemanden. In letzter Zeit haben einige personelle Veränderungen stattgefunden«, erwiderte Pete. »Wir alle mussten anpacken, wenn Not am Mann war.«

Jo lauschte Pete. Sie wurde traurig und hatte ein schlechtes Gewissen. Eigentlich hätte es Winks und nicht Pete sein sollen, der ihr all das berichtete. Wenn er nicht durch ihre Schuld seine Stelle verloren hätte, würde er in den Ställen weiter nach dem Rechten sehen. Fast rechnete sie damit, dass er plötzlich aus dem Nichts hinter ihr und Pete auftauchte, um sie wie früher auf den Arm zu nehmen. Der schreckliche Tag, an dem ihr Vater ihm gekündigt hatte, stand ihr noch allzu deutlich vor Augen.

»Also gut. Als Erstes werde ich mich bei der Australischen Rennvereinigung als Dads verantwortliche Stallmeisterin anmelden, damit ich den Stall weiterführen kann, bis es ihm besser geht«, sagte sie zu Pete und Gloria. »Das erledigen wir am besten sofort, Gloria. Dazu sind nur ein paar Formulare und Anrufe nötig. So behalten wir die Zulassung, weiter Pferde zu trainieren. Morgen fange ich mit der Arbeit auf der Rennbahn an. Du bleibst doch als mein Assistent, bis ich besser Bescheid weiß, oder?«, wollte Jo besorgt von Pete wissen. »Du kennst diesen Rennstall wie deine Westentasche.«

»Klar. Allerdings musst du dich auf Gebrummel von den älteren Stallhelfern gefasst machen«, erwiderte Pete, dem die Begeisterung ins Gesicht geschrieben stand.

»Darum kümmern wir uns, wenn es so weit ist. Was meinst du, Gloria? Glaubst du, du kommst mit dieser Lösung klar, wenn ich dafür verspreche, nicht zu oft herumzuschreien?«

»Da kannst du Gift darauf nehmen, meine Liebe. Du bist die Tochter deines Vaters«, antwortete Gloria bewundernd und trank einen Schluck Tee. Da fiel ihr Blick auf Jos Verlobungsring.

»Ich wusste nicht, dass du verlobt bist«, rief sie.

Jos Tasse blieb auf halbem Wege zum Mund stehen, und sie bekam Sehnsucht nach Simon. Es war ein anstrengender Vormittag gewesen.

»Ja, richtig«, entgegnete sie leise. »Er heißt Simon, und wir werden heiraten, sobald Dad wieder einigermaßen auf dem Damm ist. Ich hatte noch nicht einmal Gelegenheit, es Mum zu erzählen. In dem ganzen Tohuwabohu ist es irgendwie untergegangen.«

»Nun, ich habe auch eine Neuigkeit. Sharon und ich haben uns vor zwei Wochen ebenfalls verlobt«, verkündete Pete stolz.

»Herzlichen Glückwunsch«, gratulierte Jo.

Zum ersten Mal an diesem Tag konnten sie alle lächeln.

17

Jo fühlte sich, als hätte sie ihr Leben lang nichts anderes getan, als einen Rennstall zu leiten. Die australische Rennvereinigung hatte ihr die Lizenz als Stallmeisterin erteilt, und sämtliche Mitarbeiter der Kingsford Lodge respektierten ihre Gelassenheit, ihr Selbstbewusstsein und ihren Fleiß. Niemand nahm ihr übel, dass sie sich in Bereiche vorwagte, die eigentlich tabu für Frauen waren.

Jo hatte alle Hände voll zu tun und hetzte zwischen den Pferden, deren Besitzern, dem Krankenhaus und ihrer Mutter, die sich Hilfe suchend an sie klammerte wie ein verängstigtes Kind, hin und her. Simons Stimme am Telefon und seine häufigen Briefe waren für sie die größten Lichtblicke jener Wochen.

Drei Wochen nach Jos Rückkehr zeigte Charlie zur allgemeinen Erleichterung die ersten Anzeichen dafür, dass er aus dem Koma erwachen würde. Die Lebensgefahr schien gebannt. Anfangs geschah dies so unmerklich, dass sie alle zunächst an Einbildung glaubten, aber als die Ärzte endlich das Beatmungsgerät abschalten konnten und Charlie wieder ohne fremde Hilfe atmete, fielen Jo und Nina einander gerührt im Krankenhauswartezimmer in die Arme. Bertie, der nicht zu Gefühlsausbrüchen neigte, umarmte Mutter und Schwester rasch und begann dann, Jo zu hänseln, um seine Erleichterung zu verbergen. Zum ersten Mal seit dem Unglück schlief Nina wieder acht Stunden durch.

Einige Tage später jedoch mussten sie den nächsten Schicksalsschlag verkraften. Die Ärzte teilten ihnen nach einer Reihe von Untersuchungen mit, dass Charlie während des Unfalls einen Schlaganfall erlitten habe, gelähmt sei und nicht mehr sprechen könne. Das Ausmaß der Hirnschädigung und die endgültigen Folgen stünden noch nicht fest. Nina und Jo waren wie vom Donner gerührt, und Bertie flüchtete sich auf die Rennbahn, wo er eine ziemlich hohe Summe verlor.

Jo musste gegen ein Gefühl von Hoffnungslosigkeit ankämpfen, als sie eines sonnigen Nachmittags neben ihrem Vater saß. Gestützt von Kissen, lag er in seinem Bett in der Pflegeabteilung und starrte ausdruckslos und ohne sich zu rühren ins Leere, während Jo verbissen fröhlich auf ihn einredete. Auf ihren Rat hin hatte Nina sich entschlossen, zu einer Sitzung ihrer Wohltätigkeitsorganisation zu gehen.

»Von Outsider habe ich dir noch gar nicht erzählt, Dad. Er ist das mutigste Pferd, dem ich je begegnet bin«, meinte Jo und streichelte Charlies Hand.

Zumindest waren seine Augen inzwischen geöffnet. Sie hatte keine Ahnung, ob ihr Vater sie hören konnte, geschweige denn verstehen, was sie sagte. Dennoch sprach sie mit ihm und schilderte ihm ihre Beziehung zu diesem Pferd. Sie beschrieb, wie sie Outsiders Schulter heilte und sich dabei an alles erinnerte, was sie von ihm, Charlie, als Kind gelernt hatte. Wie aufgeregt war sie gewesen, als sie erfuhr, dass sie Outsider in Ascot betreuen durfte.

»Es war einfach wundervoll. Ich hörte, wie die Zuschauer Outsider anfeuerten, als er über die Ziellinie galoppierte, und glaubte, ich müsste platzen vor Stolz«, fuhr sie mit kräftiger Stimme fort und ließ das ganze Rennen Revue passieren. »›Sicher empfindet Dad genauso, und darauf kommt es an‹, dachte ich. ›Man liebt seine Pferde, arbeitet mit ihnen und irgendwann erbringen sie eine großartige Leistung.‹«

Sie kam sich ein wenig albern vor, lehnte sich in ihrem Stuhl zurück und wünschte sich nichts sehnlicher als eine Reaktion ihres Vaters. Seine Augen waren wieder geschlossen. Sie musterte ihn und fragte sich, ob er wohl je erfahren würde, wie sehr sie ihn bewunderte. Da quollen auf einmal kleine Tropfen aus seinen Augenwinkeln hervor und kullerten ihm langsam die Wangen hinunter. Jo erschrak und wusste nicht, was sie tun sollte. Dann überkam sie wie ein Blitzschlag die Erkenntnis: Er hatte jedes Wort verstanden.

»Dad«, flüsterte sie bewegt. Sie beugte sich vor und wischte ihm ganz vorsichtig die Tränen von den Wangen. »Dad, ich liebe dich. Ich liebe dich über alles. Du wirst wieder gesund. Mum geht es gut, und sie liebt dich auch. Es dauert nicht mehr lange, dann wirst du aus diesem Krankenhaus herausspazieren.« Fest umfasste sie seine Hand und erzählte ihm von Simon und davon, dass sie heiraten wollten, sobald es Charlie wieder besser ging. Am nächsten Tag kaufte sie ihrem Vater einen neuen extravaganten Hut und legte ihn ihm auf den Schoß. Wieder weinte er, und auch Jo vergoss Tränen. Diesmal aber waren es Freudentränen, die ihr die Wangen hinunterliefen.

Nach diesem Tag änderte sich das Leben im Hause Kingsford dramatisch. Aufgemuntert von dem Wissen, dass ihr Vater sie verstehen konnte, auch wenn er nicht in der Lage war zu antworten, empfand Jo die Besuche nicht mehr als so bedrückend. Sie nutzte sie, um ihm jede Begebenheit in den Ställen haarklein zu berichten. Wenn sie in sein Krankenzimmer kam, konnte sie jedes Mal eine kleine Veränderung zum Besseren feststellen, und in seinen Augen stand ein erwartungsvoller Blick, der zuvor nicht da gewesen war. Nach jedem Besuch fühlte sie sich besser.

»Archie hat am Samstag in Rosehill drei Rennen gewonnen, und nächste Woche reitet er Titian Girl bei den Hindernisrennen in Villiers. Das sollte eigentlich klappen. Die Bahn war heute Morgen ziemlich schlammig, aber die Stute hat sich wacker geschlagen«, meldete sie Charlie erfreut an einem Tag Mitte Dezember.

Jo ordnete einen riesigen Blumenstrauß in einer Krankenhausvase und stellte diese auf seinen Nachttisch. Darum herum drapierte sie die Schleifen, die Archie gewonnen hatte.

»Ich weiß nicht, was ich ohne Archie machen würde. Er ist ein prima Jockey, und ich habe viel von ihm gelernt.«

Seit Jos Rückkehr in die Ställe wurde sie von Archie, der seinen unverkennbar schottischen Akzent pflegte, rückhaltlos unterstützt. Morgens begleitete er sie stets zur Arbeit auf die Rennbahn, um sie zu beraten, empfahl ihr andere Jockeys und nahm ihr auch sonst viele der anfallenden Arbeiten ab, um ihr die Eingewöhnung zu erleichtern. Seine Treue zu Charlie beeindruckte sie. Anders als viele Jockeys, denen es nur darauf ankam, das beste Pferd zu reiten, entschied sich Archie, wenn zwei Tiere zur Wahl standen, selbst bei geringeren Siegeschancen stets für das aus der Kingsford Lodge. Ob das zu Gerüchten über seine Fähigkeiten als Jockey führte, kümmerte ihn nicht. Jo war ihm unbeschreiblich dankbar dafür, da er auf diese Weise die Abwanderung weiterer Pferdebesitzer verhinderte.

Auch hatte es sich als ausgesprochen weise Entscheidung entpuppt, Pete zu ihrem Assistenten zu machen. Trotz seiner Jugend konnte er gut mit Menschen umgehen, und es gelang ihm, die Pferdebesitzer zu beruhigen, die wissen wollten, wann Charlie wieder einsatzbereit sein würde. Es wurmte Jo zwar, dass Petes Wort häufig mehr Gewicht hatte als ihres, nur weil sie eine Frau war, doch sie ließ sich davon nicht unterkriegen, da es ihr vor allem auf einen reibungslosen Ablauf ankam. Außerdem hatte Pete viele Freunde, die ihm alles zutrugen, was sich in der Welt des Rennsports tat.

»Ich kann kaum glauben, dass alles so prima klappt«, sagte Jo bei einem ihrer regelmäßigen Telefonate aufgeregt zu Simon. »Aber ich vermisse dich. Ich wünschte, ich könnte durch die Telefonleitung kriechen und dir in die Arme fallen.«

Dann erzählte sie ihm, Charlies Neurochirurg habe Nina vorsichtig Hoffnungen gemacht. Obwohl seine rechte Körperhälfte sich wohl nie wieder vollständig erholen würde, könnte er mit der richtigen Physiotherapie und harter Arbeit den Großteil seiner Beweglichkeit zurückgewinnen.

»Also könnte ich Ostern wieder in England sein, wenn nichts dazwischenkommt«, meinte sie zuversichtlich.

Simon berichtete, Neddy sei wieder von seiner Bronchitis genesen, und nachdem sie noch eine Weile geplaudert hatten, legte Jo widerstrebend auf. Auf Dauer waren Ferngespräche einfach keine Lösung, denn es gab leider zu viele Dinge, die man am Telefon zu erzählen vergaß.

Charlie war zwar noch ziemlich gebrechlich, durfte die Weihnachtsfeiertage jedoch zu Hause verbringen, was trotz der allgemeinen Freude eine ernüchternde Erfahrung war. Obwohl Jo Simon sehr vermisste, gaben sich alle Mühe, das Fest zu etwas Besonderem zu machen, auch wenn Charlie noch immer nicht sprechen konnte. Nina war mit der Situation völlig überfordert, kämpfte mit den Tränen und stürzte rasch drei Gläser Wein hinunter, sodass sie bei Charlies Ankunft bereits leicht beschwipst war.

Nachdem Bertie und ein Pfleger Charlie ins Haus gebracht hatten, wurde er in einer kühlen Ecke in einen Sessel unter den Ventilator gesetzt. Elaine, die Charlie einige Male im Krankenhaus besucht hatte, war mit Wayne aus Dublin Park angereist, und Jack und Joan Ellis gesellten sich zum Weihnachtsessen zu ihnen. Sie ließen Knallbonbons platzen, setzten sich bunte Papierhüte auf, rissen alberne Witze und versuchten so zu tun, als wäre alles in bester Ordnung.

Kurz bevor der Weihnachtspudding aufgetragen wurde – Jo hatte gerade eine besonders komische Begebenheit aus dem Stall erzählt –, schlug Charlie mit dem Löffel auf den Tisch, deutete zittrig damit auf Jo und murmelte etwas, das wie »Geh-geh-weg« klang. Betretenes Schweigen entstand, und Jo errötete heftig. Ihr Vater hatte ihr nach all dieser Zeit doch sicher verziehen. Sie sprang auf und holte Bleistift und Papier, damit er aufschreiben konnte, was er zu sagen hatte, aber er brachte nur ein paar Schlangenlinien zustande.

Schließlich ließ er den Stift fallen, starrte Jo eindringlich an und wiederholte einige Male dieselbe unverständliche Silbenfolge. Nina tätschelte ihrem Mann aufgeregt die Hand, nahm ihm den Löffel ab und lächelte Jo gezwungen zu. Charlie schien sich wieder zu beruhigen, und die anderen kehrten zu ihrem Gespräch zurück. Doch während der restlichen Mahlzeit herrschte eine Anspannung, die sich nicht mehr legte.

»Vielleicht ist unser alter Herr verrückt geworden«, flüsterte Bertie Jo später auf der Veranda zu.

Entrüstet schüttelte Jo den Kopf.

»Ich denke, er will uns etwas sagen. Wir sollten uns freuen, dass er überhaupt einen Ton herausgebracht hat, auch wenn man nichts versteht«, erwiderte sie mit Nachdruck und bückte sich zu Sam hinunter, der hechelnd in der Hitze lag.

Der Hund hatte sich sehr über ihre Rückkehr gefreut und wedelte heftig mit dem Schwanz, als sie ihm den Bauch kraulte. Doch Jo konnte nicht verhindern, dass sie sich Sorgen machte. Da läutete das Telefon. Simon war am Apparat.

»Fröhliche Weihnachten, mein Liebling. Hat mein Geschenk dir gefallen?« Er hatte ihr einen wunderschönen Bildband über Norfolk geschenkt und die Seite über Burnham Overy Staithe mit einem Lesezeichen eingemerkt.

»Ich war ganz begeistert«, erwiderte Jo und fühlte sich beim Klang seiner Stimme viel besser. »Auch dir fröhliche Weihnachten, mein Schatz. Ich vermisse dich wahnsinnig. Ich weiß, ich habe versprochen, zu Ostern wieder in England zu sein, aber ich fürchte, da war ich zu optimistisch.«

»Zermartere dir nicht das Hirn deswegen, Jo. Schließlich haben wir noch den Rest unseres Lebens vor uns. Was machen da ein paar Monate?«, antwortete Simon vergnügt, und Jo fiel ein gewaltiger Stein vom Herzen.

Während Simon ihr von Weihnachten in England und von seiner Familie erzählte, hellte sich ihre Stimmung auf und ihre Zuversicht wuchs, dass alles ein gutes Ende nehmen würde.

»Ich liebe dich«, flüsterte sie noch einmal.

Nachdem sie aufgelegt hatte, machte sie sich auf die Suche nach Elaine. »Du wirst Simon bestimmt sympathisch finden, da bin ich ganz sicher, Gran«, sagte sie. »Er ist geduldig und verständnisvoll, und er fehlt mir so sehr.«

Elaine drückte Jo fest an sich.

»Du hast einen ganz besonderen Mann verdient«, erwiderte sie fröhlich. »Denn du bist ein ganz besonderes und mutiges Mädchen. Aber du musst dir ein wenig Ruhe gönnen, damit du dich nicht überforderst.«

»Ja, Gran«, entgegnete Jo lächelnd und trollte sich.

Nachdenklich ging Elaine in die Küche, um sich eine Tasse Tee einzuschenken. Sie machte sich Sorgen um Jo. Ihrer Ansicht nach hätte Bertie mehr Verantwortung in den Ställen übernehmen sollen, anstatt sich mit seinen reichen Freunden herumzutreiben. Zu viel Verantwortung lastete auf den Schultern des armen Mädchens, und obwohl Nina sich inzwischen wieder beruhigt hatte, war sie für Jo nicht unbedingt eine Unterstützung. Elaine runzelte die Stirn und wünschte sich, sie hätte mehr tun können. Offenbar trat Bertie zunehmend in die Fußstapfen seines Onkels Wayne, doch wenn sie Nina darauf ansprach, bekam diese nur wieder einen hysterischen Weinkrampf, und damit war Jo ganz und gar nicht gedient.

Eines sonnigen Nachmittags im März – es war einer von Jos seltenen freien Tagen – schlenderte sie mit ihrer Freundin Dianne Gibbs die Strandpromenade von Manly entlang. Die beiden alten Freundinnen aus dem Ponyclub hatten es vor einigen Wochen endlich geschafft, sich zu treffen. Dianne machte eine Ausbildung zur Hotelfachfrau in einem der großen neuen Hotels, die kürzlich am Strand von Manly eröffnet hatten. Die beiden jungen Frauen erzählten einander, was sie in den letzten drei Jahren alles getrieben hatten.

Jo stellte fest, dass sie schon lange nicht mehr so gelacht hatte wie heute. Es war wunderschön, einmal nicht an die

Probleme des Alltags denken zu müssen. Das blaue Wasser glitzerte in der Sonne, und die Wellen brachen sich sanft an dem hellgelben Strand. Dünner Schaum säumte den Sand an der Wasserlinie. An einem Tag wie diesem erschien es Jo fast möglich, Simon zu heiraten und Australien zu verlassen. Sie holte das Foto heraus, das er ihr geschickt hatte. Es zeigte seine neueste Entdeckung, ein verfallenes altes Pfarrhaus am Stadtrand von Norwich. Das Haus war im typischen Norfolkstil aus rotem Backstein und Flintstein erbaut und besaß einen verwilderten Garten. Jo sah auf den ersten Blick, was Simon an diesem Haus begeistert hatte. Wenn man es gründlich renovierte und viel Mühe und Liebe hineinsteckte, würde es ein Schmuckstück werden. Das Beste war, dass es hinter dem Haus genug Platz für Ställe gab.

Die beiden jungen Frauen erreichten das Hotel, in dem Dianne arbeitete. Sie umarmten einander zum Abschied und verabredeten sich für Anfang der kommenden Woche. Jo schlenderte zurück zum Fährhafen und dachte dabei über ihre Freundin nach.

Dianne war schon immer sehr praktisch veranlagt und ehrgeizig und stellte Jo einige forschende Fragen über ihre Zukunftspläne, die sie nicht hatte beantworten können. Nicht bereit, sich den schönen Tag verderben zu lassen, beschloss Jo spontan, mit der Fähre zum Circular Quay, dem Hauptfähranleger im Zentrum von Sydney, und wieder zurück zu fahren.

Vergnügt überquerte sie die Gangway der *Mary Jane,* ging zum Bug des Schiffes und lehnte sich über die Reling, um das aufgewühlte Wasser zu betrachten. Die Sonne brannte auf sie hinunter, der Wind zauste ihr Haar, und die Gischt wehte ihr um die Nase, als das Boot ablegte. Jo fand diese Pause vom Alltag sehr erfrischend. Es waren nur wenige Passagiere an Bord, sodass sie ungestört die Ellenbogen auf die Reling stützen und die Boote aller Formen und Größen beobachten konnte, die gemächlich durch den belebten

Hafen segelten. Zwei Windsurfer glitten über die Wellen, und in der Ferne tuckerte ein riesiger Tanker, begleitet von einem Lotsenschiff, langsam auf die berühmten Felsen der Sydney Heads und das offene Meer zu. Es war so schön, die Eindrücke in Ruhe auf sich wirken zu lassen und seinen Gedanken nachzuhängen.

In den Ställen hatte sich ein reibungsloser Ablauf eingespielt. Pete und Archie schickte der Himmel, sagte sich Jo gut gelaunt.

Obwohl sie wegen der von Hawk verschuldeten Abwanderungen und der Gerüchte, dass Charlie nicht mehr ganz richtig im Kopf war, weniger Pferde auszubilden hatten als früher, gewannen ihre verbliebenen Schützlinge nahezu jedes Rennen. Allerdings war das Verbreiten übler Nachrede nicht das einzige Problem, das auf Hawks Konto ging. Weil Hawk immer seltener aufgefordert worden war, in einem Rennen zu starten, hatte er Charlies Angebot angenommen, als Zeitnehmer zu fungieren und die Zeit der Pferde bei der Bahnarbeit mitzustoppen. Da Jo ihm gekündigt hatte, musste sie nun einen Ersatzmann für ihn finden. Eigentlich war es ihr als nicht allzu schwierig vorgekommen, nur dazustehen, die Zeit der von ihr aufgerufenen Pferde zu stoppen und die Ergebnisse in eine Liste einzutragen. Doch wie Jo bald feststellen musste, war es gar nicht so einfach, einen zuverlässigen Zeitnehmer aufzutreiben. Sie hatte es mit einigen Bewerbern versucht, die sich als unfähig und überfordert erwiesen hatten, und in ihrer Verzweiflung sogar einige Male Gloria um ihre Mitarbeit gebeten.

»Dafür findet sich bestimmt auch eine Lösung«, sagte sie sich mit mehr Zuversicht, als sie eigentlich empfand, und strich sich das Haar aus dem Gesicht.

Sie wich einer lärmenden Horde von Schulkindern auf einem Ausflug aus, die sich alle am Bug drängten. Plötzlich fiel ihr Blick auf eine vertraute Gestalt. Zunächst nicht sicher, ob sie sich geirrt hatte, näherte sie sich dem alten Mann, und im nächsten Moment breitete sich ein freudiges Lächeln auf ihrem Gesicht aus.

»Winks«, jubelte sie und fiel ihm um den Hals, bevor er wusste, wie ihm geschah.

Vor Schreck ließ er seine Papiertüte mit belegten Broten fallen. Jo fing sie rasch auf, bevor sie unter die Füße der tobenden Schulkinder gerieten, und legte sie ihm wieder auf den Schoß. Winks war alt geworden, sein Gesicht faltig, seine Hände waren knotig und zitterten. Doch seine Augen funkelten wach wie zu seinen besten Zeiten.

»Jo! Heiliger Strohsack! Ich hätte nicht gedacht, dass wir zwei uns noch einmal wiedersehen«, rief er strahlend.

»Man muss immer aufpassen, wen man auf einer Fähre so alles trifft«, witzelte Jo. »Wie geht es dir?«

Es versetzte ihr einen Stich ins Herz, als sie sich an ihre letzte Begegnung und an ihr schlechtes Gewissen erinnerte, weil er ihretwegen seine Stelle verloren hatte. Außerdem wurde ihr klar, dass sie ihn noch immer vermisste.

»Wirklich ausgezeichnet«, erwiderte Winks zögernd. Seine hellblauen Augen blickten traurig. »Das mit deinem Vater tut mir leid. Er war zwar ein Mensch, der keine Fehler duldete, aber ein ausgezeichneter Trainer. Wie ich höre, schlägst du dich auch recht wacker, meine Kleine, obwohl du ein Mädchen bist«, fügte er mit einem schiefen Grinsen hinzu.

Er nahm die Schirmmütze ab, kratzte sich den kahlen Schädel, und setzte die Mütze wieder auf.

»Es wird allmählich. Dads Zustand bessert sich, und den Pferden ist mein Geschlecht offenbar gleichgültig«, entgegnete Jo schmunzelnd, womit sie die Worte wiedergab, die sie selbst so oft von dem alten Mann gehört hatte.

Während die Fähre weiter in Richtung Circular Quay tuckerte, unterhielten sie sich. Winks berichtete, er habe stundenweise als Gärtner und Mädchen für alles gearbeitet. Heute sei er unterwegs zu einem Treffen mit einem Freund, der ihm eine Stelle als Reinigungskraft auf einer Rennbahn in Aussicht gestellt habe.

»Die Pferde lassen mich einfach nicht los«, kicherte er.

Jo, die wusste, wie stolz Winks war, wandte sich ab, damit er ihr Mitleid nicht sah. Dabei fragte sie sich, wie sie ihren Fehler von damals wiedergutmachen konnte. Als ihr die Lösung einfiel, hätte sie beinahe laut losgelacht, so sehr lag diese auf der Hand.

»Winks, hättest du nicht Lust, bei mir als Zeitnehmer anzufangen?«, meinte sie aufgeregt.

Die Fähre drosselte bereits das Tempo, sie befanden sich kurz vor dem Anlegesteg. Winks machte Anstalten auszusteigen.

»Du kannst doch sicher keinen Tattergreis wie mich gebrauchen«, sagte er leise. Jo packte ihn am Arm und wiederholte, diesmal eindringlicher, ihr Angebot.

»Ich bin verzweifelt, Winks. Mit einem Dutzend Bewerbern habe ich es bereits versucht, doch ganz gleich, ob männlich oder weiblich, es klappt einfach nicht. Entweder sind sie geistig überfordert, kommen zu spät oder erscheinen überhaupt nicht zum Dienst. Bei dir brauche ich mir keine Sorgen zu machen, du kennst das Geschäft. Ich hätte dich schon früher gefragt, aber ich wusste nicht, wo ich dich finden sollte. Bitte, Winks, ich brauche dich.«

Die Fähre näherte sich dem Anleger. Ein Fährbediensteter warf das Tau aus und klappte die Gangway aus. Winks machte einen Schritt Richtung Ausgang und ließ sich dann auf die nächste Sitzbank fallen.

»Nun, vielleicht ist das gar keine so schlechte Idee.« Er hielt inne. »Aber was ist mit deinem Dad? Glaubst du, dass der einen alten Narren wie mich wieder nimmt?«

Jo klatschte freudig in die Hände und fiel ihm um den Hals.

»Darauf kannst du Gift nehmen. Ich tue das nicht aus Mitleid, sondern brauche wirklich deine Hilfe. Also, abgemacht?«

»Abgemacht«, entgegnete Winks und wirkte mit einem Mal zehn Jahre jünger. Auf dem Rückweg nach Manly erzählte er angeregt von den alten Zeiten in der Kingsford Lodge. Einige der Geschichten kannte Jo bereits, andere waren ihr neu, und sie war überglücklich. Irgendwie würde sie das Dad schon beibringen. Und wenn es zum Erfolg beitrug, würde er seinen Stolz eben hinunterschlucken müssen.

Jo war außer sich vor Freude, Winks wiedergefunden zu haben. Und er selbst konnte sein Glück über die Rückkehr in die Kingsford Lodge kaum fassen. So hatten die beiden Gelegenheit, an ihre alte Freundschaft anzuknüpfen, und außerdem war Winks absolut zuverlässig. Er zeichnete die Zeiten der Pferde genau auf und verpasste nie die Bahnarbeit, ganz gleich, wie das Wetter auch sein mochte. Dank der aufeinander eingeschworenen Mannschaft – Archie, Pete und Winks – klappte der Alltag in den Ställen reibungslos.

Charlie erholte sich langsam und war inzwischen in eine Reha-Einrichtung verlegt worden. Allerdings war er noch immer rechtsseitig gelähmt und an den Rollstuhl gefesselt und gab nichts weiter von sich als die merkwürdige Silbenfolge, die niemand verstand.

»Nimm jeden Tag, wie er eben kommt, Mum«, meinte Jo, als sie beide stolz neben einem braunschimmernden Dreijährigen bei der Siegerehrung standen. Archie hielt die glänzende Plakette hoch über den Kopf. Es war sein dritter Sieg in Folge.

Am selben Abend rief Simon an und verkündete, er werde im September für einen Monat zu Besuch kommen.

»Bis dahin sind es nur sechs Wochen«, jubelte Jo.

»Also werden für den Tommy und mein Schwesterherz bald die Hochzeitsglocken läuten«, meinte Bertie, den Mund voller Erdbeer-Käse-Kuchen, als Jo an den Tisch zurückkehrte.

»Nenn ihn nicht Tommy!«, schimpfte Jo und bedachte ihren Bruder mit einem finsteren Blick.

Nina war plötzlich sehr mit dem Aufschneiden des Kuchens beschäftigt.

»Zum Teufel mit dir, Bertie«, knurrte Jo leise.

Ihr Bruder ging ihr zunehmend auf die Nerven. Außerdem hatte er sich in letzter Zeit angewöhnt, häufiger zum Essen vorbeizukommen. Und in der vergangenen Woche hatte sie ihre Mutter dabei ertappt, wie sie ihm zusätzlich zu seinem monatlichen Scheck Geld zusteckte. Ärgerlich hatte Jo ihrem Bruder vorgeschlagen, sich wie seine Kommilitonen einen Studentenjob zu suchen, anstatt seinen Eltern auf der Tasche zu liegen. Allerdings hatte sie nicht mit der abwehrenden Reaktion ihrer Mutter gerechnet. Das Gespräch hatte sich rasch zu einem heftigen Streit hochgeschaukelt, und anschließend hatte Jo sich zum ersten Mal seit dem Unfall schuldig gefühlt, weil sie ihre Mutter verärgert hatte. Doch ihrer Wut auf Bertie tat das keinen Abbruch.

»Warum fliegst du nicht nach Hawaii und triffst dich auf halber Strecke mit dem jungen Mann, damit ihr ein wenig Urlaub zusammen machen könnt?«, meinte Elaine, die für einige Tage zu Besuch war, in dem Versuch, die Wogen zu glätten.

Bei ihrer gestrigen Ankunft in Sydney hatte sie erschrocken festgestellt, wie erschöpft Jo wirkte. Das Mädchen brauchte dringend Abstand.

»Wie heißen die Freunde von dir und Charlie, die eine Ferienanlage auf den Inseln besitzen, Nina? Sicher werden sie Jo und Simon gern für ein paar Nächte bei sich aufnehmen, meinst du nicht? So wüssten wir, dass du in guten Händen bist, und ihr könntet gemeinsam ausspannen«, sagte sie, an ihre Enkelin gewandt.

Jo lächelte ihr zu.

»Connie und Will«, erwiderte Nina mit zweifelnder Miene.

Jo blickte zwischen ihrer Mutter und ihrer Großmutter hin und her.

»Los, ruf ihn an und frage ihn, ob er dazu Lust hätte. Den

Rest planen wir später«, befahl Elaine und scheuchte Jo hinaus.

Jo ließ sich das nicht zweimal sagen.

»Und du brauchst nicht so schockiert zu schauen, Nina. Das Mädchen steht schon lange auf eigenen Füßen. Alles, was dort geschehen kann, hat sie vermutlich bereits hinter sich. Außerdem sind die beiden verlobt. Also hör auf, dir Gedanken zu machen.«

»Er findet die Idee prima. Ich habe gesagt, ich melde mich, sobald die Einzelheiten geklärt sind«, verkündete Jo. Sie kam ins Zimmer gehüpft und drückte ihrer Großmutter einen dicken Kuss auf die Wange.

18

Connie und Will besaßen eine Ferienanlage mit privater Lagune auf Kauai. Jo landete kurz vor Mitternacht auf der Insel und wünschte sich, sie hätte mehr von Honolulu sehen können als nur die verlockenden Lichter der Stadt. Rasch stieg sie in das kleine Privatflugzeug um, das bereits auf dem Rollfeld wartete, und machte sich durch die Nacht auf den Weg ins Outrigger Resort.

Die überschwängliche Connie und der trotz seiner ruhigen Art sehr erfolgreiche Will nahmen sie mit offenen Armen auf. Sie fühlte sich sofort wie zu Hause. Während Jo sich noch fragte, ob sie vor lauter Aufregung überhaupt in der Lage sein würde, auch nur ein Auge zuzutun, fiel sie schon in das weiche Doppelbett und war sofort eingeschlafen.

Am nächsten Morgen wurde sie vom sanften Rauschen des Meeres am Strand und dem Rascheln des Passatwindes in den Palmen geweckt und wusste im ersten Moment nicht, wo sie sich befand. Dann fuhr sie ruckartig hoch und sah auf die Uhr. Sie war in Hawaii, und in vierzig Minuten würde Simon auf der Insel eintreffen.

Jo sprang aus dem Bett, zog die Vorhänge zurück und schnappte beim Anblick des leuchtend grünen Meeres und des schimmernden weißen Sandes nach Luft. Ein warmer Wind, der den Duft tausender tropischer Blumen mit sich trug, liebkoste ihre Wangen. Widerstrebend riss sie sich von der paradiesischen Szene los und hastete ins Bad, wo sie in Rekordzeit duschte und sich anzog. Anschließend eilte sie mit klopfendem Herzen in den Speisesaal und hatte Mühe, ihre Aufregung zu unterdrücken. Nach dem Frühstück schlenderte sie auf die große Terrasse hinaus, und ihr Puls ging schneller, als sie über sich das leise Brummen eines Flugzeugs hörte.

»Das ist bestimmt dein Schatz. Komm, ich bitte einen der Hausdiener, dich zum Flugplatz zu fahren«, meinte Connie lachend, die beobachtet hatte, wie Jo an der offenen Tür von einem Fuß auf den anderen trat. Ihr buntes, mit hawaiianischen Orchideen bedrucktes Kleid leuchtete im Morgenlicht. Jo fühlte sich ertappt und lief feuerrot an.

Kurz darauf stand sie am Flugplatz. Simon stieg aus der kleinen Maschine. Sein dunkles Haar schimmerte in der Sonne.

Jo rannte auf ihn zu und rief seinen Namen. Flugs lag sie in seinen Armen, seine Lippen pressten sich auf ihre, und es schwindelte ihr, als er sie leidenschaftlich küsste.

»Ich glaube, wir halten den Betrieb auf«, schmunzelte Simon und löste sich aus der Umarmung. Inzwischen hatte sich eine kleine Menschenmenge um sie versammelt.

»Das ist mir ganz egal«, seufzte Jo und wünschte, er möge sie immer weiter küssen.

Mit offenem Mund staunte sie eine dunkelhäutige Schönheit an, die auf sie zutrat, ihr einen rosa Blütenkranz um den Hals legte und sie auf beide Wangen küsste.

»Aloha. Willkommen auf Hawaii«, verkündete sie lächelnd. Ihre Zähne leuchteten weiß aus dem makellosen braunen Gesicht. Überwältigt blickte Jo auf das Mädchen, das nun Simon einen Kranz aus frischen gelben und weißen Inselblumen umhängte, sodass sie beide mit bunten und süß duftenden Blüten geschmückt waren.

»Was für eine schöne Begrüßung«, sagte Jo gerührt und schluckte. Strahlend vor Glück klammerte sie sich an Simons Arm und folgte der kleinen Prozession zum Wagen, der sie zur Ferienanlage brachte.

»Ich kann es kaum fassen, dass du wirklich hier bist«, sagte sie grinsend und kniff ihn kräftig in den Arm, als sie die Vorhalle durchquerten.

»Autsch«, rief Simon verdattert. – »Ich wollte mich nur überzeugen, dass ich nicht träume.«

»Dazu zwickt man sich normalerweise selbst, nicht den anderen«, protestierte Simon und drückte sie an sich. Jede Faser seines Körpers prickelte, als er ihre Wärme spürte.

»So könnte ich für immer bleiben«, flüsterte er und vergaß bei dem Blick in Jos violette Augen für einen Moment, wo sie sich befanden.

»Ich liebe dich, mein Herz«, erwiderte Jo. Ihre Lippen waren vom Küssen gerötet, und ihre Wangen glühten vor Aufregung.

»Wie fandet ihr unsere hawaiianische Begrüßungszeremonie?«, fragte Connie, die auf sie zugeeilt kam. Die beiden stoben auseinander.

»Es war wunderschön.« Jo war begeistert und berührte die Blüten. Nach Simons Umarmung hatte sie immer noch weiche Knie, und sie hielt fest seine Hand.

»Wir freuen uns über junge Liebespaare. Ihr müsst unbedingt eure Flitterwochen bei uns verbringen«, meinte Connie lächelnd und winkte einen Hausdiener heran, damit dieser das Gepäck aufs Zimmer trug.

Nachdem Simon die Tür von Jos Zimmer hinter dem Pagen geschlossen hatte, nahm er sie in die Arme.

»Es ist so schön, deine Nähe zu spüren. Ich kann kaum glauben, dass es wirklich wahr ist«, murmelte er und vergrub das Gesicht in ihrem Haar. »Du riechst fantastisch.«

»Dann hatte ich also doch recht damit, dich zu kneifen?«, neckte Jo.

Er bedeckte ihr Gesicht und ihren Hals mit Küssen. Sie seufzte und schmiegte sich in seine Arme.

»Da bin ich nicht so sicher. Aber wenn du mir fünf Minuten zum Duschen und Umziehen gibst, darfst du mich zwicken, so viel du willst«, keuchte Simon und ließ sie widerstrebend los.

Erwartungsvoll blickte Jo ihm nach, als er aus dem Zimmer schlüpfte, und trat auf den Balkon hinaus. Sie blickte über die tiefgrüne Lagune, schnupperte den süßen Duft der Blumenketten, fuhr sich mit den Fingern über die Lippen und sehnte sich nach Simons Küssen. Als sie kehrtmachte, um wieder hineinzugehen, stand er plötzlich vor ihr.

»Das ging aber schnell«, stieß sie erschrocken hervor.

Sie strich ihm über die Wange, und der vertraute Geruch seines Rasierwassers stieg ihr in die Nase. Sein vom Duschen noch feuchtes Haar klebte am Kopf, und sein frisches Hemd stand am Hals offen. Zart ließ sie die Finger über seine Brust gleiten und spielte an den Knöpfen herum. Die Berührung allein genügte, um Feuer durch ihre Adern zu jagen.

»Wie kannst du erwarten, dass ich herumtrödle, wenn du so nah bist«, flüsterte Simon, die Lippen in ihr Haar gepresst.

Vorsichtig nahm er ihr die Blumenkette ab und legte sie auf den Tisch. Anschließend zog er sie wieder in seine Arme und küsste sie hingebungsvoll. Ein warmer Wind umspielte sie, das Rauschen des Meeres klang wie ein weit entferntes Orchester, als sie sich aneinanderschmiegten.

»Ich liebe dich.«

Simon küsste sie lange und voller Begierde. Ihre Lippen schmeckten leicht nach Salz, und er roch ihren berauschenden Duft, an den er sich so gut erinnerte. Er löste seine Lippen von ihren und betrachtete ihr wunderschönes Gesicht. Dann fuhr er ihr mit den Fingern leicht über den warmen, üppigen Mund, den er gerade noch geküsst hatte.

»Mein Gott, ich liebe dich so sehr!«

Jo stand wie angewurzelt da, mit Herzklopfen und Gummiknien. Diesmal küsste er sie heftig und fordernd. Schließlich trennten sie sich, bebend vor Erregung. Mit einem kurzen Auflachen duckte Jo sich unter Simons Arm durch, fasste ihn an der Hand und zog ihn zum Bett, wo sie sich auf die weiche Überdecke sinken ließ und einladend die Arme ausbreitete. Ihre Augen erinnerten an dunkle Teiche.

»Ich möchte dich spüren, mein Liebling«, flüsterte sie. Er

legte sich neben sie, küsste sie wieder, und ihre Augenlider schlossen sich.

»Meinst du nicht, dass wir erst unsere Gastgeber begrüßen sollten«, flüsterte er schließlich mit heiserer Stimme und zwang sich, auf Abstand zu gehen. Lang würde er sich nicht mehr beherrschen können.

»Später«, erwiderte Jo, die ihn nicht loslassen wollte, gepresst, und streichelte seine Wange. Sie hielt den Atem an, und Simon nahm ihre Hand, küsste ihre Handfläche, und ließ dann seinen Finger zart über ihre Lippen bis hinunter zum langen, cremeweißen Hals gleiten. Sie seufzte und kleine erwartungsvolle Schauder überliefen sie, während er sie weiter liebkoste.

Langsam wanderte seine Hand über ihre üppigen Brüste, die wohlgeformte Taille und ihre gerundeten Hüften, was ihre Begierde ins Unerträgliche steigerte. Er schob eine Hand unter ihren Po, zog sie näher heran und presste seinen Körper fest an sie. Sie spürte ihn deutlich. Mit geschlossenen Augen schlang sie die Arme um seinen Hals und klammerte sich an ihn, ließ sich von seiner Leidenschaft mitreißen und genoss seine Küsse, die sie sehnsüchtig erwiderte. Noch nie hatte sie eine so überwältigende Begierde empfunden. Mit zitternden Fingern und wachsender Ungeduld öffnete sie die Knöpfe seines Hemdes, fuhr anschließend mit den Händen unter das Kleidungsstück und liebkoste seine muskulöse Brust und seinen Rücken. Dann presste sie die Lippen an seine Haut und atmete seinen männlichen Geruch ein. Rasch streifte sie Kleid und Büstenhalter ab und drückte ihre warmen Brüste an seinen Körper. Sie spürte den schnellen Schlag seines Herzens. Simon schnappte nach Luft. Er schob sie ein Stück von sich weg, um ihre Schönheit, ihre glatten weißen Schultern und ihre vollen Brüste zu bewundern.

»Mein Gott, bist du schön«, stöhnte er, umfasste eine ihrer Brüste, küsste sie zärtlich und streifte die Brustwarze mit den Lippen. Jo zuckte zusammen, denn vor Erregung waren ihre

Brustwarzen beinahe schmerzhaft empfindlich geworden. Simon blickte sie erschrocken an. »Entschuldige. Ich werde vorsichtig sein, Ehrenwort«, flüsterte er heiser und ließ seine Zunge in das Tal zwischen ihren Brüsten gleiten.

Jo, die sich nach seinen Liebkosungen verzehrte, schloss die Augen und grub die Finger in sein dichtes braunes Haar. Ein Sturm der Gefühle trug sie hinweg. Ihr ganzer Körper glühte, und sie spürte brennendes Verlangen.

»Ich will dich, Simon, ich will dich so sehr«, seufzte sie und tastete nach dem Reißverschluss seiner Hose.

Simon hielt ihr die Hand fest. Jo sah ihn fragend an. »Möchtest du nicht mit mir schlafen?«

»Natürlich möchte ich, aber bist du wirklich sicher? Ich habe nicht damit gerechnet, dass es so schnell geht, und ich will nicht, dass etwas passiert, bevor wir verheiratet sind.«

»Es kann nichts passieren, Liebling. Ich habe mir die Pille verschreiben lassen, sobald ich wusste, dass du herkommst – nur für alle Fälle«, erwiderte Jo unbekümmert.

»Du bist der Erste«, flüsterte sie ihm ins Ohr.

»Meine Liebste«, sagte Simon mit belegter Stimme und umfasste ihr Gesicht mit beiden Händen. »Du weißt, wie sehr ich dich vergöttere. Noch nie habe ich eine Frau so geliebt wie dich.«

»Dann zeig es mir«, drängte Jo, die die Anspannung nicht mehr ertragen konnte.

Mit zitternden Händen half ihr Simon, ihm die Jeans abzustreifen, die in einem Haufen auf dem Boden landete. Nackt bis auf ein winziges Höschen lag sie vor ihm. Plötzlich wurde sie verlegen. Er spürte das, entkleidete sich rasch, legte sich neben sie und zog die Decke über beide. Dann nahm er sie liebevoll und zärtlich in die Arme. Vorsichtig streichelte er sie, ließ die Hände über ihren Körper gleiten und bedeckte ihr Gesicht, ihren Hals und ihre Brüste mit Küssen. Als er ihren jungen Körper immer weiter mit der Zunge liebkoste, wurde das schmerzliche Verlangen unerträglich. Sie grub die Nägel in seinen Rücken, zog ihn an sich und bäumte sich ihm entgegen.

»Jetzt, Simon, jetzt«, flehte sie und umfasste fest seine Schultern.

Er konnte nicht mehr widerstehen und legte sich auf sie. »Keine Angst, mein Liebling, ich lasse mir Zeit.«

Sie fühlte die Macht seiner Leidenschaft, und ihr ganzer Körper ließ sich von dem Ansturm der Gefühle mitreißen.

Als alles vorüber war, schluchzte Jo auf und brach in Tränen aus. Simon erstarrte. »Habe ich dir wehgetan, mein Liebling?«, fragte er, drückte sie an sich, streichelte ihr Haar und musterte besorgt ihr Gesicht. Er hatte ein schlechtes Gewissen, weil er sich von der Lust hatte mitreißen lassen und vergessen hatte, wie wenig Erfahrung sie besaß. Jo presste sich an ihn und weinte an seiner Brust. Simon, der sie weiter an sich schmiegte, war zum ersten Mal im Leben völlig ratlos. Nach einer Weile verebbten die Schluchzer. Jo blickte zu ihm auf, ein warmes Strahlen in ihrem Gesicht.

»Ich liebe dich. Ich liebe dich. Ich liebe dich. Ich hatte keine Ahnung, wie es sein würde ... und ich hätte nie mit solch tiefen Gefühlen gerechnet«, schluckte sie und lachte trotz ihrer Tränen.

Erleichtert küsste Simon erneut ihre heißen Lippen.

»Ich liebe dich über alles, Jo, und ich will, dass du für den Rest deines Lebens so empfindest.«

Jo küsste ihn ebenfalls und griff dann, plötzlich schüchtern, nach der Bettdecke. Simon half ihr, sie hochzuziehen, und drückte sie dann fest an sich. Wohlbehalten in seine Arme gekuschelt, fing Jo an zu erzählen.

Während die Sonne hoch über den Palmen stand und süßer Orchideenduft durch die offene Balkontür hereinwehte, sprachen sie über ihre Zukunft, ihr gemeinsames Leben, über ihre Hochzeit, Charlies Krankheit und die Ställe. Nach einer Weile schliefen sie ein.

In den nächsten idyllischen Tagen erkundeten Jo und Simon die Insel. In einem Mietwagen fuhren sie auf gewundenen Straßen durch die üppig grüne Tropenlandschaft, entdeckten einen abgeschiedenen Strand, wo sie sich unter Palmen liebten, und tollten im klaren grünen Wasser herum. Die paradiesische Umgebung steigerte ihre Leidenschaft noch.

Am Tag darauf besuchten sie die Wochenmärkte, wo Jo geschnitzte Vögel für Elaine, T-Shirts für Bertie und Charlie und eine aus einer Muschel gefertigte Brosche für Nina kaufte. Anschließend sahen sie im Park einer polynesischen Tanztruppe zu.

Abends ließen sie sich immer wieder von den berühmten hawaiianischen Sonnenuntergängen verzaubern, bei denen sich feurige Sonnenstrahlen wie ein Strahlenkranz über den Himmel erstrecken und die Welt in einen roten, orangefarbenen und goldenen Schein tauchen. Bevor die Sonne endgültig am Horizont versinkt, hüllt sich die Landschaft in ein bläuliches Licht.

Ihr Abendessen verspeisten sie im Freien, begleitet vom Plätschern der Wellen, und sahen einander über den mit Kerzen geschmückten Tisch an. Im Hintergrund spielte leise polynesische Musik, und lautlose Kellner servierten ihnen köstliche Fischgerichte und tropische Früchte. Der Duft von Frangipani wehte durch die warme Luft. Anschließend tanzten sie, leidenschaftlich aneinandergepresst, in die Nacht hinein, zogen sich später in Jos Zimmer zurück und liebten sich, bis die Sonne aufging.

»Du hast etwas so Berauschendes an dir, dass man dich in Flaschen abfüllen sollte«, flüsterte Simon und küsste Jo.

Es war der letzte Tag ihres Kurzurlaubs, und sie lagen nebeneinander in dem großen Doppelbett. Durch das Fenster strömte die Sonne herein. Jo schlief tief und fest. Ihre blonden Wimpern ruhten auf ihren Wangen, die vor Glück gerötet waren.

Die Zeit zur Abreise war gekommen. Nachdem sie sich

überschwänglich bei Connie und Will bedankt hatten, stiegen sie in das winzige Flugzeug, das sie zurück in den Alltag bringen würde.

»Ich liebe dich von ganzem Herzen. Ich bin so aufgeregt und will dir meine Welt zeigen«, rief Jo und lehnte sich auf der Heimfahrt vom Kingsford-Smith-Flughafen in Sydney müde, aber zufrieden im Taxi zurück.

»Und ich freue mich darauf, alles zu sehen«, erwiderte Simon und seufzte zufrieden auf. »Meine geliebte Jo«, murmelte er und streichelte ihr das Haar, während der Wagen in Richtung Coogee rollte.

Suzie Wong auf dem Arm, begrüßte Nina sie an der Eingangstür. Sie küsste Simon höflich auf die Wange. Da begann der wuschelige weiße Pudel zu zappeln und dem Besucher wild kläffend das Gesicht abzulecken. Im nächsten Moment kam der alte Sam die Treppe hinuntergetrottet, und um das Durcheinander komplett zu machen, läutete ausgerechnet in diesem Moment das Telefon.

»Hallo, Sam«, meinte Jo und bückte sich, um den Hund zu umarmen. »Hoffentlich fühlst du dich im Hause Kingsford gebührend aufgenommen«, rief sie Simon zu, um den Radau zu übertönen, und schob ihn ins Haus, wo ihnen der Duft von Kaffee und Croissants entgegenschlug.

»Absolut«, entgegnete Simon schmunzelnd.

Suzie Wong sprang von Ninas Arm und lief ihnen bellend zwischen den Füßen herum, sodass sie beinahe über sie gestolpert wären. »Am besten zeigst du ihm sein Zimmer, Jo. Wenn ihr euch frisch gemacht habt, können wir eine Tasse Kaffee trinken. Bestimmt habt ihr schon riesigen Kaffeedurst. Mir geht es immer so nach einem langen Flug.«

Zwanzig Minuten später saßen Simon und Jo frisch geduscht und in sauberen Kleidern am Tisch, taten sich an einigen Tassen kochend heißem schwarzem Kaffee gütlich und fühlten sich schon bald gestärkt.

»Ich dachte, ich führe Simon zuerst in den Ställen herum«, meinte Jo und steckte das letzte Stück Croissant in den Mund. Ihr wurde klar, wie sehr sie die Pferde vermisst hatte. »Wenn wir anschließend Lust haben, besuchen wir Dad und machen danach mit Sam einen Strandspaziergang.«

»Sicher, mein Kind. Aber du darfst Simon an seinem ersten Tag nicht überanstrengen. Man könnte fast sagen, dass sie im Stall wohnt«, fügte Nina mit verschwörerischer Miene an Simon gewandt hinzu. »Das schafft er schon, Mum. Oder?« Jo legte den Arm um Simon und klimperte mit den Wagenschlüsseln. Nachdem Simon sich bei Nina bedankt hatte, standen die beiden auf und gingen hinaus zum Auto.

Nina blickte ihnen versonnen nach. Zu ihrer Überraschung war Simon ihr auf Anhieb sympathisch gewesen. Der junge Mann hatte Benehmen und war gut angezogen und redegewandt. Dass die beiden offensichtlich glücklich miteinander waren, erinnerte sie an ihre Anfangsjahre mit Charlie. Doch obwohl sie sich für ihre Tochter freute, hoffte sie insgeheim, dass Simon doch nicht die Liebe ihres Lebens war. Ihr graute bei dem Gedanken, dass Jo für immer nach England gehen könnte.

Sobald Jo den ersten Fuß in den Stall setzte, ging schlagartig eine Veränderung mit ihr vor. Ein wenig besorgt beobachtete Simon, dass sich seine leidenschaftliche Geliebte in eine tüchtige und energische Geschäftsfrau verwandelte. Er hörte zu, wie sie mit Pete sprach, als wäre sie nie fort gewesen, die Pferde begrüßte und mit Gloria den Rennplan erörterte. Dabei fragte er sich, wo der zarte Schmetterling geblieben war, der bebend in seinen Armen gelegen hatte. Allerdings wusste Simon, dass er diese Frau, die ihm so viel bedeutete, nur halten konnte, wenn er sich mit ganzem Herzen auf ihre Welt einließ. Also tat er, was in seiner Macht stand, begleitete sie jeden Tag frühmorgens zur Bahnarbeit, half ihr beim Ausmisten und fuhr mit ihr in die Reha-Klinik, um Charlie zu besuchen.

Inzwischen konnte Charlie bereits einige Zeit sitzend verbringen, seine Gebrechlichkeit und sein Geisteszustand erschreckten Simon dennoch. Jo hatte ihm nie erzählt, wie schwer ihr Vater von dem Schlaganfall betroffen war und dass er nur wirres Zeug redete. Dennoch entging ihm nicht, wie sehr Vater und Tochter einander liebten. Nach diesen Besuchen ertappte Simon sich dabei, dass er auf die Nähe zwischen den beiden eifersüchtig war.

Die Tage rauschten vorbei wie im Fluge. Jo nahm Simon mit zu verschiedenen Rennen auf dem Land und auf die Rennbahn von Sydney und flog an einem Wochenende sogar mit ihm nach Flemington bei Melbourne. Simon beobachtete sie bei der Arbeit und merkte, wie sehr sie ihre Pferde liebte und dass die Tiere sie ebenfalls vergötterten. Das wahre Verständnis für ihre Leidenschaft fehlte ihm jedoch. Außerdem fiel ihm auf, welchen Respekt die Mitarbeiter der Kingsford Lodge ihr entgegenbrachten.

»Unsere Jo hat Mumm in den Knochen«, sagte Archie, wie immer mit breitem schottischem Akzent. Beim Sprechen bewegte er kaum die Lippen. »Es ist nicht einfach, wenn man sich ständig mit Vorurteilen gegen Frauen herumschlagen muss, aber sie gibt nicht auf. Stur wie ein Esel ist sie, doch darin ähnelt sie ihrem Vater.«

Simon nickte. Archie erinnerte ihn in vielem an Neddy, den Besitzer der Orion-Ställe, in dessen Blick er dieselbe Hochachtung wider Willen gesehen hatte.

»Nun, offenbar bist du fest dazu entschlossen, dich in einer Männerwelt durchzusetzen«, meinte Simon am Ende eines besonders anstrengenden Arbeitstages.

»Bist du unter die Machos gegangen? Seit wann sind Pferde eine Männerwelt?«, fragte Jo mit einem schiefen Grinsen, während sie noch einmal einen prüfenden Blick in jede Box warf. Sie waren allein in den Ställen. Nur das Scharren der Pferde war zu hören.

»Stimmt das etwa nicht?«, zog Simon sie auf. Dann wirbelte er sie im Kreis herum und küsste sie.

»Nein«, entgegnete Jo und machte sich los. Wie immer empfand sie seine Nähe als erregend. »Ich muss die Futterbehälter kontrollieren. Eines der Mädchen hat das falsche Futter bestellt und schon angefangen, es an die Pferde zu verteilen.«

Simon unterdrückte seinen Ärger und ließ sie los. Missmutig folgte er ihr in die große Scheune, in der das Heu gelagert wurde. Er sah zu, wie sie einen Blick in jeden Futtersack warf und ihn auf einer Liste abhakte. Er konnte der Versuchung nicht widerstehen, schlang die Hände um ihre Taille und küsste ihren Hals.

»Es ist niemand hier, und diese Heuballen sehen ausgesprochen einladend aus«, meinte er, halb im Scherz.

Aber Jo brummte nur etwas und machte sich los.

»Verdammt, Jo, bist du denn immer im Dienst? Seit wir in Sydney sind, haben wir nicht mehr miteinander geschlafen«, brach es aus ihm heraus. »Was ist aus dem wunderschönen Mädchen geworden, mit dem ich auf Hawaii war?«

Jo hielt inne, und ihr Stift verharrte in der Luft.

»Sie ist hier«, erwiderte sie leise. Stift und Block landeten klappernd auf dem Betonboden, als sie Simon umarmte.

»Wirklich?«, keuchte Simon und küsste sie feurig.

Jo erwiderte seinen Kuss leidenschaftlich und liebevoll. Ihre aufgestauten Gefühle brachen sich Bahn, sie schmiegte sich an ihn und genoss seine Erregung. Einige kurze Sekunden waren sie wieder in ihrem Tropenparadies. Dann wieherte ein Pferd in seiner Box, und Jo kehrte schlagartig in die Wirklichkeit zurück. Es gab noch viel zu tun, bevor sie nach Hause fahren konnten. Mit einem Seufzer trat sie zurück.

»Ich muss noch viel erledigen, mein Schatz. Dann fahren wir mit Sam an den Strand«, meinte sie.

Widerstrebend gab Simon sie frei.

»Es ist zwecklos, gegen den Strom zu schwimmen«, sagte er sich, als er ihr zum Büro folgte. Zumindest hatte er Gelegenheit gehabt, sich zu vergewissern, dass es das Mädchen, das er liebte, noch gab.

Am nächsten Wochenende fuhr Jo mit Simon nach Dublin Park. Sie hatte sich von Archie zu einer Pause überreden lassen, und außerdem sehnte sie sich danach, mit Simon allein zu sein. Also beschloss sie, ein paar Tage dranzuhängen. Sie freute sich darauf, Simon ihrer Großmutter vorzustellen, und plante einen Ausritt zu zweit.

»Ich möchte mit dir an meiner Seite reiten, wohin der Wind uns trägt. Nicht mit einem Kilometer Abstand wie bei Frances Jagd«, verkündete Jo am Samstag beim Frühstück und grinste Simon fröhlich an. Ein ganzer ungestörter Tag lag vor ihnen.

»Eine gute Idee«, erwiderte Simon und erinnerte sich daran, wie viel Selbstbeherrschung es ihn gekostet hatte, an jenem eiskalten Morgen nicht einfach zu Jo hinüberzureiten.

Da er es kaum erwarten konnte, endlich mit Jo allein zu sein, stand er auf. Elaine, die Simon auf Anhieb sympathisch gefunden hatte, schlug vor, sie sollten doch belegte Brote einpacken und in die Berge reiten.

»Dort oben gibt es einige idyllische Reitwege, und die Pferde kennen sich gut aus«, meinte sie lächelnd und wartete, bis sie die beiden ehemaligen Rennpferde gesattelt hatten, die sie sonst an den örtlichen Ponyclub vermietete. Sie war froh, ihre Enkelin so glücklich zu sehen. Ein Leuchten schien von Jo auszugehen, und wenn Simon der Grund dafür war, konnte das ihrer Großmutter nur recht sein.

Die Wiesen waren üppig grün. Jo und Simon ritten in gemächlichem Schritttempo dahin. Libellen schwirrten über den Pfad, und die stille und malerische Landschaft erschien ihnen wie ein Paradies. Schließlich verließen sie das offene Gelände und ritten einen steinigen Weg hinauf, der sich zwischen hohen Eukalyptusbäumen hindurchschlängelte. Sonnenstrahlen fielen durch die Blätter, beschienen die Äste und brachten den von den letzten Regenfällen noch nassen Boden zum Glitzern. Vögel saßen gut versteckt in den Zweigen und sangen ihr Lied. Der Knall eines Peitschenvogels hallte durch den Busch. In der nächsten halben Stunde ritten sie abwechselnd im Trab oder umrundeten im Schritt vorsichtig große Felsbrocken. Die robusten trittsicheren Pferde kamen bergauf gut voran. Auf halbem Weg ließ die Steigung nach, sodass die Pferde in eine schnelle Gangart verfielen. Immer wieder brach das Sonnenlicht durch die Bäume. Jo und Simon preschten dahin und mussten dabei ständig herunterhängenden Zweigen oder hervorstehenden Baumwurzeln ausweichen. Die Hufe der Pferde donnerten auf dem ausgetretenen Pfad, und über ihnen wölbten sich die Baumwipfel wie ein grüner Baldachin. Endlich konnte Jo vor sich das offene Gelände unterhalb des Gipfels erkennen.

»Lass sie laufen«, rief sie und trieb ihr Pferd zum Galopp an. Sie stürmten aus dem Wald hinaus in den Sonnenschein. Ihre Wangen waren gerötet, und der Wind trieb ihr die Tränen in die Augen. Jeden Muskel ihres Körpers angespannt, jagte sie über die Weide. Hinter sich hörte sie das Hufgetrappel von Simons Pferd. Bald hatte er sie eingeholt, und sie galoppierten Seite an Seite den Bergrücken entlang.

»Wohin der Wind uns trägt«, juchzte Jo, und die frische Brise verwehte ihre Worte. Sie war so glücklich, Simon zu lieben und diesen Moment mit ihm teilen zu können. Sie zügelte ihr Pferd, ließ es erst traben und dann im Schritt gehen, bis sie den Aussichtspunkt erreicht hatten.

»Wahnsinn«, jubelte Jo und hielt an.

Keuchend, mit klopfendem Herzen und mit einem Strahlen im Gesicht blickte sie sich zu Simon um.

»So oft habe ich davon geträumt, mit dir hier herauf zu reiten. Ich wollte, dass du meine Welt in all ihrer Schönheit siehst, nicht nur die Stadt.«

Auf der anderen Seite des Tals schimmerten grüne Wiesen im Sonnenlicht. Die Schatten der Schäfchenwolken huschten über den Boden, und in der Ferne erhoben sich Felsvorsprünge zwischen graugrünen Eukalyptusbäumen.

»Es ist atemberaubend«, rief Simon, die Zügel schlaff in

der Hand, und ließ den Blick über die dunstig blauen Hügel am Horizont schweifen.

Er fand die Aussicht malerisch, war allerdings von der Schönheit der Landschaft weder so hingerissen wie Jo, noch hatte er einen Sinn für die zarten Farbschattierungen des Buschlandes, auf die sie ihn während des Rittes hingewiesen hatte.

Auch die uralten Felswände erschienen ihm nicht besonders majestätisch. Für ihn waren sie nur unscheinbare graue Steine, die aus einem endlosen Meer von Eukalyptusbäumen ragten – seiner bisherigen Einschätzung nach die einzige Baumart, die es in Australien gab.

Ihn konnten diese runden Hügel einfach nicht so begeistern wie die einsame Idylle von Burnham Overy Staithe oder die gewundenen Landstraßen Norfolks, wo er – das wusste er – hingehörte. In diesen endlosen Weiten würde er sich wohl niemals heimisch fühlen. Er warf einen Blick auf Jos glückstrahlendes Gesicht und wünschte sich von ganzem Herzen, diesen Ort ebenso zu lieben wie sie.

Die beiden Pferde rieben die Nasen aneinander, und das von Simon machte einen Schritt vorwärts, um zu grasen.

»Warum rasten wir nicht hier?«, schlug er vor.

Rasch stieg er ab, ging mit seinem Pferd zu Jo hinüber, hielt ihre Zügel fest und half ihr aus dem Sattel.

»Das kann ich eigentlich selbst«, protestierte Jo mit einem liebevollen Lächeln und schwang das Bein über den Pferderücken.

»Ich weiß. Du bist überhaupt sehr selbstständig. Das Problem ist nur, dass ich die Finger nicht von dir lassen kann«, gab Simon zu.

Lachend fiel Jo ihm in die Arme. Nachdem sie ihre Reitkappe abgenommen hatte, schüttelte sie ihr Haar aus. Simon fuhr mit den Fingern durch ihre Locken, und ihr Puls beschleunigte sich merklich.

»Endlich allein«, flüsterte er und küsste sie zärtlich.

»Wir sollten die Pferde besser festbinden«, stieß Jo atemlos hervor. Sie nahm Simon die Zügel ab und band den Pferden die Vorderbeine zusammen, während er eine Decke im Gras ausbreitete. Dann lagen sie sich in den Armen und ließen sich auf die Decke sinken, wo sie einander entkleideten und sich hingebungsvoll küssten. Ihre Körper sehnten sich nach Vereinigung. Simon nestelte an der Schließe von Jos Büstenhalter und streichelte ihre Brüste. Sein Atem ging stoßweise. Schließlich gab er es auf, das Kleidungsstück öffnen zu wollen, streifte es ihr ungeduldig über den Kopf, küsste voller Begierde ihre Brust und spürte ihr Beben. Endlich waren sie nackt und liebten sich so wild und voller Lust wie auf Kauai. So eng umschlangen sie sich, dass sie nicht mehr wussten, wo ein Körper begann und der andere aufhörte. Simons Ängste lösten sich mit einem Mal in Wohlgefallen auf. Jo war noch immer die wunderschöne Frau, die er auf Hawaii geliebt hatte.

Endlich lagen sie, atemlos und verschwitzt, auf der Decke. Außer dem Klopfen ihrer Herzen und dem Summen der Bienen in den großen gelben Blumen war es ganz still. Simon drehte sich um und betrachtete Jo mit so viel Liebe im Blick, dass ihr die Augen feucht wurden.

»Manchmal glaube ich, vor lauter Liebe und Sehnsucht den Verstand zu verlieren«, sagte er, und seine Finger glitten über ihre warme, seidenweiche Haut. »Wenn ich dich anschaue, kann ich kaum an mich halten. Ich will dich jede Nacht in unserem eigenen Bett lieben und beim Aufwachen deinen Duft riechen, anstatt mich in dunklen Ecken, Heuschobern und im Gras mit dir zu wälzen.«

Jo streichelte sein Kinn.

»Mir gefällt die Situation auch nicht, Simon, aber du musst Geduld haben. Gib mir ein wenig Zeit. Dad macht große Fortschritte, aber er braucht mich. Du weißt doch, dass du meine große Liebe bist?«, fragte sie furchtsam.

Simon nickte, küsste sie und ließ sich auf den Rücken fallen. Jo betrachtete ihn, wie er nackt, zerzaust und unbeschreiblich begehrenswert dalag, und kicherte leise.

»Außerdem macht es Spaß, sich im Gras zu wälzen. Findest du nicht?«

»Nein, ich will mehr«, erwiderte Simon. Er versuchte sie spielerisch zu packen, griff aber ins Leere. Jo beugte sich vor und kitzelte ihn mit ihrem Haar an Gesicht und Brust, bis Simon sie am Arm fasste und zu sich hinunterzog.

»Nein, nein! Genug«, rief sie grinsend, was Simons Leidenschaft nur noch mehr schürte.

Im nächsten Moment gab sie den Widerstand auf, und ein schalkhaftes Lächeln umspielte ihre Lippen.

»Nimm mich, ich bin dein!«

Sie breitete die Arme aus, und sie liebten sich noch einmal, während die Sonne ihre Körper wärmte und die Pferde zufrieden in der Nähe grasten.

Danach ruhten sie entspannt nebeneinander. Jo beobachtete die Wölkchen, die über den klaren blauen Himmel glitten, und fühlte sich selig und zufrieden wie schon lange nicht mehr. Bienen summten im Klee, der Wind strich durchs Gras, und die Frühlingssonne schien warm, ohne sie zu verbrennen. Mit einem glücklichen Lächeln schmiegte Jo sich an Simon, der sie mit seinem Hemd zudeckte. Sie schliefen ein.

Zwei Stunden später erwachte Jo und setzte sich erfrischt auf. Liebevoll musterte sie den schlummernden Simon, streckte sich genüsslich und erinnerte sich an die Stunden der Liebe. Ihr Körper pulsierte noch immer. In seinen Armen fühlte sie sich ausgefüllt, begehrt und zufrieden. Vorsichtig machte sie sich los, zog sich an, ging zur Felskante und blickte über das wunderschöne Tal. Die Sonne wärmte ihre Beine, und in der Ferne ballten sich dunkle Wolken zusammen. Möglicherweise würde es heute noch ein Gewitter geben, doch bis dahin war der Nachmittag noch lang.

Simon, der von Jos Bewegung aufgewacht war, blieb mit

hinter dem Kopf verschränkten Armen liegen, sah sie an und konnte es kaum fassen, dass er von einem so traumhaft schönen Mädchen geliebt wurde. Rasch schlüpfte er in seine Kleider, trat lautlos hinter sie und schlang die Arme um ihren Körper. Sie roch wundervoll warm und erregend.

»Wie geht es der hinreißenden zukünftigen Mrs Gordon?«, fragte er.

Simons Worte ließen Jo vor Glück zerfließen. Sie drehte sich um, legte ihm die Arme um den Hals und blickte in seine liebevollen grünen Augen. Auf einmal war sie überzeugt, dass ihre Probleme sich von selbst lösen würden.

»Ich bin so unbeschreiblich glücklich«, murmelte sie und schmiegte sich an sein Hemd. »Und ich verhungere. Wir sollten etwas von den Sachen essen, die Gran für uns eingepackt hat.«

Nach dem Mittagessen stiegen sie, immer noch strahlend vor Liebe, wieder in den Sattel und verbrachten den restlichen Nachmittag damit, verschiedene Pfade abzureiten. Nur widerstrebend machten sie sich auf den Heimweg, als die Schatten länger wurden und die Welt golden im Abendlicht glänzte. Der Weg durch den Wald wirkte verwunschen wie im Märchen, und die untergehende Sonne hob die Konturen scharf hervor – Anzeichen eines sich nähernden Unwetters. Die hohen Bäume hoben sich vom feuerroten Himmel ab, und in der Ferne grollte der Donner. Als sie über die offenen Weiden in Richtung Dublin Park ritten, fielen erste Tropfen.

Jo konnte sich nicht so richtig freuen, als in den Ställen trotz ihrer Abwesenheit alles geklappt hatte wie am Schnürchen. Sie war enttäuscht, bis Pete ihr in einer ruhigen Minute anvertraute, sie seien zwar ohne sie zurechtgekommen, aber es habe ihnen etwas gefehlt.

»Es sind deine Kraft und dein Tatendrang, die uns antreiben«, sagte er.

Jo fühlte sich sofort viel besser. Auf dem Rückweg zum

Haus – Simon und sie waren beide mit dicken Aktenbündeln beladen, die über das Wochenende durchgeackert werden mussten – erzählte sie ihm von Petes Äußerung.

»Jeder ist ersetzbar. Daran sieht man erst, dass man gute Arbeit geleistet hat«, meinte Simon in schärferem Ton, als er eigentlich beabsichtigt hatte.

Seit der Rückkehr nach Sydney mussten sie in getrennten Zimmern schlafen, und seine Unzufriedenheit war ständig größer geworden. Außerdem ging ihm Bertie zunehmend auf die Nerven, der häufig zu Besuch kam und spitze Bemerkungen fallen ließ, mit denen er meist einen wunden Punkt traf. Simon hatte genug von Australien. Trotz der traumhaften Sonnenuntergänge und der endlosen Landschaft, die Jo ihm gezeigt hatte, wusste er, dass er niemals in ihrer Heimat leben könnte. Es war Zeit für die Abreise, und er wollte Jo mitnehmen.

»Warum lassen wir das mit der Hochzeitsfeier nicht und gehen einfach zum Standesamt? Dann fliegst du mit mir nach Hause. Wir können später feiern«, schlug er vor und hielt Jo, die gerade die Tür öffnen wollte, am Arm fest.

Jo drehte sich lachend zu ihm um.

»Das meinst du doch nicht im Ernst.« Zu ihrem Entsetzen war es aber kein Scherz. »Das könnte ich Mum niemals antun. Sie hat in letzter Zeit so viel durchgemacht, da darf ich ihr nicht auch noch die Hochzeitsfeier verderben. Sie kann es kaum erwarten, ein großes Fest zu planen. Außerdem dachte ich, dass dir das Datum im Dezember recht ist.«

Angesichts seiner verkniffenen Lippen wurde ihr flau.

»Warum sprechen wir nicht mit Mum darüber?«, sagte sie deshalb rasch und drehte den Schlüssel um.

»Hallo, Schatz, wir sind im Wohnzimmer«, rief Nina vergnügt.

Nina und Bertie waren gerade beim Aperitif.

»Hallo, Schwesterherz. Na, immer noch Spaß am frühen Aufstehen, alter Knabe?«, meinte Bertie, prostete Simon mit seinem Drink zu und nahm sich ein paar gesalzene Cashewkerne aus der Schale, die neben ihm stand.

»Man gewöhnt sich an alles«, entgegnete Simon ruhig und lächelte Nina zu. Er konnte Bertie auf den Tod nicht ausstehen, und es kostete ihn Mühe, nicht auf seine Sticheleien zu reagieren.

»Wir haben gerade über das Hochzeitsdatum geredet«, begann Jo rasch, die Simons Ärger spürte. »Wir dachten dabei an einen Termin Anfang nächsten Jahres. Dad macht gute Fortschritte und müsste bis dahin auch ohne mich zurechtkommen. Was glaubst du?«

Sie wartete ab und rechnete mit Widerspruch von Nina, da diese nicht in die Beratungen einbezogen worden war. Doch die Antwort ihre Mutter entpuppte sich als positive Überraschung.

»Das klingt großartig, Liebling, obwohl ich nicht zu viel Hoffnung haben würde, dass dein Vater so rasch wieder gesund wird. Aber mit meinen Plänen würde es sich wunderbar decken.«

»Was für Plänen?«, wunderte sich Jo. Simons Miene verdüsterte sich zusehends.

»Ja, mein Kind. Komm, setz dich, wir müssen miteinander reden. Bertie, gib den beiden etwas zu trinken.« Nina klopfte auf die Armlehne des Sessels neben sich.

Jos Magen krampfte sich ängstlich zusammen. Ihre Mutter verhielt sich verdächtig ruhig und vernünftig. Sie legte Akten und Handtasche auf den Boden, nahm in dem riesigen Sessel Platz und bemühte sich, nicht besorgt zu wirken.

»Es gibt einen Kaufinteressenten für die Ställe, und wir haben beschlossen, sein Angebot anzunehmen«, verkündete Nina und trank einen Schluck gekühlten Weißwein.

Jo sprang auf.

»Keine Szene!«, fuhr Nina rasch fort. »Bertie und ich haben während eurer Abwesenheit alles gründlich erörtert. Aber glaube bloß nicht, dass wir hinter deinem Rücken gearbeitet haben, denn das stimmt nicht. Das Angebot kam erst am Samstag, und heute ist die erste Gelegenheit, sich zusammenzusetzen. Bertie und ich sind uns einig, dass das unter den gegebenen Umständen die beste Lösung ist.«

»Die Ställe verkaufen – das darfst du nicht, Mum.« Jo war wie vor den Kopf geschlagen. Aufgebracht wirbelte sie zu ihrem Bruder herum. »Das hast du ihr eingeredet. Du hast die Ställe schon immer gehasst. Was für einen schwachsinnigen und juristisch unausgegorenen Hokuspokus hast du Mum diesmal vorgebetet?«

»Lass deinen Bruder in Ruhe, Jo. Niemand hat mir etwas vorgebetet. Ich bin durchaus in der Lage, selbst Entscheidungen zu treffen, und diese hier erscheint mir sinnvoll. Insbesondere deshalb, weil du vorhast zu heiraten und ans andere Ende der Welt zu ziehen.«

»Da hat sie recht«, sagte Simon und legte Jo beruhigend die Hand auf die Schulter.

Zornig machte Jo sich los. – »Nein, hat sie nicht. Der Rennstall hält Dad am Leben.«

»Er ist ein Mühlstein um Mums Hals, verdammt«, mischte sich Bertie ein, den Jos Vorwürfe wurmten. »Außerdem schreibt er nur rote Zahlen. Seit Dad die Kingsford Lodge nicht mehr leitet, haben die Leute das Vertrauen verloren.«

Bertie steckte eine Handvoll Nüsse in den Mund und dachte dabei an das ordentliche Sümmchen, das er als seinen Anteil am Verkauf einstreichen würde. Damit würde er seine Spielschulden bezahlen, und wenn er den Rest geschickt anlegte, würde er finanziell um einiges besser dastehen als mit der jämmerlichen Aufstockung seines monatlichen Schecks, die er seinem Vater abgeschwatzt hatte.

»Halt den Mund, Bertie«, brüllte Jo. »Du weißt nicht, wovon du redest. Schließlich hast du seit Dads Unfall keinen Fuß in den Stall gesetzt.«

»Es spricht sich herum«, entgegnete Bertie. »Du musst realistisch sein, Jo. Dad wird nie wieder die Kingsford Lodge leiten. Und du bist eine Frau. Es wäre das Sinnvollste, das Geld so anzulegen, sodass Mum sich ohne finanzielle Sorgen um Dad kümmern kann, falls er nach Hause kommt.«

»Was meinst du mit *falls?«*

»Die Ärzte sagen, dass er möglicherweise in ein Pflegeheim muss«, erwiderte Nina erschöpft.

»Warum?« Jo setzte sich erschrocken.

Betreten nestelte Nina an ihrem schweren Silberarmband herum und wich dem Blick ihrer Tochter aus.

»Ich wollte es dir erzählen, nachdem wir über die Ställe gesprochen haben, mein Kind. Die Ärzte machen sich große Sorgen um deinen Vater, und zwar wegen seiner Sprachstörung. Sie befürchten, er wird sich nicht mehr erholen oder lernen zu sprechen. In diesem Fall wäre er dauerhaft auf fremde Hilfe angewiesen.« Sie hielt inne. »Das Ausmaß seiner Hirnschäden ist nicht mit Sicherheit feststellbar«, fügte sie widerstrebend hinzu.

»Damit will sie sagen, dass Dad vielleicht nicht mehr ganz richtig im Kopf ist«, fügte Bertie der Genauigkeit halber hinzu.

Jo sah ihn finster an.

»Diesen Unsinn glaubst du nicht im Ernst, Mum«, höhnte sie. »Denkst du wirklich … Er wird wieder gesund.«

Im nächsten Moment kam ihr ein schrecklicher Gedanke.

»Du hast das Angebot doch nicht schon angenommen?«

»Mein Entschluss steht fest. Der Rennstall wird verkauft. Den Rest besprechen wir später«, antwortete Nina rasch und warf Simon einen verlegenen Blick zu.

Das Telefon läutete.

»Das ist sicher Joan«, rief Nina aus und eilte erleichtert aus dem Zimmer.

»Verdammt, Bertie! Hast du Mum zu diesem Unsinn überredet?«, zischte Jo und baute sich zornig vor ihrem Bruder auf.

»Ich halte es für die einzig vernünftige Lösung … Lass mich

in Ruhe! Nein, habe ich nicht!«, schrie er auf, als Jo ihn heftig an den Schultern packte und durchschüttelte.

Simon trank einen Schluck aus seinem Glas. Er musste Bertie widerstrebend zustimmen. Es war wirklich das Sinnvollste, die Kingsford Lodge zu verkaufen. Jo würde dann keinen Grund mehr haben, in Australien zu bleiben. Als hätte Jo Simons Gedanken gelesen, wich sie einen Schritt zurück. An ihren Armen stellten sich die Härchen auf.

»Ich brauche frische Luft«, japste sie, das Zimmer erschien ihr plötzlich stickig. Mit diesen Worten stürzte sie hinaus.

»Was hältst du davon, mein Freund? Oder traust du Jo zu, allein einen erfolgreichen Rennstall zu betreiben?«, sagte Bertie zu Simon und wischte sich ein paar Nusskrümel vom Hemd.

»Im Moment tut sie es doch auch«, entgegnete Simon barsch.

Es kostete ihn Überwindung, diesem kleinen Mistkerl Bertie nicht eine runterzuhauen. Er machte sich auf die Suche nach Jo und fand sie neben dem Fischteich, wo sie wütend auf und ab lief.

»Sie darf die Ställe nicht verkaufen, sie darf es einfach nicht. Damit wird sie Dad umbringen, denn er hätte dann keinen Anreiz mehr, gesund zu werden.«

Jo verschränkte die Arme vor dem Körper.

»Sie wollen ihm seinen Lebensinhalt wegnehmen.« Verzweifelt sah sie Simon an. »Was soll ich tun, Simon? Wie kann ich das verhindern? Dad geht es besser. Er versteht alles, was ich sage, er kann nur nicht sprechen. Die Ärzte irren sich.«

Sie griff nach seinen Händen und schüttelte sie, als könnte das etwas ändern.

»Es spielt keine Rolle, ob sie sich irren oder nicht. Du musst dein eigenes Leben führen, und jetzt hast du endlich die Chance dazu«, erwiderte Simon und musterte sie forschend. »Du hast ein großes Herz, mein Schatz, und würdest am liebsten die ganze Welt retten.«

Ruckartig ließ Jo Simons Hände los, als hätte sie sich daran verbrannt.

»Irgendetwas ist faul an der ganzen Sache. Offenbar glaubst du auch, er hätte nicht mehr alle Tassen im Schrank, richtig? Bitte, nicht auch du!« Trauer verdüsterte ihren Blick. »Ich darf ihn nicht im Stich lassen. Die Hochzeit müssen wir verschieben, bis das Durcheinander geklärt ist.«

Simon schüttelte sie. »Jo, hör auf!«, befahl er. »Wann denkst du endlich einmal an uns? Wann sind wir an der Reihe? Du kannst die Vergangenheit nicht ungeschehen machen und dich für deine Eltern aufopfern. Sie werden ihre Probleme selbst lösen müssen. Werde meine Frau, Liebling. In Norfolk waren wir glücklich. Lass uns Anfang nächsten Jahres heiraten, wie geplant. Ich könnte mir freinehmen. Dann kaufen wir das alte Pfarrhaus und fangen endlich an zu leben. Ich könnte meine Familie, also alle zusammen, zur Hochzeit nach Australien holen.« Er lachte rau auf. »Dann werdet ihr sehen, was wirklich ein Durcheinander ist.«

»Du musst mir Zeit geben«, flehte Jo, und ihre eigenen Worte hallten ihr in den Ohren wie eine Totenglocke. »Ich muss Mum davon überzeugen, den Stall nicht zu verkaufen. In einem halben Jahr kann Dad sicher sprechen und sich besser bewegen und sich vielleicht sogar um die Bahnarbeit kümmern.« Hoffnung lag in ihrer Stimme. Simon erstarrte.

»Wie viel Zeit brauchst du denn noch? Bis es ihm besser geht! Wann wird das sein? In sechs Monaten vielleicht? Und was ist, wenn er sich gar nicht mehr erholt?«, gab er ärgerlich zurück und ließ Jo los.

»Er wird sich erholen«, schrie sie. »Warum können wir nicht einfach in Australien leben?«

»Das haben wir tausendmal durchgesprochen. Du weißt, dass es mit meiner Karriere aus und vorbei ist, wenn ich bei der Bank kündige«, entgegnete Simon ungeduldig. »Warte ein paar Jahre. Und wenn du dann immer noch hierher ziehen willst, brechen wir eben unsere Zelte ab und tun das.«

Wie er ihr bereits erklärt hatte, gab es eine mündliche Vereinbarung mit seiner Bank, dass er für die nächsten drei Jahre an Bord bleiben würde, auch wenn ihm die Aussicht nicht sonderlich gefiel. Sein Onkel wollte ihn zum Vorstandsmitglied aufbauen. Doch es war weniger die Position, die ihn reizte. Nur aus Loyalität gegenüber seinem Vater hatte er sich überzeugen lassen, die Familientradition fortzuführen. Außerdem war es ein sicherer Posten, bei dem er genug verdienen würde, um seinen und Jos Lebensstandard zu sichern. Allerdings war es sicher möglich, in Australien eine ähnliche Stelle zu finden. Kurz geriet seine Entscheidung ins Wanken, aber die Vorstellung, das jüngste Vorstandsmitglied in der Geschichte der Bank zu werden, hatte etwas für sich. Vielleicht würde sich in fünf Jahren ja etwas Attraktiveres ergeben und ein Umzug nach Australien für ihn reizvoller werden.

Jo begann zu zittern. Es war, als stünde plötzlich eine unsichtbare Wand zwischen ihnen, und sie bekam es mit der Angst zu tun.

»Du verlangst von mir, dass ich meine Familie und meinen Beruf aufgebe und mit dir in dein Land ziehe, während du umgekehrt nicht bereit bist, das Gleiche für mich zu tun.«

Wieder begann sie, mit verschränkten Armen auf und ab zu laufen, um gegen die aufkeimende Furcht anzukämpfen.

»Ach, komm schon, Jo. Siehst du nicht, was du dir antust? Du kannst einfach nicht loslassen. Dabei hast du doch bewiesen, dass du in der Lage bist, allein einen Rennstall zu leiten. Und für deinen Vater wird schließlich gesorgt. Wir müssen an unsere eigene Zukunft denken.« Er wollte sie in die Arme nehmen, aber sie stieß ihn wütend weg.

»Was soll das heißen, ich kann nicht loslassen? Was für ein gönnerhafter Unsinn ist das?«, schimpfte sie.

»Ich wollte nicht, dass es gönnerhaft klingt. Ich liebe dich eben so sehr, dass ich schreckliche Angst habe, dich zu verlieren«, rief er niedergeschlagen. Ihm war klar, dass der Verkauf des Rennstalls nicht die herbeigesehnte Lösung brachte.

»Wie kannst du das nur glauben? Habe ich dir nicht wieder und wieder gezeigt, wie sehr ich dich liebe? Aber ich darf Dad nicht im Stich lassen, solange die Situation nicht geklärt ist.« Jo weinte.

Bedrückt steckte Simon die Hände in die Hosentaschen.

»Das weiß ich, und ich verstehe dich.« Plötzlich sah er die lange geleugnete Wahrheit ganz klar und deutlich. »Ich wünschte bei Gott, es wäre anders. Wie gerne wäre ich ein egoistischer Mistkerl und würde von dir verlangen, dass du sie alle zum Teufel schickst: Entscheide dich. Deine Eltern sollen sich selbst um ihre Probleme kümmern. Heirate mich morgen. Wir fliegen zurück nach England, kaufen das alte Pfarrhaus, gründen eine Familie, und ich baue dir hinter dem Haus einen Stall. Aber ich kann nicht, Jo ... Ich kann nicht, denn ich weiß, dass es einen Keil zwischen uns treiben würde.« Er hielt inne.

Jo wurde flau im Magen.

»Im Augenblick kannst du mich hier nicht brauchen, mein Liebling«, fügte er leise hinzu.

»Was soll das heißen, dass ich dich nicht brauche? Dir habe ich es zu verdanken, dass ich in diesem ganzen Durcheinander nicht den Verstand verloren habe.«

Sie krallte die Finger in sein Hemd, während sich eine eiskalte Hand um ihr Herz legte. Ohne die Hände aus den Taschen zu nehmen, trat Simon einen Schritt zurück und scharrte mit der Schuhspitze im Staub.

»Ich habe dir zugesehen, Jo, und zwar seit dem ersten Tag, an dem du mir die Kingsford Lodge gezeigt hast. Du wirst mit allem fertig – deinem Vater, deiner Mutter, dem Reitstall, mir und jeder Krise, die sich dir in den Weg stellt. Und außerdem liebst du das Leben, das du führst.« Seine Stimme erstarb. Er streckte die Hände nach ihr aus und ließ sie gleich wieder in einer hilflosen Geste sinken. »Wenn ich dich zwinge, zwischen mir und deinem Vater zu entscheiden, und die Folge davon wäre, dass er stirbt oder dass du die Ställe verlierst, würdest du mir das nie verzeihen. Bis das alles geregelt ist, gibt es keine Lösung für uns. Ich kann dir dabei auch nicht helfen, das musst du ganz allein tun. Etwas anderes bleibt dir nicht übrig. Ich wünschte wirklich, ich würde dich nicht so gut verstehen.«

Jo war leichenblass geworden.

»Sag so etwas nicht, Simon. Natürlich gibt es eine Lösung. Ich liebe dich über alles und will Tag und Nacht bei dir sein, deine Frau werden und Kinder mit dir haben. Das weißt du doch.« Ihr verzweifelter Ton zerriss Simon das Herz. »Aber wenn ich meinem Vater in die Augen schaue, erkenne ich Leben darin. Wir unterhalten uns ohne Worte. Ich bin die Einzige, die an ihn glaubt, Simon. Für die Schwestern ist er nur ein Patient mit einer Nummer. Und wie Bertie und Mum die Sache sehen, hast du ja gerade selbst erlebt. Wenn ich gehe, wird er aufgeben«, stieß sie mit einem erstickten Schluchzen hervor.

Sanft nahm Simon ihre linke Hand und strich mit den Fingern über den Ring mit dem Smaragd und den Diamanten.

»Ich weiß, mein Liebling, und deshalb kehre ich nach Hause zurück«, sagte er mit Trauer in der Stimme.

»Was soll das heißen?«, flüsterte sie und nestelte an ihrem Verlobungsring herum.

»Dass es im Moment nicht klappt mit uns, Jo. Versteh es nicht als Vorwurf, aber solange die Dinge so stehen, würde unsere Liebe daran ersticken. Ich kann dir nicht helfen. Außerdem muss ich zurück zur Arbeit und möchte wieder ein einigermaßen geregeltes Leben führen. Wenn du bereit bist, ruf mich an, und dann machen wir neue Pläne.«

Jo spürte einen eisigen Hauch und stellte sich der grausamen Wahrheit. Er hatte recht, ihr blieb nichts anderes übrig. Bei jedem ihrer Besuche in der Reha-Klinik sah sie aufs Neue, dass sie allein ihrem Vater Lebensmut gab. Außerdem musste sie nun um den Reitstall kämpfen. Und sie wusste, dass es ihr trotz ihrer großen Liebe zu Simon immer noch um die Anerkennung ihres Vaters ging. Sie wollte ihm beweisen, dass sie einen Rennstall leiten konnte. Sie wollte seinen Respekt erringen und als Trainerin ebenso erfolgreich werden wie er – obwohl sie eine Frau war. Eine kleine Ewigkeit betrachtete Jo Simons Hand. Dann nahm sie den funkelnden Ring vom Finger und hielt ihn ihm mit schmerzerfülltem Blick hin.

»Ich liebe dich und werde dich immer lieben. Aber ich weiß nicht, wie viel Zeit ich brauchen werde, und darf nicht von dir verlangen, dass du meinetwegen alles aufgibst«, sagte sie tonlos.

Simon blickte zwischen ihrem Gesicht und dem Ring hin und her.

»Mach es nicht so endgültig, mein Liebling. Ich werde dich auch immer lieben, und vielleicht kommt der Tag, an dem wir beide wieder zusammen sein können. Ruf mich an, wenn du mich brauchst. Ich bin immer für dich da.« Beschützend schlang er die Arme um sie und küsste die Tränen weg, die ihr die Wangen hinunterliefen. »Lass uns die letzten gemeinsamen Tage genießen.«

»Geh schon mal rein. Ich muss eine Weile allein sein«, flüsterte sie. Simon küsste sie zärtlich auf die Stirn und kehrte zurück ins Haus.

Jo wischte sich mit dem Handrücken über die Augen und blickte ihm nach. Sie konnte den Schmerz kaum ertragen. Mit den Fingern umschloss sie den Verlobungsring so fest, dass die Diamanten in ihre Hand schnitten.

Er hatte vielleicht gesagt, nicht sicherlich.

Die Fäuste an die Wangen gepresst, versuchte sie die Schluchzer zu unterdrücken, die tief aus ihrem Innersten aufstiegen. Gerade noch waren sie glücklich gewesen und hatten sich auf eine gemeinsame Zukunft gefreut. Nun war diese Zukunft ein Scherbenhaufen.

Am liebsten wäre sie Simon nachgelaufen, um ihm zu sagen, dass sie ihn heiraten und mit ihm ins nächste Flugzeug steigen würde. Zum Teufel mit den Folgen.

Dann sah sie das Gesicht ihres Vaters vor sich und erinnerte sich daran, wie seine Augen aufleuchteten, wenn sie ihm von den Ställen, den Pferden und lustigen alltäglichen Begebenheiten erzählte.

Beim Abschied packte er sie jedes Mal am Arm und murmelte dieselben drei Silben, die für ihre Mutter der Beweis dafür waren, dass er sich nie wieder erholen würde.

Für Jo jedoch bedeuteten sie, dass seine Sprache allmählich zurückkehrte.

Sie durfte ihn nicht im Stich lassen.

19

Zur Trauer über Simon blieb Jo kaum Zeit. Bereits am Tag nach dessen Abreise verletzte sich Arctic Gold an der linken Hinterhand, während Flighty Dame mitten im Galopp ein Hufeisen verlor. Außerdem ließ sich ihre Mutter zu Jos Verzweiflung nicht von ihrem Entschluss abbringen, die Kingsford Lodge zu verkaufen. Jo war wütend auf Bertie und befürchtete außerdem, dass noch mehr Besitzer ihre Pferde abholten, wenn sich die Absichten ihrer Mutter herumsprachen. Mit finsterer Miene stapfte sie durch die Ställe, verlangte bei der Arbeit auf der Rennbahn allen das Äußerste ab, schrie ihre Mitarbeiter an und wollte nicht einmal Pete erklären, warum sie so reizbar war.

Sie sehnte sich nach Simons Stimme und seinen Liebkosungen. Jede Nacht im Bett fragte sie sich, wie sie ohne ihn den nächsten Tag überstehen sollte. Und jeden neuen Morgen war ihr klar, dass sich an den Tatsachen nichts geändert hatte. Mit ihm telefonieren wollte sie nicht. Es hätte zu wehgetan, seine Stimme zu hören und nach dem Gespräch wieder allein zu sein. Was hätte sie ihm auch sagen sollen? »Ich liebe dich, ich möchte dich heiraten, aber wir müssen in Australien leben.« Das war sinnlos, solange keine Hoffnung auf eine Lösung bestand.

Mitte Dezember gab es wenigstens einen kleinen Lichtblick, denn Nina verkündete, der Kaufinteressent habe sein Angebot zurückgezogen.

»So ein Blödmann. Warum können diese Idioten ihre Finanzen nicht in Ordnung bringen, bevor sie ihre Mitmenschen verrückt machen?«, schimpfte sie. »Eine Vertragsunterzeichnung an Weihnachten wäre perfekt gewesen.«

Jo wandte sich ab, um ihre Erleichterung zu verbergen. »Ich glaube, ich fahre kurz zum Stall, um nach dem Rechten zu sehen«, meinte sie bemüht lässig.

Sie pfiff nach Sam, half ihm ins Auto und brauste los. Zu allem Überfluss beschwerte sich nämlich Nina seit einiger Zeit, der Hund würde nach Jo jaulen, wenn sie nicht zu Hause war. Deshalb nahm sie ihn inzwischen stets zur Arbeit mit. Winks hatte ihm einen Schlafplatz aus Holzlatten gezimmert und ihn mit alten Pferdedecken ausgepolstert. Die Kiste stand in der Ecke unter der Treppe, die zu seiner kleinen Wohnung über dem Stall führte. Sam lag zufrieden darin, beobachtete das Treiben und genoss die warmen Sonnenstrahlen.

»Wir behalten den Rennstall, Sammy«, jubelte Jo und konnte ihr Glück kaum fassen. Sie hupte, weil ein Lastwagen vor ihr ausscheren wollte. »Offenbar haben wir einen Schutzengel.«

Nachdem Jo zwei Stallburschen begrüßt hatte, die gerade die Pferde vom Nachmittagstraining zurückbrachten, eilte sie ins Büro, um Gloria nach den eingegangenen Anrufen zu fragen.

»Ach, zwei Besitzer aus Melbourne sind interessiert, ihre Pferde bei uns unterzustellen«, meldete Gloria und erklärte die Einzelheiten. Dann sah sie Jo forschend an. »Du machst heute einen glücklichen Eindruck.«

»Es ist ein schöner und sonniger Tag«, erwiderte Jo fröhlich, sah Glorias Notizen durch und war froh, dass sie das Kaufangebot nie erwähnt hatte. Es hätte Gloria nur beunruhigt.

Da Jo in Gedanken nun nicht mehr ständig mit dem drohenden Verkauf beschäftigt war, wuchs ihre Sehnsucht nach Simon. Sie vergaß sein mangelndes Verständnis für ihren Wunsch, Pferdetrainerin zu werden, und erinnerte sich lieber an seine Küsse und Umarmungen und an sein Versprechen, er werde immer für sie da sein. Wie gern hätte sie ihm von den täglichen kleinen Dramen berichtet, mit ihm gelacht, ihm von den neuen Pferden erzählt, sich nach seinem Leben erkundigt und vielleicht sogar ein bisschen mit ihm geträumt. Also sagte sie sich, dass es albern war, ihn aus Angst vor der Einsamkeit nach dem Gespräch nicht anzurufen. Am Weihnachtsabend konnte sie es nicht mehr aushalten und griff zum Telefon.

»Gordon«, meldete sich eine freundliche Frauenstimme mit sehr britischem Akzent. Jo konnte hören, dass im Hintergrund gefeiert wurde.

»Hallo, Mrs Gordon. Hier spricht Joanna Kingsford. Ich rufe aus Australien an.«

»Jo! Das ist aber eine reizende Überraschung. Wie geht es Ihnen in Australien?«

Jo lachte auf. Mrs Gordon war wirklich ausgesprochen nett und offen. Nachdem sie eine Weile geplaudert hatten, fragte Jo, ob sie Simon sprechen könne. Eine verlegene Pause entstand, und Jo vermeinte, ein leises Schniefen zu hören.

»Das hatte ich befürchtet«, sagte Mrs Gordon, deren Tonfall sich schlagartig verändert hatte.

Jo fühlte einen schmerzlichen Stich, und sie begann zu zittern. »Verzeihung, ich wollte nicht aufdringlich sein«, stammelte sie. Eine Reihe von Schreckensbildern schoss ihr durch den Kopf: Vielleicht war er wieder mit Lelia zusammen. Oder er hatte eine neue Freundin. Womöglich war er sogar tot.

»Nein, nein, es ist nichts Schlimmes passiert. Wir wissen nur nicht, wo er steckt«, erklärte Mrs Gordon rasch. »Ständig sage ich mir, dass wir es schon erfahren würden, wenn ihm etwas zugestoßen wäre.«

Wieder entstand eine Pause, und Jo war überzeugt, dass Mrs Gordon weinte.

»Er kam nach Hause und erzählte uns, dass ... nun ... dass Sie in Australien bleiben müssten und so weiter. Es hat mir sehr leid getan, das zu hören, meine Liebe. Und dann meinte er, er müsse in Ruhe nachdenken und versprach, sich zu melden. Seitdem ist er wie vom Erdboden verschluckt. Ich habe auf einen Anruf gewartet, aber kein Wort. Doch es dauert sicher nicht mehr lang.«

Jo blieb fast das Herz stehen.

»Es ist wirklich merkwürdig«, sprach Mrs Gordon weiter. »Wir haben einen riesigen Mistelzweig gekauft, weil er jedes Jahr die große Lampe in der Vorhalle damit schmücken wollte. Seltsam, den Jungen an Weihnachten nicht hier zu haben, aber damit muss man sich eben abfinden. Sicher klärt sich alles auf«, beendete sie stockend den Satz.

Jo wusste nicht, was sie sagen sollte. Er hatte versprochen, immer für sie da zu sein, und nun war er verschwunden. Er hatte sich einfach aus dem Staub gemacht.

»Ach, du meine Güte. Trotzdem: Fröhliche Weihnachten«, meinte sie betreten und legte auf.

Wie hatte sie nur annehmen können, dass ihre Liebe die große Entfernung überdauern würde? Vielleicht war es nur eine Urlaubsliebelei gewesen. Allerdings war sie in ihrem tiefsten Inneren von der Tiefe seines Gefühls überzeugt. Bedrückt machte sich Jo wieder ans Einwickeln ihrer Weihnachtsgeschenke.

Einige Tage später saß Jo traurig am Tisch auf der Veranda und ließ den Blick über den Garten schweifen. Die Sommersonne brannte heiß auf ihre Wangen. Seit dem Anruf bei Simons Eltern hatte sie keine Träne vergossen, obwohl ihr Mrs Gordons Mitteilung schwer zu schaffen machte. Ihre Mutter hatte die Episode als typisch für die Jugend von heute abgetan und war losgefahren, um Joan zu besuchen. Der alte Sam lag mit der Schnauze auf Jos Fuß und schlief. Sie fühlte sich durch seine Wärme getröstet.

Lustlos spielte sie mit einem angebissenen Brötchen herum, das in der Sonne bereits trocken wurde. Gestern hatte Archie fünf seiner acht Rennen gewonnen, und in der vergangenen Woche hatten zwei weitere Besitzer ihre Pferde bei ihnen eingestellt. Dennoch konnte Jo sich nicht freuen. Sie sehnte sich nach Rick, wollte mit ihm über Simon und ihre Trauer sprechen. Sicher hätte er sie aufgemuntert und ihr gut zugeredet. Obwohl sie mittlerweile selten an ihren Bruder dachte, kam er ihr in letzter Zeit wieder häufiger in den Sinn. Letzte Woche hatte sie sich sogar dabei ertappt, wie sie sich umdrehen und ihn etwas fragen wollte. Sie war sich ziemlich albern vorgekommen, fühlte sich aber seltsamerweise irgendwie getröstet. Auch Sam verhielt sich anders als sonst. Normalerweise döste er in der Sonne, nachdem sie ihn gefüttert und ihm seine Herztabletten und die Entzündungshemmer gegen die Arthritis gegeben hatte. Doch seit einiger Zeit folgte er ihr auf Schritt und Tritt durchs Haus oder kuschelte sich, so wie heute Morgen, eng an sie. Es war, als spürte er, wie schlecht es ihr ging.

»Ich liebe ihn, ich liebe ihn über alles, Sam«, flüsterte sie, Simons lachendes Gesicht deutlich vor Augen.

Salzige Tränen flossen ihr lautlos über die Wangen und tropften ihr auf den Schoß. Sam rappelte sich auf, legte die Schnauze auf ihr Knie und leckte ihr winselnd die Hand.

»Alles in Ordnung, Sam, alles in Ordnung, du alter Dummkopf«, schluchzte sie und schmiegte kurz das Gesicht in das Fell des Hundes. Sam versuchte, ihr die Tränen wegzulecken, was diese jedoch nur umso schneller fließen ließ.

Jo streichelte Sam, richtete sich auf und blickte zu dem großen Eukalyptusbaum hinüber, dessen längliche graugrüne Blätter im Wind raschelten. Inzwischen hatte sie das Brötchen völlig zerkrümelt. Sam drehte sich zweimal um die eigene Achse und ließ sich mit einem Grunzen wieder auf Jos Füße fallen. Jo lachte schluchzend auf. Im nächsten Moment sah sie etwas Rotes aufblitzen, und ein Pennant-Sittich schoss durch den Garten und in den Baum, wo er auf einem dünnen Ast sitzen blieb. Der Vogel war Teil eines Pärchens, das jedes Jahr an diesen Platz zurückkehrte. Joey und Chloe hatte sie die beiden genannt. Vermutlich war das Joey, denn Chloe, das Weibchen, war ziemlich scheu. Wieder wurden ihre Augen feucht bei der Erinnerung daran, wie sie Simon die Vögel gezeigt hatte. Er hatte das alte Blechtablett ausgebessert, das als Futterplatz diente, und es wieder oben unter das Verandadach gehängt, wo die Katzen aus der Nachbarschaft es nicht erreichen konnten. Jo warf ein paar Brösel in Richtung Geländer und rief leise. Joey kam herangeflogen. Er ließ sich auf dem Geländer nieder, neigte den Kopf zur Seite und betrachtete sie aus einem seiner schwarzen Knopfaugen.

Vorsichtig stand Jo auf, näherte sich dem Vogel und streckte die Hand aus. Manchmal hüpfte er darauf, doch heute schlug er mit den Flügeln und flatterte auf einen Ast, wo er den Schnabel auf- und zuklappte und seinen unverkennbaren schrillen Ruf ausstieß. Da entdeckte Jo Chloe auf einem der Zweige. Ein Flügel hing schlaff herab, und sie hatte einige Schwanzfedern eingebüßt. Joey wollte ihr wohl zeigen, dass er sich Sorgen um seine Partnerin machte.

Von ihrem eigenen Elend abgelenkt, lief Jo ins Haus, um Vogelfutter zu holen, das sie auf das Blechtablett gab. Dann wartete sie ab und redete dabei beruhigend auf die Vögel ein. Joey hüpfte noch immer hin und her und beobachtete sie von seinem Ast aus. Nach einer Weile kam er heruntergeschossen, schnappte sich einen Schnabel voll Vogelfutter und kehrte zurück zu Chloe. In den nächsten zehn Minuten sah Jo zu, wie er immer wieder auf und ab flog und seine Partnerin fütterte.

Der Anblick der beiden wunderhübschen Geschöpfe tröstete sie. Sie gehörten hierher, in ihre Heimat, die sie selbst in ihrem Leid stets aufs Neue anrührte. Wie konnte sie fortgehen, um nach England zu ziehen?

Ende Dezember – Jo fühlte sich gerade etwas besser und zuversichtlicher – ließ Nina sich überreden, Charlie in ein Pflegeheim zu geben.

»Tu ihm das bitte nicht an«, flehte Jo, aber ihre Mutter ließ sich weder von Argumenten noch von Tränen erweichen.

»Du bist jung und liebst ihn, doch er wird nicht mehr gesund. Dein Dad wird nie wieder der Mann sein, den wir kannten«, sagte Nina mit unsicherer Stimme. Sie hatte lange mit sich gerungen. Ihr fehlte das blinde Vertrauen ihrer Tochter. »Die Ärzte finden, es ist das Beste für uns alle«, verkündete sie entschlossen.

Jo wusste, dass sie der Tag, an dem Charlie verlegt wurde, bis ans Ende ihrer Tage verfolgen würde. Als man ihn im Rollstuhl in sein modern eingerichtetes Zimmer schob, starb etwas in seinen Augen. Jo konnte es kaum ertragen, ihn anzusehen. Hilflos und verwundert starrte er sie an.

»Man wird sich gut um dich kümmern, Charlie, mein Schatz. Alles kommt in Ordnung. Wir besuchen dich, so oft wir können«, rief Nina, als spräche sie mit einem schwerhörigen Kind. Den Tränen nah, hauchte sie ihm einen Kuss auf die Wange.

Jack Ellis stand neben ihr. Er fand es entsetzlich, seinen Freund in diesem Zustand zu erleben, und war fest entschlossen, Charlies Familie nach Kräften zu unterstützen. Jo unterdrückte die Tränen und bückte sich, um ihren Vater zu küssen.

»Wehe, wenn du aufgibst, Dad«, befahl sie mit zusammengebissenen Zähnen und umfasste seine heile Hand so fest, dass er zusammenzuckte.

»Hör mir zu: Wir holen dich bald hier heraus«, versprach sie angespannt.

Wieder zu Hause, stürmte sie hinaus auf die Veranda. Sie hasste die ganze Welt und wünschte, sie hätte sich nicht so hilflos gefühlt. Während sie mit verschränkten Armen dastand und nachdachte, kam Joey herbeigeflogen, landete elegant auf dem Blechtablett und begann zu zwitschern. Kurz darauf erschien eine völlig genesene Chloe neben ihm und plusterte die knallroten Federn auf. Die beiden Vögel schnäbelten mit einem leise klappernden Geräusch. Beim Anblick dieser liebevollen Geste und angesichts der heilenden Kräfte der Natur wurde Jo wehmütig. Sie schwor sich, ihren Vater nach Hause zu holen, noch ehe das Jahr vorüber war.

Trotz ihres Elends hatte der Alltag Jo bald wieder. Archie gewann weiter Rennen um Rennen, während Pete ihr bei der Verwaltung der Ställe zur Hand ging. Obwohl die Anzahl der Pferde leicht abgenommen hatte, hatte Jo einen vollen Terminkalender. Die Pferde der Kingsford Lodge siegten bei Rennen in ganz Australien – in Brisbane, Tasmanien und Melbourne sowie bei einigen kleineren Provinzveranstaltungen.

Von dem Preisgeld kaufte Jo zwei hochwertige Einjährige und verliebte sich außerdem in ein schlaksiges Jungtier namens Sleeper. Der Kleine – Vater Night Sky, Mutter Lightning Strike – hatte etwas an sich, das sie an Outsider erinnerte. Er war hässlich und unbeholfen und stammte aus einer verhältnismäßig unbekannten Zucht, weshalb er Jo nur lächerliche zweitausend Dollar kostete. Dennoch war er ein Vollblutpferd. Sie ahnte, dass er über verborgene Fähigkeiten verfügte, was selbst Archie anfangs nicht so recht glauben wollte. Aber der junge Hengst hatte eine seltsame Angewohnheit: Obwohl er auf der Rennbahn an Schnelligkeit kaum zu überbieten war, verwandelte er sich anschließend stets in ein schläfriges und unbeholfenes Tier, das ständig vor sich hin zu träumen schien. In der Branche wurde über Sleeper gewitzelt, doch Jo traute ihrer Intuition. In der Kingsford Lodge war Sleeper bald unter dem Stallnamen Dopey – Schlafmütze – bekannt.

»Was spielt ihr hier eigentlich: Schneewittchen und die sieben Zwerge?«, fragte Jos Tierarzt, der gerade auf Arctic Gold zusteuerte, eines Tages mit Donnerstimme. »Da haben wir Grumpy, der Neue heißt Doc, und jetzt auch noch Dopey.«

Ein Pferd nieste, und Jo musste ein Lachen unterdrücken.

»Prince Charming nicht zu vergessen«, rief da eine fröhliche Stimme, die Jo seltsam vertraut vorkam. Sie drehte sich erstaunt um, und die Stallgasse entlang kam Phillip Gregg auf sie zu, der Tierarzt aus Denman. Beim Gedanken an ihre letzte Begegnung errötete Jo heftig.

»Ach, Jo, ich möchte Sie mit meinem neuen Assistenten

Phillip Gregg bekannt machen«, verkündete Freddy Zinman leutselig und wippte auf den Absätzen seiner glänzenden Lederstiefel hin und her. »Er redet ein bisschen viel, ist aber sehr gründlich. Ab sofort wird Phillip Sie betreuen. Ich kümmere mich natürlich weiter um Sie, und im Notfall können Sie selbstverständlich auf mich zählen. Doch vom Alltagsgeschäft möchte ich mich ein wenig zurückziehen.«

»Wir kennen uns bereits, Freddy. Ich habe den alten Burschen hier zusammengeflickt, als er auf dem Gestüt von Miss Kingsfords Großmutter von einem Pferd getreten worden ist«, sagte Phillip schnell, dem Jos Überraschung nicht entgangen war. »Wir sind alte Kumpel, richtig, Sam?« Er ging in die Hocke und streichelte den Hund, der ihn schwanzwedelnd beschnupperte.

Jo sah den freundlichen Blick in seinen sanften grauen Augen, und ihre Verlegenheit schwand. Er war hochgewachsen und breitschultrig, wie sie ihn in Erinnerung hatte. Seine Wangen waren gebräunt, und er hatte kräftige und zupackende Hände. Jo kam zu dem Schluss, dass Prince Charming ein recht passender Name für ihn war. Außerdem war sie erleichtert.

Heute hatte sich Freddy Zinman zum ersten Mal seit Wochen wieder blicken lassen. Direkt nach Jos Rückkehr aus England war Freddy jeden Morgen pünktlich um halb acht erschienen, um wie immer nach den Kingsford-Pferden zu sehen. Doch im Laufe der letzten Monate hatte der Tierarzt zunehmend durch Abwesenheit geglänzt und stattdessen einen seiner Assistenten geschickt. In Jos Augen war es kein Zufall, dass Zinman sich immer rarer machte, seit Charlie im Pflegeheim war. Das wurmte sie. Aber nun hatte sie wieder einen zuverlässigen Tierarzt, dem sie vertrauen konnte.

»Gut, dann übernehmen Sie das«, meinte Freddy, tätschelte Arctic Gold und rauschte aus dem Stall.

»Hallo, Jo, wie geht es dir?«, fragte Phillip schüchtern, nachdem Freddy fort war. »Das mit dem Prince Charming war natürlich ein Witz. Die Jungs in der Tierklinik haben mir das Leben ziemlich schwer gemacht und mich als Landei veräppelt. Ich musste gute Miene zum bösen Spiel machen.« Er errötete. »Und keine Sorge, es besteht nicht die Gefahr, dass ich dich in die Arme nehme und mit dir in den Sonnenuntergang reite, obwohl du mit deiner Haarfarbe eine gute Besetzung für Schneewittchen wärst.«

»Ich freue mich, weil ich weiß, dass du etwas von deinem Beruf verstehst«, stammelte Jo errötend, und betretenes Schweigen entstand. Den Kuss hatten beide nicht vergessen.

»Gut, da ich schon einmal hier bin, mache ich mich am besten gleich an die Arbeit. Erzähl mir etwas über deine Pferde«, begann Phillip, um die Stimmung ein wenig aufzulockern, und rieb sich die Hände.

»Ich stelle dich der ganzen Familie vor. Wir haben nämlich einige ausgeprägte Persönlichkeiten unter uns«, verkündete sie fröhlich und fühlte sich schon viel ruhiger.

Phillip entpuppte sich als willkommene Ablenkung. Er hatte Spaß daran, wertvolle Pferde zu betreuen, erschien stets früh am Morgen und blieb anschließend meist noch, um zu plaudern. Auf Jo hatte die Zusammenarbeit mit einem Menschen, der Pferde ganz eindeutig ebenso liebte und achtete, wie sie selbst es tat, eine aufmunternde Wirkung. Anfangs fachsimpelten sie hauptsächlich, doch ihre Gespräche wurden persönlicher, je besser sie einander kennenlernten. Jo stellte fest, dass Phillip in vielen Bereichen sehr bewandert war. Froh, einen Vertrauten gefunden zu haben, sprach sie mit ihm ganz offen über Dinge, die sie nicht einmal Pete erzählt hatte und auch nicht Simon, dem das Verständnis für Pferde und ihre Ausbildung fehlte. Er war für sie wie der verlorene Bruder, mit dem sie über alles reden konnte. Dass er sie im Gespräch scherzhaft Schneewittchen nannte, wurde zu ihrem kleinen Geheimnis, das ihre aufkeimende Freundschaft noch stärkte.

»Ich weiß einfach, dass Dopey enormes Potenzial hat. Wir müssen nur sehr geduldig mit ihm sein. Entweder rennt er los wie ein Wilder, oder er trödelt herum wie eine richtige Schlafmütze«, vertraute sie Phillip eines Tages Anfang März nach der Bahnarbeit an.

Er hatte sich angewöhnt, zwei- oder dreimal in der Woche beim Training zuzusehen oder beim Reiten auszuhelfen, wenn Jo ihn brauchte. Jo ertappte sich manchmal dabei, dass sie morgens auf ihn wartete.

»Kannst du dir heute Morgen seinen Rücken gründlich anschauen? Er bewegt sich so merkwürdig steif«, meinte sie auf dem Weg zum Auto.

»Wir sollten einen Blick auf die Futterzusätze werfen. Manchmal kann da eine kleine Veränderung viel ausmachen«, erwiderte Phillip und klappte seine Tasche zu. Jo bat Pete, ihr die Futterliste zu bringen. Dabei sah sie sich nach Sam um.

»Wir können bei mir im Büro einen Kaffee trinken und die Liste durchgehen. Hat Sam dich übrigens heute Morgen begrüßt?«, fragte sie plötzlich besorgt. Als sie ihm heute Morgen aus dem Auto geholfen hatte, hatte er sich kaum bewegen können. Phillip schüttelte den Kopf. Jo sah auf seinem Stammplatz unter der Treppe nach, aber der Hund war nicht da.

»Das ist aber seltsam. Sam! Sam!« Jo stieß einen Pfiff aus, und ihre Angst wuchs. Suchend eilte sie ins Büro, wo sie Sam neben dem alten, mit Leder bezogenen Schreibtisch ihres Vaters fand.

»Da bist du ja, Sam, alter Junge. Du hast mir einen ganz schönen Schrecken eingejagt. Brauchst du Hilfe?«, rief sie und eilte auf ihn zu. Er versuchte aufzustehen, doch seine Hinterbeine versagten den Dienst. Sein Blick war ängstlich und verwirrt.

»O Gott! Phillip!«, schrie sie.

Phillip war schon da, schob sie sanft beiseite, kniete sich neben Sam und streichelte ihn, während er den Hund geschickt abtastete.

»Wir fühlen uns wohl nicht so gut, alter Junge.« Er befühlte Sams Hals. Sam lag wimmernd da und sah Jo an. Phillip richtete sich auf. »Seine Hinterbeine sind das Problem. Er kann sie nicht mehr benützen. Siehst du die Schwellung?«, sagte er, um Ruhe bemüht.

Situationen wie diese waren es, die er an seinem Beruf am meisten hasste, und Jos trauriger Blick machte ihm die Entscheidung nicht leichter.

Jo stand stocksteif da, es war ihr anzusehen, wie sie litt. Sie hatte schon Pferde leiden sehen, die größere Schmerzen hatten als Sam, doch keines von ihnen hatte ihr so viel bedeutet wie er. Sie biss sich auf die Unterlippe, während Phillip ihr einfühlsam erklärte, was sie eigentlich wusste. Sam war ein alter Hund. Sein Körper verweigerte den Dienst.

»Kannst du gar nichts tun?«, flüsterte sie, obwohl sie im Grunde ihres Herzens wusste, dass Sams Zeit gekommen war. Phillip schüttelte den Kopf. Sam sah Hilfe suchend zu Jo auf.

»Es ist das Beste für ihn, schnell und schmerzlos. Er wird einfach einschlafen«, sagte Phillip. »Willst du bei ihm bleiben, wenn ich ihm die Spritze gebe?«

Jo nickte und schluckte schwer.

»Du bist ein toller Hund, Sam, und ein wirklicher Freund«, meinte sie leise, kniete sich hin und streichelte den Kopf des Hundes. Ohne eine Träne zu vergießen, hielt sie Sams Kopf fest, während Phillip ihm die tödliche Spritze verabreichte, und liebkoste dabei sein weiches gelbes Fell. Vertrauensvoll sah Sam sie an, und der Schmerz schwand allmählich aus seinem Blick, als das Medikament zu wirken begann. Dann schloss er die Augen, und sie wusste, dass er tot war. Lange saß Jo da, streichelte ihn und sprach mit ihm, bis sie schließlich innehielt.

»Er war ein wundervoller Hund«, sagte Phillip mitfühlend und holte Jo damit in die Wirklichkeit zurück.

Sie schaute auf.

»Ich bin froh, dass du es gemacht hast und nicht irgendein anderer«, erwiderte sie. Angespannt kauerte sie da und fing an, über Futtermittellisten und Besprechungen zu reden.

Phillip, der ihre Trauer kaum ertragen konnte, kniete sich neben sie und nahm sie in die Arme.

»Schon gut, Schneewittchen, du musst nicht immer tapfer sein. Lass es raus. Ich weiß, wie sehr du ihn geliebt hast.« Seine Worte lösten Jos Verkrampfung, und sie stieß einen schmerzerfüllten Laut aus.

»Er gehörte so lange zur Familie«, schluchzte sie, und ihre Schultern bebten. »Und er war das Letzte, was mir von Rick geblieben ist.«

Die ganze, so viele Monate aufgestaute Trauer und Verzweiflung brach aus ihr hervor. Phillip schlang seine starken Arme um sie, drückte sie fest an sich, streichelte sie und ließ sie weinen, bis ihre Tränen schließlich versiegten. Sie lehnte sich an ihn.

»Du hast in letzter Zeit ziemlich viel wegstecken müssen, Schneewittchen.« Er strich ihr das Haar aus dem Gesicht und sehnte sich danach, ihre Tränen wegzuküssen und ein Lächeln in ihr liebes Gesicht zu zaubern. Seit jenem ersten Kuss hatte er nie aufgehört, sie zu lieben. Aber er gab sich keinen Illusionen hin, dass seine Gefühle erwidert werden könnten. Jo hatte kein Blatt vor den Mund genommen und ihm von ihrer Liebe zu Simon erzählt. Er achtete sie und verstand, wie tief sie gekränkt worden war. Sie nur aus der Entfernung lieben zu dürfen, tat zwar weh, aber Freundschaft war besser als nichts.

»Ich bin eine Heulsuse und suhle mich im Selbstmitleid«, meinte Jo schließlich mit einem letzten Schniefen.

Phillip reichte ihr sein Taschentuch.

»Nase putzen!«, befahl er.

Jo gehorchte und gestattete es sich noch einen Moment, sich an seinen warmen Körper zu lehnen. Er war so liebevoll und großzügig und vermittelte ihr das Gefühl, die Last nicht allein schultern zu müssen. Schließlich richtete sie sich auf und machte sich los.

»Du bist ein guter Freund, Phillip. Ich habe Glück, dass es

dich gibt. Vielen Dank«, stieß sie hervor. »Sam hatte dich auch sehr gern.«

Nach Sams Tod wechselten sich bei Jo gute und schlechte Wochen ab wie die schwarzen und weißen Felder auf einem Schachbrett. Doch Phillips Nähe gab ihr Sicherheit.

Eines Morgens hastete sie, viel zu spät und in Eile, ins Haus, um vor einem Termin noch zu duschen, und traf Nina zu ihrem Erstaunen vollständig angezogen unten im Wintergarten an. Offenbar strotzte sie vor Tatendrang. Das hatte Jo seit ihrer Abreise nach England nicht mehr bei ihr erlebt. Sie nahm sich eine Tasse Tee und ein Stück Toast, setzte sich, die warme Sonne im Rücken, aufs Fensterbrett und begann, rasch zu essen.

»Du bist früh auf, Mum. Hast du etwas Besonderes vor?«, fragte sie zwischen zwei Bissen und hoffte, dass ihre Mutter nicht wieder einmal ein wahnwitziges Projekt ausheckte.

»Eigentlich nicht, Liebes, aber ich hatte einfach keine Lust, lange zu schlafen«, erwiderte Nina fröhlich.

Sie spielte mit ihrem Teelöffel und mit dem dicken Goldarmband herum, das Charlie ihr vor einigen Jahren geschenkt hatte. Danach verschränkte sie entschlossen die Hände und sah ihre Tochter an.

»Findest du nicht, dass du übertreibst, mein Kind? Seit du aus England zurück bist, arbeitest du so hart. Ich kenne mich in den Ställen nicht sehr gut aus, aber ... Nun, es muss doch irgendetwas geben, das ich tun kann ...«

Jo starrte ihre Mutter entgeistert an. Der Tag hatte schlecht angefangen. Arctic Gold, der in drei Wochen bei einem Rennen in Perth antreten sollte, lahmte bei der Bahnarbeit. Außerdem musste sie einen Stallburschen hinauswerfen, und es blieben ihr nur noch zwanzig Minuten, um zu duschen, zu packen und ihr Flugzeug zu erwischen. Sie hatte einen Termin, auf den sie sich ganz und gar nicht freute. Und nun fing auch noch ihre Mutter an, sich eigenartig zu benehmen.

Beinahe hätte sie Nina das alles gesagt, aber nur beinahe. »Du hilfst mir doch, Mum«, erwiderte sie stattdessen. »Und außerdem musst du dich um Dad kümmern. Wie war das Abendessen gestern? Wie geht es Joan?«

Sie sah auf die Uhr. Ninas Verhalten irritierte sie, aber sie hatte keine Zeit, sich mit den Problemen ihrer Mutter zu beschäftigen.

»Das Abendessen war sehr aufschlussreich. Joan besucht zurzeit ihre Enkelkinder in Brisbane.« Nina hielt inne und sah ihre Tochter unverwandt an. »Ich habe dir nie gesagt, wie dankbar ich dir dafür bin, dass du seit dem Unfall deines Vaters den Rennstall leitest, mein Kind.«

Sie befingerte hektisch die dicke Goldkette, und ihre Augen wurden feucht.

»Es war so schwer für uns, seit Charlie ... seit ... aber ich ... Findest du, dass ich manchmal die falschen Signale ...?«

Jo zwang sich zur Ruhe, obwohl die Minuten unaufhaltsam verstrichen.

»Worum geht es, Mum?« Nina ließ ihr Armband den Arm hinuntergleiten, strich sich die Haare glatt und drängte die Tränen zurück.

»Ach, um nichts Besonderes, Liebling. Es war nur etwas, das Jack gestern Abend gesagt hat, aber es spielt eigentlich keine Rolle. Manchmal braucht man eben einen guten Freund, damit man endlich aufwacht. Viel wichtiger ist, ob du auch alles gepackt hast und reisefertig bist.« Sie streckte die Hand nach Jo aus.

»Ich habe noch nicht einmal angefangen, und in vierzig Minuten muss ich am anderen Ende von Sydney sein«, erwiderte Jo gehetzt und wollte lieber nicht daran denken, was ihre Mutter gemeint haben könnte. »Wäre es vielleicht möglich, dass du ...«

»Geh nur duschen, Kind. Ich kümmere mich darum«, unterbrach Nina und brachte Jo mit einer Handbewegung zum Schweigen. »Vertrau mir. Ich weiß genau, was dir steht.

Also konzentriere dich auf deine Sitzung. Ich sorge dafür, dass dein Gepäck rechtzeitig am Flughafen ist.«

»Danke, Mum, ich liebe dich«, rief Jo überrascht.

Eine Viertelstunde später umarmte Jo erleichtert, dankbar und ein wenig besorgt ihre Mutter zum Abschied, sah noch einmal nach ihrem Ticket und machte sich auf den Weg. Nina blickte ihr nach und berührte ihre Wange, wo Jos Lippen sie gestreift hatten. Bis heute war ihr nicht klar gewesen, für wie selbstverständlich sie die Liebe ihrer Kinder nahm. Während sie Jos Kleider faltete und ordentlich in den Koffer packte, war ihr der gestrige Abend noch einmal durch den Sinn gegangen.

Dieser hatte seltsam begonnen. Es war nichts Greifbares gewesen, nur ein Gefühl, das Nina nicht richtig in Worte fassen konnte. Schon bei ihrer Ankunft in dem Restaurant hatte sie gespürt, dass sich die Stimmung zwischen ihr und Jack verändert hatte. In ihrer Verzweiflung und Erschöpfung, in dem Schmerz, Charlies Verfall mit ansehen zu müssen, und erfüllt von finanziellen Sorgen, hatte Nina gar nicht bemerkt, wie sehr sie sich inzwischen auf Jack verließ.

Sie war ein Mensch, der sich gern amüsierte, und sie hatte den Wein, die dezente, elegante Atmosphäre und die Mahlzeit genossen. Auch das Knistern, das zwischen ihnen in der Luft lag, hatte sie als angenehm empfunden. Sie sprachen über ihre Kinder und lachten über Kleinigkeiten, eine kleine Ablenkung vom traurigen Alltag, die Nina bitter nötig gehabt hatte. Sie dachte sich nichts dabei, als Jack sie auf einen Schlummertrunk zu sich nach Hause einlud. Bei Kaffee und Likör saßen sie auf der Veranda, um dem Quaken der Frösche zu lauschen und die Nachtluft zu genießen, und plötzlich legte Jack die Arme um sie und versuchte, sie zu küssen. Im ersten Moment war Nina sprachlos gewesen. Ungläubig hatte sie sich von ihm losgemacht. Aber seine Reaktion war es, die sie am meisten erschüttert hatte.

»Meine Güte, das war es doch, was du wolltest. Streite es nicht ab. Den ganzen Abend sendest du Signale aus, Neene.«

Dass er Charlies Kosenamen für sie benützte, brachte das Fass zum Überlaufen. Nina sprang auf und lief zur Tür. Doch Jack hielt sie fest.

»Nur Charlie darf mich Neene nennen«, schluchzte sie mit Tränen in den Augen.

»Lass die Spielchen, Neene. Du bist eine erwachsene Frau. Wenn du nicht willst, was ich zu bieten habe …« Gereizt ließ Jack sie los, trat zurück und steckte die Hände in die Hosentaschen.

Ninas Augen weiteten sich, und sie schlug entsetzt die Hand vor den Mund. Wie konnte sie nur ein solches Missverständnis verursachen?

»Jack, verzeih mir, ich hatte keine Ahnung. Ich wollte keine Signale aussenden. Es tut mir wirklich sehr leid«, stammelte sie und ging einen Schritt auf ihn zu. »Du bist ein wundervoller Freund, Jack, und ich bin dir sehr dankbar. Ich habe deine Gesellschaft genossen und mich in deiner Gegenwart geborgen gefühlt. Aber ich wollte dir auf keinen Fall das Gefühl vermitteln, dass zwischen uns mehr sein könnte. Ich bedauere das außerordentlich.«

Eine Weile starrten die beiden einander an. Jack zuckte am Ende mit den Achseln, und die Stimmung entspannte sich ein wenig.

»Du bist eine schöne Frau, Nina, und ich bin ein erwachsener Mann mit Gefühlen. Was hätte ich deiner Ansicht nach denken sollen?« Er nahm die Autoschlüssel und fuhr sie heim.

Nina ließ die Schließen zuschnappen und stellte den Koffer auf den Boden. Sie warf einen kurzen Blick auf das Familienfoto auf Jos Frisiertisch, das noch zu Ricks Lebzeiten aufgenommen worden war. Beklemmt dachte sie daran, was ihre Tochter durchgemacht hatte und wie sie die Familie zusammenhielt, während sich ihre Mutter verzweifelt an jeden Strohhalm klammerte. Nina machte sich, was ihr eigenes Verhalten nach Charlies Unfall anging, nichts mehr vor. Ihre Tochter zeigte mehr Mut, Kraft und Entschlossenheit, als sie selbst je besessen hatte. Das hatte Jack ihr unmissverständlich klargemacht. Am tiefsten getroffen hatte sie das, was unausgesprochen blieb. Sie trug es ihm nicht nach. Schließlich war sie eine erwachsene Frau, und es war an der Zeit, dass sie ihren Teil der Bürde schulterte.

Bei den Rennen auf der Rennbahn von Ascot in Perth klappte alles wie am Schnürchen. Phillip hatte Arctic Gold vor Jos Abreise aus Sydney gründlich untersucht und für einsatzfähig erklärt. Das Pferd gewöhnte sich nach dem Reisestress rasch ein, und Archie hatte bereits ein Rennen gewonnen und war im zweiten mit einer Nasenlänge Rückstand Zweiter geworden. Im nächsten Rennen würden drei ihrer schnellsten Pferde an den Start gehen, und Archie war in Topform. Die Siegesserie würde sich sicher fortsetzen. Zu ihrem Entsetzen musste Jo jedoch mit ansehen, wie Archie achthundert Meter vor der Ziellinie von einem anderen Jockey abgedrängt wurde und stürzte. Er wurde zwar nicht lebensgefährlich verletzt, musste jedoch zwei Monate lang das Bett hüten.

In dieser Zeit nahm die Anzahl der Kingsford-Siege rapide ab – ein gefundenes Fressen für die Medien, die zunehmend Interesse an Jos Arbeit bekundet hatten. Jo achtete nicht auf die gehässigen Seitenhiebe, in Wirklichkeit sei Archie der Leiter des Rennstalls, während sie nur eine Alibifunktion erfüllte. Stattdessen stürzte sie sich mit Feuereifer in die Arbeit und machte sich auf die Suche nach guten Jockeys, die Archie während seiner Krankheit vertreten konnten. Zumindest war nach der Einlieferung ihres Vaters in ein Pflegeheim nun nicht mehr die Rede davon, die Kingsford Lodge zu verkaufen.

Archie gab sich redlich Mühe, so schnell wie möglich wieder auf die Beine zu kommen, und erlegte sich ein anstrengendes Trainingsprogramm auf. Es dauerte viele Monate, bis er wieder zuversichtlich im Sattel saß – auf Flighty Dame. Bei einem Provinzrennen wollte Jo ihm eine Chance geben.

Das Pferd legte, begleitet von Jos guten Wünschen, wirklich einen guten Start hin. Im nächsten Moment jedoch schnappte das Publikum erschrocken nach Luft, denn der nervöse Vollblüter ging durch und versuchte, eine Absperrung zu überspringen. Allerdings hatte das verängstigte Tier sich in der Höhe verschätzt, prallte gegen das Hindernis und warf Archie ab, der besinnungslos auf dem Boden landete. Diesmal brach er sich drei Rippen, ein Bein und das Becken und musste nach Sydney zurückgeflogen werden. Wieder in der Lage, Besuch zu empfangen, teilte er Jo mit, er beabsichtige, sich vom Rennsport zurückzuziehen.

»Nehmen Sie es nicht persönlich, Jo, aber ich werde allmählich zu alt für diesen Sport«, meinte er bedrückt.

Jo nickte und versuchte, sich nichts anmerken zu lassen. Die Presse würde sich vor Schadenfreude überschlagen.

»Jetzt reicht es, ich habe die Nase voll von diesen verdammten Pferden!«, rief Nina händeringend, als Jo ihr die Hiobsbotschaft überbrachte. »Erst Rick, dann Charlie und nun Archie. Ohne ihn können wir von Glück reden, wenn wir die Hälfte des Preises erzielen, den dieser unzuverlässige Mensch uns damals geboten hat. Ich werde den Rennstall zum Verkauf anbieten, solange das noch möglich ist, und zwar sofort.« Sie wollte zum Telefon greifen.

Jo hielt ihre Mutter zurück.

»Mum, so etwas passiert bei Pferderennen einfach. Es ist ein Berufsrisiko, und das weißt du ganz genau. Das gehört zu diesem Sport dazu.« Nina brauchte ihr nicht eigens zu erklären, wie schwierig es ohne Archie werden würde.

»Sport! Nennst du es etwa Sport, wenn durchgedrehte Pferde Menschen umbringen?«

Trotz ihres Ausbruchs und der Angst vor der Zukunft fühlte sich Nina merkwürdig ruhig und beherrscht.

»Eigentlich hattest du es nur Archie zu verdanken, dass ich den Rennstall nicht schon viel früher verkauft habe«, fügte sie barsch hinzu und zog ihre Hand weg.

Sie begann eine Nummer zu wählen. Jo wurde kalkweiß und presste die Lippen zusammen. Die Unbeirrbarkeit ihrer Mutter ängstigte sie, und außerdem hatte sie mit ihrer Bemerkung Salz in eine offene Wunde gestreut.

»Du weißt, dass ich mir diese Entscheidung reiflich überlegt habe«, fuhr Nina mit einem Blick in Jos Gesicht fort.

»Ich habe gründlich darüber nachgedacht, was aus dieser Familie werden soll. Den Stall zu verkaufen ist aus einer ganzen Reihe von Gründen das Vernünftigste.«

Ihre Miene wurde versöhnlicher, als sie ihre Tochter betrachtete.

»Und der Wichtigste davon ist, dass du endlich dein eigenes Leben führen sollst.«

»Aber das ist mein Leben, Mum! Ich leite den Rennstall, nicht Archie. Ich kaufe die Pferde. Ich beaufsichtige das Training. Ich bin verantwortlich, wenn etwas nicht klappt. Archie ist nur ein Mitarbeiter, und ich wusste, dass er eines Tages in den Ruhestand gehen würde. Bitte Mum, verkaufe nicht!«

»Du magst dich in diesem Glauben wiegen, aber ich habe gehört, was auf der Rennbahn gemunkelt wird. Vergiss nicht, dass ich regelmäßig mit den Ehefrauen der anderen Rennstallbesitzer zu Mittag esse. Sie finden, dass du dich lächerlich machst«, gab Nina zurück.

Es ärgerte sie, dass Jo ihre Einwände offensichtlich nicht ernst nahm. Der Telefonhörer lag unschlüssig in ihrer Hand. Als sie merkte, wie sehr sie Jo getroffen hatte, hätte sie ihre Worte gern zurückgenommen. Schließlich wollte sie ihre Tochter unterstützen und sie nicht kränken.

»Nein, nein, Liebes, ich meinte nur, wir sollten es uns ersparen, dass die Leute sich die Mäuler über unsere Familie zerreißen …«, stammelte sie, doch Jo hörte ihr gar nicht zu. Ihr kam es nur darauf an zu verhindern, dass ihre Mutter dieses Telefonat führte, und sie zermarterte sich vergeblich das Hirn nach einer zündenden Idee. Schließlich holte sie tief Luft.

»Mum, ich weiß, dass das unvernünftig klingt, und ich habe keine Ahnung, wie ich dich überzeugen soll, aber gib mir noch eine letzte Chance. Ich fahre zu Dad. Warte, bis ich zurück bin, bevor du jemanden wegen des Verkaufs der Ställe anrufst. Bitte, lass mich zuerst Dad fragen«, flehte sie.

Erschrocken hielt Nina inne. »Du armes Kind. Offenbar glaubst du wirklich, dass er wieder gesund werden wird«, flüsterte sie und legte den Hörer auf.

Sie beugte sich vor und rieb sich die schmerzende Stirn. Ihre eigene Tochter weigerte sich, der Wirklichkeit ins Gesicht zu sehen. Die Ärzte hatten sie davor gewarnt.

»Gut, Liebes, sprich mit deinem Vater«, sagte sie leise und tätschelte Jos Arm. Tränen traten ihr in die Augen. Sie würde die Lösung des Problems wohl verschieben müssen.

Jo seufzte erleichtert und betete, dass ihr bis zu ihrer Rückkehr eine neue Verzögerungstaktik eingefallen sein würde.

»Ich liebe dich, Mum«, stieß sie hervor und umarmte Nina fest, obwohl ihr die Angst weiterhin die Brust abdrückte. »Man kann nie wissen. Vielleicht antwortet Dad mir heute ja.« Sie ließ ihre Mutter los, griff nach dem Autoschlüssel und nach der neuesten Ausgabe der Rennzeitschrift und machte sich auf den Weg zu ihrem Vater.

Jo betrat das Pflegeheim und ihr schlug der Geruch von Krankenhauskost und Desinfektionsmitteln entgegen. Niedergeschlagen und etwas verlegen zuckte sie zusammen, als ein uniformierter Pfleger sie fröhlich begrüßte. Genau heute vor einem Jahr war Charlie ins Heim eingeliefert worden. Ein Jahr, seit sie ihm versprochen hatte, dass sie ihn wieder herausholen würde. Doch er war noch immer hier und nicht in der Lage zu sprechen. Seine rechte Körperhälfte war zwar beweglicher geworden, aber sein verzweifelter Blick erschütterte Jo jedes Mal wieder. Sie fühlte sich wie eine Versagerin, sie hatte ihn im Stich gelassen. Sie war unzufrieden mit sich selbst, mit der ganzen Welt und damit, dass er sich offenbar aufgegeben hatte, als sie in sein Zimmer stürmte und sich neben ihn setzte. Ein Kissen im Rücken und eine dunkelgraue Decke über den Knien, döste er in einem Sessel am Fenster vor sich hin. Jo schaltete das dudelnde Radio ab und küsste ihn auf die Wange; er schlug die Augen auf.

»Wie geht es dir? Sind die Schwestern nett?«, sagte sie in gezwungen fröhlichem Ton und legte ihm die Rennzeitschrift auf den Schoß. Dann fing sie wie immer an zu erzählen. Doch heute gelang es ihr nicht, Ruhe und Zuversicht zu verbreiten. Sie fühlte sich innerlich viel zu angespannt. Eine dicke Krankenschwester kam mit einem Tablett mit Tee und Plätzchen herein.

»Jetzt trinken wir hübsch unseren Tee, Mr Kingsford. Aber heute verschütten wir ihn nicht mehr auf die Decke.« Sie sprach laut wie mit einem unartigen Kind und fiel Jo außerdem ins Wort. Jo riss der Geduldsfaden.

»Ich kümmere mich darum«, sagte sie barsch und nahm der Frau das Tablett ab. »Außerdem brauchen Sie ihn nicht wie einen Idioten zu behandeln. Er ist kein Kleinkind.«

»Ach du meine Güte, sind wir heute aber reizbar. Ich verstehe Ihre Besorgnis, meine Liebe, aber wenn man die Kranken nicht fordert, bessert sich ihr Zustand nie«, erwiderte die Schwester mit Anteilnahme im Blick und ging hinaus.

Das Mitleid der Frau war zu viel für Jo, und sie fühlte sich, als wäre in ihr eine Saite gerissen. All ihr Leid brach aus ihr heraus, und es kümmerte sie nicht, ob ihr Vater sie verstehen oder auch nur hören konnte. Wie ein Fluss, der über die Ufer tritt, sprudelte sie ihre Gefühle heraus. Sie erzählte ihrem Vater, dass Simon die Verlobung gelöst hatte, dass Archie in den Ruhestand gehen wollte und Sam gestorben war. Sie schilderte die gehässigen Gerüchte, die die anderen Trainer und Pferdebesitzer in die Welt setzten, und fügte hinzu, sogar ihre eigene Mutter fände, dass sie sich lächerlich machte. Nun drohe Nina schon zum zweiten Mal, den Rennstall zu verkaufen, und sie, Jo, wisse nicht, wie sie das verhindern solle.

»Ich hasse sie, Dad, ich hasse sie alle. Ich kann es nicht ertragen, dass du in diesem Heim herumsitzt. Und ich habe Schuldgefühle, weil ich es nicht schaffe, dich herauszuholen. Ich bin absolut ratlos. Ich weiß nicht einmal, ob du mich überhaupt verstehen kannst. Bitte, sag wenigstens ein einziges Mal etwas anderes als nur diese unverständlichen Laute. Gib mir einen Tipp, wie ich Mum überzeugen kann, die Kingsford Lodge zu behalten. Dad, ich brauche deine Hilfe, ich schaffe es allein nicht.«

Verzweifelt sah sie ihren Vater aus violetten Augen an, und es kostete sie Mühe, nicht zu weinen.

Plötzlich sah sie den Zorn in dem sonst ausdruckslosen Gesicht ihres Vaters. Ihr blieb fast das Herz stehen. Charlie umklammerte Jos Arm mit beiden Händen und richtete sich in seinem Sessel auf. Für den Bruchteil einer Sekunde erkannte sie ihren Vater, wie er vor dem Unfall gewesen war. Sie beugte sich zu ihm hinüber, um ihn besser zu verstehen und beobachtete, wie seine Lippen sich bewegten. Allerdings hatte sie nur wenig Hoffnung. Sie erwartete dasselbe unverständliche Gebrabbel.

Doch sie hatte sich geirrt. Denn ihr Vater sagte ganz langsam und deutlich zwei Wörter: »Nicht verkaufen.«

20

Jo ging mit Phillip nach der morgendlichen Runde in Richtung Büro und konnte sich ein Schmunzeln nicht verkneifen. Längst blickte sie nicht mehr so besorgt drein wie in den letzten Wochen und Monaten. Die Sonne brachte die Schieferplatten zum Glänzen und spiegelte sich in den Messingbeschlägen der Stalltüren. Spatzen zwitscherten in den Boxen, in denen, friedlich vor sich hin kauend, die Pferde standen, und der süße Duft frischen Heus stieg ihr in die Nase.

Seit Phillip das Futter umgestellt hatte, entwickelten sich die Pferde besser als je zuvor. Und angesichts dessen, dass es sich bei den Jockeys, die sie schließlich hatte zusammentrommeln können, um eine bunte Truppe handelte, war die vergangene Woche sehr erfolgreich gewesen.

Allerdings blieb die finanzielle Lage des Rennstalls angespannt, denn die Anzahl der untergestellten Pferde war seit Archies Abschied stark zurückgegangen. Inzwischen war die Hälfte der Boxen leer, und niemand wollte Jos Pferde reiten. Es sah ganz danach aus, als müsste sie den Jockeys mehr Geld bieten, so sehr es ihr auch gegen den Strich ging. Aber es schien die einzige Möglichkeit zu sein. Doch trotz ihrer Sorgen um die Kingsford Lodge konnte heute nichts ihre gute Stimmung trüben. Denn gestern war Charlie nach Hause gekommen.

»Ich kann es immer noch nicht fassen, Phillip«, sagte sie mit leuchtenden Augen und ließ sich im Büro in den großen Ledersessel fallen, in dem Charlie so viele Stunden verbracht hatte. »Bevor ich heute zum Training gefahren bin, habe ich Dad geküsst, und er hat ›braves Mädchen‹ gesagt.«

An den Wänden des Raums hingen Fotos von den Rennsiegen ihres Vaters, und inzwischen waren auch ein paar Dokumente ihrer Erfolge hinzugekommen. Sie griff nach einem Bild, das in einem Silberrahmen auf dem Schreibtisch stand. Es zeigte sie als kleines Mädchen, wie sie stolz neben Charlie herging, der gerade seinen ersten Sieger des Melbourne Cups aus dem Ring führte.

»Eines Tages wiederholen wir das, Dad«, flüsterte sie.

»Ich bin wirklich beeindruckt von dir«, meinte Phillip und betrachtete Jo.

Ihr Haar war nach der Bahnarbeit vom Wind zerzaust, ihre Reithose hatte Schlammspritzer, und auch ihre Nasenspitze wurde von einem Matschtröpfchen geziert. Doch nichts konnte ihrer strahlenden Schönheit Abbruch tun. Wie gerne hätte Phillip ihr Gesicht mit den Händen umfasst, den Schmutz weggewischt und gesehen, wie ein liebevoller Ausdruck in ihre Augen trat, während er ihre warmen, weichen Lippen küsste. Aber er hatte sich vor langer Zeit damit abgefunden, dass das niemals geschehen würde. Zumindest hatte sie das Foto von Simon entfernt, das ihm immer ein Dorn im Auge gewesen war. Außerdem war heute schon der dritte Tag in Folge, an dem sie ihren Verlobungsring nicht trug. Auf der Suche nach einem Stift tastete er seine Taschen ab.

»Was meinst du damit?«, fragte Jo überrascht, aber geschmeichelt. Sie stellte das Foto sorgfältig zurück an seinen Platz und trank einen Schluck von dem heißen Kaffee, den Gloria ihr gebracht hatte.

»Es würde ihm nicht besser gehen, wenn du nicht gewesen wärst. Das ist ein Thema, über das im Übrigen die ganze Branche spricht«, sagte Phillip.

Jo errötete.

»Wie kommt deine Mutter damit zurecht?«, fuhr Phillip, der ihre Verlegenheit spürte, rasch fort.

»Sie gewöhnt sich allmählich daran. Langsam spielt sich ein fester Tagesablauf ein, und außerdem haben sie eine Vollzeit-Krankenschwester, die ihnen hilft. Mum hat sich irgendwie verändert. Sie ist ruhiger geworden und verkraftet Dads Krankheit viel besser, als ich gedacht hatte. Natürlich neigt sie immer noch dazu, hektisch zu reagieren, aber wir streiten uns nicht mehr so heftig wie früher, und es ist auch keine Rede davon, die Kingsford Lodge zu verkaufen«, erwiderte Jo. »Außerdem haben wir ein langes Gespräch geführt, und anschließend habe ich mich schon viel besser gefühlt. Obwohl sie es nicht so deutlich ausgedrückt hat, war es ihr ziemlich peinlich, wie alles gelaufen ist. Sie will einfach nur unser Bestes.«

Seit Charlie die beiden magischen Worte »nicht verkaufen« gesprochen hatte, besserte sich sein Zustand von Tag zu Tag. Er war zwar noch immer auf den Rollstuhl angewiesen, machte beim Sprechen aber Fortschritte oder schrieb mühsam mit der linken Hand auf, was er sagen wollte. Jo, die beobachtete, wie ihr Vater selbstbewusster wurde und wie sein Kampfgeist zurückkehrte, sprach so häufig wie möglich mit ihm. Sie machte Scherze, munterte ihn auf und besprach mit ihm die wichtigsten den Rennstall betreffenden Angelegenheiten. Außerdem fand sie endlich heraus, was die seltsame Silbenfolge bedeutete, mit der er sie alle in den Wahnsinn getrieben hatte.

Inzwischen wieder ganz klar, beschrieb er ihr, wie er versucht hatte, ihr mitzuteilen, dass er an sie glaubte und dass sie das Zeug dazu hatte, den Stall bis zu seiner Rückkehr weiterzuführen. Aber er brachte nur unverständliches Gestammel zustande. Jo war zu Tränen gerührt, als er ihr anvertraute, er habe eine Woche lang geweint, weil sie sein wirres Gerede als Kritik gedeutet hatte. Jo konnte nur ahnen, wie verzweifelt er gewesen sein musste, denn er war, vollständig bei Verstand, in einem Körper gefangen, der ihm den Dienst versagte.

Jo wagte es, ihm weitere Fragen zu stellen, denn sie war neugierig, was er von den um ihn herum geführten Gesprächen verstanden hatte. Aber er schwieg eisern, mit traurigen Augen. Offenbar war die Erinnerung zu schmerzlich, um sie in Worte zu fassen. Jo fand sich damit ab, dass sie das seiner

Meinung nach nichts anging, und bohrte nicht weiter nach. Sie war froh, ihren Vater wiederzuhaben.

»Du musst uns zum Essen besuchen, damit Dad endlich den Tierarzt kennenlernt, der seine Pferde versorgt. Er hat mich schon gründlich über dich ausgehorcht«, sagte sie grinsend zu Phillip.

Ihre zierliche Gestalt versank fast in dem riesigen Sessel. Sie entdeckte in seinem Blick mehr als nur höfliche Zustimmung, kramte verlegen nach ihrem Notizblock und warf dabei einen Stapel Briefe um. Rasch bückte sie sich, um sie aufzuheben und wieder auf den Schreibtisch zu legen, ohne dabei auf ihr Herzklopfen zu achten.

»Also, fang mit den schlechten Nachrichten an. Wie macht sich Picassos Bänderdehnung?«, begann sie, räusperte sich und war wieder ganz die Profitrainerin.

In den nächsten zwanzig Minuten erörterten sie die Leistungen der Pferde, ihre verschiedenen Beschwerden, Jos Schwierigkeiten, geeignete Jockeys zu finden und einige andere Probleme. Draußen klapperten die Hufe der Pferde auf dem Pflaster, die in ihre Boxen zurückgeführt wurden, und Zaumzeug klirrte. Stallhelfer fegten den Hof, spritzten ihn mit dem Schlauch ab und sorgten für Ordnung, während der Futtermeister Les, ein Mann von Anfang vierzig, die nächste Fütterung vorbereitete.

Phillip sah auf die Uhr und stand widerstrebend auf.

»Ich lasse dich nur ungern allein, aber ich habe noch ein paar Patientenbesuche vor mir und sollte jetzt besser losfahren.«

»Verzeih mir, dass ich dich wieder so lange aufgehalten habe«, erwiderte Jo schuldbewusst und erhob sich ebenfalls. Es bedeutete eine große Erleichterung für sie, ihre Sorgen mit Phillip besprechen zu können.

»Du bist ein guter Freund«, meinte sie leise.

Phillip stand da wie ein verlegener Schuljunge und wusste nicht, was er sagen sollte.

»Hättest du heute Abend Lust, eine Kleinigkeit zu essen und anschließend ins Kino zu gehen?«, fragte er rasch.

Jo hob den Kopf, und kurz trafen sich ihre Blicke. Sie sah die Sehnsucht in seinen Augen. Ihr Herz machte einen kleinen Hüpfer, und sie lief rot an.

»Sehr gern«, antwortete sie ein wenig zu fröhlich.

Ihre Wangen glühten, und sie schalt sich für ihr albernes Benehmen. Phillip war ihr Tierarzt und ein guter Freund, während sie sich anstellte wie vor dem ersten Rendezvous.

»Komm gegen sechs zu uns. Dann stelle ich dich Mum und Dad vor.« Sie schenkte ihm ein strahlendes Lächeln und wandte sich dann wieder den Stallangelegenheiten zu.

»Ich brauche dringend zuverlässige Jockeys«, knüpfte sie an das Gespräch von vorhin an. »Es ist wie mit der Geschichte von der Henne und vom Ei. Wenn man Sieger im Stall stehen hat, kriegt man gute Jockeys. Und die wiederum sind Voraussetzung für einen Sieg.«

»Ich habe einen Kontaktmann auf der Rennbahn. Außerdem könnte ich mit ein paar Freunden reden. Keine Angst, Schneewittchen, uns fällt schon etwas ein. Also bis heute Abend«, erwiderte Phillip mit klopfendem Herzen. Er griff nach seiner Tasche und marschierte beschwingten Schrittes aus dem Stall.

Jo blickte ihm nach. Es erstaunte sie, was er in ihr ausgelöst hatte. Sie wusste, dass sie Glück hatte, ihn zum Freund zu haben, und sie vertraute ihm blind. Sie waren doch nur Kumpel, und außerdem hatte sie ihm reinen Wein eingeschenkt und ihm alles über Simon erzählt.

Der Gedanke an Simon schmerzte. Bis heute hatte sie nichts mehr von ihm gehört. Kurz vor ihrem einundzwanzigsten Geburtstag hatte sie noch einmal bei seinen Eltern angerufen, allerdings nur die Haushaltshilfe am Apparat gehabt, die ihr versicherte, Simon gehe es gut und Mrs Gordon habe ihre Grüße ganz sicher ausgerichtet. Das war ein schwerer Schlag für sie gewesen. Ganz gleich, wie oft sie sich auch sagte, dass sie ihn vergessen musste, tat ihr sein Schweigen weh, denn sie liebte ihn noch immer und brachte es einfach nicht über sich, ihn zu verurteilen. Schließlich hatte er ihr versprochen, er werde da sein, wenn sie zur Heirat bereit sei. Aber noch war sie in Australien und leitete einen Rennstall.

Das Klappern einer Schaufel riss sie aus ihrem Tagtraum. Als sie aufblickte, sah sie Sally, eine Pferdepflegerin, die in einer dunklen Ecke mit jemandem sprach. Jo, die sich fragte, wie ein Besucher unbemerkt hatte hereinkommen können, ging los, um nach dem Rechten zu sehen.

»Alles in Ordnung, Sally?«, erkundigte sie sich und musterte den zerzausten, mageren Menschen, der neben dem Mädchen stand.

»Er ist einfach hier hereinspaziert, Miss. Ich wollte ihn gerade zu Ihnen schicken«, erklärte Sally mit angewiderter Miene.

»Gut. Danke, Sally.« Jo entließ sie mit einer Kopfbewegung.

Sally war ein seltsames Mädchen mit einem spitzen Gesicht und einer manchmal barschen Art. Allerdings war sie sehr fleißig, und Jo fand, dass sie gute Arbeit leistete. Während Sally sich trollte, um Les beim Befüllen der Tröge für die nächste Fütterung zu helfen, drehte Jo sich zu dem jungen Mann um, der ihr die Hand hinhielt. »Kann ich Ihnen irgendwie behilflich sein?«

»Ich heiße Damien Cardelli, Miss, und mache gerade eine Ausbildung zum Jockey. Ich habe gehört, dass Sie Reiter suchen.«

Jo betrachtete ihn neugierig und fragte sich, warum er ausgerechnet zu ihr kam. Dann schüttelte sie ihm die Hand.

»Ich bin achtzehn, Miss, und habe mein Leben lang mit Pferden gearbeitet. Außerdem lerne ich schnell.«

Er trat aus dem Schatten, und Jo musste einen erschrockenen Ausruf unterdrücken. Sein linkes Auge war nach einem offenbar noch nicht lang zurückliegenden Hieb zugeschwollen, die Haut ringsherum braun und gelb verfärbt. Der junge Mann hatte die Größe eines Zwölfjährigen, doch die tiefen Falten in seinem Gesicht wiesen trotz der kecken Kopfhaltung darauf hin, dass er einiges mitgemacht hatte. Darüber hinaus schien er sich am Arm verletzt zu haben.

»In Ihrem Zustand sollten Sie aber nicht reiten«, platzte Jo heraus.

»Ich hatte einen kleinen Zusammenstoß mit einem Scheunentor, Miss. Das wird schon wieder.«

»Was für ein Pech«, erwiderte Jo zweifelnd.

Sie nahm ihm die Erklärung mit dem Scheunentor keinen Moment ab. In England hatte sie genug Jockeys nach Prügeleien gesehen, um den Unterschied zwischen dem unsanften Kontakt mit einer Tür und dem mit einer Faust zu erkennen. Doch das freche, wettergegerbte Gesicht des jungen Mannes gefiel ihr.

»Kommen Sie mit ins Büro, und erzählen Sie mir, warum Sie in der Kingsford Lodge arbeiten wollen«, meinte sie freundlich.

»Eines Tages werde ich der größte australische Jockey aller Zeiten sein. Sie werden es nicht bereuen, wenn Sie mich einstellen«, begann Damien und umfasste die dampfende Kaffeetasse, die Jo ihm gegeben hatte, mit beiden Händen.

»Ich habe noch nicht zugesagt«, entgegnete Jo, der sein schmerzliches Zusammenzucken beim Hinsetzen nicht entgangen war. »Wo machen Sie Ihre Ausbildung?«

Während Damien berichtete, legte sich seine Großspurigkeit ein wenig, und Jo erfuhr, dass er unbedingt ein erstklassiger Jockey werden wollte. Er hatte bei verschiedenen Rennställen im ganzen Land gearbeitet und sich mehr schlecht als recht durchgeschlagen, bis Rosy Roesinger ihn schließlich als Lehrling eingestellt hatte. Rosy, der Besitzer der Phantom Lodge, war ein alter Freund und Rivale von Charlie.

»Einige seiner Pferde sind ziemlich störrisch«, erklärte Damien.

»Und seine Ställe haben viele Tore«, fügte Jo scherzhaft hinzu. Es überraschte sie, dass es bei Rosy Schwierigkeiten gegeben haben sollte. Hin und wieder kamen ihr Gerüchte über misshandelte Stallburschen und Pferde zu Ohren. Bei ihren wenigen Begegnungen hatte sie Rosy zwar immer als ausgesprochenen Macho empfunden, sein Verhalten war ihr jedoch stets angemessen erschienen. Obwohl gemunkelt wurde, dass er kühl und berechnend sei, galt er nicht als Mann, der grob mit seinen Mitarbeitern umsprang.

»Das ist richtig, Miss«, erwiderte Damien tapfer und rutschte mit seinem mageren Körper schmerzgepeinigt auf seinem Stuhl herum.

Geschwächt von Angst, Schlafmangel und schlechter Ernährung und außerdem nicht an freundliche Worte gewöhnt, war Jos Anteilnahme der Tropfen, der das Fass zum Überlaufen brachte: Er brach in Tränen aus.

»Dieser Mistkerl ist einfach auf mich losgegangen, und dabei hatte ich gar nichts angestellt. Ich kam gerade von der Bahnarbeit, und da hat sich dieser Schweinehund – Verzeihung, Miss – auf mich gestürzt. Er musste seine Wut an jemandem auslassen, und ich war der Kleinste.« Er wischte sich mit einer schmutzigen Hand die Augen ab.

Jo bekam Mitleid mit dem kleinen Burschen.

»Wer ist ›er‹?«, erkundigte sie sich zweifelnd. Rosy Roesinger war in ihrer Achtung bereits ein gutes Stück gesunken.

»Mr Roesingers neuer Stallmeister, Kurt soundso, irgendein ausländischer Name. Man nennt ihn auch den ›eisernen Schleifer‹.« Er sah Jo an. Zorn und Verzweiflung standen ihm ins mitgenommene, tränenüberströmte Gesicht geschrieben.

Jo traute ihren Ohren nicht.

»Kurt Stoltz?«, fragte sie, und plötzlich war ihr alles klar. Damiens Verletzungen waren ganz sicher sein Werk.

»Richtig, Miss. Er ist vor Kurzem aus England zurückgekommen. Mir erzählte er immer, ich wäre ein hoffnungsloser

Fall ...« Erschrocken über seine Offenheit, hielt er inne. »Ich habe nie schlecht über ihn geredet, Miss. Bitte.«

Mühsam stand er auf, geriet ins Schwanken und hielt sich am Schreibtisch fest, bis der Schwindelanfall vorbei war.

»Am besten gehe ich wieder. Eine Heulsuse wie mich können Sie ganz bestimmt nicht brauchen. Keine Ahnung, warum ich Ihnen mein Herz ausgeschüttet habe, aber trotzdem danke, Miss. Sie sind eine echte Dame.« Er zog die Mütze und wandte sich zur Tür.

»Keine Angst, Damien, ich habe nichts gehört. Und Sie irren sich: Ich würde mich freuen, wenn Sie bleiben. Einen Mitarbeiter mit Ihrem Mut und Ihrer Entschlossenheit hätte ich gern in meiner Mannschaft. Es hat Sie sicher einige Überwindung gekostet, einfach zu mir zu kommen und sich vorzustellen. Es dürfte kein Problem sein, Ihre Ausbildung in der Kingsford Lodge fortzusetzen.«

Sie nickte und musste ihren Zorn auf Kurt unterdrücken. Offenbar war der Mann doch nicht der Waschlappen, für den Simon ihn gehalten hatte. Das würde sie ihm heimzahlen. Plötzlich wurde sie von einem Hochgefühl ergriffen. Auch wenn es ihr vielleicht nicht gelang, aus Damien den größten australischen Jockey aller Zeiten zu machen, war es eine persönliche Genugtuung für sie, seinen Umzug in die Kingsford Lodge in die Wege zu leiten. Außerdem würde sie ihm alle Möglichkeiten geben, seine Fähigkeiten unter Beweis zu stellen. Verdutzt nahm Damien wieder Platz. Jo ging zur Tür und rief nach Gloria.

»Könntest du uns bitte Kaffee und zwei große Hamburger bringen? Uns knurrt der Magen.« Das Geräusch der Schreibmaschine verstummte. »Ihr offizieller Ausbilder wird natürlich Mr Kingsford sein, aber Ihre Anweisungen bekommen Sie von mir.« Damien nickte.

»Und jetzt erkläre ich Ihnen, wie wir in der Kingsford Lodge arbeiten und was ich von meinen Jockeys erwarte.«

»Ich weiß nicht, ob es klug ist, den jungen Cardelli einzustellen«, meinte Pete am folgenden Tag leise im Schuppen zu Jo. »Die Leute mögen es nicht, wenn schmutzige Wäsche gewaschen wird, und genau das hat er getan. Du wirst dir Feinde machen, Jo.« – »Ich weiß nur, dass er gegen ein Scheunentor gelaufen ist. Falls dir etwas anderes zu Ohren gekommen sein sollte, Pete, spuck es aus. Damien hat das Zeug zu einem guten Jockey, und ich will ihm eine Chance geben.«

Mit einem zweifelnden Blick auf Jo machte sich Pete wieder daran, die Pferde und Reiter einzuteilen, denn er wusste, dass es zwecklos war, mit ihr zu streiten.

Nachdem Jo Damien eingestellt hatte, bestand sie darauf, dass er zum Arzt ging. Dieser bestätigte ihren Verdacht, dass er sich einen Schlüsselbeinbruch zugezogen hatte. Außerdem hatte er zwei gebrochene Rippen und einige dicke Blutergüsse an Rücken und Beinen. Anfangs betraute sie ihn mit leichten Aufgaben in den Ställen, damit er sich wieder erholen konnte. Doch sobald er wieder genesen war, durfte er an der Bahnarbeit teilnehmen.

Damien schäumte über vor Begeisterung. Er betete Jo an, und nichts war ihm zu mühsam oder zu umständlich, wenn er ihr damit eine Freude machen konnte. Jo stellte fest, dass ihr Instinkt sie nicht getrogen hatte. Er konnte mit Pferden umgehen und lernte schnell. Nachdem sie ihn einige erprobte Tiere hatte reiten lassen, setzte sie ihn auf Sleeper und merkte sofort, dass Pferd und Reiter sich auf Anhieb verstanden und von Woche zu Woche bessere Leistungen zeigten. Damien ging sehr gut auf Sleeper ein. Die Augen des Pferdes begannen jedes Mal zu leuchten und es erhielt einen Vorgeschmack auf den Sieg, wenn sie zusammen die Rennbahn entlangpreschten. Allerdings war auch Damien machtlos dagegen, dass Sleeper in eine Art Wachkoma verfiel, sobald die Arbeit vorbei war oder er herumstehen und warten musste.

In den nächsten sechs Monaten besuchte Jo mit Damien und Sleeper verschiedene Rennbahnen in der Provinz. Während das Pferd sich eingewöhnte, erkannte Jo auch bei Damien ein neues Selbstbewusstsein, das sich völlig von seiner früheren großspurigen Art unterschied. Er war stets gut gelaunt und strotzte vor Tatendrang, was sich auch auf die Pferde übertrug.

Bald gewann er die ersten Rennen. Die Wetteinsätze wuchsen, da Pferd und Reiter immer häufiger vor dem restlichen Feld die Ziellinie überquerten und sich das Talent von Sleeper und Damien Cardelli mehr und mehr herumsprach.

Dringend benötigte Preisgelder flossen, und wenig später erschienen, wenn auch noch zögerlich, die ersten Pferdebesitzer wieder in der Kingsford Lodge.

»Du hast auf einen Sieger gesetzt, Schwesterherz«, meinte Bertie bei einem sonntäglichen Grillabend, zog ein Bündel Banknoten heraus, schwenkte es vor Jos Nase und steckte es zurück in seine überquellende Brieftasche. »Nicht schlecht für einen Nachmittag.«

Inzwischen war Bertie Anwalt bei einer angesehenen Kanzlei und prahlte mehr denn je. Außerdem wohnte er wieder zu Hause und ließ sich keine Gelegenheit entgehen, gegen Jo zu sticheln. Heute jedoch freute Jo sich so über ihren letzten Erfolg, dass sie sich die gute Laune nicht verderben lassen wollte.

»Dann kannst du mir ja das Geld zurückgeben, das ich dir geliehen habe«, erwiderte sie und streckte die Hand aus.

Dabei fragte sie sich, wie sie nur so dumm hatte sein können, ihm überhaupt etwas zu leihen. Aber er war so verzweifelt gewesen, dass sie sich erweichen ließ.

»Äh, da gibt es ein kleines Problem. Ich muss erst meine Schulden bei ein paar anderen Leuten bezahlen. Du bekommst das Geld Ende der Woche. Versprochen!«, meinte er rasch.

»Ach, Bertie, ich gehöre auch zu diesen Leuten. Letzte Woche hast du mir dasselbe erzählt«, beharrte Jo.

»Pst. Sonst hört uns noch Dad«, zischte Bertie.

»Was? Glaubt er etwa, du hättest das Spielen aufgegeben, weil Fastenzeit ist?«, höhnte Jo, ging zu dem Tisch, auf dem das Essen stand, und entfernte die Frischhaltefolie von der Salatschüssel. Sie beobachtete ihren Vater, der plaudernd mit einem Bierglas in der Hand bei zwei Freunden stand, und dachte daran, wie weit sie es im letzten Jahr gebracht hatten.

Charlies Beine waren zwar noch schwach, aber geistig war er wieder voll auf der Höhe. Inzwischen debattierten sie wieder angeregt über die Ausbildung von Rennpferden, auch wenn seine Sprachschwierigkeiten ihm noch zu schaffen machten und er sich manchmal nur schriftlich ausdrücken konnte. Obwohl er hin und wieder schrecklich aufbrausend war, wurde Jo warm ums Herz, als sie ihn beobachtete. Er war der Dad, den sie kannte und liebte, reizbar und brummig und trotz seiner undeutlichen Sprechweise voller Leidenschaft, wenn es um seine geliebten Pferde ging. Eines Tages würde sie vielleicht den Mut finden, das heikle Thema England anzusprechen, aber noch nicht jetzt.

Heute hatte er zum ersten Mal seit langer Zeit Freunde eingeladen, und sich den Kopf über Berties Spielsucht zu zerbrechen, war das Letzte, was er gebrauchen konnte.

»Möchtest du am Samstag mit zu Sleepers Debüt in Randwick kommen, Dad?«, fragte sie ihn später.

»Wenn ich das erste Mal wieder auf eine Rennbahn gehe, dann nur auf meinen eigenen zwei Beinen, mein Kind. Das habe ich dir gesagt, als ich nach Hause kam, und dabei bleibt es.«

Er lächelte sie zwar an, aber sie sah die Trauer in seinem Blick. Er war ein stolzer Mann und einmal ein gefeierter Trainer gewesen. Doch die Zweifel von Familie und Freunden an seiner Genesung hinterließen Narben auf seiner Seele. Neenes mangelnde Zuversicht traf ihn am meisten.

In einem unbeweglichen Körper gefangen, hatte Charlie alles verstanden, was um ihn herum geschah. Wie sehnte er sich danach, seine Frau in die Arme zu nehmen, sie zu überzeugen, dass er völlig bei Verstand war, ihr zu sagen, wie sehr er sie liebte, und sie zu bitten, ihrer Tochter zu vertrauen, denn Jo wusste, was sie tat. Aber er war nicht einmal in der Lage gewesen, der albernen Krankenschwester zu bedeuten, sie solle ihn aus der Sonne schieben. Und als Neene ihn, begleitet von nervösem Geplapper, in dem bedrückenden Pflegeheim besucht hatte, spürte er ihr schlechtes Gewissen, und das raubte ihm den letzten Lebensmut.

So verzweifelt war er gewesen, dass er ohne Jos Hilfe vermutlich aufgegeben hätte. Eines Tages, wenn der Schmerz darüber sich ein wenig gelegt hatte, würde er ihr sagen, wie sehr er ihren Mut und ihr Durchhaltevermögen bewunderte und wie unbeschreiblich er sie für ihren Glauben an ihn liebte.

Mit zitternder Hand fuhr Charlie sich über die Augen. Er dachte an Nina und musste einen Seufzer unterdrücken. Seit er wieder zu Hause war, hatte sich ihre Beziehung verändert. Alles hatte sich verändert.

Es war ein langer Tag gewesen, und ihm war klar, dass er noch längst nicht so weit war, sich unter seinen Berufskollegen zu zeigen. »Gut, Dad, wie du willst«, erwiderte Jo, die seine Brummigkeit gewöhnt war.

Dennoch war sie enttäuscht, denn sie hätte diesen Moment gern mit Charlie geteilt. Keine Minute zweifelte sie daran, dass Sleeper, der in den letzten zwölf Monaten jedes Rennen gewonnen hatte, auch diesmal den Sieg davontragen würde. Einen Moment lang dachte sie an Simon und wünschte, er wäre hier, um gemeinsam mit ihr diesen Triumph zu erleben. Seit ihrer Trennung waren fast vier Jahre vergangen. So sehr sie sich auch einredete, dass sie über ihn hinweg war – sie wusste, sie würde sich ihm ohne Zögern in die Arme werfen, falls er zur Tür hereinkommen sollte.

Am Samstag war es sonnig und warm. Jo hatte in der Woche zuvor bereits ein Trainingsrennen mit Sleeper veranstaltet, um sicherzugehen, dass er auf der Bahn von Randwick zurechtkam. Sie wirkte ausgelassen, fühlte sich aber innerlich angespannt.

Ausgestattet mit ihrem ausgefallensten und gewagtesten Hut und einem hellgrünen Hosenanzug, der ihre schlanke Figur formvollendet betonte, bestand Jo darauf, Sleeper selbst zu satteln. Sie half Damien in den Sattel, drückte ihm die Hand und blickte ihm nach, wie er mit Sleeper zur Startlinie trottete. Die Farben der Kingsford Lodge, Hellgelb und Rosa, leuchteten auf seinem Rücken. Es war Jos größter Moment seit ihrer Rückkehr nach Australien, und Dad würde alles im Fernsehen verfolgen.

»Das alles hast du ganz allein geschafft«, sagte Phillip leise, als sie mit ihrem starken Fernglas, einem Geschenk von ihm zum dreiundzwanzigsten Geburtstag, den Weg des Pferdes zum Start verfolgte. Sleeper hatte Startposition Nummer drei am inneren Rand gezogen, sodass er das Feld sicher rasch hinter sich lassen würde.

»Was ist denn da los?«, murmelte Jo, halb zu sich selbst, halb an Phillip gewandt.

Sie beobachtete die Pferde, die sich vor der Abtrennung drängten, und wünschte, sie wäre nicht vor jedem Rennen so nervös. Pete hatte Sleeper bereits in die Startbox geführt. »Diese verdammten neuseeländischen Pferde, die sich einfach nicht einordnen können ... Bringt sie in die Boxen!«, rief sie und ruderte mit dem Arm. Einige Rennbesucher warfen ihr missbilligende Blicke zu.

»Immer mit der Ruhe, Schneewittchen«, meinte Phillip und versetzte ihr einen Rippenstoß.

»Ich bin ganz ruhig«, verkündete Jo, obwohl das ganz und gar nicht der Wahrheit entsprach.

Wie immer war es ihr eine große Hilfe, Phillip neben sich zu wissen. Schließlich befand sich das letzte Pferd am Start, und die Pferdeführer zogen sich zurück. Jo hielt den Atem an, als die Schranken sich öffneten und die Pferde losliefen.

»Los, Dopey«, schrie Jo, doch ihre Stimme wurde vom Kommentator übertönt.

»Rosy Roesings Rain Maker hat die Führung übernommen, Red Rogue ist Zweiter, My Girl Dritte. Mein Gott, was ist mit unserem Favoriten geschehen? Er ist nicht gestartet. Hatte er einen Zusammenbruch? Nein, vom Tierarzt ist nichts zu sehen. Vielleicht bleibt Sleeper seinem Namen treu und ist eingeschlafen«, schloss der Kommentator lachend.

Mit zitternden Händen richtete Jo ihr Fernglas auf die Box. Die Stimme des Kommentators zerrte an ihren Nerven. Sleeper! Was war passiert? Die Zuschauer um sie herum stöhnten ärgerlich und enttäuscht auf. Dann sah sie, wie das Pferd loslief. Damien kauerte wie ein hüpfender Ball auf seinem Rücken. Das Publikum feuerte ihn an, aber es war zu spät, denn die anderen Pferde hatten bereits die Hälfte der Renndistanz zurückgelegt. Selbst ein guter Steher wie Sleeper hatte keine Chance, sie einzuholen.

Entsetzt sah Jo Rain Maker zu, der als Erster die Ziellinie überquerte. Sleeper wurde Fünfter. Es war zwar eine gewaltige Leistung gewesen, so weit aufzuschließen, doch das konnte weder Jo noch die vielen erbosten Zuschauer trösten, die hohe Summen auf das Pferd gesetzt hatten. Jo drängte die Tränen der Wut und Enttäuschung zurück, bahnte sich einen Weg durch die Menge und hastete zur Koppel.

»Was ist passiert?«, fragte sie barsch, nahm dem Stallburschen, der das Pferd wegführen wollte, die Zügel ab und versuchte keuchend, mit Damien Schritt zu halten. Aber der war zu erschüttert, um zu sprechen. Jo musste ihre Ungeduld bis nach dem Wiegen des Jockeys zügeln.

Phillip und Jo untersuchten das Pferd, konnten aber nichts feststellen.

»Was war am Start los?«, wollte Jo wissen, als Damien endlich erschien. Aber der Jockey war völlig ratlos.

»Er wollte einfach nicht laufen, bis es zu spät war«, lautete sein einziger Kommentar.

Zurück im Stall, bat Jo Phillip, einen weiteren Urintest durchzuführen, um sicherzugehen, dass dem Pferd nicht unbemerkt vom Turniertierarzt ein Betäubungsmittel verabreicht worden war. Doch auch davon keine Spur.

Beim Training am nächsten Montag beobachtete Jo Sleeper genau, aber er arbeitete gut mit und verfiel erst in seine übliche Schläfrigkeit, als er nicht mehr gefordert wurde.

»Keine Ahnung, woran es lag. Vielleicht hatten wir einfach nur eine Glückssträhne, und die ist jetzt vorbei«, sagte Jo, glaubte aber selbst nicht, was sie sagte.

Das Pferd war gesund und konnte sämtliche Konkurrenten mühelos abhängen. Schließlich hatte es das im vergangenen Jahr auf allen möglichen Rennbahnen und unter den verschiedensten Bedingungen bewiesen.

Erst am darauffolgenden Freitag klärte sich das Geheimnis auf. Da sie zwanzig Pferde bewegen mussten und ein Reiter erkrankt war, dauerte die Bahnarbeit länger als gewöhnlich. Jo war mit Let's Talk beschäftigt, einem eleganten, prachtvollen Tier, das sie bei der letzten Osterauktion gekauft hatte. Neben Winks, der die Zeit nahm, stand sie auf dem Dach des achteckigen Beobachtungsturms.

»Ich begreife nicht, was diesem Pferd fehlt. Du vielleicht?«, murmelte Jo. Winks betrachtete Sleeper, der ruhig dastand, und begann zu kichern.

»Der Frechdachs ist einfach eingeschlafen. Mein Großvater hatte auch so ein Pferd. Monatelang sind wir nicht dahintergekommen und haben uns das Hirn zermartert. Schau ihn dir an. Der schläft tief und fest.«

Jo richtete ihr Fernglas auf den großen Wallach und schnappte nach Luft.

»Das darf doch nicht wahr sein! Wir machen zwar Witze darüber, aber …«

Sie wollte Damien schon zurufen, er solle Dopey wecken, stieg dann aber selbst die Stufen hinunter und lief rasch auf das Pferd zu.

Mit ungläubiger Miene winkte sie Phillip zu sich und wies auf Sleeper.

»Du hast recht«, schrie sie dann zu Winks hinauf, der sich aus dem Fenster lehnte.

Alle versammelten sich erstaunt um das Pferd. Sleeper, dem das Warten offenbar zu langweilig geworden war, hatte seinem Namen alle Ehre gemacht.

»Weckt das Pferd auf«, rief Jo.

Ein rascher Stups von Damien, und Sleeper war hellwach, reckte die Ohren und war bereit, loszustürmen. Während Jo und Phillip Blicke wechselten, machte Damien ein äußerst betretenes Gesicht. Winks kicherte.

»Was für ein Frechdachs«, ereiferte sich Jo.

Doch das allgemeine Geschimpfe ging in Gelächter über. Offenbar war Sleeper einfach am Start eingeschlafen. Eine andere Erklärung gab es nicht.

Emma würde sich bestimmt königlich darüber amüsieren, dachte Jo, die plötzlich an ihre alte Freundin dachte. Heute Abend würde sie ihr schreiben und ihr die ganze lustige Geschichte erzählen.

21

Jo nahm sich eine große Cola aus dem Kühlschrank in der Küche, gab ein Stück Zitrone hinein und ließ sich auf einen Stuhl fallen. Sie hatte eine ausgesprochen anstrengende Woche hinter sich. Von Charlies Standpauke, weil sie nicht sofort hinter Dopeys Schlaftick gekommen war, klingelten ihr noch immer die Ohren. Der peinliche Zwischenfall hatte sie den Rest der Woche verfolgt. Wenn die Folgen nicht so ernst gewesen wären, hätte man wirklich darüber lachen können.

Natürlich war die Sache ein gefundenes Fressen für die Journalisten. Die Presseleute hatten sich auf sie gestürzt und sich in den Ställen herumgetrieben. Manche hatten sogar von Schiebung gesprochen. Und das, obwohl Jo versicherte, sowohl der australische Rennverband als auch ihr eigener Tierarzt hätten bei dem Pferd keine Spur eines Betäubungsmittels entdeckt. Sobald sie sich irgendwo blicken ließ, musste sie witzig gemeinte Bemerkungen über sich ergehen lassen. Und da die Reporter sonst nichts Berichtenswertes fanden, begannen sie, sich Geschichten über Jos Leben und ihre Arbeit im Rennstall auszudenken. Jo blieb nichts anderes übrig, als sich mit dem lästigen Rummel abzufinden. Sie beschloss, die öffentliche Aufmerksamkeit zu nützen, um Werbung für ihren Rennstall zu machen, womit sie auch einigen Erfolg hatte.

Belastender als der Medienansturm waren die beiden Anrufe, in denen ihr mit schwerwiegenden Konsequenzen gedroht wurde, falls sie »so einen miesen Trick« noch einmal versuchen sollte. Dass Sleeper trotz seiner guten Startposition verlor, hatte viele Menschen um einige Dollar ärmer und deshalb sehr wütend gemacht. Verschlimmert wurde die Situation noch dadurch, dass Damiens Freundin Hope mit einem

Bündel Geldscheine nach Hause gekommen war. Von Kindheit an abergläubisch, hatte Hope nicht nur auf Damien, sondern auch auf seinen stärksten Konkurrenten Rain Maker gesetzt. Und da diese Marotte nicht allgemein bekannt war, standen Jo und ihr Jockey in einem schlechten Licht da.

»So ist es eben beim Rennsport«, sagte sich Jo und versuchte, die Anrufe als Überreaktion enttäuschter Anhänger der Pferdewette abzutun.

Doch je länger sie vor ihrem Colaglas saß, desto mehr wuchs ihre Unruhe. Da sie wusste, dass Charlie ohnehin schlecht schlief und sich abends meist langweilte, beschloss sie, die Angelegenheit mit ihm zu besprechen. Sie ging in sein Arbeitszimmer, in das er sich oft flüchtete, um über Stammbäumen zu brüten und die neuesten Branchennachrichten zu lesen.

Charlie saß dort, von Büchern und Zeitschriften umgeben, und war über ein Kreuzworträtsel gebeugt.

»Die Anrufe machen mir keine Sorgen. Aber wie konntest du nur so dämlich sein?« Trotz seiner undeutlichen Aussprache war die Bedeutung seiner Worte sonnenklar, denn er griff nach einer Handvoll von Zeitungsausschnitten überregionaler Blätter und wedelte Jo damit vor der Nase herum.

Entsetzt über die Wut in seinem Blick, lief Jo feuerrot an. Seine heftigen Vorwürfe führten ihr wieder ihre Unfähigkeit im Fall Dopey vor Augen.

»Aber, Dad, das haben wir doch schon alles besprochen«, rief sie, empört über seinen zweiten Angriff.

Sie sah auf den Notizblock, auf den er mit der linken Hand etwas kritzelte. In zittriger Schrift kritisierte er ihre Trainingsmethoden und die schlechte Presse, die der Rennstall momentan erhielt. Außerdem beschuldigte er sie, sie habe nicht auf offensichtliche Dinge geachtet und sich nicht ausreichend mit dem Verhalten des Pferdes beschäftigt.

»Dad, das ist ungerecht, ich tue mein Bestes«, protestierte Jo, als Charlie das letzte Wort mit Nachdruck unterstrich.

»Das reicht aber nicht. Solche Fehler kannst du dir nicht leisten«, erwiderte Charlie langsam und mit schleppenden Konsonanten.

»Einen Moment, Dad. Ich bin diejenige, die sich jeden Morgen in die Schlacht werfen muss. Nicht du. Und neue Kritik, ausgerechnet von meinem eigenen Vater, hat mir gerade noch gefehlt. Was hältst du davon, mich einmal zu unterstützen?«, empörte sie sich.

Gekränkt suchte sie nach weiterer Munition. Da fiel ihr der traurige Kontostand des Rennstalls ein.

»Ich verlange nicht viel von dir, nur ein paar Tipps hie und da und ein bisschen Verständnis. Ich erwarte nicht, dass du mir wie Bertie seit Jahren das Geld in den Rachen wirfst, ohne mit der Wimper zu zucken.« Jo war so empört, dass sie trotz Charlies wütendem Blick fortfuhr. »Warum gibst du Bertie immer wieder Geld, Dad? Bei mir oder bei ...«

Beinahe hätte sie Ricks Namen ausgesprochen, hielt sich aber rechtzeitig zurück.

»Du solltest doch wissen, dass ich irgendwann merken würde, dass vom Rennstallkonto Geld fehlt«, fügte sie, immer noch zornig, hinzu.

Charlie legte die Zeitung weg und blickte Jo über den Rand seiner Hornbrille hinweg an.

»Solange du in diesem Ton mit mir sprichst, brauchen wir uns nicht weiter zu unterhalten«, sagte er drohend und wandte sich wieder seinem Kreuzworträtsel zu.

Ihre Worte hatten Charlie tief getroffen. Im Krankenhaus, ohne Hoffnung auf ein normales Leben, hatte er viel über Bertie und dessen Umgang mit Geld nachgedacht. Bertie war das Familienmitglied, das ihn am seltensten besuchte und sich auch sonst fast nicht um ihn kümmerte. Um das Maß vollzumachen, hatte sein eigener Sohn sogar versucht, hinter seinem Rücken den Rennstall zu verkaufen – obwohl Charlie ihn wiederholt davor gerettet hatte, dass ihm die Spielschulden nicht über den Kopf wuchsen.

Charlie befürchtete, dass es mit ihm dasselbe schlimme Ende nehmen würde wie mit seinem Onkel Wayne. Allerdings wollte er Nina nicht in den Rücken fallen und das Problem zuerst mit Jo besprechen.

Wucherer mit neun Buchstaben? *Kredithai.*

Ärgerlich kritzelte er die Antwort in die Kästchen.

»Verdammt, Dad! Du könntest es mir wenigstens erklären. Schließlich arbeite ich jeden Tag mit den Pferden«, schimpfte Jo.

»Du wiederholst dich«, antwortete Charlie kühl. »Dein Bruder und ich haben vor dem Unfall eine gültige Abmachung getroffen. Die Darlehen waren einmalige Angelegenheiten und gehen dich nichts an.«

Er beugte sich wieder über sein Kreuzworträtsel. Jo sah, wie seine Hand zitterte, und sie bekam Mitgefühl mit ihm.

»Gut, Dad. Es tut mir leid. Ich habe nur nicht damit gerechnet, dass du so wenig Verständnis für meine Belange hast.«

Es war zwecklos, mit ihrem Vater herumzustreiten. Sie brauchte sein Vertrauen und seinen Rat. Was Dopey anging, war er eindeutig im Recht. Auch er hatte seinen Stolz. Seine Genesung machte große Fortschritte, und obwohl er nie darüber sprach, ahnte Jo, wie sehr es ihn wurmte, nicht mehr selbst mit anpacken zu können.

»Ich würde gern mit dir darüber reden, was ich beim Training verbessern könnte. Am schönsten wäre es natürlich, wenn du selbst zur Bahnarbeit kommen würdest«, meinte sie deshalb leise.

»Erst, wenn ich hoch erhobenen Hauptes und auf eigenen Beinen über den Platz gehen kann. Erzähl mir lieber von den Anrufen.«

Mit einem erleichterten Seufzer schüttete Jo ihrem Vater das Herz aus. Er beruhigte sie, und anschließend erörterten sie die Ställe und die Pferde. Wenn ihm das Sprechen zu anstrengend wurde, nahmen sie den Notizblock zu Hilfe. Bald unterhielten sie sich wieder offen und freundschaftlich miteinander.

Erst vor dem Zubettgehen – Jo machte sich eine heiße Schokolade – regte sich ihre Wut auf Bertie erneut. So war sie auch nicht in bester Laune, als sich die Hintertür öffnete, und der Besagte höchstpersönlich hereinschlüpfte.

»Wo sind Mum und Dad?«, knurrte er mit wildem Blick.

Er war schmutzig und zerrauft. Seine Krawatte fehlte, sein oberster Hemdknopf stand offen, und Jo stellte sogar aus einiger Entfernung fest, dass er nach Rum roch.

»Oben«, erwiderte sie und gab Zucker in ihre Tasse.

Es war nicht das erste Mal, dass ihr Bruder nach einer Siegesfeier betrunken nach Hause kam. Den Finger an die Lippen gelegt, torkelte Bertie auf sie zu.

»Kannst du mir ein bisschen Geld leihen? Ich stecke in Schwierigkeiten«, lallte er und legte den Arm um Jo.

»Was hast du diesmal gemacht? Den Rennstall verwettet und verloren?«, höhnte sie mit einem bitteren Auflachen.

»Du wirst deinem großen Bruder doch aus der Klemme helfen, Schwesterherz, oder nicht?«, sagte Bertie leise, ohne auf ihren Spott einzugehen. Immer noch den Arm um sie gelegt, flüsterte er ihr die Summe ins Ohr und wollte ihr einen brüderlichen Kuss geben. Entsetzt riss Jo sich los.

»Das ist doch hoffentlich ein Scherz!«

Bertie schüttelte den Kopf und versuchte, sie wieder zu umarmen.

»Von mir kriegst du keinen Cent, Bertie. Werde endlich erwachsen und löse deine Probleme selbst.« Sie eilte, am ganzen Leibe zitternd, durch die Küche und verschüttete dabei Kakao auf ihrem Pyjama. »Schau, was du angerichtet hast. Geh ins Bett, Bertie.«

»Ja, ja, spiel dich nur auf, Schwesterherz«, kicherte Bertie. »Wenn ich kein Bargeld mehr habe, muss ich eben den Rennstall als Sicherheit einsetzen«, lallte er mit einem selbstzufriedenen Grinsen.

Entgeistert wirbelte Jo herum. Bertie war das durchaus zuzutrauen.

»Sei kein Idiot, Bertie. Meinetwegen kannst du dein Geld ruhig zum Fenster rauswerfen, aber von meinem Erbe lässt du die Finger. Was hast du vor? Den Rennstall auszubluten?«

Zu ihrem Erstaunen sackte Bertie in sich zusammen und brach in Tränen aus.

»Wie konntest du mir das antun? Warum hast du mich im Stich gelassen?«, heulte er. »Warum hast du mir nicht gesagt, dass dein Pferd ein Versager ist? Schwesterherz, ich brauche deine Hilfe. Ich stecke in großen Schwierigkeiten«, flehte er und klammerte sich an sie.

»Ach, du meine Güte, Bertie, halt den Mund und benimm dich nicht wie ein Kleinkind«, fauchte Jo und machte sich los.

Wenn sie jetzt nicht hart blieb und sich durchsetzte, würde sie ihn für den Rest ihres Lebens durchfüttern. Es war typisch für Spielsüchtige, dass sie die Menschen in ihrer Umgebung aussaugten – leider verschloss aber der Rest der Familie vor Berties Krankheit die Augen.

»Ich kann nichts dafür, wenn du dich in Schwierigkeiten bringst. Hilf dir selbst. Nie machst du einen Finger für mich krumm, und immer erwartest du von mir, dass ich dir wie Dad unter die Arme greife. Nun, da hast du dich verrechnet. Niemand wird für dich in die Bresche springen. Außerdem habe ich nicht so viel Geld.« Sie wollte zur Tür gehen, doch Bertie stellte sich ihr aufgebracht in den Weg, einen tückischen Ausdruck in den Augen.

»Mein Gott! Du bist nicht einmal bereit, deinem eigenen Bruder zu helfen … Du warst immer Daddys Lieblingskind, das sich um seine kostbaren Pferde kümmern durfte. Und was ist mit mir? Ich wurde mit Geld abgespeist. Na, komm bloß nicht angekrochen, wenn alles zusammenbricht.« Er torkelte zum Kühlschrank und nahm sich ein Bier.

»Nichts wird zusammenbrechen«, erwiderte Jo, erschrocken über seine Worte, die ihr ein unangenehmes Gefühl verursachten. Bertie trieb sich mit zwielichtigen Gestalten herum. Menschen, die Black Jack und Poker spielten, waren in der Regel keine Ehrenmänner – dasselbe galt für viele Buchmacher.

Bertie trank einen Schluck Bier.

»Wie lange willst du dich noch lächerlich machen? Unser Vater wird nie wieder den Rennstall leiten, und die Männer, die auf der Rennbahn das Sagen haben, wollen dich nicht. Auch Mum möchte, dass du aufhörst. Du vergeudest auch einen Teil meines Erbes.«

»Du bist betrunken und redest Unsinn. Geh ins Bett, Bertie«, befahl Jo mit funkelnden Augen und versetzte ihm einen Stoß.

Bertie stierte sie an, verlor fast das Gleichgewicht und konnte sich im letzten Moment am Küchentisch festhalten.

»Rechtlich gesehen, Schwesterherz, könnte ich dich zwingen, den Rennstall morgen zu verkaufen. Also verschone mich mit deinen Predigten«, zischte er und näherte sein Gesicht bedrohlich dem ihren. Seine Augen waren blutunterlaufen, und eine übel riechende Alkoholfahne schlug ihr entgegen.

»So ein Blödsinn! Scher dich zum Teufel – und nenn mich nicht Schwesterherz!«, brüllte Jo, schob ihn beiseite und stürmte in ihr Zimmer.

Kurz darauf hörte sie, wie die Hintertür zufiel und ein Wagen mit dröhnendem Motor die Auffahrt entlangdonnerte.

»Hau ab und verspiel Geld, das du nicht hast – wenn sie dich nicht vorher wegen Alkohol am Steuer drankriegen.« Jo ließ sich ins Bett fallen, zog die Decke hoch und starrte zur Decke.

Er versuchte sicher nur, ihr mit seinem juristischen Wissen Angst einzujagen. Andererseits waren Anwälte mit allen Wassern gewaschen. Bertie war geschickt darin, die Tatsachen zu seinem Vorteil zurechtzubiegen. Jo nahm sich vor, gleich morgen mit dem Familienanwalt zu sprechen. Dann drehte sie sich entschlossen um und schlief ein.

Um ein Uhr morgens wurde sie von Nina wach gerüttelt. »Was ist denn?«, rief sie und fuhr erschrocken hoch.

»Jo! Jo! Bertie ist verletzt. Er wurde überfallen und in die Notaufnahme eingeliefert«, stieß ihre Mutter leichenblass hervor. »Die Polizei hat gerade angerufen.«

Blitzschnell sprang Jo aus dem Bett. Die Worte ihres Bruders hallten ihr noch in den Ohren. Sie hastete mit Nina zum Auto und raste zum Krankenhaus. Bertie lag in einem Behandlungszimmer. Sein Gesicht war zerschlagen, ein Auge fast vollständig zugeschwollen.

»Er hatte Glück, dass es ihn nicht schlimmer erwischt hat. Der Täter muss gestört worden sein. Manche Prügelopfer, die wir aus Cross hereinbekommen, sehen wirklich übel aus«, erklärte eine Krankenschwester und spielte damit auf Kings Cross an, das Rotlichtviertel von Sydney. »Ein alter Bekannter hat uns seinetwegen gerufen, und wir haben ihn eingesammelt. Die Polizei würde gern mit Ihnen sprechen. Hoffentlich erwischen sie die Mistkerle.«

»Wenn nicht, werde ich sie mir vorknöpfen«, murmelte Jo. Auch wenn Bertie und sie verschiedener Ansicht waren, ging es hier um etwas anderes. Er hatte sie um Hilfe gebeten und war bei ihr auf taube Ohren gestoßen.

»Ich dachte nicht, dass er die Wahrheit sagt«, gestand Jo schuldbewusst dem Polizisten, der sie und Nina befragte.

»Vielleicht hat er das ja auch nicht, aber der Kerl, der ihn angegriffen hat, macht offenbar keine halben Sachen. Diesen Zettel hat er ihrem Bruder ans Hemd geheftet.«

Der Polizist förderte einen durchsichtigen Plastikbeutel mit einem zerknitterten, blutbefleckten Zettel zutage, den er auf dem Tisch vor Jo und Nina glatt strich. Jo bekam beim Lesen des in kindlich wirkenden Blockbuchstaben verfassten Textes eine Gänsehaut: »Das ist eine Warnung – zahle oder verschwinde!«

Du lieber Himmel! Mit wem hatte Bertie sich da eingelassen, und wie hoch waren seine Schulden? Nina schnappte unwillkürlich nach Luft. Sofort fasste Jo nach der Hand ihrer Mutter.

»Schon gut, Mum«, sagte sie.

»Wie konnte das geschehen, Jo? Oh, mein Gott, das ist entsetzlich«, flüsterte Nina. Rasch beherrschte sie sich und drückte Jos Hand. »Es geht schon wieder, mein Kind.«

»Mir ist klar, wie schlimm das für Sie und Ihre Tochter sein muss, Mrs Kingsford. Aber ich bin leider gezwungen, Ihnen noch ein paar Fragen zu stellen«, begann der Polizist freundlich. Nina nickte nur benommen. Jo beantwortete all seine Fragen. Sie fühlte sich hin und her gerissen zwischen ihrem schlechten Gewissen und der Wut auf ihren Bruder, der sich die Suppe selbst eingebrockt hatte.

»Tut mir leid, Schwester ... Tut mir leid, Jo. Ich weiß nicht mehr, was ich tun soll«, schluchzte Bertie, als sie ihn am nächsten Tag nach Hause holten. »Sie haben mich unter Druck gesetzt, bis ich ihnen den Stall versprochen habe, falls Dopey nicht gewinnt. Ich dachte, er wird bestimmt Erster. Damit wäre ich aus dem Schneider gewesen. Und die Hälfte von allem wird sowieso einmal mir gehören.«

Kurz leuchtete der Trotz in seinen verquollenen Augen auf. Jo wandte – angewidert und bedauernd – den Blick ab.

»Wie konntest du das tun, Bertie?«, entsetzte sich Nina. »Kein Wort zu deinem Vater, ganz gleich, was geschieht. Ich nehme einen Kredit auf und verkaufe eines meiner Grundstücke in Neutral Bay, damit du diese Leute auszahlen kannst«, beschloss Nina mit finsterer Miene, nachdem sie und Jo einem sehr ernüchterten und verängstigten Bertie die genaue Höhe der Summe entlockt hatten.

»Das wirst du schön bleiben lassen, Neene.«

Das war Charlie, der gerade ins Zimmer gehinkt kam. Er zog das rechte Bein hinter sich her und stützte sich auf zwei Krücken.

»Warum machst du deiner Mutter nicht eine Tasse Tee,

Jo? Bertie und ich müssen unter vier Augen miteinander reden.« Nachdem Charlie die beiden erschrockenen Frauen aus dem Zimmer gescheucht hatte, setzte er sich in den großen Ohrensessel und legte seine Krücken auf den Boden.

»Vergiss, was deine Mutter gesagt hat«, begann er streng und musterte Bertie aus dunklen Augen. »Es ist an der Zeit, dass du erwachsen wirst, mein Sohn.«

Bertie sackte sichtlich in sich zusammen und wurde so blass, dass seine violetten und gelben Blutergüsse aus dem bleichen Gesicht herausstachen. Noch nie hatte sein Vater ihm eine solche Standpauke gehalten. Charlie hatte sich seine Worte sorgfältig zurechtgelegt, und dass er manchmal ins Stocken geriet, machte die Prozedur für Bertie nur umso quälender. Aber als sein Vater ihn mit Onkel Wayne verglich, konnte er nicht länger an sich halten.

»Ich bin gerade zusammengeschlagen worden, Dad, und ich brauche mir das nicht länger anzuhören«, rief er und sprang auf. Doch Charlie hielt ihn mit seiner gesunden Hand zurück. Einen Moment starrten Vater und Sohn einander an. Dann ließ Charlie Berties Arm los.

»Du setzt dich hin und spitzt die Ohren, bis ich mit dir fertig bin, mein Sohn.«

Angesichts des Zorns seines Vaters und der Höhe seiner Schulden gab Bertie den Widerstand auf, ließ sich zurück in den Sessel fallen und betrachtete mürrisch seine Schuhspitzen.

»Eine gute Entscheidung, mein Sohn«, fuhr Charlie zufrieden fort. »Du wirst deine Schulden bezahlen. Allerdings wirst du dafür selbst einen Kredit aufnehmen. Ich werde bei der Bank dafür bürgen, aber der Kredit läuft auf deinen Namen, und du wirst jeden Cent, einschließlich der Zinsen, selbst abtragen. Schließlich bist du Anwalt, verdammt, und ein angesehenes Mitglied der Gesellschaft, das sich verpflichtet hat, dem Gesetz zu dienen.« Charlie hielt inne. »Außerdem wirst du den Mund halten und einen Bogen um Rennbahn und Kartentisch machen, bis du gelernt hast, dich zu mäßigen. Und jetzt verschwinde, dieses Gespräch ist beendet. Du kannst mir einen ordentlichen Whisky einschenken und dann schauen, wo deine Mutter und deine Schwester sind.«

Erschöpft lehnte Charlie sich in seinem Sessel zurück und blickte Bertie nach, der aus dem Raum schlüpfte. Der junge Mann wirkte schwer erschüttert, und Charlie fragte sich, ob seine Gardinenpredigt etwas bewirkt hatte. Sie mussten Bertie dazu bringen, sich helfen zu lassen, bevor er sein Leben ruinierte. Der Junge erinnerte ihn so sehr an Wayne, dass es ihm Angst machte.

Auch wenn seine Worte nicht zu Bertie durchgedrungen waren – Charlie hatte diese kraftraubende Auseinandersetzung auf wundersame Weise geholfen. Er fühlte sich fast wieder wie der Alte. Zum ersten Mal seit dem Unfall hatte er das Kommando übernommen – trotz der mangelnden Möglichkeit, sich körperlich gegen den Jungen zur Wehr zu setzen. Er kratzte sich mit der heilen Hand am Kinn und spürte, dass ihm als Folge des Schlaganfalls noch immer der Mundwinkel herunterhing. Doch das alles spielte keine Rolle mehr. Die Krisensituation hatte Charlies Kampfgeist wieder zum Leben erweckt.

»Ich habe versucht, dir das zu ersparen, mein liebster Charlie, aber was sollte ich tun?«, klagte Nina händeringend, als sie einige Stunden später im Schlafzimmer allein waren.

Nina befürchtete, die Aufregung hätte Charlie geschadet, denn er wirkte ziemlich erschöpft. Charlie legte das Fachbuch beiseite, in dem er gerade las, und nahm die Brille ab.

»Wir müssen uns ernsthaft unterhalten, Neene, mein Liebling«, sagte er, richtete sich in dem großen Doppelbett auf und klopfte neben sich auf die Decke. Nina ließ sich wie ein verängstigtes Vögelchen auf der Bettkante nieder.

»Ich wollte doch nur eine gute Mutter sein«, schluchzte sie.

»Schsch … ruhig. Das warst du – für alle Kinder«, murmelte Charlie und streichelte ihr Haar und ihre Wange. »Ich war es, der Fehler gemacht hat. Ich hätte nein sagen sollen, als Bertie das erste Mal um Geld gebeten hat, aber ich wollte nicht einsehen, dass er eine jüngere Ausgabe von Wayne ist. Ich konnte es einfach nicht akzeptieren, denn das hätte bedeutet, dass ich versagt habe. Doch nun spielt alles keine Rolle mehr. Ich habe Bertie mitgeteilt, dass er selbst einen Kredit aufnehmen und die Schulden und das Darlehen zurückzahlen muss. Unsere Aufgabe ist es, ihm zu helfen. Er ist krank.«

Charlie hielt inne.

»Was dich angeht, meine geliebte Frau.« Er hob ihr Kinn mit dem Finger an und blickte in ihre Augen. Nina wandte sich ab und begann, an der Bettdecke herumzunesteln, aber er hielt ihr die zitternden Finger fest. »Ich kenne dich, Neene, meine Liebste. Ich wusste immer ...«

Er hielt inne und sprach nur mühsam weiter.

»Früher konnte ich deine Gedanken lesen wie ein offenes Buch, doch nun bedrückt dich offenbar etwas, das ich einfach nicht verstehe.«

Nina schluchzte auf und begann zu weinen. Sie gestand Charlie unter Tränen, wie Jack versucht hatte, sie zu küssen, und sprach über ihre Schuldgefühle, weil sie ihn womöglich verführt hatte. Nach Charlies Rückkehr hatte sie nicht gewagt, den Zwischenfall zu erwähnen. Sie war überzeugt davon, er würde ihr Absicht unterstellen und sich von ihr trennen. Als sie fortfuhr, wurde ihre Stimme allmählich kräftiger. Sie gab zu, sie habe sich während Charlies Krankheit verängstigt und leer gefühlt und sich geschämt, weil ihr der Mut und die Zuversicht ihrer Tochter fehlten. Sie hatte ihn so schrecklich vermisst und sich danach gesehnt, seine starken Arme um sich zu spüren, die sie festhielten und sie vor den Gefahren der Welt schützten.

»Ich hatte solche Sehnsucht und brauchte dich so sehr. Aber gleichzeitig wollte ich dir beweisen, dass ich erwachsen geworden bin und auch allein zurechtkomme ...«

»Hoffentlich nicht immer, sonst bin ich ja völlig überflüssig«, unterbrach Charlie sie mit belegter Stimme und breitete die Arme aus.

Über seinen zukünftigen Umgang mit Jack würde er später nachdenken.

Nun wollte er nur noch seiner Frau nahe sein.

»Oh, Charlie, ich liebe dich so sehr«, stieß Nina bebend hervor und sank in seine Arme.

Zum ersten Mal seit dem Unfall liebten sie sich, zärtlich und mit der gebotenen Rücksicht auf seinen Gesundheitszustand.

22

Jo war froh, dem Trubel von Sydney einige Tage zu entkommen. Sie betrachtete die kleine Versammlung eleganter Menschen mit schicken Hüten beim Rennen in Tamworth und fragte sich für einen Moment, was wohl geworden wäre, wenn sie ihre Karriere als Fotomodell fortgesetzt hätte. So ungern sie es auch zugab, hatte der Zwischenfall mit Bertie sie schwer erschüttert.

Nachts fuhr sie bei jedem Geräusch hoch. Wenn das Telefon läutete, zuckte sie zusammen. Und täglich erwartete sie, beim Betreten des Büros neue Drohbriefe vorzufinden. Es kamen zwar keine mehr, aber die Medien hatten Wind von der Krise in der Familie Kingsford bekommen, und bald hatte es sich überall herumgesprochen. Allerdings hatte ein Brief von Emma Jo wieder ein wenig aufgemuntert.

Obwohl sie und Emma höchstens zweimal im Jahr miteinander telefonierten oder sich schrieben, war ihre Freundschaft nicht eingeschlafen. Jo konnte das Gesicht und die wohlgeformte Figur ihrer Freundin regelmäßig in Hochglanzzeitschriften bewundern. Die Pferde gingen an den Start, und Jo musste an Emmas Brief denken. Man merkte jedem Wort an, wie glücklich ihre Freundin war. Ihre Karriere entwickelte sich prächtig, sie war nie im Leben zufriedener gewesen und außerdem bis über beide Ohren in einen Rockstar verliebt. Jo erinnerte sich an das schmerzliche Gefühl, das sie beim Lesen der Nachricht über Simon durchzuckt hatte. Emma war zufällig einer Freundin von Lelia begegnet. Diese erzählte, Simon befände sich auf einer Weltreise, während seine Familie kein Wort über das Verhalten ihres Sohnes verlöre.

»Da du ihn in deinem letzten Brief nicht erwähnt hast, vermute ich, du hast auch nichts gehört …«

Die lieben Worte, die darauf folgten, waren Jo vor den Augen verschwommen. Wütend, weil Simon ihr immer noch nahe ging, hatte sie den Brief wieder in den Umschlag gestopft und war losgezogen, um sich einen neuen Hut zu kaufen, und zwar den schicken rotweißen, den sie heute trug.

Die Pferde stürmten los, und Jo wandte ihre Aufmerksamkeit wieder dem Renngeschehen zu. Sleeper übernahm die Führung. Jo sprang aufgeregt in die Höhe, um ihn anzufeuern.

»Los, Dopey, schneller!«, rief sie, und alle Gedanken an Emma und an Simon waren auf einmal wie weggeblasen.

Sleeper ist gut in Form, sagte sie sich, und sie war stolz, als er einige der besten Sprinter des Landes weit hinter sich ließ. Mit klopfendem Herzen sah sie zu, wie er drei Längen vor dem beeindruckenden Feld den Zielstrich passierte.

Sie wirbelte mit einem Jubelruf herum, fiel Phillip um den Hals und drückte ihm einen schmatzenden Kuss auf den Mund, den er ebenso begeistert erwiderte. Ein wenig unsicher blickten sie einander an.

»Ist das nicht einfach wunderbar?«, rief Jo atemlos.

Sie eilte zu Sleeper und Damien hinüber, um zu gratulieren, Glückwünsche entgegenzunehmen und sich wieder einmal eine Siegerschleife überreichen zu lassen. Es war zwar ein verhältnismäßig kleines Rennen, aber alle einflussreichen Leute waren gekommen. Sleepers Sieg – gemeinsam mit zwei weiteren ersten und einem zweiten Platz für ein anderes Kingsford-Pferd – hatte Jos Position in der Renngemeinde wieder gefestigt.

»Mum und Dad scheinen in letzter Zeit sehr glücklich zu sein«, meinte Jo auf der Heimfahrt zu Phillip.

Sleeper und die anderen Pferde wurden unter Petes Obhut im Pferdetransporter zurück nach Sydney gebracht.

»Mein Gott, bin ich müde.«

Sie streckte sich, lehnte den Kopf an Phillips Schulter und schloss die Augen. Ein zufriedenes Lächeln spielte um ihre Lippen, und aus dem Kassettenrecorder tönte leise Musik, während sie die Landstraße entlangrollten.

Für Jo war es ein langer und anstrengender Monat gewesen, in dem sie sich abgemüht hatte, neue Besitzer anzuwerben und die Pferde zu Höchstleistungen anzuspornen. Dabei erinnerte sie jeder Blick auf den Kontoauszug daran, wie gefährlich nah sie vor dem Verkauf des Stalls gestanden hatten.

Dann waren da die Szenen mit Bertie gewesen: Vergeblich versuchten sie ihn zu überreden, sich wegen seiner Spielsucht an einen Fachmann zu wenden. Nina stand die ganze Zeit am Rand eines Weinkrampfes.

Dass Charlie inzwischen fast wieder der Alte war, vermittelte Jo jedoch neues Selbstbewusstsein. Sie unterstützte seine Auffassung, dass Bertie selbst für seine Fehler geradestehen musste, anstatt sich ausschließlich auf seine Familie zu verlassen. Deswegen herrschten unterschwellig ständig Spannungen, und Jo fragte sich, wie lange ihr Vater das wohl aushalten würde.

Außerdem machte sie sich Sorgen um Bertie. Zumindest hatte sie in einem fünfminütigen Gespräch mit ihrem Anwalt klarstellen können, dass Berties Drohung, den Stall auch gegen ihren Willen zu verkaufen, absolut aus der Luft gegriffen war. Allerdings hatte er ihr nie verziehen, dass sie ihm vor dem Überfall die Hilfe verweigert hatte. Und beim Betreten eines Zimmers ertappte sie ihn häufig dabei, wie er hastig den Telefonhörer auflegte. Trotz ihrer Schuldgefühle und der Angst vor einem erneuten Überfall rieten ihr all ihre Instinkte davon ab, ihm jemals wieder Geld zu geben, auch wenn es ihr unmöglich erschien, ihm das ins Gesicht zu sagen. Manchmal fühlte sie sich von der Verantwortung erdrückt.

Aber dann kamen Tage wie der heutige, die alle Mühe wert erscheinen ließen, dachte Jo glücklich und sog Phillips warmen, männlichen Geruch ein. Sein weiches Baumwollhemd kitzelte sie an der Nase, sie kratzte sich und kuschelte sich enger an ihn. Phillip war eines ihrer Probleme – oder auch nicht. Sie döste ein.

Phillip, der – immer auf der Hut vor Känguruhs – in der Dämmerung die malerische Putty Road entlangfuhr, warf hin und wieder einen Blick auf Jo. Ihr Atem ging regelmäßig, und ihr warmer Duft stieg ihm in die Nase, wenn sie sich bewegte. Ihr langes Haar flutete wie Seegras über seinen Arm. Sehnsuchtsvoll erinnerte er sich an ihren kurzen Kuss. Im Siegestaumel um Sleepers ersten Platz hatte er sie in den Armen gehalten, sie herumgeschwenkt und ihre salzig-süßen Lippen geschmeckt. Alles war so selbstverständlich, so liebevoll gewesen, als wären sie füreinander bestimmt.

Sanft legte er ihr den Arm um die Schulter, sodass sie sich in seine Armbeuge schmiegte. Als sie etwas brummelte und sich noch enger ankuschelte, steigerte sich sein Verlangen. Er besuchte mit ihr gern Rennen auf dem Land, denn sie fühlten sich einander stets näher, wenn sie zusammen die Stadt verließen.

Fast wie ein altes Ehepaar, dachte er unruhig und war ärgerlich auf sich selbst, weil er es einfach nicht über sich brachte, Jo seine wahren Gefühle zu offenbaren. In seiner Gegenwart wirkte sie entspannt und zufrieden. Und dennoch stand Simons Schatten stets zwischen ihnen. Obwohl Jo ihn nie erwähnte, wusste Phillip, dass er auch weiterhin einen Platz in ihrem Herzen hatte. Phillip wünschte diesen Mann zum Teufel und beneidete ihn gleichzeitig. Wie war es ihm nur gelungen, eine so tiefe und dauerhafte Liebe in Jo zu wecken? Dennoch war er selbst, wie Phillip sich immer vor Augen hielt, der größere Glückspilz. Schließlich befand sich Simon am anderen Ende der Welt und glänzte durch Abwesenheit, während Jo sich warm und lebendig in seine, Phillips, Arme schmiegte. Er hielt am Straßenrand neben einem Koppeltor.

»Aufwachen, Schneewittchen. Es ist Zeit für eine Pause und eine Tasse Tee«, sagte er und rüttelte sie sanft.

»Wo sind wir?«, fragte Jo schläfrig, streckte sich und verzog das Gesicht.

»In zwei Stunden sind wir zu Hause«, erwiderte Phillip und stieg aus, um sich die Beine zu vertreten.

Die am Horizont untergehende Sonne tauchte die Weiden in goldenes Licht. Im hohen Gras stand regungslos und fast unsichtbar ein Känguruh und beobachtete sie. Jo schenkte Phillip aus der Thermosflasche einen Becher Tee ein und reichte ihm einen Keks. Dann lehnte sie sich, ebenfalls an einem Keks knabbernd, an den Wagen. Dabei musterte sie Phillip von der Seite und betrachtete sein markantes Gesicht und seine vollen Lippen. Seine rauen Hände umfassten den Teebecher. Sie malte sich aus, wie es wohl sein mochte, wenn diese ihren Körper liebkosten, und ihr Puls ging schneller. Auf einmal sehnte sie sich danach, in seinen Armen zu liegen. Von einem Telegrafenmasten starrte ein dicker Kookaburra zu ihnen hinunter und reckte seinen Schnabel in die Luft. Sein Krächzen, das durch die Abendstille hallte, riss Jo aus ihren Tagträumen.

»Was soll ich wegen Damiens Freundin machen?«, fragte sie unvermittelt.

»Meinst du Hope?«

»Hopeless – hoffnungslos – würde es besser treffen«, erwiderte Jo grinsend und trank einen Schluck Tee. »Heute sah sie wieder einmal grauenvoll aus. Sie ist ja wirklich ein nettes Mädchen, aber sie hat einfach einen schauderhaften Geschmack. Damien wird allmählich zu berühmt, um sich mit so einer Vogelscheuche blicken zu lassen.«

Die mollige Siebzehnjährige war ein ganzes Stück größer als Damien und heute völlig in Schwarz gekleidet gewesen. Ihre schweren Brüste zeichneten sich unter einem viel zu engen Baumwollpulli ab, und der Minirock spannte über dem ausladenden Hinterteil. Darunter lugten schwarze Strümpfe mit Laufmaschen hervor, und abgestoßene hochhackige Pumps rundeten die Aufmachung ab. Mit ihrem wasserstoffblonden Haar und den dick mit Kajal und Wimperntusche zugekleisterten Augen erinnerte sie eher an eine blinzelnde Eule. Und zu allem Überfluss hatte sie sich auch noch reichlich mit billigem Parfüm überschüttet.

Phillip stellte seinen Becher auf die Motorhaube und runzelte die Stirn. Im Moment war ihm Hope völlig einerlei. Jo war der einzige Mensch, der ihn interessierte und mit dem er sich befassen wollte.

»Damit soll sich deine Mutter beschäftigen. Sie hat genug Erfahrung in diesen Dingen«, erwiderte er abweisender als beabsichtigt.

»Klar, warum ist mir das nicht eingefallen?«, meinte Jo. »Du denkst immer so praktisch. Weshalb komme ich nicht selbst auf die einfachen Lösungen? Habe ich dich irgendwie gekränkt?«, fügte sie hinzu, als sie seine Miene bemerkte.

»Ich habe keine Lust, über Hope, Faith, Onkel Jo Bloggs oder die anderen armen Seelen zu reden, die du retten möchtest«, entgegnete Phillip bemüht scherzhaft. »Du bist die Einzige, an die ich denken will.«

Er nahm ihr den Becher aus der Hand und stellte ihn neben seinen auf die Motorhaube.

»Du bist die vollkommenste Frau, der ich je begegnet bin. Wunderschön, mutig, intelligent ...«

Jo verzog das Gesicht, und ihr Herz begann zu klopfen.

»Wir sind wie ein altes Ehepaar, Jo. Wir machen alles zusammen, besprechen alles, schmieden Pläne, finden gemeinsam Lösungen. Das Einzige, was fehlt, ist das hier.« Mit diesen Worten zog er sie an sich und strich ihr das blonde Haar aus dem Gesicht. Dann küsste er ihre warmen rosigen Lippen. »Das war das zweite Mal«, meinte er mit einem zittrigen Auflachen, als sie sich wieder voneinander lösten.

»Aller guten Dinge sind drei«, flüsterte Jo atemlos.

Sie reckte ihr Gesicht zu ihm empor, schlang ihm die Arme um den Hals und schmiegte sich an ihn.

»Wenn du darauf bestehst«, murmelte Phillip.

Er küsste sie lange und mit Inbrunst, und Jo wurde von kleinen wohligen Schauern durchlaufen. Lange unterdrückte Bedürfnisse erwachten wieder zum Leben. Er nahm sie in die Arme, trug sie zum Gatter, setzte sie vorsichtig auf den obersten Holm und umfasste ihre Knie, damit sie nicht herunterfiel.

»Hast du überhaupt eine Vorstellung davon, wie sehr ich dich liebe und wie lange ich mich schon danach sehne?«

Jo lachte heiser auf, und ihr Körper prickelte von seiner Berührung. Phillip nahm ihre linke Hand mit den unberingten Fingern und küsste ihre weiche Handfläche.

Jo erstarrte. Plötzlich war sie wieder in Norfolk. Simon küsste sie und steckte ihr einen Ring an den Finger. Dann schworen sie einander ewige Liebe.

Phillip sah sie verunsichert an, als sich ihre Augen mit Tränen füllten, die ihr die Wangen hinunterliefen.

»Was ist passiert, Schneewittchen? Was habe ich falsch gemacht?«, stammelte er.

Rasch rutschte Jo vom Gatter.

»Es tut mir leid«, rief sie und rannte, die Hände vors Gesicht geschlagen, zum Auto.

Phillip folgte ihr rasch und hätte sich für seine Unbeholfenheit ohrfeigen können. Eng zusammengekauert, presste Jo das Gesicht in den Ledersitz, und ihr Körper wurde von Schluchzern erschüttert. Phillip, der ihr Elend nicht mit ansehen konnte, stieg ebenfalls ein und nahm sie in die Arme. Jo vergrub das Gesicht an seiner Brust und weinte über all den Schmerz und die Einsamkeit, die sich seit Simons Abschied in ihr aufgestaut hatten. Offenbar war es ein Irrtum gewesen zu glauben, dass sie die Trennung verkraftet hatte.

»Ich bin wirklich über ihn hinweg, Phillip«, beteuerte sie dennoch. »Ich bin einfach nur so müde. In letzter Zeit war alles ziemlich schwierig. Und die Probleme mit Bertie, Mum und Dad, die Anrufe und der Drohbrief. Ich bin völlig erledigt.« Phillip hörte zu, streichelte ihr das Haar und beruhigte sie. Seine Hoffnung, jemals ihre Liebe erringen zu können, war für immer dahin.

»Warum machst du es nur mit, dass ich ständig heule und mich unmöglich benehme?«, schniefte Jo schließlich und spielte mit einer Locke seines braunen Haars herum. Ihre Augen waren gerötet.

»Weil du jemanden brauchst, der sich um dich kümmert«, erwiderte er liebevoll und küsste ihren Scheitel.

Während der restlichen Fahrt wurde kaum gesprochen. Nachdem Phillip Jo wohlbehalten zu Hause abgeliefert hatte, zog er los und betrank sich sinnlos. Einige Tage später rief er seine Exfreundin an.

Eines Nachmittags, kurz bevor die Pferde bewegt werden sollten, kam Jo in den Stall und hörte zu ihrem Erstaunen Geklapper aus der Futterkammer. Sie eilte die Stallgasse entlang und um die Ecke und schob das Rolltor auf. Drinnen traf sie Sally, die Futter von einem Eimer in einen anderen umfüllte. Erschrocken blickte die Pferdepflegerin auf, schnell wich ihre entsetzte Miene einem Lächeln.

»Les hat mich gebeten, das Futter umzuverteilen«, verkündete sie, bevor Jo eine Erklärung einfordern konnte, und goss geschickt das Futter in den Eimer.

Im ersten Moment war Jo geneigt, ihr zu glauben, aber als sie noch einmal auf den Eimer in Sallys Hand sah, erschien ihr das Verhalten des Mädchens und die ganze Situation doch merkwürdig.

»Für wen ist dieses Futter?«, fragte sie argwöhnisch und betrachtete die ordentlich in einer Reihe aufgestellten nummerierten Eimer und die Namen der Pferde, die auf einer Tafel darüber angebracht waren.

»Ich habe doch gesagt, dass Les mich gebeten hat, das Futter umzuverteilen«, rechtfertigte sich das Mädchen und versuchte, die Nummer auf dem Eimer zu verbergen. Jo riss ihn Sally aus der Hand. Ein schrecklicher Gedanke keimte in ihr auf. Der Eimer gehörte Let's Talk. Dann sah Jo den blauen Plastikeimer, der ebenfalls Futter enthielt. Im ersten Moment glaubte Jo an Gespenster und wollte schon hinausgehen, doch dann fiel der Groschen. Eimer Nummer fünfundzwanzig enthielt ein entzündungshemmendes Medikament, das für ein verletztes Pferd bestimmt war. Allerdings hatte Sally dieses Futter gerade in Eimer Nummer vierundzwanzig gegeben – in den von Let's Talk. Let's Talk sollte morgen bei einem Rennen starten, und wenn er das falsche Futter gefressen hätte, enthielte sein Urin Spuren einer verbotenen Substanz, und die Folge wäre eine Disqualifikation gewesen. Nach dem Medienrummel um Bertie war ein Dopingskandal das Letzte, was Jo gebrauchen konnte.

»Du hast die Futtereimer vertauscht«, rief Jo empört und packte das Mädchen, das nach draußen flüchten wollte, am Arm. »Offenbar legst du es darauf an, mich in Schwierigkeiten zu bringen. Warum ausgerechnet du, Sally? Ich dachte immer, wir kämen gut miteinander klar.«

»Ich weiß nicht, wovon du sprichst«, zischte Sally, deren Verhalten sich schlagartig verändert hatte. »Lass mich los. Du tust mir weh.«

Jo gab ihr Handgelenk frei und riss ihr mit einer heftigen Bewegung das Namensschild vom Hemd.

»Das brauchst du nicht mehr. Du bist gefeuert, und du weißt genau, warum«, schrie sie, ihre Augen so hart wie Stahl.

»Es steht Aussage gegen Aussage. Niemand wird einer dummen Kuh wie dir glauben, die ihr Geld zum Fenster hinauswirft und Anweisungen von einem Krüppel bekommt«, kreischte das Mädchen. Sie griff nach ihrem Pullover, trat die beiden umstrittenen Eimer um, erwischte dabei zwei weitere und stürmte hinaus.

Angespannt machte Jo die Futterkammer sauber. Dann rief sie Les, damit er ihr half, allen Pferden neues Futter zuzuteilen. Zu guter Letzt zog Jo sich in ihr Büro zurück und zermarterte sich das Hirn, wie ausgerechnet Sally ihr so etwas hatte antun können. Sie verstand die Welt nicht mehr. Sahen wirklich alle in ihr die verwöhnte Göre, die sich nur ein bisschen mit den Pferden amüsieren wollte?

Sie schüttelte den Kopf. Nein, sie durfte sich nicht unterkriegen lassen, aber es wurmte sie dennoch.

Wie gerne hätte Jo jetzt zum Telefon gegriffen und Phillip von dieser Kränkung erzählt. Doch seit der Heimfahrt aus Tamworth war es zwischen ihnen nicht mehr dasselbe. Phillip behandelte Jo zwar wie immer – respektvoll und einfühlsam. Seine Sanftheit und Stärke sowie sein gesunder Menschenverstand vermittelten ihr nach wie vor Geborgenheit, aber sie spürte, dass er sich von ihr zurückzog. Sie konnte es nicht in Worte fassen, denn er war fröhlich und tüchtig wie stets und arbeitete härter als jemals zuvor. Aber er war stiller und ernster geworden. Ein paar Mal hatte sie ihn dabei ertappt, wie er – einen ihr fremden, wehmütigen Ausdruck in den Augen – in die Ferne blickte. Da sie nicht wusste, wie sie diese Entwicklung einordnen sollte, vertraute Jo sich ihm weiter an und fragte ihn um Rat, wenn es um die Pferde ging. Aber sie konnte nicht abstreiten, dass sich zwischen ihnen etwas verändert hatte.

»Ich habe gehört, wie Sally sich vor den anderen Pferdepflegern damit gebrüstet hat, sie hätte etwas mit Dennis Cook, der häufig für Rosy reitet«, erklärte Pete ernst, als Jo ihm von Sallys fristloser Kündigung erzählte. »Es könnte Zufall sein, aber man weiß ja nie.«

»Vermutlich«, erwiderte Jo nickend und ging mit finsterer Miene hinaus.

Es war ihr zwar gelungen, eine Katastrophe abzuwenden, doch ihr Vertrauen in ihre Mitarbeiter hatte schwer gelitten.

»Wem vertraust du eigentlich, Winks?«, erkundigte sich Jo bei dem alten Mann, als sie ihm abends beim Abschließen half. Winks schien ebenso ratlos wie sie.

»Offenbar bist du jemandem auf den Schlips getreten. Ich würde auf der Hut sein, mein Kind.«

»Ich dachte eigentlich, ich wäre vorsichtig genug«, entgegnete Jo bemüht zuversichtlich. Sie war fest entschlossen, sich nicht von diesem Zwischenfall entmutigen zu lassen. Dennoch fragte sie sich bedrückt, was wohl als Nächstes geschehen würde.

Die Antwort erhielt sie drei Wochen später, und sie entpuppte sich als herber Schlag. Zuerst wurde Damien wegen zweimaliger Behinderung eines Gegners bei den Samstagsrennen für drei Monate gesperrt. Und als ob das nicht genug wäre, setzte jemand das Gerücht von Charlies Tod in Umlauf, worauf die Besitzer scharenweise der Kingsford Lodge den Rücken kehrten. Sie beschwerten sich, sie hätten dafür bezahlt, dass Charlie ihre Pferde trainierte, nicht eines seiner Kinder – und schon gar kein Mädchen.

»Warum sind sie nicht schon früher gegangen, wenn das ihre Meinung ist?«, tobte Jo. Sie lief in Charlies Arbeitszimmer auf und ab, und ihre Wut wuchs mit jedem Schritt. »Auch wenn du nicht persönlich dabei bist, gewinnen wir doch die meisten Rennen, und ... und ...«

Sie wirbelte zu ihrem Vater herum. »Himmel noch mal, Dad, wie lange muss ich noch beweisen, dass ich etwas kann, bevor sie mich endlich ernst nehmen? Ich habe es satt, mir anhören zu müssen, dass in Wirklichkeit Pete das Sagen hat. Verdammt, bin ich wirklich so unfähig?«

»Du kennst die Antwort, Jo. Außerdem sind nur ein paar der Besitzer gegangen. Du kannst froh sein, dass du sie los bist. Es werden neue kommen, die ihre Pferde von dir ausbilden lassen wollen. Der Name Kingsford ist immer noch etwas wert. Das gilt für den Vater und für die Tochter. Mach einfach deine Arbeit, und überlass die Gerüchteküche und die Gefühlsausbrüche den anderen.«

»Du hast leicht reden, Dad. Ich muss mich Tag für Tag mit den Problemen herumschlagen ... und da wäre noch etwas. Ich weiß, dass Damien ein paar Mal wegen Behinderung verwarnt wurde, aber ich habe mir die Videos angesehen. Aus den Aufnahmen geht einwandfrei hervor, dass er in beiden Fällen von dem anderen Jockey abgedrängt wurde.«

Zwar kam keines der beiden Pferde aus der Phantom Lodge, doch der zweite Reiter war Sallys Freund Dennis Cook gewesen. Das konnte kein Zufall sein.

»Beruhige dich, Kleines«, sagte Charlie und berührte Jos Hand. »Wir sind schlauer als die anderen.«

Jos Blick wurde versöhnlicher.

»Dad, du hast mich nicht mehr Kleines genannt, seit ... seit ...« Sie schluckte und drückte fest seine Hand. Seine Sprache klang heute viel deutlicher als sonst.

»Es wird nicht geheult, Jo. Das kannst du dir für später aufsparen«, erwiderte Charlie rasch. Aber er hatte genau verstanden, was sie meinte. Schließlich hatte er ein gutes Gedächtnis. Außerdem liebte er seine Tochter und war unbeschreiblich stolz auf sie.

»Die Sache mit dem Vorwurf der Behinderung musst du auf sich beruhen lassen, Jo. Sollen sie diese Runde doch gewinnen.«

»Was?«, schrie Jo entsetzt. »Du verlangst von mir, dass ich tatenlos zusehe, obwohl sie im Unrecht sind und dem Stall schaden?«

»Vertrau mir«, erwiderte Charlie und blickte sie unverwandt an. Nach einer Weile stimmte Jo widerstrebend zu. »Braves Mädchen. Vielleicht ist es wirklich an der Zeit, dass ich mich wieder in den Ställen blicken lasse, damit alle merken, aus welchem Holz ein Charlie Kingsford geschnitzt ist. Außerdem bin ich neugierig, was du in der Zwischenzeit mit meinen Pferden gemacht hast«, fügte er beiläufig und mit einem schiefen Grinsen hinzu.

Ein entschlossenes Funkeln stand in seinen Augen, und er schmiedete bereits Pläne, als Jo ihm um den Hals fiel. Es war an der Zeit, einige Freunde, die ihm etwas schuldig waren, um einen Gefallen zu bitten. Und der Mensch, der die Kunden zurückholen konnte, wenn er mit den richtigen Leuten sprach, war Jack Ellis. Seit Ninas Geständnis hatten die beiden Männer einen Bogen umeinander gemacht. Doch Jack war ein wichtiger Geschäftspartner, außerdem mochte Charlie ihn immer noch. Und Jack schuldete ihm eindeutig einen Gefallen.

Jo war zwar überglücklich, weil Charlie endlich bereit war, in den Rennstall zu kommen, doch ihre Ungeduld wuchs während der dreimonatigen Sperrzeit für Damien. Sie setzte das Training zwar entschlossen fort, konnte jedoch nur Siege in unbedeutenden Provinzrennen verbuchen. Währenddessen stand die Kingsford Lodge weiter im Kreuzfeuer der Kritik, und Boxen und Bankkonto leerten sich in atemberaubendem Tempo. Es gab nur noch wenige Pferdebesitzer, die zu Jo hielten und fest an ihre Fähigkeiten glaubten. Um das Maß vollzumachen, musste Jo schließlich mit ansehen, wie Damien, der nach der Sperre dringend wieder Rennpraxis brauchte, auf einem von Rosys Pferden das Moonee-Valley-Hindernisrennen gewann.

»Hört das nie auf?«, rief Jo und ließ sich an einem schwülen Nachmittag auf der hinteren Veranda in die Hollywoodschaukel fallen. Gerade hatte sie wieder einmal mit ihrem Steuerberater telefoniert. Sie war fest entschlossen, Let's Talk in diesem Jahr beim Melbourne Cup starten zu lassen. Doch derzeit sah es nicht danach aus, als ob das Pferd die notwendigen Siege für die Qualifikation zusammenbekommen würde. Jo hatte Let's Talk, einen großen Fuchs, auf Anhieb ins Herz geschlossen. Das Pferd war fordernd, anspruchsvoll und frech und hatte sich seinen Namen dadurch verdient, dass es laut wiehernd auf dem Hof herumbockte, sobald es sich nicht genügend beachtet fühlte.

Eine junge Pferdepflegerin hatte den Hengst bei einer Auktion in den Ring geritten. Bis auf die Ansagen des Auktionators war es totenstill gewesen. Doch dann blieb Let's Talk plötzlich wie angewurzelt stehen, ohne dass es dem Mädchen gelungen wäre, ihn zum Weitergehen zu bewegen. Schmunzelnd hatte Jo mitgeboten, und zu ihrem Erstaunen war die Auktion binnen Sekunden vorbei gewesen. Das Pferd gehörte ihr. Während ihre Sitznachbarn etwas von zweifelhaftem Stammbaum und seiner Bockigkeit raunten, war sie begeistert gewesen wie nur selten zuvor, denn sie sah das Potenzial, das in seinem kräftigen Körperbau und seinem Temperament steckte. Allerdings rührte das Pferd sich noch immer nicht von der Stelle, bis die Pferdepflegerin in ihrer Verzweiflung in die Hände klatschte. Let's Talk warf einen Blick auf die Menge und machte einen Schritt vorwärts. Dann klatschte einer der Zuschauer, worauf Let's Talk noch einen Schritt ging. Bald ließ sich der Rest des Publikums anstecken und applaudierte ebenfalls. Das Pferd reagierte mit einer raschen Verbeugung und scharrte zweimal mit dem Huf. Mit einem lauten Wiehern trottete es schließlich zufrieden und mit hoch erhobenem Schweif aus dem Ring, begleitet von Gelächter und sehr zur Erleichterung der vor Verlegenheit hochroten Pferdepflegerin.

Später auf der Bahn sah Jo ihr Vertrauen durch seinen kräftigen Schritt und seine Anmut bestätigt. Das Pferd hatte sie nur dreitausend Dollar gekostet und entwickelte sich prächtig.

»Ich weiß, dass ich es schaffe, wenn ich erst dieses ganze Durcheinander hinter mir habe.« Mit hängenden Schultern stemmte Jo die Füße gegen die Dielenbretter und zerrte verzweifelt an den Fransen der indischen Baumwolldecke. Die Hollywoodschaukel ächzte.

Jo war nun fünfundzwanzig Jahre alt, und es schien sich alles gegen sie verschworen zu haben. Der Kontostand des Rennstalls sank ins Bodenlose, und ihre größte – wenn auch unausgesprochene – Angst war, dass das Vertrauen in ihren Vater und Geduld vielleicht nicht genug sein könnten. Doch was blieb ihr anderes übrig? Die Hitze war drückend, und Jo lief unter ihrer Baumwollbluse der Schweiß herunter. Die Schwüle schien ihr die letzte Kraft zu rauben. Bertie drängte

Nina ständig zum Verkauf, und wenn sich das Blatt nicht bald wendete, würde Jo ihr Scheitern eingestehen müssen.

Ein Kakadu mit schwefelgelbem Kamm kreischte im dunstig blauen Himmel. Da Jo trotz der Hitze einfach nicht stillsitzen konnte, ging sie in Erwartung neuer Katastrophenmeldungen zum Briefkasten, um nach der Post zu sehen. Gelangweilt blätterte sie die Werbung und die ausländischen Zeitschriften durch, die ihre Mutter abonniert hatte. Da bemerkte sie die unverkennbare Handschrift auf einem braunen Papierpäckchen ganz unten in dem Stapel und ihr blieb fast das Herz stehen. Erschrocken und ungläubig rannte sie zurück zum Haus, wo sie die übrige Post auf den Küchentisch warf. Dann riss sie das dicke Päckchen auf und zog ein Manuskript mit der Aufschrift »Unkorrigierte Druckfahnen« heraus. Dabei lagen ein Umschlag und ein Bucheinband. Atemlos betrachtete Jo den Einband, auf dem ein einsamer Vogel sich über den Sümpfen von Norfolk in die Lüfte erhob. *Der Austernfischer* von Simon Gordon lautete der Titel. Aufgeregt versuchte sie, den Umschlag zu öffnen, doch ihre Hände bebten so sehr, dass er auf dem Boden landete. Der Magen krampfte sich ihr zusammen, als sie ihn aufhob und aufriss. Ihr Blick fiel auf Simons vertraute Handschrift.

Meine geliebte Jo,
inzwischen sind seit unserem Abschied einige Jahre vergangen, und obwohl ich mich von dir ferngehalten habe, ist mir nicht entgangen, wie wunderbar du dich entwickelt hast. Ich habe immer auf deinen Anruf gehofft, aber ich hatte dir ja zugesichert, dir Zeit zu lassen, und dieses Versprechen werde ich auch halten. Ich habe mich einmal bei dir gemeldet, doch du hast mich nie zurückgerufen.

Jo traute ihren Augen beim Lesen dieser Zeilen nicht. Was für ein Anruf? Warum schrieb er ihr jetzt plötzlich? Weshalb hatte er nie auf ihre Anrufe reagiert? Die Wörter verschwammen ihr vor den Augen, als sie weiterlas, und sie musste sich immer wieder die Tränen wegwischen.

Während Du im Mittelpunkt des öffentlichen Interesses stehst, habe ich eher zurückgezogen gelebt. Bei meiner Rückkehr nach Hause habe ich mich gefragt, wie es ohne Dich weitergehen soll. Ich wollte nur noch davonlaufen, was ich schließlich auch getan habe. Ich weiß, dass es feige von mir war, aber ich konnte nicht anders. Meine Familie hat erstaunlich verständnisvoll reagiert. Ich glaube, zumindest Mum sah ein, dass ich herausfinden musste, wer ich bin und was ich mit meinem Leben anfangen will, auch wenn es ihr sicher nicht leichtgefallen ist. Ich hatte schon immer mit dem Gedanken gespielt, Schriftsteller zu werden, doch erst nach unserer Trennung wurde der Drang zu schreiben übermächtig. Es heißt, dass das Schreiben eine befreiende Wirkung haben kann, und bei mir traf das zu. Ich glaube, der Austernfischer *hat verhindert, dass ich den Verstand verloren habe.*

Rasch warf Jo einen Blick auf den Bucheinband. Inzwischen strömten ihr die Tränen übers Gesicht. In Gedanken lag sie wieder in Simons Armen mitten im Lavendel, hörte die Rufe der Vögel, spürte den sanften, salzigen Wind an den Wangen und fühlte seinen warmen Körper an ihrem. Nie würde sie den unverkennbaren Schrei des Austernfischers vergessen, und auch nicht Simons belegte Stimme, als er ihr von seiner Liebe zu diesem Fleckchen Erde erzählte.

Ich wollte, dass Du den Austernfischer *liest, bevor die Welt das Buch zu sehen bekommt, meine geliebte Jo. Sicher hast Du schon am Titel erkannt, dass es die Geschichte unserer Liebe ist. Ich habe das Buch Dir ge-*

widmet, und es soll meiner ewigen Liebe ein Denkmal setzen. Ich möchte dir dafür danken, wie sehr Du mein Leben bereichert hast, während wir zusammen waren. Nie habe ich aufgehört, mich danach zu sehnen und dafür zu beten, dass es eines Tages wieder so sein könnte. Jo, ich liebe Dich und möchte so gern bei Dir sein. Seit ich gelesen habe, dass es Deinem Vater besser geht, frage ich mich, ob es vielleicht eine neue Chance für uns gibt …

In dem Rest des Briefes hieß es, *Der Austernfischer* solle in zwei Monaten erscheinen. Simon sei zwar ein unbekannter Autor, doch wegen seiner Beziehung zu Australien habe sein Verleger beschlossen, ihn Anfang November auf eine kurze Lesereise dorthin zu schicken. Er versprach, sich bei ihr zu melden.

Jo spürte einen Kloß in der Kehle, als sie die Widmung las. Sie lautete: »Für den Menschen, der stets der Mittelpunkt meines Lebens sein wird.« Jo nahm Manuskript, Brief und Einband und taumelte tränenblind wieder hinaus zur Hollywoodschaukel auf der Veranda.

Die nächsten beiden Stunden verbrachte sie dort; Hitze und Schwüle waren vergessen, als sie Simons Worte verschlang. Immer wieder musste sie sich die heißen Tropfen wegwischen, die ihr in die Augen stiegen, die Wangen hinunterrannen und auf die Seiten fielen. Erneut spürte sie die Leidenschaft, die sie in Simons Armen empfunden hatte, als sie weiterblätterte, und die schmerzliche Sehnsucht und Einsamkeit waren so frisch wie eh und je. Warum hatte er ihr nie gesagt, dass er an einem Buch schrieb? Wozu das lange Schweigen? Sie hätte doch Verständnis dafür gehabt.

Auf der letzten Seite angelangt, bedeckte sie die Worte mit den Fingern und gab immer nur eines dem Auge frei, denn sie lösten in ihr eine Traurigkeit aus, die sie kaum ertragen konnte.

Inzwischen ist es Winter geworden. Ein scharfer Wind bläst mir ins Gesicht, wenn ich, allein und vor Kälte zitternd, in den Sümpfen von Norfolk stehe. Alle anderen Vögel sind längst nach Süden gezogen. Für einen flüchtigen Augenblick glaube ich, sie wird sich jeden Moment in meine erwartungsvoll ausgebreiteten Arme stürzen. Vor mir steigt ein einsamer Vogel in die Lüfte auf und lässt sich wieder fallen. Sein unverkennbarer Ruf übertönt das Rauschen des ablaufenden Wassers und erfüllt mich mit Erinnerungen. Der Vogel kreist und stürzt ein letztes Mal abwärts, als verstehe er meinen Schmerz. Dann fliegt auch er davon. Der Lavendel wiegt sich, und als eine Welle meine Hosenaufschläge benetzt, entschwindet mit dem Austernfischer meine letzte Hoffnung.

Mit einem lauten Schluchzer schloss Jo die Augen, lehnte sich zurück in das weiche Baumwollpolster und drückte das Manuskript an sich. Vom vielen Weinen brannten ihr die Augen, und sie fühlte sich ausgelaugt; doch die Tränen wollten noch immer nicht versiegen.

»Oh, Simon, so hätte es nicht zu kommen brauchen«, flüsterte sie verzweifelt.

23

In den folgenden zwei Wochen kostete es Jo Mühe, ein freundliches Wort mit ihren Mitmenschen zu wechseln. In ihr herrschte ein Gefühlswirrwarr aus Wut, Enttäuschung und Sehnsucht. So flüchtete sie sich in die Arbeit, denn sie konnte das ständige Nachgrübeln über Simon nicht mehr ertragen. Die gelegentlichen Besuche ihres Vaters in den Ställen empfand sie als Kontrolle, ihre Gespräche endeten unweigerlich in einem Streit. Nicht einmal Phillip gelang es mehr, zu ihr durchzudringen. Als sie eines Morgens nach einem besonders unergiebigen Training plaudernd mit ihm zum Wagen ging, hielt sie es schließlich nicht mehr aus.

»Männer sind eigenartig«, unterbrach sie seinen Redefluss.

»Längst nicht so merkwürdig wie Frauen«, gab Phillip mit einem schiefen Grinsen zurück. Er hoffte, sie endlich aus der seltsamen Stimmung herausholen zu können, in die sie in letzter Zeit verfallen war. »Wie kommst du denn jetzt ausgerechnet darauf?«

»Nun, sie sind eben ganz anders, die Frauen. Erst sagen sie das eine und tun das andere, und dann ... na, ja ...«

Jo bemerkte, dass Phillip sie prüfend musterte.

»Ich habe letzte Woche von Simon gehört«, sprudelte es aus ihr heraus. Ein Pferd mit Reiter preschte in der Morgendämmerung an ihnen vorbei.

»Oh!« – »Was willst du damit sagen?«, entgegnete Jo und ging schneller.

»Eigentlich nichts Bestimmtes«, antwortete Phillip und eilte ihr nach. »Ich habe mich nur gefragt, warum du in letzter Zeit so merkwürdig bist.«

Jo betrachtete ihn argwöhnisch.

»Und was soll das heißen? Ich bin nicht merkwürdig.« Phillip schwieg, und Jo begann rasch zu erzählen, denn im Schutz der Morgendämmerung fiel ihr das leichter. »Er hat einen Roman geschrieben.«

Sie schob die Hände tief in die Jackentaschen.

»Er handelt von zwei Menschen, die ... na ja, von zwei Menschen eben, und spielt in Norfolk, wo Simon früher mit mir hingefahren ist.« Sie zuckte die Achseln, und die hastig hervorgestoßenen Worte blieben zwischen ihnen in der Luft hängen. »Ach, es ist nur ... nun, er schreibt wirklich gut und hat alle möglichen Gefühle aufgerührt, über die ich eigentlich hinweg zu sein geglaubt habe.«

Sie hatten das Auto fast erreicht.

»Er sagt, er werde im November eine Lesereise durch Australien machen.«

So, nun war es heraus. Sie wusste nicht, warum sie Phillip das alles erzählte, aber sie wollte ihm nichts vormachen.

»Er hat Glück. Für einen unbekannten Autor ist das kein schlechter Anfang«, erwiderte Phillip, nahm den Autoschlüssel aus der Tasche und hatte Mühe, sich zu beherrschen. Der bloße Gedanken daran, dass Simon wieder eine Rolle in Jos Leben spielen könnte, brachte ihn fast um.

»Ja, das stimmt«, antwortete Jo.

Ein wenig ruhiger stieg sie in Phillips Wagen und begann zu fachsimpeln. Bis sie bei den Ställen ankamen, hatte Phillip seine Gefühle wieder im Griff.

Die nächsten beiden Monate waren sehr anstrengend für Jo. Sie war fest entschlossen, sich nicht geschlagen zu geben, obwohl sie immer mehr unter den Beschuss der Medien geriet, die einerseits den Untergang ihres Rennstalls beschworen und sie andererseits aufforderten, ihrem eigenen Anspruch gerecht zu werden und selbst die Trainerlizenz zu beantragen.

Jo stürzte sich mit Feuereifer in die Arbeit mit den Vollblütern, fragte ihrem Vater Löcher in den Bauch, verlangte ihren

Bereitern Höchstleistungen ab und ließ sich nicht anmerken, wie sehr sie um die Zukunft der Kingsford Lodge fürchtete. Gleichzeitig grübelte sie über Simons plötzliches Auftauchen und seinen bevorstehenden Besuch in Australien nach. Immer noch war sie von den Problemen ihres Alltags so in Anspruch genommen, dass sie sich über ihre Gefühle für ihn nicht mehr im Klaren war: Charlie war noch zu krank, um die Leitung des Rennstalls zu übernehmen, und Jo hatte keine Ahnung, wie ihr zukünftiges Verhältnis zu Phillip aussehen sollte.

Sie fühlte sich zu unausgeglichen und aufgewühlt, um jemanden an sich heranzulassen – am allerwenigsten den Mann, in den sie sich wider Willen immer mehr verliebte. Sie wusste, dass sie seine Gegenwart viel zu selbstverständlich nahm. Die liebevolle Zärtlichkeit, die er auf der Rückfahrt von Tamworth gezeigt hatte, war tief in ihrem Gedächtnis und in ihrem Herzen verankert. Und sie wusste, dass sie ihn mit ihrer Trauer über ihre verlorene Liebe zutiefst verletzte. Dennoch war er wie immer für sie da gewesen. Er gab ihr den Mut, auch in den dunkelsten Phasen des Lebens weiterzukämpfen. Das bedeutete nicht, dass er ihr die Entscheidungen abnahm. Vielmehr war er der Mensch, mit dem sie sämtliche Situationen in Gedanken durchspielen konnte, und er verlangte dafür nichts von ihr. Doch nun, da Simons Ankunft in Australien nicht mehr fern war, musste sie zu einer Entscheidung kommen. Stirnrunzelnd sah sie zu, wie Phillip ein Pferd untersuchte, das Schwierigkeiten mit einem seiner Hufe gehabt hatte.

»Es heilt ausgezeichnet«, stellte Phillip fest und tätschelte liebevoll die Flanke des Tiers.

Anschließend überraschte er sie mit der Mitteilung, Dr. Zinman habe darauf bestanden, dass er im nächsten Monat einen Klienten nach Hongkong begleite. Ein anderer Tierarzt werde währenddessen die Kingsford Lodge betreuen.

»Ich weiß, der Zeitpunkt könnte nicht schlechter gewählt sein, aber mir bleibt nichts anderes übrig. Wenn Freddy sich etwas in den Kopf setzt, lässt er sich nicht davon abbringen, und er besteht nun einmal darauf.« Phillip schenkte Jo ein schiefes Lächeln. »Ich komme wieder, Schneewittchen, keine Angst, und werde auf meinem Streitross in den Stall preschen, gerade noch rechtzeitig, um Let's Talk auf Vordermann zu bringen.«

Er machte Platz, damit ein Pferdepfleger den Braunen in den Box führen konnte. Hufe klapperten auf dem Beton.

»Das passt wirklich ausgesprochen schlecht. Kann er denn niemand anderen finden, der seinen kostbaren Klienten betütert?«, schimpfte Jo. Phillip sah Jo forschend an.

»Tut mir leid. Ich habe kein Recht, dich so anzupflaumen«, entschuldigte sie sich rasch.

»Bei Alison bist du in guten Händen. Sie ist sehr tüchtig, und ich habe ihr alles genau erklärt«, sagte Phillip bemüht fröhlich, griff nach seiner Tasche und ging mit Jo zum Tor. Ihr angegriffenes Aussehen machte ihm Sorgen. In letzter Zeit war sie richtiggehend abgemagert. »Pass auf dich auf … und iss etwas. Du wirst mir fehlen.« Er umarmte sie schnell.

Jo zwang sich zu einem Lächeln. Doch als sie in die Sattelkammer ging, um nach den Steigbügelriemen zu sehen, ließ sie die Schultern hängen. Zum Teufel mit Freddy Zinman. Mit einer fremden Tierärztin zusammenzuarbeiten, hatte ihr gerade noch gefehlt – ganz zu schweigen von dem Verzicht auf ihren besten Freund. Sie strich mit dem Finger über einen Zaum, der sich unter ihrer Hand kalt anfühlte, und stellte zufrieden fest, dass – nach ihrer allgemeinen Gardinenpredigt zu Anfang der Woche – sämtliche Sättel blitzblank poliert waren. Sie wurde schon wieder übertrieben penibel und empfindlich – ganz und gar nicht der richtige Weg, um endlich Ordnung in ihr Leben zu bringen.

Alison erwies sich als ausgesprochen umgänglich, sympathisch und patent – aber sie war nicht Phillip. Jo vermisste ihn über alle Maßen. Jedes Mal, wenn das Telefon läutete, rechnete sie damit, dass er es sein könnte. Bis ihr schlagartig einfiel, dass er verreist war.

Eines Vormittags versuchte Jo, sich zu Hause ein kleines Nickerchen zu gönnen, wälzte sich jedoch nur unruhig hin und her. Wie gern hätte sie die Uhr zurückgedreht und die Heimfahrt von den Rennen in Tamworth noch einmal gemacht. Dann hätte sie Phillips Küsse erwidert, anstatt sich in Erinnerungen an Simon zu ergehen. Nun war es zu spät. Sie griff nach dem Manuskript von *Der Austernfischer*, blätterte die losen Seiten durch, legte sie weg und stand auf, um sich Kaffee zu kochen.

Was Männer angeht, bin ich eine absolute Niete, dachte sie bedrückt. Nachdem sie mit einigen Kunden telefoniert hatte, rief sie Dianne an, um sich zum Essen zu verabreden.

Die beiden Freundinnen trafen sich in dem Hotel, in dem Dianne arbeitete. Sie setzten sich in eine Ecke des Restaurants, und Jo schüttete ihr das Herz aus. Es erleichterte sie, mit jemandem sprechen zu können, der nichts mit ihrem turbulenten, sich manchmal viel zu sehr im Licht der Öffentlichkeit abspielenden Leben zu tun hatte. Erst erzählte sie Dianne, wie sehr ihr Phillips überraschende Reise nach Hongkong zu schaffen machte, dann berichtete sie ihr von Simon und seinem Roman.

»Liebst du ihn noch?«, fragte Dianne und schnitt ein Stück von ihrem überbackenen Toast ab.

»Wen?«

»Simon natürlich«, entgegnete Dianne mit hochgezogenen Augenbrauen.

Jo stocherte auf ihrem Teller herum. Als sie zu einer Antwort ansetzte, wurde sie von einer groben Männerstimme unterbrochen.

»Sie sollten Ihre gesamte Zeit besser in Restaurants als in Pferdeställen verbringen. Sie schaden mit ihrem Auftreten nämlich nur unserer Branche.«

Empört blickte Jo auf und sah in die tückisch funkelnden dunklen Augen von Kurt Stoltz. Verdutzt starrte sie ihn an, die Gabel blieb mitten in der Luft stehen.

»Ja, glotzen Sie nur, als wüssten Sie nicht, wovon ich rede«, knurrte Kurt; er kam so nah, dass Jo sein Atem ins Gesicht schlug. »Seien Sie auf der Hut, Kleine, sonst könnten Sie mächtig Ärger kriegen.«

Aus ihrer Erstarrung gerissen, stieß Jo ihren Stuhl zurück, sprang auf und versetzte Kurt einen Schubs.

»Wagen Sie es nicht, mir zu drohen, Kurt Stoltz! Ich könnte nämlich ein paar Dinge über Sie herumerzählen, die Sie sehr schlecht aussehen lassen würden!«, fauchte sie.

Bereits im nächsten Moment bereute sie ihre Worte. Blitzlichter zuckten, und jemand hielt ihr ein Mikrofon unter die Nase.

»Ich werde Sie wegen Körperverletzung und Beleidigung verklagen«, brüllte Kurt so laut, dass der sensationslüsterne Reporter ihn gut hören konnte.

Jo wollte die Flucht ergreifen, doch der Reporter und sein Fotograf hefteten sich an ihre Fersen. Obwohl Dianne sich zwischen Jo und die aufdringlichen Medienleute stellte und nach dem Restaurantchef rief, war es zu spät. Die Journalisten hatten Stoff für ihre Schlagzeilen, während Kurt sich unauffällig aus dem Staub machte.

Die empörte Jo ließ sich von Dianne aus dem Restaurant in den Personalbereich führen.

»Ich hätte nicht so leichtsinnig sein dürfen, mich mit dir in ein öffentlich zugängliches Lokal zu setzen«, entschuldigte sich Dianne.

Jo schüttelte den Kopf.

»Woher solltest du denn wissen, dass dieses Schwein mir eine Falle stellen will?«, erwiderte sie und biss sich auf die bebende Unterlippe.

Der Zwischenfall hatte ihr klargemacht, wie sehr Kurt sie hasste. Sie bekam eine Gänsehaut und wünschte, Phillip wäre nicht im Ausland. Bei den seltenen Malen, an denen sie Kurt auf der Rennbahn begegnet war, hatte sie einen Bogen um ihn gemacht. Der Mann war und blieb ein heimtückischer Mistkerl und liebte es, gehässige Gerüchte in die Welt zu setzen. Aber bis zum heutigen Tag hatte sie es wenigstens geschafft, ihm aus dem Weg zu gehen. Kurts Attacke hatte Jos Gefühl verstärkt, dass ihre Welt im Begriff war, auseinanderzufallen. Nichts klappte, und sie war müde und niedergeschlagen. Außerdem vermisste sie Phillip mehr, als sie zugeben wollte.

Wenige Tage später war es, als schiene nach einem heftigen Unwetter plötzlich die Sonne wieder, denn die Geschäfte liefen mit einem Mal blendend. Innerhalb von nur einer Woche erhielt Jo drei Anfragen von Besitzern, die ihre Pferde bei ihr einstellen wollten.

»Drei Besitzer in einer einzigen Woche«, jubelte sie und starrte auf den Notizblock, auf dem sie sich die Namen notiert hatte. Das Telefon läutete, und Charlie war am Apparat.

»Hast du heute interessante Anrufe bekommen, Kleines?«, erkundigte er sich. Am Telefon klang seine Sprache ziemlich deutlich.

»Könnte man so sagen«, antwortete Jo bemüht ruhig. Doch dann konnte sie ihre Aufregung nicht mehr zügeln. »Ich liebe dich, Dad. Wie hast du das geschafft?«

»Geduld und Vertrauen, Kleines, Geduld und Vertrauen«, erwiderte er. Er war sicher gewesen, dass Jack seinen Einfluss spielen lassen würde.

»Dad …!« – »Es wollte eben jemand besonders nett zu uns sein. Einen schönen Tag noch.« Die Leitung war tot.

Nachdem Jo einen Moment grinsend auf den Hörer gestarrt hatte, legte sie auf und schaltete den Fernseher ein, um sich die letzten Rennergebnisse anzuschauen. Ihr Dad war zwar kein einfacher Mensch, aber ein Meister seines Fachs. Als die Tür aufging, blickte Jo auf und stieß einen Jubelruf aus. »Phillip! Ich dachte, du wärst noch in Hongkong.«

Sie sprang auf, lief auf ihn zu und umarmte ihn aus Leibeskräften. Dann traten beide zurück und sahen einander sprachlos an. Doch Jo fasste sich rasch, griff nach ihrem Notizblock und schwenkte ihn vor seiner Nase.

»Ich bin wieder im Geschäft«, juchzte sie begeistert. Sie hatte allerdings keine Lust, sich zu blamieren, indem sie ohne Punkt und Komma redete.

»Wie war deine Reise?«, fragte sie deshalb nur, nachdem sie geschluckt und einen Schritt rückwärts gemacht hatte.

Phillip sah auf den Notizblock und lächelte Jo zu.

»Einsam«, antwortete er und musterte sie so intensiv, dass sie heftig errötete. In der Ferne schlug eine Uhr. »Ich habe den Artikel über deine Auseinandersetzung mit Kurt, diesem hinterhältigen Stück Dreck, gelesen. Dieser Schmierfink von einem Reporter sollte gefeuert werden. Schade, dass ich nicht dabei war, ich hätte ihn ordentlich vermöbelt.«

»Das wäre sicher eine große Hilfe gewesen. Oh, Phillip, ich habe dich so vermisst«, sagte Jo lachend und war froh, dass sie ihm ebenfalls gefehlt hatte. »Es ist wirklich schön, dass sich das Blatt endlich wendet. Natürlich hatte Dad seine Finger im Spiel, aber eines steht fest: Schneewittchen lässt sich nicht so leicht unterkriegen! Alison hat sich wunderbar um die Pferde gekümmert. Vielen Dank. Komm mit und begrüße unsere Lieben.«

Sie nahm seine Hand und zog ihn zu den Pferden. An Alison und Phillip wollte sie lieber nicht denken, denn sie hatte munkeln hören, dass die beiden einander schöne Augen machten.

»Alison meinte, es wäre nicht weiter schwierig gewesen. Und was führst du als Nächstes im Schild? Ich kann mir nämlich nicht vorstellen, dass du keine neuen Pläne schmiedest«, sagte Phillip und tätschelte Let's Talks Nüstern, während der Hengst versuchte, das Vorhängeschloss an seiner Tür durchzubeißen.

Wie gerne hätte Phillip Jo in die Arme genommen, doch er

spürte eine unsichtbare Mauer. Mit ihrem gebräunten Gesicht, dem offenen Hemd, den ihre wohlgerundeten Hüften umschmeichelnden Jeans und dem mit einem Kamm zurückgesteckten Haar sah sie einfach hinreißend aus.

»Wenn ich diesen Burschen nur in Melbourne starten lassen könnte«, verkündete Jo, kraulte dem Pferd die Nase und sog seinen warmen Atem ein.

»Ständig zermartere ich mir das Hirn, wie ich das Geld auftreiben soll, um ihn anzumelden. Den Rennstall mit noch mehr Schulden zu belasten, wage ich nicht, aber es würde mir das Herz brechen, wenn das Pferd nicht läuft. Verdammt, irgendwie werde ich es schon beschaffen!«, rief sie, beseelt von dem Tatendrang, der sie in den letzten Monaten angetrieben hatte. »Ich werde mir das Geld einfach herbeizaubern. Schließlich kommen die Pferdebesitzer auch wieder zu mir. Was also steht einem finanziellen Aufschwung im Wege?« Als sie Phillip ansah, funkelten ihre Augen aufgeregt.

»Du wirfst wohl nie das Handtuch?«, stellte er bewundernd fest. »Und wie ich dich kenne, wirst du die richtigen Partner für das Rennen finden.«

»Ja, wir könnten den Besitz am Pferd teilen, und zwar in einem Verhältnis sechzig zu vierzig. Am besten wäre, wenn sie sich den größten Teil des Jahres über im Ausland aufhielten und mich in Ruhe arbeiten ließen. Ich behalte die sechzig Prozent, und den Rest des Pferdes können sie unter sich aufteilen. Das sollte alle unsere Probleme lösen. Und für unseren lieben Freund Kurt wäre das ein ganz schöner Dämpfer. Insbesondere, nachdem dieser Mistkerl Let's Talk in meiner Gegenwart und in Anwesenheit der meisten Trainer von Randwick als alte Mähre bezeichnet hat.«

Jo packte Phillip an der Schulter und gab ihm einen Stoß.

»Es ist mir ganz egal, was die anderen denken, ich bin überzeugt, dass Let's Talk das Zeug hat, das Rennen zu gewinnen. Je mehr Gerüchte über seine Chancenlosigkeit im Umlauf sind, desto besser. So wird er alle Konkurrenten überrumpeln.« Sie grinste Phillip spitzbübisch zu. »Stell dir nur vor, wie diesem Miesling die Kinnlade herunterfällt, wenn Let's Talk sein Pferd überholt und um anderthalb Längen gewinnt. Er wird außer sich sein.«

Ihr Grinsen wurde breiter, und als sie sich die Szene bildlich vorstellte, brach sie in Gelächter aus. Phillip, der sich von ihrer Stimmung anstecken ließ, machte noch einige lästerliche Bemerkungen, und bald bogen sich die beiden vor Lachen wie die Schulkinder, und Tränen liefen ihnen übers Gesicht, während Let's Talk weiter an seiner Boxentür knabberte.

»So habe ich schon seit einer Ewigkeit nicht mehr gelacht«, keuchte Jo, hielt sich den schmerzenden Bauch und wischte sich die Augen.

Im nächsten Moment verstummte sie. Phillip zog sie in seine Arme, machte einen Schritt rückwärts in den Schatten und küsste sie. Lange standen die beiden so. Jo war ganz flau von dem Kuss, denn er war nachdrücklich und dennoch zärtlich gewesen. Ein Gefühl wie dieses hatte sie niemals erlebt, und sie ließ sich von seiner reinigenden und lindernden Kraft durchströmen. Es war, als begänne jeder ihrer angespannten Nerven zuerst zu prickeln, um sich dann zu beruhigen, während Phillip sie wieder und wieder küsste. Ein Pferdepfleger kam vorbei, und sie lösten sich widerstrebend voneinander.

»Ich habe dich wahnsinnig vermisst. Mehr, als ich es je für möglich gehalten hätte«, flüsterte Phillip mit belegter Stimme.

»Ich dich auch«, hauchte Jo und streichelte seine Wange. »Mein bester Freund«, fügte sie leise hinzu, und ihre Augen wurden feucht. Als sie wieder ins Sonnenlicht traten, pulsierte ihr Körper noch immer von seiner Umarmung. Fast wären sie mit einem weiteren Pferdepfleger zusammengestoßen, der gerade zwei Tiere in ihre Boxen führte.

»Jetzt aber mal im Ernst. Wir müssen uns noch etwas einfallen lassen, um die Besitzer zurückzulocken«, meinte sie und verzog das Gesicht. Zusammen mit Phillip schlenderte sie durch den Stall und versuchte, so zu tun, als stünde ihre ganze Welt nicht mit einem Mal kopf.

»Hast du dir überlegt, was du verändern könntest?«, fragte Phillip, während er sich gleichzeitig wünschte, alle Mitarbeiter würden sich in Luft auflösen, damit er Jo küssen konnte.

»Was meinst du damit?«

»Ich würde als Besitzer wissen wollen, was mit meinem Pferd passiert, anstatt nur auf Abstand gehalten zu werden«, erwiderte er und hakte sie unter.

Gemeinsam gingen sie die Stallgasse entlang zurück.

»Ich hörte einige Leute klagen, sie würden nicht genügend einbezogen. Könntest du nicht zusätzliche Besitzer in die Kingsford Lodge holen, wenn du es mit einem anderen Konzept versuchst?«

Jo umfasste seine Hände, und ihre Augen leuchteten auf. Sie konnte kaum fassen, wie ähnlich sie beide dachten.

»Das ist ja irre! Genau das habe ich mir die ganze Zeit vorgestellt. Die Vorstellung hat mich regelrecht verfolgt, und ich habe auch schon mit Dad darüber gesprochen. Er ist strikt dagegen und bezeichnet es als Verschwendung von Zeit, Kraft und Geld. Wir hatten deshalb sogar eine kleine Auseinandersetzung, doch ich halte es grundsätzlich für möglich. Das ist meiner Ansicht nach der einzige Weg, um dem Rennstall wieder auf die Beine zu helfen. Ohne drastische Veränderungen werden wir nur weiter von Krise zu Krise taumeln.« Sie holte tief Luft. Charlie ermüdete noch immer leicht und verbrachte nur wenig Zeit in den Ställen, sodass seine Unterstützung hauptsächlich in den täglichen Besprechungen mit Jo bestand. »Was hältst du von einem Champagnerfrühstück an jedem Sonntag, sozusagen als ›Tag der offenen Tür‹ für Besitzer und zukünftige Kunden?«

»Erzähl weiter«, forderte Phillip sie neugierig auf.

Begeistert schilderte Jo ihm ihre Idee, sich regelmäßig mit den Besitzern zu treffen, damit diese sich ansehen konnten, wie mit ihren Pferden gearbeitet wurde. Auf diese Weise würde sie ihnen sämtliche Maßnahmen erklären und dafür sorgen können, dass sie sich in die Ausbildung einbezogen fühlten.

»Ich bin sicher, dass das klappt«, rief sie mit geröteten Wangen.

»Das wäre etwas ganz Neues. Wundere dich also nicht, wenn anfangs alle über dich herfallen«, warnte Phillip.

»Was könnte mich nach den letzten Monaten noch schrecken?« Jo sprudelte förmlich über vor Einfällen. »Ich möchte, dass immer ein paar von den Jockeys dabei sind, insbesondere Damien, der inzwischen ziemlich bekannt ist. Wenn sich die Sache erst einmal eingespielt hat, werde ich Dad bearbeiten, damit er sich ebenfalls blicken lässt.« Sie zögerte. »Wärst du bereit, die tierärztlichen Aspekte zu erläutern?«

»Du erinnerst mich an einen Expresszug. Wie machst du das bloß? Man braucht dir nur einen Vorschlag hinzuwerfen, und fünf Minuten später heißt es schon volle Kraft voraus.« Phillip schmunzelte. »Übrigens freue ich mich, dass dein Dad wieder am Alltagsgeschehen teilnimmt, auch wenn ihm die Idee nicht gefällt.«

»Und was hältst du selbst davon?«, beharrte Jo, froh über seine Unterstützung.

»Klar mache ich mit. Ein Versuch kann nicht schaden. Aber nur unter einer Bedingung …«

»Und die wäre?«

»Dass ich dich noch einmal küssen darf, nur um mich zu vergewissern, dass ich vorhin nicht geträumt habe.«

Jo legte lachend den Kopf in den Nacken, er zog sie fest an sich und küsste sie mit Nachdruck auf den Mund. Nach einer Weile trennten sie sich atemlos.

»Du bist wunderschön«, sagte Phillip und hauchte ihr zärtlich einen Kuss auf die Stirn. Endlich ließen sie sich wieder los, und Jo stieß einen zufriedenen Seufzer aus.

»Wir sollten wenigstens so tun, als würden wir arbeiten«, kicherte sie und trat mit Phillip hinaus ins Freie.

Zum ersten Mal seit Monaten fühlte sie sich unglaublich ruhig. Sie berichtete ihm von den alltäglichen Kleinigkeiten, von denen sie während seiner Abwesenheit niemandem hatte erzählen können. Es war, als wäre ein Teil von ihr nach einer langen Reise endlich am Ziel angekommen.

Zwei Wochen später war die Besitzergemeinschaft, von der Jo geträumt hatte, Wirklichkeit geworden, und Let's Talk begann ernsthaft, für den Melbourne Cup zu trainieren.

Da die Anzahl der Pferde in der Kingsford Lodge stetig stieg, war Jo bald völlig vom Training und den Rennveranstaltungen mit Beschlag belegt.

Eine Sorge war zwar geblieben, aber Jo beschloss, sich in Geduld zu üben. Das Problem bestand darin, dass derzeit alle Trainer und Besitzer Ausschau nach den besten Jockeys für ihre Pferde hielten. Damien hatte die meisten Siege zwar mit Pferden der Kingsford Lodge gehabt, allerdings in letzter Zeit auch für andere Ställe Trophäen errungen. Jo war sich nicht sicher, ob er ihr die Treue halten würde.

Die Antwort erhielt sie von unerwarteter Seite, und zwar während des ersten Champagnerfrühstücks. Die Ställe waren blitzblank geputzt, doch die Veranstaltung selbst entpuppte sich als Enttäuschung, da sich nur fünf Besitzer und ein unzufriedener Kunde eines anderen Rennstalls blicken ließen. Jo war froh, dass Damien in Begleitung seiner Freundin erschien, der der Spitzname Hopeless geblieben war.

»Ein Anfang ist gemacht«, meinte Jo bemüht fröhlich zu Pete und Phillip. Bei Hopes Anblick weiteten sich ihre Augen vor Erstaunen. Die Wangen des Mädchens waren gerötet, und dank Ninas gekonnter Bemühungen hatte sich ihr Aussehen drastisch verbessert. Hope bewunderte Jo, die das alles organisiert hatte, über alle Maßen.

»Ich weiß, dass Sie sehr beschäftigt sind, Miss. Aber ich wollte Ihnen nur sagen, dass Damy nie vergessen wird, was er Ihnen verdankt«, sprudelte sie mit vom Champagner gelöster Zunge hervor. »Er ist ein durch und durch treuer Mensch. Er würde Ihnen das nie sagen, aber er verehrt Sie sehr. Ohne Sie hätte er es nie so weit gebracht. Das wissen wir beide, und er will diesen Preis nicht nur für sich selbst, sondern auch für Sie gewinnen.« Hope trank einen Schluck Champagner.

»Danke, Hope, das ist wirklich nett von Ihnen. Ich denke, wir sind ein tolles Team«, erwiderte Jo lächelnd. Ihr Blick fiel auf den dunkelroten Nagellack, der sicher keine Idee ihrer Mutter gewesen war.

»Ich bin Ihnen so dankbar, Miss«, plapperte Hope weiter. Nachdem sie sich leicht schwankend umgeblickt hatte, senkte sie die Stimme. »Falls Sie sich fragen, warum Damy so oft für andere Besitzer und Ställe reitet: Er tut das nur, um denen unter die Nase zu reiben, dass er der beste Jockey der Stadt ist und für Sie arbeitet. Damy sagt, es hat sie ganz schön durcheinandergebracht, dass er sämtliche Rennen gewinnt. Dennis Cook hat die Hosen voll. Also, vielen Dank, Miss, und wenn ich etwas für Sie tun kann ...«

Ihre Stimme erstarb, als Damien besitzergreifend den Arm um sie legte, vor Jo salutierte und Hope wegschleppte.

In Gedanken immer noch bei Damien, drehte Jo sich zu dem Besitzer, der neben ihr stand, und beantwortete seine Fragen. Inzwischen war der Ruf des Jockeys legendär. Er und Dennis Cook galten derzeit als die besten Reiter Australiens, und wenn Damien wirklich so loyal war, wie Hope meinte, hatte Jo einen klaren Vorteil. Allerdings waren Jockeys oft komische Käuze, denen es hauptsächlich darum ging, auf dem besten Pferd das Rennen zu gewinnen. Doch Jo beschloss, Hope, die dastand und Damien anhimmelte, zu glauben, bis man sie eines Besseren belehrte. Nun mussten sie nur noch Let's Talk auf Vordermann bringen.

Mittlerweile war Let's Talk ein erfahrener Vierjähriger und hatte Jos Erwartungen in jeglicher Hinsicht erfüllt. Er war ein ansprechendes, wenn auch nicht herausragend schönes Tier und besaß die Kraft, die Jo beim Kauf in ihm vermutet hatte. Sie hatte sich auf den Aufbau seiner Schultermuskulatur konzentriert, und dank seiner breiten Brust verfügte er über ein gewaltiges Lungenvolumen. Doch der größte Trumpf des kecken Pferdes war seine Lust daran, sich in der Öffentlichkeit zu präsentieren.

Auch Damien war schon in den Genuss einer Wiederholung der Vorführung gekommen, die Let's Talk bei der Auktion abgeliefert hatte, und zwar nach dem zweiten siegreichen Rennen. Als Let's Talk, begleitet vom Applaus der Zuschauer, die Gerade entlangstolziert war, hatte er sich verbeugt und mit dem Huf gescharrt. Das Publikum begann danach, dem Zweiten des Rennens Beifall zu klatschen, und Let's Talk war wie angewurzelt stehen geblieben, um sich weiter hufscharrend zu verbeugen – trotz Damiens Bemühungen, ihn zum Weitergehen zu bewegen. Die Menschenmenge fand diese Marotte natürlich sehr komisch und applaudierte weiter, was Let's Talk nur noch mehr ermunterte. Der Auftritt dauerte einige Minuten, bis das Pferd mit dem Applaus zufrieden war und mit einem puterroten Damien auf dem Rücken weitermarschierte. Beim nächsten Rennen gebärdete er sich ebenso, nur dass er zudem wiehernd den Kopf hin und her warf und dabei stieg. Diesmal jedoch war Damien darauf vorbereitet und machte das Spiel mit.

Let's Talk, der mit dem berühmten Gunsynd verglichen wurde, dem im Jahr 1967 geborenen grauen Pferd aus der Linie von Goondiwindi, gewann rasch die Herzen des Publikums. Die Menschen kamen, um ihn zu sehen, und nicht nur wegen seiner Leistungen, sondern auch wegen seiner Persönlichkeit auf ihn zu setzen.

Natürlich war Jo über die gute Presse sehr erfreut. Doch noch besser war, dass sich das Pferd als ein großartiger Steher entpuppte. Trotz seiner zweifelhaften Herkunft besaß Let's Talk eine Kraft, die Jo jedes Mal erregte, wenn sie zusah, wie er über die Rennbahn jagte.

»Auf der Langstrecke ist er unschlagbar«, meinte Winks eines Morgens nickend, nachdem er die Zeit des Pferdes gestoppt hatte. Jo drückte den Arm des alten Mannes.

»Wir sollten gut auf das Vorhängeschloss an seiner Tür achten. Schließlich wollen wir nicht, dass sich jemand nachts einschleicht, um uns eine unliebsame Überraschung zu bereiten.«

Die Wunden, die Sallys Betrug hinterlassen hatte, waren noch nicht verheilt. Außerdem hatte es auf einigen Rennbahnen in der Provinz in letzter Zeit Dopingskandale gegeben.

Jo sah, wie sich die Leistungen des Pferdes von Tag zu Tag steigerten, und ihre Hoffnungen wuchsen.

»Schau ihn dir an. Er schwitzt kaum. Noch eine Runde, Judy«, rief sie der Bereiterin zu und lehnte sich aus dem Fenster des Beobachtungsturms.

Heute war ein hektischer Tag. Die schwitzenden Pferde dampften. Sie wurden nach dem Galoppieren zum Absatteln geführt, während ihre Reiter zum nächsten Tier wechselten. Jo sauste von Fenster zu Fenster, lauschte dem Atem der Pferde und beobachtete die schemenhaften Gestalten, die angefeuert von Winks um die Bahn preschten. Inzwischen standen wieder vierzig Pferde im Stall, was zum Teil dem zunehmend beliebten Champagnerfrühstück zu verdanken war. Allerdings lag noch ein ganzes Stück Arbeit vor ihnen, bis die Kingsford Lodge wieder im alten Glanz erstrahlte.

Nach dem morgendlichen Training fuhr Jo nach Hause, um sich ihr verdientes Frühstück zu genehmigen. In der Küche machte sie sich Marmeladentoast und Tee und ging damit in den Wintergarten, wo ihr Vater ein Buch über die neuesten Zuchtverfahren las.

»Let's Talk ist nicht zu bremsen«, verkündete Jo stolz, und bald diskutierten sie angeregt über das Training.

»Komm vorbei, dann kannst du dich selbst überzeugen«, sagte Jo, als Charlie eine besonders kleinliche Bemerkung machte. »Schließlich warst du inzwischen häufig im Stall, und mit den Dingern kommst du gut zurecht.« Sie wies auf seine Krücken. »Vergiss deinen Stolz, Dad. Phillip und ich helfen dir schon auf den Beobachtungsturm.« Sie wusste, dass seine gereizte Stimmung unter anderem an seiner Ungeduld lag. Außerdem wirkte er an diesem Morgen ungewöhnlich müde.

»Ich setze erst wieder einen Fuß auf die Bahn, wenn ich ohne fremde Hilfe gehen kann«, knurrte Charlie.

Seiner Hand gelang es kaum, das Buch auf dem Schoß festzuhalten. Er hatte sich etwas vorgenommen und war nicht bereit, davon abzurücken. Alles andere hätte in seinen Augen eine Niederlage bedeutet. Mittlerweile konnte er schon kurze Strecken mit nur einer Krücke zurücklegen.

»Ich schaue mir die Ergebnisse im Fernsehen an. Wenn du nur auf mich hörst, werden wir es schaffen.«

»Es ist aber nicht dasselbe, Dad. Warum musst du nur so stur sein?«

Auch Jo war erschöpft und hätte sich gefreut, wenn ihr Vater ihre Arbeit vor Ort beurteilt hätte. Außerdem traf es sie hart, dass er ihr zwar die Verantwortung für die Ausbildung der Pferde aufbürdete, sie aber kritisierte, wenn etwas nicht nach seinen Vorstellungen ablief. Eine Weile saßen sie einfach da, beide in Gedanken versunken.

»Was Phillip betrifft …«, begann Charlie in scherzhaftem Tonfall und brach damit das Schweigen. »Ständig höre ich nur diesen Namen. Es heißt bloß noch Phillip hier, Phillip da. Hast du vielleicht vergessen, mir etwas zu erzählen?«

»Er ist mein Tierarzt und ein guter Freund, mehr nicht«, erwiderte Jo gähnend und hielt ansonsten den Mund.

»Stimmt das wirklich?«, bohrte Charlie nach.

»Ja. Ich lege mich ein bisschen hin.« Jo stand auf und errötete heftig.

»Und ausgerechnet du wirfst mir Sturheit und Stolz vor«, rief Charlie Jo nach, als diese aus dem Zimmer stürmte. Sie war verärgert und wünschte, ihr Vater hätte sie nicht sofort durchschaut.

Viele Tage und Wochen arbeitete Jo mit Let's Talk, und Phillip unterstützte sie dabei. Sie ließ ihn an Rennen teilnehmen, die er mühelos gewinnen konnte, um sein Selbstbewusstsein aufzubauen, und konfrontierte ihn dann mit ernsthaften Konkurrenten. Langsam aber sicher sammelte das prachtvolle Pferd die Siege, die es brauchte, um sich für den Melbourne Cup zu qualifizieren. Mit seinen Marotten eroberte es sich die Herzen des australischen Publikums und zog immer größere Zuschauermengen an.

Jo hatte Vertrauen zu Glen, dem Pferdepfleger, der für Let's Talk zuständig war. Er liebte das Pferd ebenso wie sie, und sie war sicher, dass es dem großen Fuchs in seiner Obhut an nichts fehlen würde. Ihr Verhältnis zu Let's Talk war ähnlich wie das zu Outsider, und sie wendete alle ihr bekannten Methoden an, damit das Pferd gesund blieb, Ruhe bewahrte und sich nicht so rasch wegen Kleinigkeiten erschreckte.

Als Jo das Pferd unter den verschiedensten Bedingungen auf die Probe stellte, konnte sie keine Schwäche bei ihm entdecken. Es gab nur ein Problem: Ganz gleich, was sie auch tat, gewöhnte er sich nie wirklich daran, gegen den Uhrzeigersinn um die Bahn zu laufen, wozu er in Flemington allerdings gezwungen sein würde. Obwohl dieser Umstand Jo großes Kopfzerbrechen bereitete, ließ sie sich nicht entmutigen.

Zu diesem Problem mit Let's Talk gesellte sich ein weiteres. Bei einem wichtigen Rennen in Rosehill hastete Hope – in einem schicken Kostüm und mit einem puscheligen weißen Hütchen auf dem Kopf – voller Angst auf Jo zu.

»Es gibt Schwierigkeiten mit Sleeper. Er benimmt sich seltsam. Sie müssen unbedingt kommen«, fiel sie Jo, die gerade mit einem der Turnierleiter plauderte, ins Wort.

Jo hatte bereits nach allen Pferden gesehen. Außerdem war Sleepers Pfleger einer ihrer zuverlässigsten Mitarbeiter. Im Laufschritt eilte sie zu den Boxen und drängte sich durch die Menschenmenge, die sich um das Pferd geschart hatte. Beim Anblick von Sleeper wurde sie blass, denn das kräftige Pferd taumelte auf unsicheren Beinen und mit schmerzgepeinigtem Blick in seiner Box hin und her. Sleepers Pfleger drehte sich zu ihr um, er hatte Tränen in den Augen.

»Vor ein paar Minuten hat er Durchfall bekommen. Jemand muss ihm etwas gegeben haben«, stammelte der junge Mann, während das Pferd sich bemühte, auf den Beinen zu bleiben. Angespannt sah Jo zu, wie der Tierarzt herbeieilte und verkündete, man habe dem Pferd ein Medikament verabreicht. Fünf Minuten später half Jo Sleeper schweren Herzens in den Krankenwagen. Der Ansager verkündete unterdessen, das Pferd sei auf tierärztlichen Rat aus dem Rennen genommen worden.

Sobald Sleeper wieder einigermaßen auf dem Damm war, schickte Jo ihn zur Erholung nach Dublin Park. Allerdings hatte der Zwischenfall ihr einen ziemlichen Schrecken eingejagt, und ihre Angst vor weiteren unangenehmen Ereignissen wollte sich nicht legen. Jeden Tag vergewisserte sie sich zusammen mit Winks, dass es weder ungebetene Besucher noch außergewöhnliche Ereignisse gegeben hatte. Wieder und wieder ging sie ihre Mitarbeiterliste durch, aber alle Angestellten waren ihr und ihren Pferden treu ergeben. Jo konnte sich nicht vorstellen, dass einer von ihnen dem Stall schaden wollte. Selbst Glen, der erst seit verhältnismäßig kurzer Zeit an Bord war, liebte seinen exzentrischen Schutzbefohlenen sehr, und Jo traute ihm nicht zu, sich von einem anderen Rennstall bestechen zu lassen. Allerdings musste sie ständig an Kurt und den Hass in seinen Augen denken, wenn sie ihm auf der Rennbahn begegnete. Je näher der Melbourne Cup rückte, desto häufiger schien sie ihm über den Weg zu laufen. Der November nahte, und Jo wurde immer nervöser. Inzwischen ließ sie keinen Tierarzt außer Phillip mehr an ihre Pferde – insbesondere an Let's Talk – heran.

»Warum gehen wir nicht eine Kleinigkeit essen, sehen uns einen kitschigen Film an und vergessen für ein paar Stunden die Pferde und das Rennen? Schließlich brauchst du deine Kräfte für die ganzen Veranstaltungen in Melbourne«, schlug Phillip nach einem besonders anstrengenden Tag Anfang Oktober vor.

»Wahrscheinlich werde ich sie verschlafen«, gab Jo mit einem spöttischen Grinsen zu, obwohl sie sich über Phillips Anteilnahme freute.

Der Melbourne Cup fand jedes Jahr am ersten Dienstag im November statt. Am Freitag zuvor wurde ein großer Ball gegeben. Gleichzeitig wurden andere hochkarätige Wettbewerbe veranstaltet, darunter zwei sehr wichtige Rennen, das Victoria Derby und das MacKinnon-Hindernisrennen.

Jos Nervosität wuchs, und während sie sich selbst zu immer neuen Höchstleistungen antrieb, missachtete sie die Warnsignale ihres Körpers und arbeitete unermüdlich. Sie schrie ihre treuen Mitarbeiter an, machte aus einer Mücke einen Elefanten, was sonst gar nicht ihre Art war, und wurde immer reizbarer.

Eines Tages rief überraschend Emma an, und Jos Stimmung besserte sich schlagartig.

»Heute hat Emma sich gemeldet – du weißt schon, meine berühmte Modelfreundin. Sie soll am Derby Day die Kostümpreise überreichen«, sagte Jo aufgeregt zu Phillip.

In ihrer Stimme schwang eine Begeisterung mit, die er lange vermisst hatte. Allerdings klang Jo auch ein wenig heiser, da sie seit drei Tagen an Halsschmerzen litt.

»Das ist klasse. Dann lerne ich diese Göttin endlich persönlich kennen«, erwiderte er vergnügt.

Jo steckte eine Lutschtablette in den Mund.

»Sie ist zum Ball am Vorabend des Derbys eingeladen. Aber sie hat gesagt, sie will nur mit uns zusammen hingehen. Möchtest du mich begleiten? Sie ist schrecklich neugierig auf dich, und ich möchte sie nur ungern enttäuschen.« Jo sah ihn mit einem treuherzigen Augenaufschlag an. »Ich schwöre, mich nicht aufzuregen, herumzubrüllen oder mit Champagnergläsern zu werfen, und außerdem kenne ich einige einflussreiche Leute.«

»Willst du mich bestechen?«, fragte Phillip mit belegter Stimme.

»Könnte sein. Bitte sag ja.«

»Ist dir klar, dass ich zwei linke Füße habe?«

»Das ist mir egal. Dann führe ich eben«, erwiderte Jo grinsend und bedachte ihn mit einem flehenden Blick.

Sie sah so weich und anschmiegsam aus, dass Phillip am liebsten sofort mit ihr ins Bett gegangen wäre.

»Das ist dir durchaus zuzutrauen. Wie soll ich ablehnen, wenn du mich so anschaust?«, antwortete Phillip mit klopfendem Herzen. Er fragte sich, wie er einen ganzen Abend mit Jo in seinen Armen überstehen sollte, ohne den Verstand zu verlieren. Schon seit langem sehnte Phillip sich nach einer engeren Beziehung, doch wegen der anstrengenden Vorbereitungen auf den Melbourne Cup musste das Privatleben zurückstehen.

Endlich waren es nur noch drei Wochen bis zum Rennen, und in drei Tagen sollten Jo und Phillip nach Melborune fliegen. Phillip erschien zehn Minuten zu spät zu seiner üblichen Runde. Er traf Jo dabei an, wie sie – eine Mistgabel in der Hand – einer Pferdepflegerin die Leviten las.

»Wo zum Teufel hast du gesteckt?«, schrie Jo Phillip an und unterbrach ihre Schimpftirade, während die Pferdepflegerin mit kreidebleichem Gesicht auf der Stelle verharrte.

»Sei vernünftig und beruhige dich«, befahl Phillip. Er nahm ihr die Mistgabel ab und warf sie dem Mädchen zu, das sofort in die nächste Box verschwand und sich eilig an die Arbeit machte. Wütend blitzte Jo Phillip an.

»Wage es nie wieder, mich in meinem eigenen Stall so zu behandeln«, stieß sie zwischen zusammengebissenen Zähnen hervor.

»Was zum Teufel sollte das gerade?«, erkundigte sich Phillip und packte sie an den Schultern. Am liebsten hätte er sie geschüttelt, doch er stellte erschrocken fest, dass sie am ganzen Körper glühte.

»Die dumme Kuh hätte mit der Mistgabel beinahe ein Pferd aufgespießt«, tobte Jo.

»Du bist krank, Jo.« Offenbar hatte sie hohes Fieber.

»Es geht mir ausgezeichnet«, protestierte Jo – und fiel in Ohnmacht. Phillip machte einen Satz nach vorn, um sie aufzufangen, doch zu spät. Ihr Kopf schlug mit einem dumpfen Knall auf dem Beton auf. Entsetzt kniete er sich neben sie und befühlte ihre heißen Wangen und die eiskalten Hände.

»Jo! Jo! Kannst du mich hören?« Er gab ihr kleine Klapse auf die Wangen, bis sie die Augen aufschlug und ins Leere starrte. Langsam kam sie wieder zu sich, murmelte etwas Unverständliches und wollte sich aufsetzen.

»Nicht bewegen«, befahl Phillip.

Besorgt nahm er sie vorsichtig auf die Arme und trug sie ins Büro. Er bettete sie auf die Liege, auf der sie manchmal ein Nickerchen hielt. Dann rief er Gloria und bat sie, den Arzt zu verständigen. Dieser diagnostizierte eine schwere Mandelentzündung und verschrieb ein Antibiotikum und zwei Wochen Bettruhe.

»Das ist doch Unsinn«, krächzte Jo kreidebleich.

Einen Tag später, inzwischen hatte sich ihr Kopf wieder etwas beruhigt, rief sie Gloria wegen der Flugtickets an. Anschließend überredete sie Jackie, die Haushälterin, ihr beim Packen für Melbourne zu helfen. Sie telefonierte außerdem mit Pete, um sich zu vergewissern, dass alles vorbereitet war für den Flug der Pferde zu den in Flemington gemieteten Ställen. Zu guter Letzt meldete sie sich bei Phillip. Da dieser wusste, dass Jo nicht von der Reise abzubringen war, versicherte er ihr, es habe sich nichts an ihren Plänen geändert. Let's Talk gehe es großartig, und er werde mit dem Wagen zum Flughafen fahren.

Zumindest würde er vor Ort sein, falls es Schwierigkeiten

gab, dachte er, während er das letzte Paar Socken in den Koffer stopfte und ihn zuklappte.

»Du passt schon wieder auf mich auf«, sagte Jo heiser.

Ein Signallämpchen forderte die Fluggäste zum Anschnallen auf. Die Medikamente wirkten, und sie fühlte sich bereits viel besser.

»Irgendjemand muss es ja tun.«

Phillip lächelte ihr liebevoll zu. Er beugte sich zu ihr hinüber, damit sie ihn trotz der dröhnenden Triebwerke verstehen konnte, küsste sie auf die Wange und grinste spitzbübisch.

»Weißt du was? Ich kann mich einfach nicht entscheiden, ob du ein temperamentvoller Vollblüter oder einfach nur ein störrisches Maultier bist.«

24

Nach ihrer Ankunft in Melbourne war Jo hauptsächlich damit beschäftigt, den Pferden bei der Eingewöhnung zu helfen und sie in der neuen Umgebung zu trainieren. Obwohl die Tiere häufig reisten, brauchten sie eine Weile, um sich an die unbekannten Ställe und die fremden Bedingungen anzupassen. Diesmal war es umso wichtiger, weil von den bevorstehenden Rennen viel abhing.

Mit Hilfe des Antibiotikums fühlte sich Jo bald besser. Sie fiel zwar jeden Abend erschöpft ins Bett, doch die Vorfreude auf die Festlichkeiten, die Aufregung, die in der Luft lag, und ihr Tatendrang verliehen ihr Flügel. Sie stellte fest, dass die Pferde sich mit jedem Tag mehr zu Hause fühlten.

Let's Talk, erfreut über neues Publikum, forderte noch frecher als sonst Beifallsbekundungen ein, eroberte sämtliche Herzen im Sturm und sorgte bei der Bahnarbeit für willkommene Abwechslung. Er ließ sich von der allgemeinen Begeisterung anstecken, galoppierte mit langen, gleichmäßigen Schritten über die Bahn und lief Rekordzeiten. Seine kräftigen Beine schimmerten in der Morgensonne.

Jo bereitete das Rennen in der Gegenrichtung immer noch Kopfzerbrechen. Das war ein Problem, an dem sie und Damien täglich feilten. Zurück in seiner Box versuchte sie das Pferd so gut wie möglich zu beruhigen – so, wie sie es damals bei Outsider gemacht hatte. Sie sprach leise mit dem großen Tier, rieb ihn mit Kräuterextrakten ein, beschwichtigte und liebkoste ihn, bis er verzückt mit den Augen rollte und zärtlich an ihrer Schulter zupfte.

»Auf dem schweren Untergrund hat er sich heute erstaunlich wacker geschlagen«, meinte Pete zu Jo am Vorabend des

Renntages. Sie sahen zu, wie Phillip Let's Talk in seiner Box untersuchte, während Arctic Gold, der die Nachbarbox bewohnte, sein Futter verlangte.

»So lange er die Zuschauer auf seiner Seite hat, wird er es schaffen«, erwiderte Jo, die einen dampfenden Kaffeebecher mit beiden Händen umfasst hielt.

In den letzten zweieinhalb Wochen hatte sie sich vollständig von der Mandelentzündung erholt, doch der Morgen war feucht, kalt und bewölkt, sodass sie fröstelte. Jo hatte ihr Möglichstes getan. Nun waren Damien und Let's Talk an der Reihe. Sie zog die Jacke enger um sich. Im nächsten Moment stieß sie einen Freudenschrei aus, denn sie erkannte die große schlanke junge Frau in alten Jeans und einem Pullover, die gerade in den Stall kam.

»Emma«, jubelte sie, drückte einem Pferdepfleger den Kaffeebecher in die Hand und stürmte auf ihre Freundin zu, um ihr um den Hals zu fallen.

»Ich habe Davie gesagt, dass man dich nur erwischt, wenn man mitten in der Nacht aufsteht«, meinte Emma lachend und drückte Jo an sich. Dann traten die beiden zurück und musterten sich, einander immer noch an den Händen haltend.

»Du siehst toll aus. Dünner, aber richtig super«, verkündete Emma und betrachtete Jos mageres bleiches Gesicht. Sie spürte die Kraft und den Tatendrang, die ihre Freundin ausstrahlte.

»Du bist auch nicht gerade eine Vogelscheuche. Hast du gut hergefunden? Ach, ich freue mich so, dich zu sehen. Wo hast du deinen Rockstar gelassen?«

»Der liegt noch schnarchend im Hotel. Ein Frühaufsteher wird er wohl nie werden«, antwortete Emma lachend und streckte Jo ihren Finger hin, an dem ein gewaltiger Diamant funkelte.

Mit einem Jubelruf fiel Jo Emma noch einmal um den Hals, und der Stall hallte von ihrem Gelächter wider, bis die Pferde neugierig die Köpfe aus den Boxen steckten, um herauszufinden, was das für ein Radau war.

»Komm, ich stelle dir meine besten zwei- und vierbeinigen Freunde vor, und dann verschwinden wir«, verkündete Jo und zog Emma zu Phillip hinüber, der sich gerade mit Pete unterhielt. Sie machte Emma rasch mit beiden Männern bekannt und führte sie in den Ställen herum. Die Pferde musterten die junge Frau, einige zupften an ihrer Kleidung, andere beschnupperten sie aufmerksam oder betrachteten sie aus großen dunklen Augen, während Emma ihre weichen Nüstern streichelte.

»Und das hier ist unser Komiker«, meinte Jo liebevoll und tätschelte Let's Talk, der beim Anblick einer Fremden sofort den Kopf hin und her warf und anfing, mit dem Huf zu scharren.

»Du musst applaudieren«, lachte Jo.

Emma gehorchte. Zufrieden verbeugte sich Let's Talk, beruhigte sich wieder und zog die Oberlippe hoch, um Jo liebevoll in die Schulter zu kneifen. Emma kicherte und freute sich am Glück ihrer Freundin. Jo versprach Phillip und Pete, sie werde sich in einer Stunde telefonisch melden, und stieg mit Emma in ein Taxi, um in ein ruhiges Café in Melbourne zu fahren, wo sie ungestört waren.

Bei Cappuccino und Kuchen redeten sie zwei Stunden lang ununterbrochen. Emma erzählte Jo aufgeregt, wie prächtig sich ihre Karriere entwickelte und dass man sich auf der ganzen Welt um sie riss. Jo wiederum berichtete von den Höhen und Tiefen ihres Berufs.

»Aber ich tue das, was ich immer tun wollte. Das gilt für uns beide«, schloss sie mit leuchtenden Augen. Emma nickte und strich sich das lange kastanienbraune Haar aus dem Gesicht.

»In den USA ist es zwar schön, aber man muss hart arbeiten. Es geht zu wie im Dschungel, und jeder hat es auf jeden abgesehen … Na ja, zumindest bis ich Davie kennengelernt habe«, erklärte sie lachend. »Wir sind uns auf einer Party zu Ehren eines neuen Modeschöpfers über den Weg gelaufen, und es hat klick gemacht. Ich konnte es nicht fassen. Oh, Jo, ich war noch nie im Leben so glücklich. Sogar die Medien haben in der Regel nichts an uns herumzumeckern. Du lernst ihn heute Abend auf dem Ball kennen.«

»Ich platze schon vor Neugier. Jedenfalls scheint er einen guten Einfluss auf dich zu haben.«

Die gute alte bodenständige Emma. Sie hatte sich überhaupt nicht verändert. Nur der traurige Ausdruck in ihren Augen war von einem strahlenden Leuchten abgelöst worden, und Jo wurde fast ein wenig neidisch.

»Was ist mit dir?«, fragte Emma, die Jos Stimmungswandel erahnte.

»Ich weiß nicht so recht«, begann diese. »Gut, eigentlich weiß ich es schon. Ach, Emma, ich bin so durcheinander. Phillip ist ein echter Schatz. Er ist gütig und sanft und rücksichtsvoll und hat auch sonst alles, was man sich von einem Mann wünschen kann, und es lief prima, bis …«

Sie hielt inne und spielte mit ihrer Kaffeetasse herum, und ihre Gefühle schnürten ihr plötzlich die Kehle zu.

»Simon kommt nach Australien, und ich weiß nicht, was ich machen soll. Einerseits sehne ich mich danach, die Vergangenheit wieder aufleben zu lassen, andererseits … Das Problem ist … Ich weiß nicht … Ich habe Simon so sehr geliebt …« Sie verstummte, Tränen in den Augen.

»Du wirst sicher eine Lösung finden«, meinte Emma leise und drückte Jo sanft die Hand.

»Ganz sicher. Ich bin nur so ratlos«, erwiderte Jo und wischte sich die Augen. Es kostete Mühe, überzeugend zu klingen.

»Du musst dir überlegen, was du wirklich willst. Du hast es dir verdient. Schließlich hast du hart dafür gearbeitet. Schau, was du geschafft hast, und offenbar bedeutet es dir sehr viel.« Emma sah auf die Uhr. »Ach, du meine Güte, Jo.

Es tut mir wirklich leid, aber ich muss zu einem Interview. Die haben mir so viele Termine aufgebrummt, dass mir der Kopf schwirrt.«

»Wir reden heute Abend auf dem Ball weiter«, erwiderte Jo lächelnd und erleichtert, dass das Thema Liebesleben offenbar abgehakt war. Sie rief ein Taxi und brachte Emma zurück zu ihrem Hotel am anderen Ende von Melbourne.

»Bis heute Abend. Zieh etwas Enges und Gewagtes an«, meinte Emma grinsend, sprang aus dem Wagen und hastete die Hoteltreppe hinauf.

»Da kannst du Gift darauf nehmen«, gab Jo schmunzelnd zurück. »Zum *Grand Hyatt* bitte«, sagte sie zum Taxifahrer und winkte Emma nach, die im Hotel verschwand.

Obwohl inzwischen ein berühmtes Fotomodell, war ihre alte Freundin die Emma geblieben, die Jo kannte und liebte. Es war schön, sie glücklich zu sehen. Doch seit Jo Simon erwähnt hatte, zitterte sie wieder am ganzen Leibe. Sie war völlig durcheinander, dabei lag das alles ewig zurück …

Jo benetzte ihre Handgelenke mit einem Tropfen Parfüm, griff nach Abendtasche und Stola und trat aus ihrem Zimmer auf den Hotelflur hinaus. Ihr schlichtes, figurbetont geschnittenes, goldbeiges Ballkleid schimmerte bei jeder Bewegung. Ihre Schultern waren nackt bis auf schmale Spaghettiträger, und auf ihrer hellen Haut funkelte eine einzige Perle. Sie rief den Aufzug zum Erdgeschoss und hatte Herzklopfen.

»Du siehst bezaubernd aus«, sagte Phillip, der aus der Menschenmenge auf sie zukam. Seine kräftige Gestalt steckte in einem Smoking, sein dichtes braunes Haar war zur Abwechslung ordentlich gekämmt. Ein wohliger Schauer durchlief Jo, denn er strahlte eine greifbare Sinnlichkeit aus, die ihr vorher nie aufgefallen war. Heute Abend verhieß ihr Kuschelfreund mehr als nur freundschaftliche Umarmungen.

»Offenbar bin ich vor lauter Schlafmangel und Anspannung nicht mehr ganz klar im Kopf«, sagte sie sich und schenkte ihm ein betörendes Lächeln.

Phillip konnte den Blick nicht von ihr wenden. Schließlich zwang er sich, in die Wirklichkeit zurückzukehren, bot ihr den Arm und ging mit ihr hinaus zum Taxistand vor dem Hotel. Auf der ganzen Fahrt zum Hilton-on-the-Park und auch später, als Jo ihn mit seiner Exzellenz Prinz Satu und den Michaelsons aus Toorak bekannt machte, musste er sie anstarren. Er war hingerissen. Sie hatte ihre Rundungen an genau den richtigen Stellen, und die festen Brüste lugten verführerisch aus dem Ausschnitt der golden schimmernden Robe. Eine ungehemmte Sinnlichkeit ging von ihr aus, die das Verlangen in ihm schürte. Er konnte kaum fassen, dass das dieselbe Frau war, die Tag für Tag in schmutzigen Jeans und schlabbrigen Männerhemden an seiner Seite arbeitete. Nie hätte er gedacht, dass sie so atemberaubend schön aussehen konnte.

»Erde an Phillip, Erde an Phillip«, flötete Jo und rüttelte ihn am Arm. Emma, die in ein dramatisch schlichtes, schwarzgoldenes Abendkleid gehüllt war, gesellte sich mit ihrem Freund, dem Rockstar, zu ihnen.

Phillip wandte seine Aufmerksamkeit wieder der Party zu und nickte bei der gegenseitigen Vorstellung höflich. Nachdem er zwei Champagnergläser vom Tablett eines vorbeieilenden Kellners genommen hatte, beteiligte er sich am Geplauder.

Davie entsprach genau Emmas Beschreibung – sehr groß, mit geheimnisvollen dunklen Augen, einem vom Leben gezeichneten Gesicht und einem rot gefärbten Haarschopf. Er sorgte rasch für eine lockere Stimmung, indem er alberne Witze riss und sich lautstark unterhielt. Dabei war nicht zu übersehen, dass er Emma vergötterte. Dass er im Gegensatz zu seiner Verlobten nicht das aristokratische Englisch der Oberschicht sprach, fiel überhaupt nicht ins Gewicht. Bald redeten alle miteinander wie alte Freunde.

»Ich weiß nicht, warum du Zweifel hast. Der Typ ist eine Wucht«, flüsterte Emma Jo ins Ohr. Jo spürte, wie ihr die Röte den Hals hinunter und bis zu den Schultern kroch.

»Er ist sehr nett«, stimmte sie leise zu.

»Nett? Ach so, du stehst offenbar wirklich auf ihn«, flüsterte Emma mit vielsagender Miene.

Es wurde zu Tisch gebeten, und Emma und Jo gingen am Arm ihrer Tischherren durch einen prachtvollen Bogen aus duftenden Frühlingsblumen in den Speisesaal. Beim Anblick der Dekoration schnappte Jo begeistert nach Luft. Man hatte keine Kosten gescheut. Die Tische waren mit Tüchern aus gestärktem schwarzem Leinen und gefalteten weißen Servietten gedeckt. Kristall und poliertes Silber funkelten um die Wette. Hohe Osterlilien quollen aus mannshohen Glasvasen. Der ganze Raum bot sich dar wie ein prachtvolles Gemälde in Schwarz und Weiß. In einer Ecke jenseits des polierten Holzbodens der Tanzfläche spielte eine zwanzigköpfige Kapelle leise Musik.

Für Jo verging der Abend in einem Wirbel aus köstlichem Essen, Ausgelassenheit und Gelächter. Sie fühlte sich seit einer Ewigkeit zum ersten Mal wieder ganz entspannt. In Gegenwart von Davie mit seinem dröhnenden Lachen war es unmöglich, ernst zu bleiben, und Emma und Phillip verstanden sich ebenfalls prächtig. Immer wieder warf Jo einen prüfenden Blick auf Phillip, der in seinem Abendanzug einfach unverschämt gut aussah. Jedes Mal ertappte sie ihn dabei, wie er zu ihr hinüberschaute, und ihr Herz begann zu klopfen. Schließlich konnte Phillip die Sehnsucht, Jo in den Armen zu halten, die ihm schon den ganzen Abend fast den Verstand raubte, nicht mehr zügeln.

Er beugte sich zu ihr hinüber und raunte ihr ins Ohr: »Erweist du mir die Ehre, mit mir und meinen beiden linken Füßen zu tanzen?« Dann küsste er ihr, ein schalkhaftes Funkeln in den Augen, die Hand. Jo schob ihren Stuhl zurück, machte einen Schritt auf ihn zu und stellte zu ihrem Erstaunen fest, dass sie sehr nervös war. Anfangs stolperten sie herum, entschuldigten sich unentwegt und traten einander, begleitet von Jos unverständlichen Anweisungen, auf die Zehen. Dann wurden sie beide lockerer, und Phillip umfasste fest Jos Taille.

»Du bist die schönste Frau im ganzen Saal«, murmelte Phillip. Da Jo nicht wusste, was sie darauf erwidern sollte, konzentrierte sie sich aufs Tanzen. Nach einer Weile gelang es ihnen sogar, den Takt zu halten, und er führte sie über die Tanzfläche, bis die Melodie verklang und sie erschrocken stehen blieben.

»Wir haben es geschafft«, meinte Phillip lachend. Er spürte, wie Jo sich verspannte, und gab ihr einen kleinen Schubs. »Immer locker bleiben. Ich bin dein Freund, schon vergessen?«

»Das sagst ausgerechnet du«, protestierte Jo, während die Kapelle eine Rumba anstimmte.

»Das ist unsere Chance, diesen Tanz kann ich nämlich«, verkündete Phillip und bewegte die Hüften geschmeidig im Rhythmus der Musik. Rasch passte sich Jo seinen Schritten an und wippte im Gleichtakt. Der Champagner, die berauschende Musik und sein herausfordernder Blick brachten das Blut in ihren Adern zur Wallung.

»Du hast mich angelogen«, schimpfte Jo lachend, als sie weitertanzten.

»Könnte sein«, erwiderte er und hätte sie am liebsten ganz fest an sich gedrückt. Stattdessen führte er sie zum Tisch zurück, als die Musik verstummte, und wollte ihre Hand nicht mehr loslassen. Da in wenigen Stunden der Tag des großen Rennes beginnen würde, wollten weder Jo noch Phillip zu lange aufbleiben. Nach ein paar Tänzen verabschiedeten sie sich von ihren Freunden.

»Viel Spaß bei der Kostümprämierung morgen. Du wirst einige verrückte Hüte zu sehen bekommen«, sagte Jo, gab Emma einen Gutenachtkuss und ließ sich lachend von Davie in die Arme nehmen.

Phillips Arm locker um ihre Taille gelegt, schlenderte sie die Treppe hinunter und fühlte sich, als würde sie schweben. Im Taxi schmiegte sie sich an ihn. Zurück im Hotel, begleitete er sie zu ihrem Zimmer. Jo kramte ihren Schlüssel hervor und bedankte sich bei Phillip.

»Es war ein wunderschöner Abend. Hast du Lust auf einen Schlummertrunk?«, fragte sie gähnend und lehnte sich an ihn.

Phillip schüttelte den Kopf und nahm sie in die Arme.

»Aber es liegt nur am morgigen Renntag, dass ich dich so einfach gehen lasse.«

Jo lachte leise auf. Dann legte sie mit geschlossenen Augen den Kopf in den Nacken. Sanft küsste er ihre Wangen, ihre Augenlider und schließlich ihren wartenden Mund. Als sie seine glühenden Lippen spürte, wurden die Flammen der Leidenschaft erneut entfacht, die bereits bei ihrem Kuss in der Kingsford Lodge emporgelodert waren und schon den ganzen Abend lang in ihr schwelten. Sie gab sich seinem Kuss hin und war versucht, ihn einfach in ihr Zimmer zu ziehen. Doch die Nacht war bereits zur Hälfte um, und sie wusste, dass sie morgen früh hellwach sein musste. Widerstrebend lösten sie sich voneinander.

»In ein paar Stunden sehen wir uns wieder«, flüsterte Phillip, seine Finger immer noch in die ihren geflochten.

Nach einem letzten Kuss schlüpfte Jo in ihr Zimmer und schloss die Tür, während Phillip seine Fliege zurechtrückte und beschwingten Schrittes zum Aufzug ging. In seinem Zimmer angelangt, machte er kein Licht, sondern zog die Vorhänge zurück und betrachtete die hell erleuchteten Gebäude der Stadt. Er hatte den Duft von Jos Parfüm in der Nase und erinnerte sich daran, wie sie sich beim Tanzen an ihn gepresst hatte. Sein ganzer Körper pochte vor Verlangen, aber gleichzeitig sang sein Herz. Dass Jo seine Küsse hingebungsvoll erwidert hatte, war unverkennbar gewesen. Mit ein wenig mehr Nachdruck hätte er nun neben ihr im Bett liegen können. Allerdings hatte er sich geschworen, vor dem Abschluss des

Rennens nichts von ihr zu verlangen, und er war fest dazu entschlossen, sich auch daran zu halten.

Lange stand er da, blickte über Melbourne hinweg und dachte an die Frau, die er schon so lange liebte. Schließlich zog er sich aus und ging zu Bett. Er schlief unruhig und träumte von Jo in seinen Armen, bis ihn das schrille Läuten des Weckrufs unsanft in die Wirklichkeit zurückholte.

Am Tag des Melbourne Cups strahlte die Sonne vom Himmel, und die Zuschauer strömten in Scharen zur Rennbahn in Flemington. Viele Frauen waren elegant in die traditionellen Derby-Farben Schwarz und Weiß gekleidet. Die Männer trugen Gehrock und Zylinder und hatten blaue Kornblumen am Revers. Anfangs war Jo schrecklich nervös, doch im Laufe des Tages beruhigte sie sich. Alles klappte wie am Schnürchen, die Kingsford-Pferde wurden in drei Rennen platziert, und Damien gewann auf Arctic Gold sein Rennen. Anschließend sah Jo stolz zu, wie Emma die Preise im Kostümwettbewerb verteilte.

»Hattest du Spaß auf dem Ball?«, sagte da eine leise Stimme hinter ihr.

Jo wirbelte herum und stand zu ihrem Erstaunen vor Elaine, die ein neues Designerkostüm mit passenden Handschuhen und Hut trug. Freudentränen traten ihr in die Augen. »Gran!«

»Wie geht es dir, mein Kind? Ich soll bei der Kostümprämierung mitmachen, und das in meinem Alter!«, sagte Elaine und drückte Jo an sich. »Du siehst hinreißend aus. Ich wünschte, wir hätten den albernen Sturkopf, der dein Vater ist, zum Mitkommen überreden können, aber wenn er sich dagegen entschieden hat, ist nichts mehr zu machen.«

Sie zog ein Taschentuch hervor und tupfte sich rasch die Augenwinkel ab.

»Gran! Liebe, wunderbare Gran! Was für eine Überraschung!«, jubelte Jo lachend und wischte sich ebenfalls die Augen.

»Nun, jemand muss die Familie ja vertreten. Schließlich lassen wir Kingsfords nicht alle Tage ein Pferd beim Melbourne Cup starten«, erwiderte Elaine, die sich wieder gefasst hatte. »Ich habe mich ganz reizend mit Emma unterhalten. Verrate mir, auf welches Pferd ich beim nächsten Rennen setzen soll, mein Kind. Vielleicht hat dein junger Mann einen Tipp für mich.« Sie lächelte Phillip zu. »Schön, Sie zu sehen, Phillip.«

Jo errötete.

»Phillip ist mein Tierarzt, Gran!«

»Ich weiß, mein Kind, und er schlägt sich in Sydney sehr wacker, wie ich höre.« Elaine studierte ihr Rennprogramm und hakte sich bei Jo unter. »Erzähl deiner Großmutter alles, was in letzter Zeit so passiert ist.«

Jos Freude über das Wiedersehen mit Elaine milderte ihre Enttäuschung ein wenig, als Let's Talk beim Derby nur Vierter wurde. Allerdings verstärkte das Erscheinen ihrer Großmutter auch das Gefühl der Kränkung darüber, dass weder Charles noch Nina es für nötig gehalten hatten, zu den diesjährigen Rennveranstaltungen zu kommen. Allerdings hatte Nina wenigstens angerufen, um ihr alles Gute zu wünschen.

»Eigentlich dachte ich, Mum würde Dad dazu überreden herzufliegen. Seine dämlichen Krücken interessieren doch niemanden«, flüsterte Jo Elaine zu, die rasch ihren Arm tätschelte.

Let's Talk wurde beim MacKinnon Hindernisrennen Dritter, was Jos Stimmung schlagartig besserte. Nun war sie überzeugt, dass ihr Pferd den Mut und das Durchhaltevermögen besaß, die im großen Abschlussrennen gefordert waren.

»Wenn er sich in der Mitte des Feldes behauptet, bin ich schon froh«, gestand Jo Phillip, nachdem sie das letzte Nenngeld bezahlt hatte, sodass Let's Talks Teilnahme am Melbourne Cup nichts mehr im Wege stand.

»Ich will dich ja nicht ängstigen, aber Damien hat mir erzählt, dass er und Hope gestern auf dem Rückweg zum Hotel verfolgt worden sind. Er sprach von einem weißen Auto, das rasch weggefahren sei, als sie in die Hotelauffahrt einbogen«, berichtete Phillip. Sie schlossen gerade zusammen den Stall ab. Jo erbleichte. »Vermutlich steckt nichts dahinter, aber Damien glaubt, den Wagen schon einmal gesehen zu haben, seit wir hier sind. Er wirkte ziemlich besorgt. Ich denke, jemand sollte bei ihm bleiben, bis das Rennen vorbei ist.«

»Ich werde Pete bitten, nicht von seiner Seite zu weichen«, antwortete Jo entschlossen und wünschte, den Dienstag endlich hinter sich zu haben. Sie fing Damien beim Verlassen der Rennbahn ab und erklärte ihm ihren Plan, doch der Jockey war gar nicht erfreut.

»Mit Pete als Babysitter würde ich mir wie ein Idiot vorkommen. Das Theater macht mich ganz verrückt, und außerdem ist mir das Auto seitdem nicht mehr aufgefallen. Vielleicht war es nur Einbildung. Mir passiert schon nichts, Jo. Und außerdem ist Hope immer bei mir. Vergessen wir das Ganze, einverstanden? Ich hätte gar nichts sagen sollen.«

Jo, die sich einerseits große Sorgen machte, den hypernervösen Jockey aber nicht weiter aufregen wollte, ließ sich trotz ihres unguten Gefühls von Damien überzeugen.

Am Sonntagmittag war sie bei einem Pferdebesitzer in Toorak zu einem Empfang eingeladen, was sie für ein paar Stunden von ihren Befürchtungen ablenkte. Den Nachmittag nutzte sie, um richtig auszuschlafen und sich zu erholen. Als sie am Montag auf die Rennbahn zurückkam, erfuhr sie, dass Damien und Hope beim Verlassen eines Restaurants überfallen worden waren. Also war das weiße Auto offenbar doch kein Produkt von Damiens Fantasie gewesen.

»Hopes markerschütterndes Geschrei hat sie in die Flucht geschlagen«, meinte Damien lachend und zuckte zusammen, als er seiner Freundin den Arm um die Taille legte. Heute konnte er sich zwar schon wieder über das Abenteuer amüsieren, doch gestern war ihm ganz und gar nicht zum Lachen zumute gewesen. Er rieb sich die Rippen, wo ihn die Faust eines der Angreifer erwischt hatte. Jo war tief erschüttert und hatte außerdem unzählige Dinge zu erledigen.

Abends waren ihre Nerven zum Zerreißen gespannt. Vor dem Schlafengehen rief sie Damien in Hotel an, um sich zu vergewissern, dass alles in Ordnung war, und wälzte sich dann die ganze Nacht schlaflos hin und her.

Am nächsten Morgen stand sie mit einem flauen Gefühl im Magen auf und hastete ins Bad. Der Tag des Melbourne Cup, an dem die ganze Nation auf ein Pferderennen blickte, war endlich da.

Lange bevor Jo die Ställe erreichte, spürte sie die Aufregung, die in der Luft lag. Um sieben Uhr morgens hatten sich die elegant gekleideten Zuschauer bereits an der Rennbahn häuslich eingerichtet und genossen ihr Champagnerfrühstück. Überall wimmelte es von Hüten in sämtlichen Farben und Formen. Manche waren von dezenter Eleganz, während andere eher gewagt oder sogar lächerlich wirkten. Doch es war nun einmal Sitte, dass die Damen einander beim Melbourne Cup mit von Federn, Spitzen oder Früchten geschmückten Kreationen überboten. Reporter traten sich – auf der Suche nach einer Geschichte, einem Gerücht, einem skandalträchtigen Prominenten oder einer griffigen Schlagzeile für diesen bedeutenden Tag – gegenseitig auf die Füße. Das Wetter war kühl, aber sonnig, und machte einen vielversprechenden Eindruck. Die berühmte Rennbahn von Flemington erstrahlte in ihren schönsten Farben.

Jo ging mit Phillip zu den Ställen, wo Glen gerade Let's Talk striegelte. Sie konnte kaum fassen, dass der große Tag wirklich da war. Glen, der nach den an der Seite des Pferdes verbrachten Nachtwachen einen müden Eindruck machte, begrüßte sie dennoch mit einem fröhlichen Grinsen.

»Raten Sie mal, wer gerade gekommen ist«, meinte er, als Winks aus dem Schatten trat.

»Ich hätte nie gedacht, dass ich das noch erleben würde.

Ich konnte es mir auf keinen Fall entgehen lassen«, sagte der alte Mann bewegt und kaute heftig auf den Überresten einer kalten Zigarette herum. Vor Rührung versagte ihm die Stimme.

Jo blieb der Mund offen stehen, und ihr Herz machte einen Satz. Dann fiel sie Winks überglücklich um den Hals und drückte ihn an sich. Alle ihre Freunde und sogar ihre Familie – aus der Ferne hatte sie gesehen, wie Bertie sich in der Nähe der Buchmacher herumdrückte, doch er hatte sich rasch wieder getrollt – waren gekommen, um sie anzufeuern. Alle – bis auf Mum und Dad. Und das, obwohl Charlie der Mensch war, nach dessen Gegenwart Jo sich bei diesem Rennen am meisten sehnte.

»Danke«, flüsterte sie und ging zu Let's Talk hinüber.

Nachdem sie das Pferd gründlich in Augenschein genommen hatte, besprach sie mit Glen, wie es vor dem Rennen in die Box gebracht werden sollte. Immer noch besorgt, hatte sie vor dem Aufbruch erneut mit Damien telefoniert, der erst am frühen Nachmittag auf der Rennbahn erwartet wurde. Obwohl sie sicher war, dass der Jockey sich wieder von dem Überfall erholt hatte, und trotz ihres Vertrauens in ihn waren ihre Nerven zum Zerreißen gespannt.

Jo beobachtete das letzte Rennen vor der Mittagspause mit Wehmut im Herzen, weil ihr Vater nicht bei ihr war, um den Triumph zu teilen. Sie konnte wirklich stolz auf ihre Erfolge sein. Trotz der vielen Momente, in denen Jo versucht gewesen war, das Handtuch zu werfen, hatte die Kingsford Lodge bewiesen, dass sie sich gegen die Konkurrenz behaupten konnte. Auch bei dieser prestigeträchtigen Rennveranstaltung waren viele Kingsford-Pferde platziert worden. Und ob Let's Talk nun Erster oder Letzter wurde, war eigentlich egal. Sie als seine Trainerin – offiziell nur Stallmeisterin! – hatte es geschafft, ihn für das wichtigste Pferderennen Australiens zu qualifizieren. Mit einem Seufzer eilte Jo zu den Boxen.

Der Turniertierarzt hatte Let's Talk bereits für startberechtigt erklärt. Während Jo das Pferd sattelte und die Gurte anzog, sprach sie leise mit ihm. Sie vergewisserte sich, dass die Gewichte richtig angebracht waren, während Glen die andere Seite kontrollierte. Der stets pünktliche Damien war inzwischen sicher schon gewogen worden und wartete in seiner frisch gewaschenen Seidenjacke im Aufenthaltsraum der Jockeys. Das weiße Auto und den Raubüberfall hatte er bestimmt längst vergessen.

Nervös, aber überzeugt, dass sie alles erledigt hatte, übergab Jo das Kommando an Glen und ging zum Aufsitzplatz, um mit Let's Talks anderen Besitzern zu sprechen. Dabei sah sie sich nach Hope um, die ihr eigentlich hätte melden sollen, dass Damien sich tatsächlich im Aufenthaltsraum der Jockeys befand. Während Jo von zwei Rennkommentatoren des landesweiten Fernsehens aufgehalten wurde, die sich danach erkundigten, wie sie die Chancen ihres Pferdes einschätzte, sah sie endlich Hope. Das junge Mädchen schwankte auf zwölf Zentimeter hohen Absätzen einher, und ihre Brüste quollen aus einen engen Kleid in einem auffälligen Orange. Jo entschuldigte sich bei den Reportern und rannte auf Hope zu.

»Ich habe Damy seinen Glücksbringer gebracht. Er ist gerade beim Wiegen. In der Seidenjacke sieht er fantastisch aus«, flüsterte Hope dramatisch.

Ihr mit grellrotem Lippenstift verschmierter Mund verzog sich zu einem breiten Grinsen. Mit einem erleichterten Seufzer tätschelte Jo dem Mädchen den Arm und ging zu der Menschenmenge hinüber, die sich um Let's Talk scharte.

Die Kapelle stimmte »Waltzing Matilda« an, und die Zuschauer sangen aus voller Kehle mit. Jo bekam eine Gänsehaut und erlitt einen Anfall von Nationalstolz. Die am Melbourne Cup teilnehmenden Jockeys wurden vom Platzsprecher einzeln aufgerufen und schritten in ihren glänzenden Seidenjacken zum Podium. Ihr Herz klopfte vor Aufregung, und ihre Handflächen wurden feucht, als sie sich zu Glen gesellte. Dieser hielt Let's Talk am Zügel, damit Damien aufsitzen konnte. Das Pferd sah mit seinem glänzenden Fell, den aufgerichteten Ohren und den vor Anspannung bebenden Flanken prächtig aus. Mit trockenem Mund kontrollierte Jo noch einmal Sattel und Bleigewichte und gab Damien die letzten Instruktionen. Dann half sie ihm in den Sattel.

»Der Preis gehört uns«, murmelte Damien und beugte sich mit einem entschlossenen Gesichtsausdruck zu Jo hinunter.

Sein Körper erinnerte an eine gespannte Feder. Er steckte die Füße in die Steigbügel; seine rosa und gelbe Seidenjacke glänzte in der Sonne. Die Anspannung stand ihm ins Gesicht geschrieben.

»Also los«, meinte Jo rasch und ergriff Damiens Hand. Nach der abergläubischen Tradition auf der Rennbahn waren Glückwünsche streng verboten.

Mit einem Nicken in Jos Richtung tätschelte Damien Let's Talk den Hals. Dann trieb er das Pferd, an dessen Satteldecke deutlich die große gelbe Startnummer prangte, vorsichtig an. Nervös scheuchte Jo Let's Talks Mitbesitzer zur Teilnehmertribüne. Aus dem Augenwinkel sah sie, wie Kurt mit dem Parcourschef sprach. Doch sie verzog nur das Gesicht und zwang sich, nicht darüber nachzugrübeln, was der böse kleine Mann wohl im Schilde führen mochte.

Im nächsten Moment blieb ihr fast das Herz stehen, denn sie hörte, wie sie über Lautsprecher zum Parcourschef gebeten wurde. Voller Angst, sie könnte etwas Wichtiges vergessen haben, ließ sie ihre wild durcheinanderredenden Mitbesitzer stehen und folgte hastig der Aufforderung. Sie stürmte voller Angst in den Raum, traf dort aber nur einen lächelnden jungen Mann an, der ihr ein Fernglas entgegenstreckte. In ihrer Eile hatte sie es vorhin auf dem Platz liegen lassen. Vor Erleichterung wurden Jo die Knie weich, und ihre Nachlässigkeit war ihr ziemlich peinlich. Nach ihrer Rückkehr beruhigte sie rasch die Besitzer und gesellte sich zu Phillip und Elaine.

Noch nie im Leben war Jo so nervös gewesen. Sie wandte

ihre Aufmerksamkeit den Pferden zu, die vor den jubelnden Zuschauern auf und ab paradierten, und ihre freudige Erwartung wuchs. Das war der Augenblick, auf den die ganze Nation gewartet hatte. Bereits in Feierstimmung und beflügelt vom Champagner, war das Publikum in der richtigen Laune, um Beifall zu spenden. Und als Let's Talk wie immer majestätisch auf der Stelle verharrte, um mit dem Huf zu scharren und seinen Applaus einzufordern, geriet die Menge außer Rand und Band. Let's Talk sonnte sich im Beifall, und je häufiger sich das Pferd verbeugte, desto lauter klatschten die Zuschauer. Die ganze Szene wurde direkt im landesweiten Radio und Fernsehen übertragen.

Die Nachricht von dem versuchten Raubüberfall auf Damien hatte sich in Windeseile herumgesprochen. Das Mitgefühl der Menschen galt dem jungen Jockey. Außerdem war zu spüren, dass Let's Talk sich heute weniger kapriziös gebärdete – als ahne er, dass er mit seinem Reiter vorsichtig umgehen müsse. Obwohl Rosys Pferd Valiant mit Dennis Cook im Sattel favorisiert war, und niemand trotz des Medienrummels wirklich mit einer Platzierung von Let's Talk rechnete, trug das einfühlsame Verhalten des Hengstes zur allgemeinen Begeisterung bei. Die Leute jubelten, pfiffen, klatschten, trampelten mit den Füßen und riefen seinen Namen. In den nächsten fünf Minuten genoss Let's Talk die volle Anteilnahme der Menge. Besorgt betrachtete Jo Damien durch ihr Fernglas, der während der Darbietungen des Pferdes ruhig sitzen blieb. Dann schleuderte Let's Talk ein letztes Mal die Mähne, und Pferd und Reiter gesellten sich zu den anderen dreiundzwanzig Teilnehmern an den Start.

Jo hatte Startposition zwanzig gezogen, was einen eindeutigen Nachteil für Let's Talk bedeutete. Allerdings vertraute sie darauf, dass er sich dank seiner langen Schritte und seiner guten Kondition in der Mitte des Feldes behaupten würde.

»Wir können nur beten, dass Damien nicht die Nerven verliert. Er sieht ziemlich blass aus«, flüsterte Jo Phillip ins Ohr und kaute nervös an ihren Nägeln. Der Überfall auf ihren Jockey machte ihnen noch immer schwer zu schaffen.

»Wenn sie alles wie immer machen …« Phillip klopfte Jo auf die Schulter. Sie hielt den Atem an, als sich die Startmaschine hinter dem letzten Pferd schloss.

Begleitet von den lauten Rufen der Menge, stürmten die vierundzwanzig Pferde los. Die Luft schien zu knistern. Jo drückte die Daumen und beobachtete, wie die Pferde die Gegengerade entlangpreschten. Gemeinsam mit den übrigen Zuschauern feuerte sie Let's Talk und Damien an. Ruby Red kämpfte mit Valiant um die Führung, während Damien auf Let's Talk weit hinten im Feld zurückgeblieben war. Als die Pferde zum ersten Mal den Zielstrich passierten, löste sich Let's Talk aus dem Gewühl und rückte auf den fünften Platz vor. Er kam auf der Außenbahn langsam näher an die Führenden heran, doch der Abstand zwischen ihm und dem nächsten Pferd betrug noch immer anderthalb Längen. Die Menge war verstummt, als die Pferde sich von der Haupttribüne entfernten. Kurz wandte Jo den Blick von den Tieren ab, als ein Jubelruf ertönte und zwei rot gewandete Rennbahnmitarbeiter zum Scherz um die Wette über die Ziellinie liefen. Dann starrte sie wieder durch das Fernglas auf das Pferd am äußeren Rand der Bahn. Der Schweiß rann ihr den Rücken hinunter. Let's Talk holte rasch auf.

»Eine gewaltige Kraftanstrengung von Let's Talk, doch er ist zu weit zurück, während Valiant in Führung liegt«, rief der Platzsprecher.

Jo war aufs Äußerste angespannt, als die Pferde die letzte Kurve umrundeten und auf die Zielgerade einbogen. Das Johlen der Zuschauer war ohrenbetäubend. Inzwischen hatte Let's Talk sich auf den vierten Platz vorgearbeitet. Mit langen Schritten preschte er über die Bahn und schob sich auf den dritten Platz vor. Schließlich hatte er sogar den zweiten Platz hinter Valiant erobert. Jo traute ihren Augen nicht.

»Das ist ein Wunder«, verkündete der Rennkommentator.

»Solch eine Kraft ... So etwas hat diese Rennbahn noch nicht gesehen. Das Pferd ist nicht aufzuhalten. Wir werden Zeugen eines historischen Augenblicks.«

Jo stockte der Atem, und die dahingaloppierenden Pferde verschwammen vor ihren Augen. Die beiden Führenden flogen Seite an Seite dahin, und Jo konnte fast hören, wie Damien Let's Talk zu mehr Tempo antrieb. Das große, mutige Pferd ermüdete zwar allmählich, ließ sich aber nicht unterkriegen. Die Schritte des Tieres wurden länger, und es schob sich weiter nach vorn. Die Menge jubelte.

Im nächsten Moment ertönte ein Schreckensschrei, denn Dennis Cook hatte Valiant absichtlich auf die Nebenbahn gelenkt, um Let's Talk abzudrängen. Aber zu spät. Let's Talk gelang es rechtzeitig, Abstand zu gewinnen, und Valiant geriet durch das Manöver aus dem Tritt.

Vor den Augen der gesamten Nation streckte der großartige Galopper noch einmal seine kraftvollen Beine, stürmte in einer letzten gewaltigen Anstrengung dem Sieg entgegen und gewann nicht nur knapp, sondern mit unglaublichen anderthalb Längen Vorsprung.

Let's Talk überquerte die Ziellinie, und Jo war heiser vom vielen Schreien. Sie ruderte mit den zu Fäusten geballten Händen und konnte kaum fassen, was sie gesehen hatte. Dann fiel sie Phillip um den Hals und küsste ihn. Sie zitterte, und die Tränen liefen ihr übers Gesicht, während ein unbekanntes Pferd namens Double Trouble den zweiten Platz machte. Kiwi Lad wurde Dritter, und Valiant schaffte es hinkend noch auf den fünften Platz.

»Wir haben gewonnen! Mein Gott, wir haben gewonnen! Wir sind Erster geworden!«, jubelte Jo.

Sie küsste Phillip auf den Mund und lief die Treppe hinunter, um Pferd und Reiter zu begrüßen. Ihre Knie fühlten sich an wie Gummi. Da hörte sie eine vertraute Stimme und erstarrte.

»Ich wusste immer, dass du das Zeug dazu hast, Kleines.«

»Dad!«, rief Jo ungläubig und sah ihren Vater, schwer auf eine Krücke gestützt, auf sich zukommen. Er grinste übers ganze Gesicht. Neben ihm stand Nina und lächelte stolz. Jo stürmte auf Charlie zu und umarmte ihn heftig und mit feuchten Augen, sodass sie feuchte Flecke auf seiner Jacke hinterließ. Beobachtet von den ehrfürchtig schweigenden Zuschauern, lächelte sie ihrer Mutter zu. Im nächsten Moment begann das Publikum zu applaudieren.

»Geh schon. Geh, du musst dich um dein Pferd und deinen Jockey kümmern«, sagte Charlie barsch, um seine Gefühle zu verbergen. Jo küsste ihre Mutter, die ebenfalls sehr gerührt war.

»Ich liebe euch beide über alles«, rief Jo und rannte lachend los, um Damien zu begrüßen.

Dieser lenkte gerade den schwitzenden Let's Talk vom Feld. Auch sein Gesicht war nass und außerdem mit Schweiß und Schlamm bedeckt, doch seine Augen blitzten triumphierend. Erschöpft, aber überglücklich, sprang er aus dem Sattel und grüßte Jo mit der Gerte. Seine verletzten Rippen waren vergessen, als die Blitzlichter aufflammten und man ihm Mikrofone unter die Nase hielt. Jo wollte nach den Zügeln greifen, machte aber erschrocken einen Satz zur Seite, denn Kurt, puterrot vor Zorn und nach Alkohol stinkend, kam auf sie zugerannt und machte Anstalten, sich auf sie zu stürzen.

»Du elende Schlampe, du hast dem Pferd vor dem Rennen etwas gegeben. Du verlogene elende Kuh ... Dein verblödeter Jockey hat vom Reiten keine Ahnung. Er hat Valiant absichtlich den Weg abgeschnitten. Das hast du selbst gesehen! Alle haben es gesehen. Das ist Schiebung. Ich werde mich beschweren«, brüllte er, außer sich vor Zorn und Enttäuschung, und holte mit einem linken Haken nach Jo aus. Phillip schob sie rasch zur Seite und stellte sich schützend vor sie, wodurch er den Schlag ins Gesicht bekam.

»Verdammter Bastard«, kreischte Kurt und wollte Phillip an den Kragen. Er tobte, weil es ihm nicht gelungen war, Damien vor dem Rennen außer Gefecht zu setzen. Sofort packten Sicherheitsleute die beiden Männer und brachten sie, aufmerksam beobachtet von Reportern und Kameraleuten, weg.

Vor Freude über den Sieg und erschrocken über diesen Angriff, hatte Jo weiche Knie, als sie zu Let's Talk hinüberging, der stolz die Decke des Siegers trug. Sie streichelte ihr Pferd und bedankte sich für seinen Mut. Anschließend umarmte sie Damien.

Kurz vor der Preisverleihung kehrte Phillip zurück.

»Ich hatte schon Angst, du müsstest die Nacht in einer Zelle verbringen«, flüsterte Jo erleichtert. »Hat er dir sehr wehgetan?«

»Nur ein Kratzer«, erwiderte Phillip und bewegte vorsichtig den Kiefer. »Wie kann man nur bei einem wichtigen Rennen wie diesem derart die Beherrschung verlieren? Die Rennvereinigung wird ihn sicher auf Lebenszeit sperren. Die haben Kurt dort nämlich schon seit einer Weile auf dem Kieker. Er und ein paar Spießgesellen, deren Namen wohl nie ans Licht kommen werden, haben sich einiges einfallen lassen: Doping, Wettbetrug, Bestechung … und Überfälle auf Jockeys«, fügte er spitz hinzu. »Unser Freund Kurt ist ein vielseitiger Mann.«

Alle versammelten sich zur Preisverleihung, und Jo griff nach Phillips Hand.

»Ich liebe dich und möchte, dass du gemeinsam mit mir den Pokal entgegennimmst.«

Strahlend vor Stolz folgte Phillip den anderen aufs Podium und stellte sich neben Damien und Hope hinter Jo und die Mitbesitzer von Let's Talk. Nachdem Jo – Phillip, Elaine und ihre Eltern an ihrer Seite – den begehrten Pokal mit den drei Henkeln überreicht bekommen hatte, war sie glücklich wie nie zuvor in ihrem Leben. Let's Talk ließ die ganze Zeremonie ungerührt über sich ergehen und wedelte nur mit dem Schweif. Zuletzt trat Charlie nach vorn, und Jo glaubte, das Herz würde ihr vor Freude zerspringen.

»Viele von Ihnen sehen in Jo nur die Tochter, die eine erfolgreiche Karriere als Fotomodell aufgegeben hat, um die Kingsford Lodge zu übernehmen, weil ihr Dad einen kleinen Zusammenstoß mit einem Baum hatte«, begann Charlie langsam, aber seine Worte waren deutlich zu verstehen. Die Zuschauer kicherten betreten, nicht wissend, was sie von dem Mann erwarten sollten, um den sich so viele Gerüchte rankten.

»Ich erkenne in Jo eine ausgesprochen mutige, liebevolle und hartnäckige junge Frau. Sie sind heute Zeugen bei der Verwirklichung ihres größten Traums geworden, und niemand könnte stolzer und dankbarer sein als ich.«

Jo spürte, wie ihr die Tränen in den Augen brannten.

»Für jeden ist es ein Triumph, den Melbourne Cup zu gewinnen. Doch ich meine nicht nur Jos Fähigkeiten, gute Rennpferde auszubilden, oder ihr Näschen, was das Aufstöbern ausgezeichneter Jockeys angeht«, fuhr Charlie mit einem raschen Blick auf Damien fort. »Ich spreche von einem anderen wichtigen Rennen, dem Rennen des Lebens, bei dem ich beinahe auf der Strecke geblieben wäre.«

Er trat von einem Fuß auf den anderen. Nina, die neben ihm stand, beobachtete ihn besorgt. Elaine, die behandschuhten Hände fest ineinander verschränkt, musterte sein Gesicht.

»Wir Kingsfords sind für unseren Stolz und unseren Starrsinn bekannt. Aber auf niemanden trifft das mehr zu als auf Jo. Sie hat sich geweigert, sich damit abzufinden, dass ihr alter Herr ein Leben lang an den Rollstuhl gefesselt bleiben sollte. Außerdem hat sie nie geglaubt, dass ich nicht mehr alle Tassen im Schrank habe, als ich nur unverständliches Zeug nuscheln konnte.« Er hielt inne.

Das Publikum schwieg und verharrte reglos wie bei einem Standfoto, und alle lauschten aufmerksam Charlies Worten. Selbst der Wind hatte sich gelegt. Nur in der Ferne erklang eine Autohupe.

»Ich war völlig ratlos, aber Jo hat niemals lockergelassen.

Sie war fest davon überzeugt, dass ich in die Kingsford Lodge gehöre, und dort hat sie mich wieder hingeschleppt, sosehr ich mich auch gesträubt habe.« Diesmal zeugte das Lachen von Anteilnahme und Bewunderung. Mit liebevollem und stolzem Blick drehte Charlie sich zu Jo um. »Eigentlich hatte ich mir geschworen, mich erst wieder in der Öffentlichkeit zu zeigen, wenn ich mich ohne Gehhilfe fortbewegen kann. Doch heute, Jo, beuge ich mich deinen Wünschen. Ich ziehe den Hut davor, wie tapfer du dich nach dem plötzlichen Tod deines Zwillingsbruders Rick geschlagen hast. Du hast deine Mutter und deinen älteren Bruder in der Stunde der Not unterstützt und mit deinem Mut die Kingsford Lodge gerettet. Vor allem jedoch verneige ich mich vor deiner Unbeirrbarkeit, denn ohne sie würde ich heute nicht hier stehen, weder mit noch ohne Krücken.« Von Rührung ergriffen, hielt Charlie inne. Die Zuschauer wischten sich die Augen. Nina presste ihr Taschentuch an die Lippen.

»Nur selten kommt es vor, dass ein Vater Gelegenheit erhält, seinen Kindern öffentlich zu sagen, wie sehr er sie bewundert. Normalerweise neige ich nicht zu Gefühlsausbrüchen, aber heute, Jo, sollst du wissen, wie unglaublich stolz deine Mutter und ich auf dich sind. Dein sturer alter Vater hat nie einsehen wollen, dass du Pferde ebenso liebst und verstehst wie er und dass du über das besondere Talent verfügst, sie zu Siegern zu machen. Aber nun habe ich dank deiner Bemühungen endlich begriffen, dass du wirklich das Zeug dazu hast. Deinetwegen konnte ich wieder in die Welt zurückkehren, die ich so sehr liebe. Was die Zukunft der Kingsford Lodge betrifft, nun ...« Er wandte sich dem Publikum zu, »da müssen Sie den Boss fragen.«

Alle applaudierten, doch Charlie bat mit einer Geste um Ruhe und griff dann nach Jos Hand. Jo zwinkerte und biss sich auf die zitternde Unterlippe. Sie konnte kaum fassen, was ihr Vater sagte. Das waren die Worte, die sie so lange herbeigesehnt hatte.

»Jo, du hast in deinem Glauben an mich und in deiner Unterstützung unserer Familie nie geschwankt oder gezweifelt. Deine Mutter und ich gratulieren dir zu deinem heutigen Sieg. Er ist ganz allein dir zu verdanken. Heute ist dein Tag. Genieße ihn. Wir lieben dich«, schloss Charlie mit vor Rührung belegter Stimme. Dann trat er zurück und klatschte Jo Beifall. Auf ein kurzes Schweigen folgte donnernder Applaus. Jo hielt den Pokal hoch in die Luft und lächelte erst ihren Vater und anschließend die Zuschauer unter Tränen an. Während die Menge weiter Beifall spendete, umarmte sie Charlie.

»Ich liebe dich, Dad«, flüsterte sie unter Tränen.

Nach der Preisverleihung verließen alle die Bühne. Jo, Charlie, Nina und Elaine fielen einander um den Hals, und alle beglückwünschten Let's Talk zu seinem Erfolg.

»Das habe ich wirklich ernst gemeint«, sagte Charlie, nachdem Jo sich die Augen getrocknet hatte.

»Danke, Dad. Ich freue mich so, dass du gekommen bist. Ich liebe dich sehr. Du weißt gar nicht, wie sehr ich mir gewünscht habe, du würdest hier sein.«

»Ich hatte nicht vor, mir so ein Ereignis entgehen zu lassen«, erwiderte Charlie mit zitternder Stimme und wischte sich übers Gesicht. »Let's Talk ist nicht der Einzige, der sich gern feiern lässt. Übrigens finde ich, es ist an der Zeit, dass du dir eine Trainerlizenz besorgst. Ich habe da einen Stall im Auge, der dir bestimmt gefallen wird.«

25

Das Restaurant in South Yarra platzte aus allen Nähten, als bis in den Abend hinein gefeiert wurde. Überglücklich wegen des Siegs und bewegt von den Worten ihres Vaters, wiederholte Jo immer wieder, sie könne nicht fassen, den Pokal dank eines wundervollen Jockeys gewonnen zu haben. Außerdem freue sie sich unbeschreiblich, dass ihr Vater bei der Preisverleihung dabei gewesen sei.

»Ich hatte keine Ahnung, dass Dad so über mich denkt. Schau ihn und Mum nur an. Sie benehmen sich wie die Jungverliebten«, meinte sie zum wohl tausendsten Mal an diesem Abend zu Phillip. »Noch nie habe ich erlebt, dass sie sich so angehimmelt haben. Mum sieht einfach hinreißend aus.«

»Allerdings gibt es da jemanden, der sie noch in den Schatten stellt«, murmelte Phillip, der sich danach sehnte, Jo in die Arme zu nehmen. Sie lachte.

»Du Schmeichler. Ich glaube, inzwischen habe ich mich mit allen Gästen unterhalten.« Sie seufzte und lächelte Phillip zu. Plötzlich hatte sie keine Lust mehr, in einem überfüllten Restaurant mit Bekannten zu plaudern. Viel lieber wollte sie in Phillips Armen liegen, seine Lippen spüren und das vollenden, was in der Ballnacht begonnen hatte.

»Glaubst du, man wird uns vermissen, wenn wir uns einfach verdrücken?«, flüsterte sie, ein schalkhaftes Funkeln in den Augen. Ihr Herz klopfte schneller.

»Du darfst nicht vergessen, dass du die Hauptattraktion des Abends bist ...«, erwiderte Phillip.

»Nicht mehr. Die Reporter haben so viele Fotos von uns gemacht, dass es für einen Monat reicht.«

»Nun, ich mag eigentlich auch nicht mehr reden – außer mit dir natürlich«, antwortete Phillip grinsend.

»Dann also los«, beschloss Jo, leerte ihr Weißweinglas und griff nach Phillips Hand.

Nachdem sie sich von Nina und Charlie mit einem Kuss verabschiedet und Müdigkeit vorgeschützt hatte, schlüpfte sie mit Phillip aus dem Restaurant. Draußen rannten sie wie zwei übermütige Kinder zum Taxistand, sprangen in einen wartenden Wagen und lotsten den Fahrer zu ihrem Hotel. Nur der aufgeregte Redefluss des Fahrers, der seine Fahrgäste erkannte, hinderte Phillip daran, Jo in die Arme zu nehmen und sie mit Küssen zu überhäufen. Das Taxi hielt vor dem *Grand Hyatt,* und sie stiegen lachend aus. Phillip drückte dem verblüfften Fahrer wahllos einige Scheine und Münzen in die Hand, und die beiden rannten durch die Hotelhalle zum Aufzug. Beim Aufschließen der Zimmertür zitterten Jos Hände so sehr, dass Phillip das übernehmen musste. Allerdings stellte er sich kaum geschickter an.

Nach einigem Herumgefummel öffnete sich die Tür schließlich, und die beiden fielen praktisch in den Raum. Phillip schlug die Tür hinter sich zu und zog Jo in die Arme. Während er sie noch küsste, legte er die Krawatte ab und knöpfte sein Hemd auf. Jo warf Hut und Jacke beiseite. Dann öffnete Phillip Jos Bluse, ohne mit seinen gierigen Küssen innezuhalten. Wortlos klammerten sich die beiden aneinander und schlüpften hastig aus den Kleidern. Jo brach in Gelächter aus und musste Phillip helfen, als er in seinem Hemd stecken blieb und heftig zu zerren begann, denn er hatte vergessen, die Manschettenknöpfe zu entfernen. Eine Spur abgelegter Kleidungsstücke hinter sich herziehend, fielen sie nackt aufs Bett.

Berauscht vom Glück, schleuderten sie die Decke beiseite und pressten sich aneinander. Ihre Körper sehnten sich nach der Anspannung des Rennens und dem aufregenden Sieg nach Befreiung. Jo strich mit den Händen über Phillips starken, breiten Rücken und gab sich seinen fordernden Zärtlichkeiten hin. Sie ließ sich von seiner Liebe durchströmen, während er sie immer wieder voll Verlangen küsste und seine Hände über ihre warme, seidenglatte Haut streichen ließ. Sie wälzten sich herum, bis sie gemeinsam inmitten des Deckenhaufens auf dem Boden landeten. Dann lag er auf ihr, und sie ließ sich in einem Meer des süßen Verlangens treiben.

»Du bist eine unbeschreiblich aufregende Frau«, seufzte Phillip schließlich und drehte sich herum. Auf einen Ellenbogen gestützt, betrachtete er ihr schönes rosiges Gesicht.

»Und du bist mein Prince Charming«, murmelte sie und strich über die Schramme auf Phillips Wange, wo Kurts Faust ihn getroffen hatte. Jo ließ den Finger seinen Hals entlang bis zur Brust gleiten und konnte nicht fassen, mit welcher Leidenschaft sie sich soeben geliebt hatten. Schon auf dem Ball hatte sie diese ungezügelte Wildheit erahnt, die sich in der Öffentlichkeit verbergen musste und in den letzten zehn Minuten entfesselt worden war. Nie hätte sie damit gerechnet, in seinen Armen eine solche Ekstase zu erleben. Sie seufzte zufrieden und wunderte sich darüber, wie in einem nach außen so ruhigen und sanften Mann solche Gefühle toben konnten.

»Was denkst du?«, fragte Phillip leise.

»Das werde ich dir bestimmt nicht auf die Nase binden. Sonst wirst du größenwahnsinnig«, meinte sie mit einem Funkeln in den Augen. Sie bemerkte, dass sie ineinander verschlungen auf dem Boden lagen, und begann zu kichern. »Wie sind wir denn hierher gekommen? Ich kann mich gar nicht daran erinnern, dass wir aus dem Bett gefallen sind.«

»Das war der Sturm der Leidenschaft«, erwiderte Phillip schmunzelnd. Seine Miene wurde weich. Er fuhr mit dem Finger über ihre Wange, umfasste ihr Kinn und küsste sie sanft auf die Lippen. Wieder ergab Jo sich seinen Zärtlichkeiten.

»Ich liebe dich, Jo«, seufzte er danach.

»Und ich dich auch«, flüsterte Jo. »Ich weiß nicht, wie ich alles ohne dich geschafft hätte.«

Sie strich sich eine störrische Strähne aus dem Gesicht, zog ihn an sich und küsste ihn lang und zärtlich. Zufrieden legte sie sich schließlich auf den Rücken, ließ sich treiben und genoss das Gefühl seiner liebkosenden Finger. Eine Weile sprach keiner ein Wort, und sie entspannten sich beide angesichts der neu entdeckten Nähe.

»Du hast es geschafft, Schneewittchen«, brach Phillip schließlich das Schweigen. »Deine harte Arbeit und die Kämpfe haben sich bezahlt gemacht. Du hast den Preis ehrlich verdient.«

Jo seufzte zufrieden und lächelte in die Dunkelheit.

»Damit meinst du wohl, dass wir beide es geschafft haben. Ich kann es noch immer nicht fassen. Wir haben tatsächlich gewonnen. Der Melbourne Cup gehört uns. Das Rennen, auf dem die Augen der ganzen Nation ruhen. Ich bin so glücklich!«

Sie drehte sich um und küsste Phillip. Im Licht der Außenbeleuchtung konnte sie sein Gesicht gerade noch erkennen.

»Du hast gewonnen, aber ich bin noch nicht sicher, ob wir beide es hinkriegen«, sagte Phillip nach einer Weile und ließ den Finger ihren Hals entlang bis zum Brustansatz gleiten. Jo erstarrte. Eine kalte Hand griff nach ihrem Herzen.

»Was soll das heißen? Und wie nennst du das, was wir gerade gemacht haben?«, fragte sie und wich zurück.

»Vergiss es. Lass uns lieber eine Flasche Champagner bestellen und weiter der Liebe frönen«, erwiderte Phillip, der seine Bemerkung bereute. Er hatte das Thema Simon nicht aufs Tapet bringen wollen – nicht, während Jo sich über ihren Erfolg freute und sie beide sich so nah waren. Es war ihm einfach herausgerutscht.

»Gut«, antwortete Jo rasch. Sie war fest entschlossen, den wundervollen Einklang nicht zu stören. Aber im nächsten Moment schrillte das Telefon, sodass sie zusammenzuckten.

»Der telepathische Zimmerservice«, verkündete Jo lachend

und rappelte sich auf. Während sie nach dem Hörer griff, machte sie Licht. Plötzlich erstarrte sie und wandte Phillip rasch den Rücken zu.

»Hallo? Oh ... Wirklich nett, dass du dich meldest. Wie hast du mich denn gefunden?« Ihr Tonfall klang gekünstelt, und das Blut rauschte ihr in den Ohren. »Ja, es war ein ziemlicher Schock. Ich war auch überrascht. Woher rufst du an?«

Sie notierte sich eine Nummer. Nachdem sie eine Weile geplaudert hatte, beendete sie abrupt das Gespräch.

»Pass auf, ich rufe dich an, wenn ich wieder in Sydney bin. Einverstanden? Tschüss.« Rasch legte sie auf. Ihre Handflächen waren schweißnass, und auf einmal fühlte sie sich nackt. Hastig wickelte sie sich in das Bettlaken.

»Das war Simon«, sagte sie bemüht beiläufig. »Jackie hat ihm die Nummer des Hotels gegeben. Die gute alte Jackie will mich verkuppeln, seit ich achtzehn bin. Sie war sehr enttäuscht, dass wir uns getrennt hatten, und hofft immer noch, es könnte etwas daraus werden.« Jo wusste, dass sie nur ihre Verlegenheit überspielte.

»Du brauchst dir keine Gedanken zu machen. Ich werde mich nicht mit ihm treffen. Diese Entscheidung habe ich im Flugzeug gefällt. Es ist vorbei. Das Problem ist nur, nun, ich ... Das war gerade wirklich der blödeste Moment für seinen Anruf.«

»Du bist mir keine Rechenschaft schuldig. Aber ich finde, dass es das Beste für uns ist, wenn du ihn triffst«, erwiderte Phillip und trat auf sie zu. Sein kräftiger, sonnengebräunter Körper war schon wieder erregt. Nachdem er sie sanft auf den Scheitel geküsst hatte, schenkte er sich aus dem Krug, der im Kühlschrank stand, ein Glas Eiswasser ein.

»Ach, Phillip«, seufzte Jo und ließ sich in einen Sessel am Fenster fallen.

Die Anspannung im Raum war fast mit Händen zu greifen. Jo sah zu, wie Phillip das Wasser trank, und nestelte dabei an dem Laken herum.

»Ich schwöre dir, dass es aus ist zwischen uns. Ich liebe dich, nicht Simon.«

»Und ich liebe dich auch, Jo. Du kannst dir gar nicht vorstellen, wie sehr ich dich liebe und wie lange ich mich schon danach gesehnt habe, mit dir ins Bett zu gehen.« Er musterte sie aus eindringlichen grauen Augen. »Ich habe dich geliebt, seit du vor vielen Jahren in meine Praxis in Denman gekommen bist. Damals habe ich für einen Moment meine Position und dein Alter vergessen. Du warst trotz deiner sechzehn Jahre einfach unwiderstehlich, und das bist du noch immer. Ich liebe dich, Jo, und ich will dich heiraten. Doch vorher musst du mit Simon sprechen. Ich möchte nicht in seinem Schatten leben und mich ständig fragen, wen von uns beiden du wirklich liebst. Immer würde ich darüber nachgrübeln, ob du wohl zu ihm zurückgekehrt wärst, wenn du ihn wiedergesehen hättest.«

Phillip fuhr sich mit den Fingern durchs zerzauste Haar und schenkte sich noch ein Glas Wasser ein. Jo schluckte, und wider Willen wurden ihre Augen feucht. Phillips Worte hingen zwischen ihnen in der Luft.

Wie ein Damoklesschwert, dachte sie schaudernd, fühlte sich auf einmal beschämt und niedergeschlagen. Sie wollte Simon nicht sehen. Das war feige von ihr, aber sie hatte es – zumindest bis vor ein paar Sekunden – für die einfachste Lösung gehalten. Nun hatte sie keine andere Wahl mehr. Das Beängstigende daran war, dass sie nicht wusste, wie sie auf ihn reagieren würde. Aus halb geschlossenen Augen warf sie Phillip einen Blick zu und konnte ihn nicht ansehen. Phillip setzte sich auf die Bettkante und legte die Arme auf die Schenkel.

»Die Besitzergemeinschaft, die mich nach Hongkong eingeladen hat, möchte mit mir nach Japan reisen, wenn wir wieder in Sydney sind«, begann er, und es versetzte ihm einen Stich ins Herz. »Ich habe die Leute gebeten, mir bis nach dem Melbourne Cup Bedenkzeit zu geben. Ich werde annehmen.«

Er holte tief Luft.

»Du brauchst etwas Zeit, um dein Leben in Ordnung zu bringen, Jo, und deshalb werde ich dich in Ruhe lassen. Ganz gleich, wie du dich auch entscheidest: Danach werde ich wissen, dass du es dir reiflich überlegt hast. Du brauchst nicht zu fürchten, dass ich dich belästigen könnte. Ich hoffe zwar, dass du bei meiner Rückkehr für mich da sein wirst, doch wenn nicht ...«

Resigniert breitete er die Hände aus. Es war ihm anzusehen, wie sehr diese Vorstellung ihn schmerzte.

»Der Gedanke an ein Leben ohne dich ist mir unerträglich, aber manchmal muss man eine Tür eben schließen oder hindurchgehen«, fügte er mit belegter Stimme hinzu.

Jo starrte ins Leere, und Tränen tropften auf ihre Hände. »Ich habe mir geschworen, dir nie wehzutun«, murmelte sie und sah ihn aus geröteten Augen an.

Phillip kam auf sie zu und zog sie vorsichtig auf die Füße.

»Das, was heute Nacht war, kann uns niemand nehmen. Aber du musst ihn treffen. Das wissen wir beide. Wenn unsere Liebe eine Zukunft haben soll, musst du mit ihm sprechen.«

»Ganz gleich, was auch geschieht – ich will dir sagen, dass du ein wundervoller Mann bist und dass es heute Nacht wunderschön ...« Die Stimme versagte ihr, und obwohl es warm im Zimmer war, begann sie am ganzen Leib zu zittern. »Oh, mein Gott, warum muss das Leben nur so kompliziert sein?« Sie ließ den Kopf an seine Schulter sinken und schluchzte leise. Phillip legte die Arme um sie.

»Mein schönes Schneewittchen, weine nicht«, flüsterte er, hob ihr Gesicht an, küsste sie und schmeckte die salzigen Tränen, die ihr über die Wangen liefen. »Ich bin ein furchtbarer Trampel und wollte nicht, dass du dich ausgerechnet heute elend fühlst. Heute ist dein Tag, mein Liebling. Verschieben wir die Sorgen auf morgen.«

Zärtlich wickelte er sie aus dem Laken und zog sie zurück zum Bett. Er schlüpfte mit ihr unter die Decke, drückte Jo an sich und streichelte sie beruhigend, wie sie es bei ihren prächtigen Pferden tat. Endlich entspannte sie sich und legte ihm mit einem Seufzen die Arme um den Hals.

»Oh, Phillip, ich habe dich nicht verdient«, murmelte sie, schloss die Augen und ließ zu, dass er sie leidenschaftlich küsste. Diesmal erbebte sie vor Erregung.

»Eindeutig ein Vollblutpferd mit einem gewissen Maultiereinschlag«, flüsterte Phillip und knabberte an ihrem Ohr. Erschrocken schlug Jo die Augen auf und starrte ihn an.

»Maultiereinschlag«, empörte sie sich und versetzte ihm einen Schubs.

Im nächsten Moment fingen sie an zu lachen, liebten sich, und die Freude über diesen Tag, die Wärme und Nähe zwischen ihnen kehrten zurück. Die schmerzlichen Entscheidungen waren vertagt.

An Phillips Abreisetag nach Tokio war Jo nachmittags mit Simon verabredet, der wegen seiner vielen Radiointerviews nur wenig Zeit hatte. Nervös, mit klopfendem Herzen und feuchten Handflächen saß sie im Taxi und fuhr durch Sydneys Berufsverkehr. Sie überlegte sich, wie sie ihn begrüßen sollte. Ein steifes Lächeln auf dem Gesicht, stieg sie schließlich aus und marschierte auf die großen Glastüren des *Hilton* zu. Sie hatte Schmetterlinge im Bauch.

Simon lief durch die Hotelhalle auf sie zu. Er war derselbe Mann, den sie geliebt und so lange verzweifelt vermisst hatte. Plötzlich waren all ihre Ängste wie weggeblasen.

»Simon«, rief sie und fiel in seine ausgebreiteten Arme.

»Jo.« Begeistert hob er sie hoch, drückte sie an sich und küsste sie. »Du siehst genauso wunderschön aus wie früher, und du riechst auch noch so gut«, stieß er hervor und stellte sie wieder auf den Boden. »Wie geht es dir? Du warst in den letzten Jahren sehr erfolgreich. Ich habe alles über dich gelesen. Als ich mein Mädchen auf allen Titelseiten sah, habe ich meinen Augen kaum getraut.«

Jo lächelte ihn an. Um seine Augen gab es einen Kranz kleiner Fältchen, die vor fünf Jahren noch nicht da gewesen waren, und außerdem wirkte er reifer. Ansonsten hatte er sich kaum verändert. Er war unverschämt attraktiv. Seine meergrünen Augen funkelten, und sein Lächeln hatte etwas Hypnotisches. Jo fühlte sich wie ein Rückkehrer in eine Welt, die sie eigentlich nie hatte verlassen wollen.

»Ich fand den *Austernfischer* wirklich gut und habe mir die Augen ausgeheult«, meinte sie in entspanntem Tonfall.

»Ach ja?«, erwiderte Simon und musterte sie zärtlich. »In meinem Zimmer habe ich eine gebundene Ausgabe für dich.«

Er hakte sie unter und begleitete sie zum Aufzug. Auf dem Weg plauderten sie über dies und das. Nachdem er die Tür geschlossen hatte, ließ Jo sich von ihm in die Arme nehmen und küssen. Dann gab er sie mit einem Seufzer frei und überreichte ihr eine Ausgabe von *Der Austernfischer*. Sie spürte seinen leidenschaftlichen Blick und wurde von zauberhaften Erinnerungen überflutet.

»Wir beide sind ein tolles Paar. Du gewinnst internationale Pferderennen, und ich habe einen erfolgreichen Roman geschrieben«, sagte Simon begeistert und brach damit das Schweigen, das zwischen ihnen entstanden war. »Seit unserem letzten Gespräch sind ein paar ziemlich interessante Dinge passiert. Ich wollte nur warten, bis ich es dir persönlich sagen kann. Du bist übrigens sehr schön«, fügte er hinzu, ließ die Hände Jos Körper entlanggleiten und umfasste ihre schmale Taille.

»Du bist und bleibst ein Schmeichler«, erwiderte Jo lachend und hauchte ihm einen Kuss auf die Wange.

Obwohl ihr Umgang miteinander so warm und freundschaftlich war, wie sie gehofft hatte, störte dennoch eine leise beharrliche Stimme im Hintergrund die Wiedersehensfreude. Sie betrachtete ihn und ließ sich von seiner Begeisterung anstecken.

»Mein Agent hat angerufen. Das Buch schlägt ein wie eine

Bombe«, verkündete Simon grinsend. »Ein großer amerikanischer Verlag hat die Rechte für die USA gekauft, und nun stehen wir in Verhandlungen für einen Filmvertrag. In den letzten Tagen überstürzen sich die Ereignisse, und mir schwirrt der Kopf. Oh, Jo! Vor Kurzem war ich ein Niemand, und jetzt bin ich plötzlich ein international bekannter Schriftsteller. Das ist alles so unglaublich ... Die Filmfirma überschlägt sich fast und würde am liebsten sofort mit den Dreharbeiten anfangen. Und außerdem spricht mein englischer Verlag davon, dass das Buch auch ins Deutsche und ins Schwedische übersetzt werden soll«, fügte er atemlos hinzu. Jo küsste ihn auf die Wangen und roch den vertrauten Geruch seines Rasierwassers. Er küsste sie auf den Mund und ihr war, als würde die Zeit um fünf Jahre zurückgedreht.

»Oh, Simon, ich freue mich so für dich«, rief sie, und ungeahnte Gefühle stiegen in ihr hoch.

»Lass uns ausgehen und feiern!«, schlug Simon vor, steckte die Brieftasche ein und griff nach dem Zimmerschlüssel. »Du sagst mir, welches Lokal das Beste ist, und da fahren wir hin.«

»Was hältst du von dem Fischrestaurant, in dem wir nach unserer Rückkehr aus Dublin Park waren?«, schlug Jo vor.

Sie konnte kaum fassen, was sie da eben gehört hatte. Simon ein berühmter Autor? Es war wie ein Traum. Doch schließlich waren ihr der Sieg beim Melbourne Cup und Dads wundervolle Ansprache zunächst auch unwirklich erschienen.

Auf der Fahrt ins Restaurant redeten sie ununterbrochen; Jo hatte unzählige Fragen auf dem Herzen und wollte so vieles erklären, loswerden und erfahren.

»Warum hast du dich nie bei mir gemeldet?«, erkundigte sie sich, während sie sich an Shrimps gütlich taten und Riesengarnelen schälten. Simon legte seine Garnele weg, benützte die Fingerschale und trocknete seine Hände an der Serviette ab.

»Aber das habe ich doch. Ich habe mit Bertie gesprochen

und eine Nachricht für dich hinterlassen, dass du mich zurückrufen sollst. Außerdem sollte er dir von Neddy erzählen, was er offenbar nie getan hat. Neddy hat nach einem weiteren schweren Bronchitisanfall und Problemen mit der Hüfte die Orion-Ställe verkauft und ist zu seiner Schwester nach Bournemouth gezogen. Dank deiner Arbeit hat er ein ordentliches Sümmchen für den Stall bekommen. Winnie hat er dem jungen Burschen geschenkt, der dir früher im Stall geholfen hat. Erinnerst du dich noch an ihn? Ich glaube, die Stute gibt es noch. ›Sie wird mich noch überleben, ist stärker als eine Dreijährige‹«, gab Simon eine schlechte Imitation von Neddy zum Besten.

»Oh! Der gute Neddy, er ist so ein netter Mensch«, seufzte Jo und lachte. Doch dann wurde sie ernst. »Du weißt, dass Bertie spielsüchtig ist, obwohl er es nicht einsehen will. Mum und Dad haben viel Ärger mit ihm. Er ist immer noch wütend, weil Dad ihn gezwungen hat, einen hohen Kredit aufzunehmen, um seine Schulden zu bezahlen. Die Kreditraten fressen jeden Monat den Hauptteil seines Gehalts auf, weshalb er nicht mehr auf großem Fuß leben kann. Mir wird er nie verzeihen, dass ich mich geweigert habe, ihm etwas zu leihen, nachdem Dad gesagt hat, er sei für seine Schulden selbst verantwortlich. Mein Gott, das ist mir vielleicht schwergefallen! Er hat geschworen, nicht zum Melbourne Cup zu kommen, aber er war trotzdem da. Ich habe mich nicht viel um ihn gekümmert, denn auch Dad zeigte kein großes Interesse. Nach dem Sieg hat Bertie diese gehässige Bemerkung gemacht, ich könnte den Pokal versetzen, um mir ein neues Pferd zu kaufen. Bei jedem anderen wäre ich gekränkt gewesen, aber ich wusste, dass er nur neidisch war. Er bildet sich immer noch ein, in unserer Familie der Benachteiligte zu sein. Ich wünschte, er würde sich das endlich abgewöhnen. Wenn er wollte, wäre er ein ausgezeichneter Anwalt. Schließlich ist er nicht auf den Kopf gefallen.«

»Tut mir leid, das zu hören«, erwiderte Simon stirnrunzelnd und schenkte Jo Wein nach. »Dass Bertie eifersüchtig auf dich ist, war schon immer unverkennbar. Aber ich hätte ihm nie zugetraut, dass er dir meinen Anruf absichtlich verschweigt. Auch ich habe von deinem Anruf bei meinen Eltern erst Monate später erfahren, was das Ganze nicht einfacher machte. Bis dahin war ich überzeugt davon, du hättest das Interesse an mir verloren. Mum war so traurig, nachdem ich einfach wortlos verschwunden bin, dass dein Anruf bei meiner Rückkehr irgendwie untergegangen ist. Ich glaube nicht, dass das Absicht war. Ein dummer Zufall eben. Und da ich ihr schon weh genug getan hatte, wollte ich ihr keine Vorwürfe machen.«

Er beugte sich über den Tisch und griff nach Jos Hand.

»Ich habe dich sehr vermisst. Einen Großteil des Schmerzes und des Verlusts, von dir getrennt zu sein, habe ich in diesem Roman verarbeitet.« Weiter umfasste er ihre Hand und blickte ihr tief in die dunkelvioletten Augen. »Deinetwegen ist das Buch ein solcher Erfolg. Ohne die emotionale Erfahrung hätte ich es nie schreiben können.«

Jo öffnete den Mund, um etwas zu sagen, doch Simon sprach einfach weiter, und sein Griff um ihre Hand wurde fester.

»Ich habe gelesen, dass es deinem Vater wieder besser geht. Das hat mich sehr für dich gefreut. Aber auch aus ganz egoistischen Gründen war ich froh darüber, denn das heißt, dass es für uns Hoffnung gibt. Du hast alles erreicht, was du wolltest, Jo, und ich bewundere dich wirklich. Du hast Pferde gezüchtet und ausgebildet und Rennen gewonnen und bist zur Nationalheldin geworden. Und nun, mein Schatz, möchte ich, dass du mit mir nach Hause kommst, nach England, um meine Frau zu werden. Nach den Ereignissen der letzten Zeit und meinem internationalen Erfolg steht uns die ganze Welt offen. Das habe ich mir immer gewünscht, mein Liebling, und ich möchte, dass du an meiner Seite bist. Alle sollen wissen, dass ich meinen Erfolg dir verdanke und deine Schönheit im

Austernfischer sichtbar wird. Willst du mich heiraten, wie wir es geplant haben?«, fragte er drängend.

Jo betrachtete den Mann, den sie so lange verzweifelt geliebt hatte, und wurde sehr traurig. Die leise Stimme, die sie schon seit der Taxifahrt am Nachmittag plagte, wurde immer lauter. Sie konnte kaum denken, zog ihre Hand zurück, trank einen Schluck Champagner und wischte sich die Handflächen an der Leinenserviette ab. Panik stieg in ihr hoch.

»Ich liebe dich, Simon, und auf eine Weise werde dich immer lieben«, begann sie.

»Das weiß ich, mein Schatz. Sag nur, dass du mich heiraten wirst«, fiel Simon ihr, erschrocken über die plötzlich angespannte Stimmung, ins Wort.

»Hör mir bitte zu.«

Sie musterte ihn, voll Bedauern, dass ihre Liebe keine Zukunft hatte. Warum konnte er nicht verstehen, wie viel ihr die Pferde bedeuteten? Er hätte doch nur zu sagen brauchen, dass er ihr nie wegnehmen würde, was sie sich so mühsam aufgebaut hatte. Was hinderte ihn daran, sein Versprechen zu halten, er werde sie heiraten und nach ein paar Jahren mit ihr in Australien leben, damit ihr gemeinsamer Traum wahr wurde? Aber nein. Er hatte sich überhaupt nicht verändert und war noch immer der Simon, der nicht begreifen konnte, warum sie um drei Uhr morgens aufstand, um sich in einer Männerwelt Erfolg und Anerkennung zu erkämpfen. Er sah einfach nicht ein, dass das Züchten und Ausbilden von Pferden für sie so lebensnotwendig war wie das Atmen. Offenbar blieb ihr nichts anderes übrig, als sich der bitteren Wahrheit zu stellen. Der Mann, den sie so sehr geliebt und dem sie Zugang zu ihrem Innersten gewährt hatte, verstand schlicht und ergreifend nicht, wer sie eigentlich war, so sehr sie sich auch danach sehnen mochte.

Allerdings gab es einen Menschen, bei dem sich das ganz anders verhielt, und wenn sie sich nicht schnell entschied, würde sie den auch noch verlieren.

»Simon, ich liebe dich, und du kannst dir gar nicht vorstellen, wie sehr ich mich über deinen Erfolg freue«, sagte sie und sprang auf. »Ich finde, *Der Austernfischer* ist der bewegendste Roman, den ich je gelesen habe, und ich werde deinen Aufstieg weiter verfolgen. Allerdings müssen wir das Ende im wirklichen Leben der Erzählung anpassen. *Der Austernfischer* schildert unsere Liebe bis zur letzten Szene. Es war eine erste Liebe, eine große Liebe, die ich nie vergessen werde, aber … Simon, ich wünsche dir im Leben alles Gute. Es ist uns nicht bestimmt, zusammen zu sein.«

Sie griff nach Tasche und Jacke.

»Ich muss gehen. Ich weiß, dass du das sicher schrecklich unhöflich und seltsam findest, doch ich … da ist jemand …«

Simon war ebenfalls aufgestanden.

»Der Tierarzt! Der Kerl, der auf den Fotos neben dir steht und der diesem Rüpel eine verpasst hat«, rief er mit schmerzerfülltem Blick. »Es ist vorbei mit uns, richtig?«

Jo nickte mit glühenden Wangen.

»Verzeih mir. Es ist besser so. Wirklich, Simon. Eines Tages wirst du es verstehen und wundervolle Geschichten darüber schreiben. Du bist begabt, Simon. Ich werde unsere Liebe nie vergessen, und jetzt muss ich ein Flugzeug erwischen.«

Sie umrundete den Tisch und umarmte ihn, ohne eine Träne zu vergießen. Obwohl ihr sein schmerzerfüllter Blick bis ins Herz ging, wusste sie, dass sie sich richtig entschieden hatte.

»Es tut mir leid. Ich schreibe dir und erkläre dir alles. Vielleicht machst du einen Bestseller daraus.« Sie lächelte liebevoll.

»Ich habe schon vor dieser Reise befürchtet, du könntest mir den Laufpass geben«, sagte Simon, straffte die Schultern und versuchte, den Abschied hinauszuzögern. »Wahrscheinlich war es mir bereits klar, als wir uns vorhin in meinem Zimmer geküsst haben. Ich wollte es nur nicht einsehen.«

Jo musterte ihn erstaunt, während unaufhaltsam die Zeit verstrich.

»Du hast irgendwie abwesend gewirkt«, erklärte Simon. »Der Bursche ist wirklich ein Glückspilz«, fügte er mit einem schiefen Grinsen und australischem Akzent hinzu.

»Oh, Simon, danke, dass du so verständnisvoll bist«, seufzte Jo und küsste ihn auf den Mund. »Ich werde dich immer lieben und wünsche dir ein wundervolles Leben.«

Mit diesen Worten stürmte sie aus dem Lokal und lief auf der Suche nach einem Taxi den Gehweg entlang. Da keines zu sehen war, rannte sie weiter und machte vor Schreck einen Satz, als sie plötzlich einen Arm um ihre Taille spürte. Simon hielt sie fest und zog sie zu einem Taxi, das gerade um die Ecke bog.

»Ich habe vom Restaurant aus eines angerufen, damit du sicher ankommst«, keuchte er, half ihr beim Einsteigen und schloss die Tür. Einen Kloß in der Kehle, winkte Jo ihm zum Abschied zu. Wie er so einsam auf der Straße stand, erinnerte er sie sehr an die traurige Schlussszene von *Der Austernfischer.* Dann bog der Wagen um die nächste Ecke, und Simon war nicht mehr zu sehen.

Schnell fuhren sie in Richtung Cogee. Jo bat den Fahrer zu warten, eilte gehetzt nach oben, zog ein Hemd und Jeans an, warf ein paar Kosmetiksachen und Kleider zum Wechseln in eine Reisetasche. Nachdem sie ihren Pass eingesteckt hatte, rannte sie wieder zum Taxi hinaus.

»Zum Flughafen, internationale Abflughalle«, rief sie, »so schnell Sie können.«

Die Fahrt schien endlos zu dauern. Jo saß nervös auf der Kante ihres Sitzes und betete, dass sie noch rechtzeitig ankommen würde. Phillip hatte einen Platz in der Abendmaschine der Qantas gebucht, die um zehn Uhr startete. Allerdings musste sie noch ein Ticket kaufen. Sie nestelte an einem losen Faden ihrer Jeans herum, verschränkte und lockerte die Arme und schalt sich dafür, wie albern es war, Phillip so einfach hinterherzulaufen.

Was war, wenn es im Flugzeug keine freien Plätze mehr

gab? Wenn sie zu spät kam? Wenn er eigentlich gar nicht wollte, dass sie ihn begleitete? Der Schweiß brach ihr aus, und beinahe hätte sie das Taxi angehalten.

Sie dachte daran, wie Simon sie »mein Mädchen« genannt hatte. In diesem Moment war es ihr wie Schuppen von den Augen gefallen. Er mochte ein wundervoller, berühmter, romantischer Mann und ein vollendeter Kavalier sein, aber er verstand sie einfach nicht. Für ihn waren Pferderennen etwas, das man sich samstags im Fernsehen ansah. Nie würde er begreifen, welche Fähigkeiten und wie viel Hingabe dieser Sport erforderte – ebenso wenig wie die Freude, die Jo an ihrem Beruf hatte. Er begriff es einfach nicht.

Phillip jedoch, der gütige, liebevolle, wunderbare Phillip wusste genau, was sie meinte. Während der ganzen Fahrt zum Flughafen sah Jo Phillips traurigen Blick vor sich, mit dem er ihr mitgeteilt hatte, er werde sie eine Weile in Ruhe lassen und aus ihrem Leben verschwinden. Furcht stieg in ihr hoch.

»Bitte, lieber Gott, ich muss das Flugzeug erreichen«, flehte sie, drückte dem Fahrer ein paar Scheine in die Hand und stürmte in den Terminal, ohne auf das Wechselgeld zu warten.

In der Halle wimmelte es von Menschen. Jo drängte sich durch die Menge zum Schalter der Qantas und wartete ungeduldig. Die Minuten verstrichen. Endlich war sie an der Reihe, und wie durch ein Wunder war in letzter Minute eine Buchung storniert worden. Jo griff nach Ticket und Bordkarte, warf einen Blick auf die Anzeigetafel und stellte fest, dass der Flug bereits zum Einsteigen bereit war. Mit zitternden Knien vergewisserte sie sich, dass sie die richtige Flugsteignummer hatte, drängelte durch die Sicherheitskontrolle und erreichte den Ausgang, als der Flug gerade zum letzten Mal aufgerufen wurde.

»Da hätten Sie fast Ihre Maschine verpasst, junge Frau. Oh, guten Abend, Jo Kingsford, wie geht es Ihnen, Ma'am? Ich habe mit Let's Talk ein hübsches Sümmchen gewonnen. Danke und guten Flug«, meinte der Mitarbeiter des Bodenpersonals schmunzelnd, den Jo schon von früheren Auslandsflügen her kannte.

Ein höfliches Lächeln auf den Lippen bestieg Jo die Maschine. Beklemmt suchte sie die Kabine ab, schob sich an den übrigen Passagieren auf dem Mittelgang vorbei und blieb vor einem Mann stehen, der damit beschäftigt war, sein Handgepäck in einem Gepäckfach zu verstauen.

»Verzeihung, könnten Sie meine Tasche auch dort hinauflegen?«, sagte sie leise, während ihr Herz heftig weiterpochte. Der Mann wirbelte herum und hätte ihr beinahe einen Schlag aufs Ohr verpasst.

»Jo!«

»Ich komme mit«, rief sie und blickte Phillip in die Augen.

Sie stürzte sich in seine Arme. Die Reisetasche landete auf dem Boden.

»Jo. Meine wundervolle, geliebte, einmalige ... Heißt das ...?«

»Ich liebe dich, Phillip Gregg. Ich liebe dich von ganzem Herzen, und ich will keine Sekunde mehr auf dich verzichten.« Er brachte sie mit einem Kuss zum Verstummen. Die anderen Passagiere um sie herum seufzten erleichtert und begannen zu applaudieren. Jo und Phillip lächelten einander zufrieden an.

»Ich habe eine Tür geschlossen und bin durch eine andere hindurchgegangen«, flüsterte Jo, strahlend vor Glück.

»Dem Himmel sei Dank.«

»Willst du mich immer noch?«

»Auf so dumme Fragen antworte ich grundsätzlich nicht«, erwiderte Phillip heiser, drückte sie an sich und küsste sie noch einmal.

»Könnten Sie sich bitte setzen und sich anschnallen?«, sagte der Steward ihm ins Ohr. »Sobald wir in der Luft sind, bringe ich Ihnen Champagner«, fügte er mit einem Zwinkern hinzu, als die beiden sich voneinander lösten. Jo errötete heftig und ging zu ihrem Sitz.

»Sie sind offenbar sehr glücklich, meine Liebe. Bitte nehmen Sie meinen Platz«, meinte da ein japanischer Geschäftsmann mittleren Alters und tippte Jo auf die Schulter.

Nachdem er sich verbeugt hatte, wies er auf den Sitz neben Phillip, den er gerade freigemacht hatte. Jo erwiderte dankbar die Verbeugung, ließ sich neben Phillip nieder und schnallte sich an, während die Triebwerke ansprangen und die Maschine zum Start rollte. Mit leuchtenden Augen kuschelte sich Jo an Phillip.

»Ich liebe dich, Schneewittchen«, flüsterte Phillip und griff nach ihrer Hand.

Seine Worte wurden vom Dröhnen der Triebwerke übertönt, als das Flugzeug auf der Startbahn beschleunigte und sich mühelos in die Luft erhob.

»Ich liebe dich auch«, antwortete Jo leise, schmiegte sich an ihn und blickte nach unten, wo die Lichter Sydneys rasch in der Ferne verschwanden.

Sie hatte nur Kleidung für einen Tag dabei, obwohl sie nicht wusste, wie lange sie bleiben würden. Außerdem wusste niemand, wo sie war. Doch zum ersten Mal im Leben war ihr das völlig gleichgültig. Später würde sie sich mit Pete in Verbindung setzen, ihre Eltern anrufen und Phillip von Simon und ihrer eiligen Fahrt zum Flughafen erzählen.

Im Moment genügte es ihr, sich an ihn zu kuscheln und von ihrer gemeinsamen Zukunft zu träumen. Eines stand für sie fest: Sie war die glücklichste Frau der Welt.

Danksagung

Wie schon bei der Arbeit an meinem Roman *Weites Land der Träume* war ich überwältigt von der freundschaftlichen Unterstützung, die ich bei den Recherchen zu *Wohin der Wind uns trägt* erfahren durfte.

Ich möchte euch allen von Herzen danken, insbesondere Catherine Bird, die mich mit wundervollen Pferden bekannt gemacht, mir vieles über Pferdemassage und natürliche Heilmethoden beigebracht und mich morgens um vier zur Arbeit auf die Rennbahn geschleppt hat.

Außerdem danke ich Gai Waterhouse und Denise Martin von Star Thoroughbreds, die mich mit ihrem Tatendrang beflügelt haben. Dianne Minter hat mich Nita Marusich vorgestellt, der Assistentin von Bart Cummings, die sich die Zeit nahm, mich in die Arbeitsweise der Lelani Lodge einzuweihen. Reg Inglis und Fiona Guth von William Inglis and Son Pty Limited, Bronwyn Hogan vom AJC, Victoria Morish von der Clear Day Lodge und Rosemary und Wilfred Mula danke ich für ihre großzügige Hilfe. Kathy und Duncan Guy halfen mir mit medizinischem Rat. Herzlichen Dank auch an Fiona Clyne, Greg Mitchell, Peter Flynn und das ganze Team von Woodlands Stud, Jerrys Plains. Gloria und Graham haben mich in Bunnan gastfreundlich aufgenommen, und John Jeffs, Geschäftsführer der Randwick-Rennbahn in Sydney, hatte stets Zeit, meine unzähligen Fragen zu beantworten.

Darüber hinaus stehe ich in der Dankesschuld bei den Menschen, die mir ihre Zeit geopfert und ihr Fachwissen zur Verfügung gestellt haben: Robyn Aldridge, Daphne und Lindsay Beasley, Janet Boakes, Anne und Bill Bowen, Ray Burgess, Cara Brett Hall und den Mitgliedern des Cornucopia Committee Inc., Catherine Chicken, Heather Clarke von der Elite Academy of Modelling, der Pferdeärztin Marnie Colton, Bev Duncan von Emirates Park, Chris Ferguson von Chic Model Management, Bob Forest, Yvonne Gregory, Elisa Grubler vom Schweizer Konsulat, Regina Hayes, Robyn Henderson, Karen von der berittenen Polizei, Tony und Lucy McCullagh, Justine Mitchell vom Royal Prince Alfred Hospital, Elaine, Lynne und Wendy Moore, Dr. Michael Morgan von der neurochirurgischen Abteilung des Royal North Shore Hospital, Alan und Michelle Page, Rod Palmisano, Nola Rennie, Jenni Rhodes von der New South Wales Pony Club Association, dem Zureiter und Pferdetrainer John Small, Mick Stanley, Christine Silink, Jessica und Michael Singer, Hannah und Ruth Strickland, Brook Talbot, Kim Veringa von Widden Stud, Hunter Valley, Lynne Wilding und Robin Yabsley.

Aufrichtigen Dank auch an meine literarische Agentin Selwa Anthony für ihre treue Freundschaft, ihre Tatkraft, ihre Anregungen und dafür, dass sie immer für mich da ist, wenn ich jemanden zum Reden brauche. Außerdem danke ich meiner Verlegerin Linda Funnell für die Begeisterung über mein Manuskript sowie für ihren Arbeitseifer und ihre Geduld in den letzten Wochen der Fertigstellung. Meine Lektorin Julia Stiles unterstützte mich mit ihrem fachkundigen Rat, ihrer Einfühlsamkeit und ihrem Sinn für Humor.

Herzlichen Dank an alle meine Freunde, die sich so für meine Geschichten interessieren, an meinen Mann Jim und meine beiden wundervollen Mädchen, die mir helfen, beim Schreiben weder Verstand noch Bodenhaftung zu verlieren. Und nicht zuletzt gilt mein Dank auch all den mutigen Pferden, die den Pferdefreunden auf der ganzen Welt so viel Freude bereiten.

Lass deiner Seele Flügel wachsen, und reite,
wohin der Wind dich trägt.